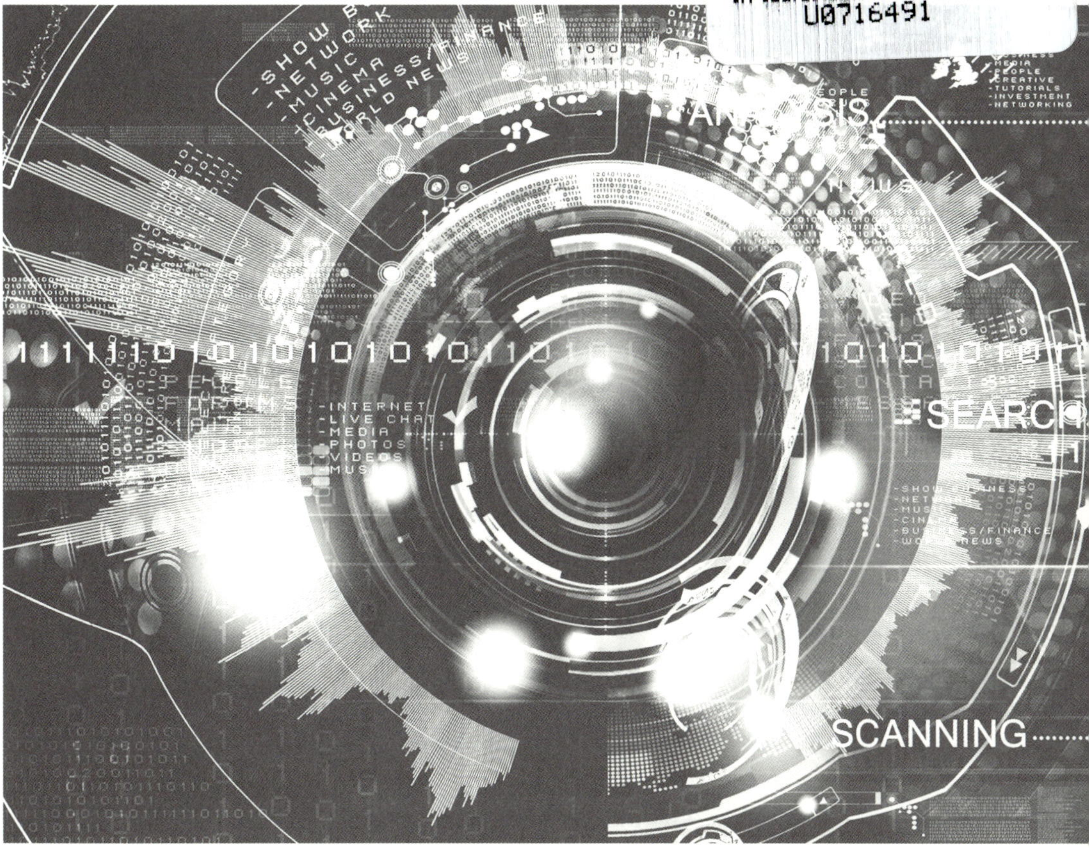

中国保险科技发展报告

2021

中国保险行业协会 编著

中国财经出版传媒集团
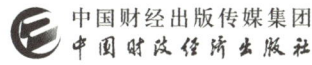

图书在版编目（CIP）数据

中国保险科技发展报告. 2021 / 中国保险行业协会编著. --北京：中国财政经济出版社，2022.6
ISBN 978 - 7 - 5223 - 1400 - 6

Ⅰ. ①中… Ⅱ. ①中… Ⅲ. ①保险业 - 科技发展 - 研究报告 - 中国 - 2021 Ⅳ. ①F842.6

中国版本图书馆 CIP 数据核字（2022）第 071769 号

责任编辑：胡 懿 谷兴华　　　封面设计：卜建辰
责任校对：胡永立　　　　　　　责任印制：党　辉

中国保险科技发展报告 2021
ZHONGGUO BAOXIAN KEJI FAZHAN BAOGAO 2021

中国财政经济出版社 出版

URL：http://www.cfeph.cn
E - mail：cfeph@cfeph.cn
（版权所有　翻印必究）

社址：北京市海淀区阜成路甲 28 号　邮政编码：100142
营销中心电话：010 - 88191537
天猫网店：中国财政经济出版社旗舰店
网址：https://zgczjjcbs.tmall.com
北京时捷印刷有限公司印刷　各地新华书店经销
成品尺寸：185mm×260mm　16 开　28.5 印张　451 000 字
2022 年 6 月第 1 版　2022 年 6 月北京第 1 次印刷
定价：128.00 元
ISBN 978 - 7 - 5223 - 1400 - 6
（图书出现印装问题，本社负责调换）
本社质量投诉电话：010 - 88190744
打击盗版举报热线：010 - 88191661　QQ：2242791300

编委会名单

主　编　王玉祥

副主编　秦沛鑫

委　员（按姓氏笔画为序）

丁　锐　王建平　冯　键　毕　伟　杜彦斌　李晓婧

罗水权　周克俊　胡利明　郭仁声　童　清　蔡恩学

前　言

党的十八大以来，以习近平同志为核心的党中央坚定不移实施创新驱动发展战略，以互联网、大数据、云计算、人工智能、区块链等为代表的新一代信息技术快速演进。保险行业积极拥抱科技发展，"保险+科技"交互迭代效应不断增强，全方位投入持续提升，技术应用能力飞跃发展，有效拓展了保险的广度、深度和密度。保险科技正在加速推进保险行业高质量发展步伐，在提升保险服务质量和效率，优化保险发展方式，进一步强化保险服务国家战略和规划能力，夯实保险作为我国经济、社会发展的"稳定器"和"安全阀"的功能定位上发挥着至关重要的作用。

中国保险行业协会（以下简称保险业协会）充分发挥行业服务和自律职能，聚焦主责主业，密切追踪保险科技发展新趋势，全面摸底保险科技发展新方向，深度研究保险科技落地新模式，积极推动保险科技在我国保险行业实践应用，切实推动行业高质量发展。

2014年以来，保险业协会连续发布《中国互联网保险行业发展报告》《中国保险科技发展报告（2018）》等系列报告，客观、全面、翔实地反映我国保险科技发展的实践历程，已成为我国保险科技研究领域最具权威性、专业性和连续性的研究成果之一，受到保险行业、信息科技行业以及学术研究领域的高度关注。

2021年，保险业协会汇聚行业力量，凝聚行业共识，正式发布《保险科技"十四五"发展规划》，为"十四五"期间行业在保险科技发展方面提供顶层设计参考和行动指引。为了更好地满足科技赋能行业需求，促进规划落地实施，切实推动行业高质量发展，保险业协会整合行业内外多方资源，研究分析我国近期保险科技发展实践，梳理介绍国际当前保险科技发展形势，编撰完成《中国保险科技发展报告（2021）》（以下简称报告），在新发展形势下，为行业输出全面、深度、权威的研究成果和实践借鉴。

报告内容共分九章。第一章主要介绍"保险科技发展基础"，分别从经济、社会、技术及政策层面梳理我国保险科技"十三五"期间发展环境的主要特征，揭示这一时期我国保险科技发展的环境动力。第二章至第七章，分别针对我国保险行业整体、财产险公司、人身险公司、再保险公司、保险中介机构和保险资管机构保险科技发展实践相关的"情况概述""数据分析""应用实践""挑战与机遇"进行阐述，通过"数据+案例"的方式反映上述领域保险科技投入产出和应用案例，梳理主要挑战，分析面临机遇，提出发展建议。第八章主要介绍"第三方机构保险科技应用情况"，分别对大数据、云计算、区块链、人工智能、物联网和信息安全技术，从技术发展状况和保险行业应用方向及案例等角度进行介绍。第九章主要介绍"国际保险科技发展状况"，针对国际保险科技的"发展特征""典型应用""应用风险""监管经验"以及"趋势与挑战"进行梳理和介绍。

为凸显报告的权威性、针对性和可借鉴性，保险业协会在行业领域以及保险科技相关企业、研究机构中开展了《保险科技发展情况调研（2021）》（以下简称调研）问卷调查，并开展广泛的案例征集和专题研讨。调研共覆盖各类保险机构255家，其中集团/控股公司14家、财产险公司83家、人身险公司90家、再保险公司8家、保险资管机构18家、保险中介机构42家，调研数据涉及科技投入、技术应用、基础设施、发展认知、人才队伍和组织架构6个维度。全量翔实的数据，宽广丰富的视角，务实适用的分析，是报告呈现的最大特点。

前言

报告对2018—2020年度我国保险行业信息科技投入规模、增幅、结构、公司平均情况和占比进行统计，对保险科技应用情况按照保险价值链和技术维度进行分析，对客户及产品线上化率，投保、承保和理赔自动化率进行测算；对保险公司人才队伍规模、结构和公司平均数据进行统计，对各指标在财产险、人身险、再保险、保险中介、保险资管等细分领域的数据进行分析，为行业内外了解我国保险科技具体发展态势、投入产出细节与效率、应用方向和进度，以及人才、组织与机制建设等方面提供了直观数据，为保险行业建立全面系统的保险科技统计体系奠定了良好基础。

报告以保险行业各领域保险科技应用为主要视角，按照财产险、人身险、再保险、保险资管、保险中介以及保险资管等细分方向，分领域、分环节收集保险科技应用案例，分析应用趋势，提出发展建议，为保险科技赋能行业发展提供借鉴，以第三方机构的视角，对保险科技相关前沿技术和国际保险科技典型应用进行介绍，为我国保险行业把握保险科技发展最新趋势提供参考。报告不仅通过典型案例反映我国保险行业保险科技发展取得的具体成绩，同时客观反映我国保险行业保险科技发展过程中存在的主要问题和面临的重大挑战，为引导保险科技稳妥、健康发展提供有力支撑。

报告结合疫情防控倒逼保险运营线上化的影响，全面、深入分析调研数据指标，探讨保险行业数字化转型的实施路径；结合我国保险行业"十三五"期间发展实践和主要特点，收集、展示保险科技应用案例，分析我国保险科技发展面临的机遇和挑战；结合全球保险科技最新成果以及国际保险科技应用前沿，为我国保险科技创新发展提供参考与借鉴。基于调研数据，报告针对保险公司主营业务类型、公司规模、股东背景等因素，分析保险科技投入与产出规律，主要应用方向和场景，以及在人才队伍、制度建设等方面存在的差异和可能获得的改进；针对行业在保险科技应用中普遍关注的公共性服务平台、数据使用规则以及信息系统建设安全标准等问题进行重点研究和分析，引导行业探索有效解决方案。

由于我们水平有限，加之时间仓促，报告难免存在不妥、疏漏之处，恳请各界专家和读者批评指正。

《中国保险科技发展报告（2021）》
编委会
2022 年 6 月

目 录

第一章 保险科技发展基础 / 1

第一节 宏观基础 / 3

一、经济："十三五"我国经济社会发展取得新的历史性成就 / 3

二、社会：聚焦国家重大战略发挥风险管理职能 / 6

三、技术：以数字技术为主要特征的新技术周期已经开启 / 11

四、政策：多方位监管环境优化助推保险科技规范发展 / 14

第二节 行业因素 / 26

一、市场主体经营平稳 / 26

二、保费规模稳步增长 / 26

三、业务结构优化调整 / 27

四、市场格局持续集中 / 28

第二章 保险科技总体发展状况 / 31

第一节 情况概述 / 33

一、科技投入 / 33

二、技术应用 / 35

三、基础设施 / 37

四、发展认知 / 38

五、人才队伍 / 39

六、组织架构 / 40

第二节 数据分析 / 41

一、科技投入指标 / 41

二、技术应用方向 / 47

三、基础设施状况　/　50

　　四、发展认知水平　/　57

　　五、人才素质要求　/　61

　　六、组织与机制建设　/　62

　　七、疫情应对及影响　/　66

　第三节　挑战与机遇　/　69

　　一、主要挑战　/　69

　　二、存在问题　/　71

　　三、面临机遇　/　74

第三章　财产险公司保险科技发展状况　/　77

　第一节　情况概述　/　79

　　一、科技投入　/　79

　　二、技术应用　/　80

　　三、基础设施　/　82

　　四、发展认知　/　83

　　五、人才队伍　/　83

　　六、组织架构　/　84

　第二节　数据分析　/　85

　　一、科技投入指标　/　85

　　二、技术应用方向　/　88

　　三、基础设施状况　/　91

　　四、发展认知水平　/　96

　　五、组织与机制建设　/　99

　　六、疫情应对及影响　/　100

　第三节　应用实践　/　102

　　一、模式创新应用　/　103

　　二、渠道领域应用　/　105

　　三、产品领域应用　/　108

　　四、服务领域应用　/　112

　　五、风险管理应用　/　116

第四节　挑战与机遇　/　120
　　一、主要挑战　/　121
　　二、面临机遇　/　122
　　三、发展建议　/　124

第四章　人身险公司保险科技发展状况　/　129

第一节　概况展示　/　131
　　一、科技投入　/　131
　　二、技术应用　/　132
　　三、基础设施　/　133
　　四、发展认知　/　134
　　五、人才队伍　/　135
　　六、组织架构　/　136

第二节　数据分析　/　137
　　一、科技投入指标　/　137
　　二、技术应用方向　/　140
　　三、基础设施状况　/　142
　　四、发展认知水平　/　147
　　五、组织与机制建设　/　151
　　六、疫情应对及影响　/　152

第三节　应用实践　/　154
　　一、模式创新应用　/　154
　　二、渠道领域应用　/　158
　　三、产品领域应用　/　171
　　四、服务领域应用　/　175
　　五、风险管理创新　/　184

第四节　挑战与机遇　/　187
　　一、主要挑战　/　188
　　二、面临机遇　/　189
　　三、发展建议　/　191

第五章 再保险公司保险科技发展状况 / 195

第一节 情况概述 / 197
一、科技投入 / 197
二、技术应用 / 198
三、基础设施 / 198
四、发展认知 / 199
五、人才队伍 / 199
六、组织架构 / 200

第二节 数据分析 / 200
一、科技投入指标 / 200
二、技术应用方向 / 202
三、基础设施状况 / 204
四、发展认知水平 / 208
五、组织与机制建设 / 210
六、疫情应对及影响 / 211

第三节 应用实践 / 213
一、人工智能技术显著提升再保效率 / 213
二、区块链技术优化多方协同效应 / 214
三、云计算技术打通多维计算资源 / 215
四、数据中台实现大数据高效融合 / 216

第四节 挑战与机遇 / 217
一、主要挑战 / 217
二、面临机遇 / 218
三、发展建议 / 222

第六章 保险中介机构保险科技发展状况 / 223

第一节 情况概述 / 225
一、科技投入 / 225
二、技术应用 / 226
三、基础设施 / 227

四、发展认知 / 227

　　五、人才队伍 / 228

　　六、组织架构 / 228

第二节　数据分析 / 229

　　一、科技投入指标 / 229

　　二、技术应用方向 / 232

　　三、基础设施状况 / 234

　　四、发展认知水平 / 239

　　五、组织与机制建设 / 241

　　六、疫情应对及影响 / 243

第三节　应用实践 / 245

　　一、模式创新应用 / 245

　　二、渠道领域应用 / 247

　　三、服务领域应用 / 252

　　四、合规与风险应用 / 252

第四节　挑战与机遇 / 253

　　一、主要挑战 / 253

　　二、面临机遇 / 256

　　三、趋势展望 / 258

　　四、发展建议 / 259

第七章　保险资管机构保险科技发展状况 / 261

第一节　情况概述 / 263

　　一、科技投入 / 263

　　二、技术应用 / 264

　　三、基础设施 / 264

　　四、发展认知 / 265

　　五、人才队伍 / 265

　　六、组织架构 / 266

第二节　数据分析 / 266

　　一、科技投入指标 / 266

二、技术应用方向 / 268

　　三、基础设施状况 / 271

　　四、发展认知水平 / 275

　　五、组织与机制建设 / 276

　　六、疫情应对及影响 / 278

第三节　应用实践 / 280

　　一、管理平台建设 / 280

　　二、服务领域应用 / 314

第四节　挑战与机遇 / 327

　　一、主要挑战 / 327

　　二、面临机遇 / 331

　　三、发展建议 / 335

第八章　第三方机构保险科技应用情况 / 339

第一节　大数据技术应用 / 342

　　一、营销环节 / 342

　　二、承保环节 / 344

　　三、理赔环节 / 346

　　四、运营环节 / 348

第二节　云计算技术应用 / 349

　　一、各类别云平台应用 / 350

　　二、承保环节云平台应用 / 354

　　三、理赔环节云平台应用 / 354

第三节　区块链技术应用 / 355

　　一、农险领域 / 356

　　二、车险领域 / 357

　　三、健康险领域 / 358

　　四、再保险领域 / 359

第四节　人工智能技术应用 / 360

　　一、智能语音技术 / 360

　　二、智能认证技术 / 363

三、图像识别技术 / 363

　　四、远程音视频技术 / 365

第五节　物联网技术应用 / 367

　　一、可穿戴设备 / 367

　　二、智能家居设备 / 368

　　三、智能车载终端设备 / 368

　　四、智能现场服务记录仪 / 369

第六节　信息系统安全运营 / 370

　　一、信息安全存在问题 / 371

　　二、信息安全政策要求 / 372

　　三、智能化解决方案 / 374

第九章　国际保险科技发展状况 / 377

第一节　发展特征 / 379

第二节　典型应用 / 381

　　一、提供个性推荐 / 381

　　二、扩展可保范围 / 384

　　三、优化产品模式 / 385

　　四、构建生态系统 / 385

　　五、创新组织机制 / 387

第三节　应用风险 / 388

　　一、金融风险 / 388

　　二、数据风险 / 389

　　三、网络风险 / 390

第四节　监管经验 / 391

　　一、英国：推动监管沙盒升级 / 391

　　二、美国：强化监管体系建设 / 392

　　三、新加坡：打造"一站式"服务体系 / 392

　　四、韩国：立法推动技术创新 / 393

第五节　趋势与挑战 / 394

　　一、发展趋势 / 394

　　二、面临挑战 / 396

附　录　/ **401**
　　附录1　保险科技"十四五"发展规划　/　403
　　附录2　中国保险行业协会会员单位名录　/　427
后　记　/ **438**

第一章
保险科技发展基础

保险科技是保险市场各个参与主体基于数字技术等现代科技最新技术的综合运用，是保险行业实现数字化转型，发挥长期稳健风险管理和保障功能的重要支撑。"十三五"期间，我国经济社会发展取得巨大成就，数字技术不断迭代，政策供给持续加大，为保险科技的创新发展奠定了坚实的基础。

第一节 宏观基础

一、经济："十三五"我国经济社会发展取得新的历史性成就

从外部来看，国际金融危机以及新冠肺炎疫情的暴发导致生产和贸易的全球化格局面临重大变局，西方主要经济体量化宽松的货币政策带来贫富分化加剧，多极化趋势不断深入，新一轮科技与产业革命加速拓展，世界正处于百年未有之大变局。

从内部来看，"十三五"期间，以习近平同志为核心的党中央团结带领全国各族人民，坚持稳中求进工作总基调，坚定不移贯彻新发展理念，深入推进供给侧结构性改革，全面深化改革和扩大开放，着力推动高质量发展，坚决打好三大攻坚战，统筹推进疫情防控和经济社会发展，我国经济社会发展取得了全方位、开创性历史成就，发生了深层次、根本性历史变革，为开启全面建设社会主义现代化国家新征程奠定了坚实基础。

"十三五"期间，我国经济实力大幅跃升[1]。经济总量持续增长，2020年国内生产总值达到101.6万亿元、占全球经济比重的17%[2]。全年人均国内生产总值72 447元，连续两年超过1万美元[3]，标志着我国向高收入国家水平又迈出坚实一步。2020年全国居民人均可支配收入达30 733元，比2015年增长46.53%，中等收入群体规模持续扩大。国际收支基本平衡，外汇储备保持在3万亿美元以上[4]。

---

[1] 本节数据除特殊说明之外，均采用《2020年国民经济和社会发展统计公报》数据。
[2] 国家统计局局长宁吉喆发言，https://baijiahao.baidu.com/s?id=1689190963377483986&wfr=spider&for=pc.
[3] 《2020年国民经济和社会发展统计公报》，全年人民币平均汇率为1美元兑6.897 4元人民币，经简单计算可以得出，2020年中国人均GDP约为10 504美元。
[4] 根据《2020年国民经济和社会发展统计公报》，年末国家外汇储备为32 165亿美元。

经济结构持续优化。创新型国家建设成果丰硕，研发经费投入总量超2.4万亿元，居世界第二，全员劳动生产率和科技进步贡献率稳步提高，通过《专利合作条约》（PCT）提交国际专利申请量跃居世界第一，载人航天、探月工程、超级计算、量子通信等领域取得一大批重大科技成果。强大国内市场加快形成，2020年我国社会消费品零售总额达39.2万亿元。重点领域有效投资合理扩大，现代基础设施网络持续完善。新产业、新业态、新模式逆势成长。全年规模以上工业中，高技术制造业①增加值比2019年增长7.1%，占规模以上工业增加值的15.1%；全年规模以上服务业②中，战略性新兴服务业③企业营业收入比2019年增长8.3%。全年高技术产业④投资比2019年增长10.6%。

三大攻坚战取得决定性成就。一是脱贫攻坚成果举世瞩目，5 575万农村贫困人口实现脱贫，960多万建档立卡贫困人口通过易地扶贫搬迁摆脱了"一方水土难养一方人"的困境，区域性整体贫困得到解决，完成了消除绝对贫困的艰巨任务⑤。二是污染防治攻坚战全面开展，生态环境质量明显改善。在监测的337个地级及以上城市中，全年空气质量达标的城市占59.9%，未达标的占40.1%。未达标城市（基于2015年PM2.5年平均浓度未达标的262个城市）细颗粒物（PM2.5）年平均浓度37微克/立方米，比2019年下降7.5%。1 940个国家地表水考核断面中，全年水质优良（Ⅰ—Ⅲ类）断面比例为83.4%，Ⅳ类断面比例为13.6%，Ⅴ类断面比例为2.4%，劣Ⅴ类断面比例为0.6%。三是金融风险处置取得重要阶段性成果。2020年末，全国地方政府债务余额控制在全国人大批准的限额之内。首先是金融体系内部高杠杆降下来，2017年至2020年，银行业和保险业总资产年均增速都降到了比较低的水平，银行业是8.3%，

---

① 高技术制造业包括医药制造业，航空、航天器及设备制造业，电子及通信设备制造业，计算机及办公设备制造业，医疗仪器设备及仪器仪表制造业，信息化学品制造业。

② 规模以上服务业统计范围包括：年营业收入2 000万元及以上的交通运输、仓储和邮政业，信息传输、软件和信息技术服务业，水利、环境和公共设施管理业，卫生行业法人单位；年营业收入1 000万元及以上的房地产业（不含房地产开发经营），租赁和商务服务业，科学研究和技术服务业，教育行业法人单位；以及年营业收入500万元及以上的居民服务、修理和其他服务业，文化、体育和娱乐业，社会工作行业法人单位。

③ 战略性新兴服务业包括新一代信息技术产业、高端装备制造产业、新材料产业、生物产业、新能源汽车产业、新能源产业、节能环保产业和数字创意产业等八大产业中的服务业相关行业，以及新技术与创新创业等相关服务业。2020年战略性新兴服务业企业营业收入增速按可比口径计算。

④ 高技术产业投资包括医药制造、航空航天器及设备制造等六大类高技术制造业投资和信息服务、电子商务服务等九大类高技术服务业投资。

⑤ 资料来源：十三届全国人大四次会议《政府工作报告》。

保险业是11.4%，大体只有2009年至2016年年均增速的一半。二是银行业处置不良资产的力度加大，2017年至2020年处置的不良贷款相当于前12年的总和。三是"影子银行"得到有序拆解，压降高风险影子银行业务20万亿元。四是金融违法犯罪行为受到严厉惩治，不法金融集团风险逐步化解，一大批非法集资案件得到有序处置。

城乡区域协调发展稳步推进。年末常住人口城镇化率超过60%。分区域看①，2020年全年东部地区生产总值525 752亿元，比2019年增长2.9%；中部地区生产总值222 246亿元，增长1.3%；西部地区生产总值213 292亿元，增长3.3%；东北地区生产总值51 125亿元，增长1.1%。2020年全年京津冀地区生产总值86 393亿元，比2019年增长2.4%；长江经济带生产总值471 580亿元，增长2.7%；长江三角洲地区生产总值244 714亿元，增长3.3%。粤港澳大湾区建设、黄河流域生态保护和高质量发展等区域重大战略深入实施。

全面深化改革取得重大突破。改革呈现全面发力、多点突破、蹄疾步稳、纵深推进的局面，中国特色社会主义制度更加完善，主要领域基础性制度体系基本形成，党和国家机构改革取得重大成效，国家治理体系和治理能力现代化水平明显提高。"放管服"改革向纵深推进，营商环境持续优化、全球排名大幅提升。产权保护制度体系加快完善，要素市场化配置改革持续深化，市场在资源配置中的决定性作用明显提升，政府作用得到更好发挥。国资国企改革政策体系基本形成，财税金融体制改革不断深化，减税降费和金融服务实体经济等政策效应明显，经济社会发展动力活力进一步增强。

开放型经济新格局加快构建。共建"一带一路"不断走深走实，成功举办三届"一带一路"国际合作高峰论坛，雅万高铁、中老铁路、瓜达尔港等重大项目取得积极进展。到2020年7月底，中欧班列累计开行超万列，合计货值超2 000亿美元，打通了73条运行线路，通达欧洲23个国家的168个城市，为中外数万家企业带来商机，为沿线数亿民众带来实惠，彰显了作为国际公共产品的地位和作用。2020年，世界经济增长和全球贸易遭受严重冲击，我国外贸发

---

① 东部地区是指北京、天津、河北、上海、江苏、浙江、福建、山东、广东和海南10省（市）和深圳、青岛、宁波、厦门4个计划单列市；中部地区是指山西、安徽、江西、河南、湖北和湖南6省；西部地区是指内蒙古、广西、重庆、四川、贵州、云南、西藏、陕西、甘肃、青海、宁夏和新疆12省（区、市）；东北地区是指辽宁、吉林和黑龙江3省和计划单列市大连。

展外部环境复杂严峻，我国外贸进出口展现了强大的韧性和综合竞争力，全年货物贸易进出口总值达 32.15 万亿元，进出口总值双双创历史新高，中国成为全球唯一实现货物贸易正增长的主要经济体，货物贸易第一大国地位进一步巩固。开放型经济新体制加快构建，设立 21 个自由贸易试验区，海南成为内地第一个自由贸易港。"引进来"和"走出去"水平持续提升，2020 年实际利用外商直接投资规模达 1 444 亿美元。

居民生活质量显著提升，2020 年全国居民恩格尔系数降至 30.2%，比 2015 年下降 0.4 个百分点。覆盖全民的基本公共服务体系初步构建，基本公共服务均等化水平稳步提高。多层次社会保障体系加快构建，养老、医疗、失业、工伤、生育保险参保人数持续增加，保障性安居工程建设加快推进，2020 年末全国参加城镇职工基本养老保险 45 638 万人，参加城乡居民基本养老保险 54 244 万人，参加基本医疗保险 136 101 万人。1 亿农业转移人口和其他常住人口在城镇落户目标顺利实现，城镇棚户区住房改造超过 2 100 万套。教育现代化取得积极进展，2020 年九年义务教育巩固率达 95.2%，高中阶段毛入学率为 91.2%。健康中国建设扎实推进，人民健康和医疗卫生水平不断提高，新冠肺炎疫情防控取得重大战略成果。

"十三五"规划主要目标任务胜利完成，社会生产力水平总体显著提高，但我国经济发展仍面临不平衡不充分的现实问题。改革开放以来，工业化和城镇化成为推动我国经济持续增长的主要动力，但农业现代化的短板、以人为核心的城镇化水平有待提升，以及工业化与信息化融合发展还不充分等情况均导致经济发展的不平衡和不充分；我国社会主义市场经济体制还有待进一步完善，要素市场化配置机制、国有资产管理体制、市场体系和市场竞争规则、政府宏观调控制度等各方面都需要进一步深化改革；科技和产业创新能力成为比较突出的短板，尤其是一些重大核心关键技术有待突破，新兴技术和产业领域全球竞争的制高点掌控不足，制造业中的关键装备、核心零部件和基础软件严重依赖进口和外资企业；农业基础还不稳固，城乡区域发展和收入分配差距较大，生态环保任重道远，民生保障存在短板，社会治理还有弱项。

二、社会：聚焦国家重大战略发挥风险管理职能

党的十八大以来，保险业始终坚持以习近平新时代中国特色社会主义思想

为指导，着力在整个国民经济社会发展中发挥风险管理和风险补偿的功能，聚焦国家重大战略，主动针对社会发展关键领域核心需求扩大供给，为保险行业可持续、健康发展带来巨大的成长空间。

（一）数字经济

自 2015 年我国提出"国家大数据战略"以来，数字经济发展和数字化转型政策不断深化和落地，2017 年以来，"数字经济"已经连续数年被写入政府工作报告。2020 年政府工作报告中明确提出"全面推进'互联网＋'，打造数字经济新优势"。数字技术与实体经济的深度融合催生新产业、新业态、新模式，这就要求保险行业提高数字化水平，提升经营模式和业务质量，从而夯实保险行业服务实体经济的作用，进一步稳定和推动国家和社会发展；通过数字化保险产品和服务的创新，向中小微企业提供定制化的产品和服务，保证中小微企业在专注细分市场创新发展过程中应对多重风险，助力创新型中小微企业成长。近年来，针对网络安全、个人信息保护、数据安全等方面，国家和有关机构发布并不断更新相关政策法规，对网络安全和数据保护提出更高的要求，这也需要保险行业在以上领域加大产品供给，提供风险管理方案。

（二）医疗健康

《"健康中国 2030"规划纲要》为商业保险、"慢性病＋保险"、DRGs 支付和再保险提供了潜在发展机遇。中国银行保险监督管理委员会（以下简称银保监会）《关于规范保险公司健康管理服务的通知》提出保险公司可通过对客户健康危险因素的干预，预防疾病发生、控制疾病发展、促进疾病康复、提升健康水平，进而降低医疗费用。国家积极推进并落实"互联网＋医疗健康"服务体系，发展"互联网＋医疗"服务、创新"互联网＋公共卫生"服务、优化"互联网＋家庭医生签约"服务、完善"互联网＋药品供应保障"服务、推进"互联网＋医疗保障结算"服务、加强"互联网＋医学教育和科普"服务、推进"互联网＋人工智能应用"服务，完善"互联网＋医疗健康"支撑体系，加快实现医疗健康信息互通共享、健全"互联网＋医疗健康"标准体系、提高医院管理和便民服务水平、提升医疗机构基础设施保障能力、及时制订完善相关配套政策，同时加强行业监管和安全保障，强化医疗质量监管，保障数据信息安全。

（三）乡村振兴

中共中央、国务院《关于抓好"三农"领域重点工作确保如期实现全面小康的意见》《关于实施乡村振兴战略的意见》指出，"增加农民收入，将小农户融入农业产业链""让农民合理分享全产业链增值收益"。通过提高对新型农业经营主体的保障水平，优化财政补贴政策，创新保险产品等形式，服务乡村振兴战略为农业保险发展提供了广阔空间。中国银保监会《关于2021年银行业保险业高质量服务乡村振兴的通知》中提出：要优化"三农"金融服务体系和机制，构建层次分明、优势互补的服务体系，建立健全专业化体制机制；强化关键领域金融供给，优先支持国家粮食安全战略，助力补齐农业农村基础设施短板，创新服务新型农业经营主体和农户；提升县域金融服务质效，保持农村基础金融服务基本全覆盖，优化县域和社区金融服务；充分发挥保险保障作用，推动农业保险（以下简称农业险）"提标、扩面、增品"，提升农村地区人身保险发展水平；创新涉农金融产品和服务方式，推动农村数字金融创新；强化巩固拓展脱贫攻坚成果同乡村振兴有效衔接的金融支持，巩固拓展脱贫攻坚成果，支持脱贫地区县域产业发展。

（四）绿色发展

十九届四中全会《中共中央关于坚持和完善中国特色社会主义制度 推进国家治理体系和治理能力现代化若干重大问题的决定》（以下简称《决定》）指出，"健全源头预防、过程控制、损害赔偿、责任追究的生态环境保护体系"。生态环境部部务会议审议并原则通过《环境污染强制责任保险管理办法（草案）》，要求"在中国境内从事环境高风险生产经营活动的企业事业单位或其他生产经营者，应当投保环境污染强制责任保险"。环境污染强制责任保险（以下简称环责险）全面强制推行已具备政策条件。工业和信息化部、人民银行、银保监会、证监会联合颁发的《关于加强产融合作推动工业绿色发展的指导意见》提出：提高绿色保险服务水平；鼓励保险机构结合企业绿色发展水平和环境风险变化情况，科学厘定保险费率，提高保险理赔效率和服务水平；加强绿色保险产品和服务创新，鼓励企业投保环保技术装备保险、绿色科技保险、绿色低碳产品质量安全责任保险等；发挥首台（套）重大技术装备、首批次材料和首版次软件保险补偿机制作用,加快新产品市场化应用;鼓励将保险资金投向绿色企业和项目。

(五) 养老服务

第七次全国人口普查数据显示,我国60岁及以上老年人口已达2.64亿,占总人口的18.7%,老龄化程度进一步加深,老年人对医养结合的健康养老服务需求日益增加。同时,科技进步为人均寿命的延长提供了更好的技术支撑。保险机构从产品端与服务端共同发力,为我国养老保障体系的构建与完善贡献力量。《国务院办公厅关于推进养老服务发展的意见》《国务院办公厅关于促进养老托育服务健康发展的意见》均指出,"支持商业保险机构举办养老服务机构或参与养老服务机构的建设和运营,适度拓宽保险资金投资建设养老项目资金来源""加快实施长期护理保险制度试点,推动形成符合国情的长期护理保险制度框架。鼓励发展商业性长期护理保险产品,为参保人提供个性化长期照护服务""支持商业保险机构在地级以上城市开展老年人住房反向抵押养老保险业务,在房地产交易、抵押登记、公证等机构设立绿色通道,简化办事程序,提升服务效率。支持老年人投保意外伤害保险,鼓励保险公司合理设计产品,科学厘定费率。鼓励商业养老保险机构发展满足长期养老需求的养老保障管理业务""引导保险等金融机构探索开发有针对性的金融产品,向养老托育行业提供增信支持。支持保险机构开发相关责任险及养老托育机构运营相关保险"。

(六) 应急防灾

国务院出台《关于推进防灾减灾救灾体制机制改革的意见》提出要完善社会力量和市场参与机制,强化保险等市场机制在风险防范、损失补偿、恢复重建等方面的积极作用。2018年10月10日,习近平总书记在中央财经委第三次会议中指示,要建立高效科学的自然灾害防治体系,提高全社会自然灾害防治能力,要求针对关键领域和薄弱环节,推动建设"九大重点工程"。国务院出台《国家综合防灾减灾规划(2016—2020年)》指出,要发挥保险等市场机制作用,完善应对灾害的金融支持体系,扩大居民住房灾害保险、农业保险覆盖面,加快建立巨灾保险制度。积极引入市场力量参与灾害治理,培育和提高市场主体参与灾害治理的能力,鼓励各地区探索巨灾风险的市场化分担模式,提升灾害治理水平。

（七）智慧城市

我国智慧城市发展，2008 年与国际智慧城市的发展同步启动，开始进入以基础设施驱动型为主的概念导入阶段；2012 年以住建部出台《关于国家智慧城市试点暂行管理办法》为标志，进入以行业需求推动型为主的探索发展阶段；2018 年以《智慧城市顶层设计指南》（GB/T 3633—2018）发布为标志，特别是国家发展改革委、中央网信办联合下发《新型智慧城市评价指标（2018）》，进入"统规、统建、通管""标准化、节约化、平台化"建设阶段。从 2013 年住房城乡建设部公布首批国家智慧城市试点名单起，截至 2020 年 4 月初，住建部公布的智慧城市试点数量已经达到 290 个，如果加上国家科技部、国家工信部、国家测绘地理信息局、国家发展改革委确定的智慧城市相关试点数量，截至 2020 年 4 月初，我国智慧城市试点数量累计已达 749 个。未来 30 年，在发展压力与发展动力多要素共同作用下，以第四次工业革命为契机，以数据作为关键生产要素大力发展数字经济为目标，将共同开启智慧城市高质量发展的新篇章。智慧城市融合更加复杂丰富的场景，灾害天气、地下管网、城市内涝、公共卫生等，都是风险巨大的场景，需要保险发挥专业化的作用，提供更加及时、精准的风险识别和高频风险服务。

（八）碳达峰、碳中和

实现碳达峰、碳中和，是以习近平同志为核心的党中央统筹两个大局做出的重大战略决策，事关中华民族永续发展和构建人类命运共同体，是我国在新发展阶段推动高质量发展的必由之路。我国二氧化碳排放力争于 2030 年前达到峰值，努力争取 2060 年前实现碳中和。实现碳达峰、碳中和是一场广泛而深刻的经济社会系统性变革，推动我国加快形成节约资源和保护环境的产业结构、生产方式、生活方式、空间格局，绿色保险空间巨大。"十四五"是实现碳达峰的关键期、窗口期，保险业要坚定不移贯彻新发展理念，提高政治判断力、政治领悟力、政治执行力，加快发展绿色金融，为经济社会绿色低碳转型提供全方位的金融服务。

(九)"一带一路"

建设丝绸之路经济带和21世纪海上丝绸之路(以下简称"一带一路"),是以习近平同志为核心的党中央审时度势、主动应对经济全球化形势深刻变化,统筹国际国内两个大局,为实现中华民族伟大复兴中国梦做出的重大战略决策。2020年,我国企业在"一带一路"沿线对58个国家进行非金融类直接投资177.9亿美元,同比增长18.3%,占同期总额的16.2%,较2019年同期提升2.6个百分点。保险业作为管理风险的特殊行业,自身特点决定了行业服务"一带一路"建设具有天然优势,能够为"一带一路"跨境合作提供全面的风险保障与服务,减轻我国企业"走出去"的后顾之忧,为加快推进"一带一路"建设提供有力支撑。保险服务"国内大循环"的同时可向"国内国际双循环"辐射,"一带一路"沿线国家成为保险场景创新的新市场。保险行业可联合国家机构和大型央企,搭建"一带一路"平台,为"一带一路"沿线国家及驻外企业、华人提供风险保障服务。

三、技术:以数字技术为主要特征的新技术周期已经开启

经典的内生经济增长理论认为,从长期的角度来看,资本和劳动的投入导致经济进入稳态增长,而技术因素是长期经济增长的唯一动力。根据著名经济学家熊彼特的分类,近代以来人类社会的经济增长主要包括三个技术周期:第一个周期是从18世纪80年代到1842年的"产业革命时期";第二个周期是从1842年到1897年的"蒸汽和钢铁时期";第三个周期是1897年以后的"电气、化学和汽车时期"。后来有人将1970年以后的时期称为"信息与通信周期",21世纪第二个十年之后则处于上一个周期已经结束,下一个周期即将开始的时刻。

得益于长时间的技术研发及互联网红利的刺激,第五代移动通信技术(5G)、移动互联网、云计算、物联网、人工智能、区块链等技术正处于大规模应用的前夜。5G是数据传输的物理基础,5G的数据传输速度和效率相对4G提升近10倍,使可用数据的规模大大提升;云计算,通过集约化的数据存储和计算服务,使数据的存储和计算成本大大降低并成为一种基本的公共服务;基于移动互联网,人类行为实现了数据化,数字经济具有了和现实经济基本可比的

参与角色；基于物联网，"物物相息"将数据生成的范围从人扩大到物；人工智能，使数据从可用变成实用，并直接产生经济价值；区块链，数据流量的定价工具，成为信息互联网向价值互联网过渡的关键环节。一幅多功能、多层次的数据技术图谱已经呈现在我们面前。

（一）云计算

云计算是一种利用互联网实现资源实时申请、按需付费的新型计算方式，可帮助用户高效地访问共享资源，为各行业信息化变革提供重要的基础资源支撑，并为大数据、人工智能等科技应用落地提供支撑。从技术特性来看，云计算集成海量存储和高性能的计算能力，其按需服务、高可扩展性、虚拟化等特点，符合保险行业连续、高效、稳定、跨地域运行的需求。从成本收益来看，无论企业借用外部云厂商建的"公共云""专属云"，还是建设企业内部"企业云"，通过应用云计算技术，可以大大节省IT基础设施投入，减轻数据中心及日常数据管理的成本压力。从技术成熟度来看，目前国内外IT领军企业都在加快研发成熟的IaaS基础设施服务和PaaS平台服务，以及SaaS软件服务，相关技术已相对成熟。从技术安全性来看，为了保证敏感信息在"云"中的保密性和安全性，云计算目前已经开发了一系列技术手段以保障应用安全。随着我国对数据安全方面的监管不断加强，云计算在数据安全上的可靠性也有望不断提升。

（二）人工智能

人工智能是利用数字计算机或者数字计算机控制的机器模拟、延伸和扩展人的智能，感知环境、获取知识，并使用知识获得最佳结果的理论、方法、技术及应用系统。简单的人工智能是适应于特定场景、具备特定功能的专用智能，适用于如语音识别、图像处理和物体分割、机器翻译等领域，在这些领域，人工智能的精确性甚至超越人类水平；还有一类是具有思维能力，同时具有知觉和自我意识的智能机器，这一领域的发展处于非常早期的阶段。2010年以来，深度学习的发展推动了语音识别、图像识别和自然语言处理等技术的发展，使这些领域取得了惊人的突破，加之大数据的加持，人工智能实现爆发式发展。随着机器学习、知识图谱、自然语言处理、计算机视觉、人机交互、生物特征识别、虚拟现实/增强现实等关键技术的重大进步，越来越多的行业可以实现自动化处理。人工智能在保险行业的应用，一是可在保单录入、核保、收付费、理赔、保全等环节替代人工，同时实现降低人员成本、提升服务效率的作用；二是可帮助精算师分析海量数据，设计精确、特征鲜明的产品，也可进行在线产品设计和内容推荐，为客户设计个性化、碎片化的保险产品；三是在核保环节，可根据筛查规则先进行在线核保，再对筛查后的保单进行人工核保，这既可以简化核保流程，提高核保效率，又能使承保条件相对更宽松，提升常见非标人群的投保便捷度；四是在产品销售环节，运用人工智能可进行更为标准化、专业化的销售，避免销售误导；五是风险控制环节，基于大数据基础，可在身份核实、征信及反欺诈方面达到人力所无法达到的精确程度；六是在理赔环节，基于图像识别技术，能快速进行查勘、核损、定损和反欺诈识别，与传统人工核损流程相比极为节省时间，能明显提升理赔效率，降低保险欺诈概率。

（三）区块链

区块链作为一种新的技术框架，基于独特的数据处理和存储方式，可以衍生出全新的商业模式。众所周知，复式记账法、公司制和产权制度作为现代商品经济制度的基础技术，对商品经济的顺畅运转及发展壮大发挥了基础性作用，类似于复式记账法，区块链通过共识机制变数据为可信数据，进而成为数字经济的基本生产要素。但是，区块链的应用也需具备一定条件。区块链是一个基于分布式结构且可以按照时间维度实现同步的数据库，其本质上仍是一个数据库。数据库只有数据记录和存储的功能，但从数据输入的角度来看，区块链和其他所有数据库一样其实完全是被动的，所以区块链的应用还需要注意和物联网、可信节点等技术的组合。区块链在保险行业的应用，一是行业内部数据的共享，特别是风控场景中，各保险主体既是自有信息的输出方，又是他方信息的输入方，若各方都作为权利、义务均等的链上节点，互相协作，势必降低理赔运营成本，提升风控效率。二是保险标的的数据化管理，如通过数字化可信仓库的建设可将仓储商品的数据进行实时记录，从而可对库存商品的风险状态进行更为精准的把握，为保险公司进行风险管理和保险服务提供依据。三是在共保或再保的保险赔偿情形中，通过将赔偿文件录入区块链，所有的合同主体（保险人、再保险人以及承保代理人等）都可以监测到保险赔偿的进展，能够及时处理保险理赔，并可实现索赔的自动支付，极大降低保险公司的运营成本。

（四）物联网

物联网即"万物相连的互联网"，是将各种信息传感设备与网络结合起来形成的实现任何时间、任何地点，人、机、物的互联互通的网络，是在互联网基础上的延伸和扩展。物联网设备主要包括可采集声、光、热、电、力学、化学、生物、位置等各种信息的传感器、射频识别技术、全球定位系统、红外感应器、激光扫描器等各种装置。物联网在保险行业的应用主要体现在机动车辆保险（以下简称车险）、家庭财产保险（以下简称家财险）和健康保险（以下简称健康险）方面。如大多数汽车都安装有一系列传感器和电子芯片，可以测量和传输有关车辆速度、加速度、位置、路线图等数据，用于驾驶员驾驶行为的风险评估，并为保险产品设计提供支撑。物联网在家居方面的应用和在汽车方面的应用比较相似，但数据采集设备在技术标准方面的差异为数据分析带来一定的挑战。此外，物联网设备在家庭内部的安装也会和个人隐私保护产生一些冲突。在健康和人寿保险领域，保险公司可通过可穿戴智能设备获取数据来预测健康状况和疾病发生的可能性，并为不同健康状况的客户提供个性化的保障方案。

四、政策：多方位监管环境优化助推保险科技规范发展

2020年，在保险回归本源的大背景下，银保监会发布了《关于推动银行业和保险业高质量发展的指导意见》，对推动保险业高质量发展提出明确目标和具体要求。监管部门从公司治理、消费者保护、风险防范等方面加强制度建设，针对财产保险（以下简称财产险）、人身保险（以下简称人身险）、保险中介、保险资金运用等业务领域的保险监管政策也相继出台，引导行业发挥保险保障功能、提高风险抵御能力、更好地服务实体经济。

（一）顶层设计与整体规划更趋明晰

党的十九大以来，银行保险机构综合实力进一步增强，服务经济社会发展能力稳步提升，关键领域改革持续深化，防范化解金融风险取得明显成效。随着我国经济由高速增长阶段转向高质量发展阶段，金融供给与需求之间不平衡不适应的矛盾日益凸显，银行业和保险业高质量发展面临多重挑战。为深入贯

彻落实以习近平同志为核心的党中央的决策部署，推动银行业和保险业高质量发展，更好地服务现代化经济体系建设，2020年1月3日，银保监会发布《关于推动银行业和保险业高质量发展的指导意见》，对推动银行业保险业高质量发展提出了明确目标，从推动形成多层次、广覆盖、有差异的银行保险机构体系，完善服务实体经济和人民群众生活需要的金融产品体系，精准有效防范化解银行保险体系各类风险等方面提出具体要求。内容共七大要点：一是提出总体要求，包括指导思想、基本原则和发展目标。二是推动形成多层次、广覆盖、有差异的银行保险机构体系。三是完善服务实体经济和人民群众生活需要的金融产品体系。四是精准有效防范化解银行保险体系各类风险。五是建立健全中国特色现代金融企业制度。六是实现更高水平的对外开放。七是加强金融监管和廉洁金融建设。

2020年8月，为落实好中国银保监会《关于推动银行业和保险业高质量发展的指导意见》，持续推动财产保险业向高质量发展转变，银保监会印发《推动财产保险业高质量发展三年行动方案（2020—2022年）》（以下简称《行动方案》）。《行动方案》是银保监会成立以来首次对财产保险业发展和监管出台规划，具有重要指导意义。《行动方案》共分六部分，主要包括总体指导思想和目标原则、推动行业向转型发展、增强保险服务国民经济和社会民生能力、提升行业对外开放水平和国际影响力、聚焦高质量发展的监管政策和体制机制、强化各银保监局和各财产保险公司主体责任等。

（二）风险防范体系建设更加健全

1. 治理行业乱象

（1）规范行政处罚

为统一规范机构改革后银行业和保险业行政处罚程序，提升金融违法违规成本，严肃整治金融市场乱象，防范化解金融风险，中国银保监会于2020年6月23日发布《中国银保监会行政处罚办法》（以下简称《处罚办法》）。《处罚办法》着眼于规范行政处罚程序，提升行政处罚效能，提高执法公信力，对银行业保险业行政处罚程序作了全面规范，重点包括以下方面：一是整合优化行政处罚工作机制。《处罚办法》整合优化了行政处罚程序，确立了行政处罚的基本原则，建立"查审分离"的处罚工作机制，规定设立行政处罚委员会，明确了各部门职责。二是完善行政处罚工作流程。将实践中成熟的做法加以总结固化,加强工作环节之间的有机衔接,提高行政处罚工作效率。三是依法加大行政处罚力度。明确对屡查屡犯、不配合监管执法、危害后果严重,造成较为恶劣社会影响等行为,依法从重予以处罚,强调人员责任追究,强化行政处罚与党纪问责的衔接。四是充分保障当事人合法权益。做出处罚决定前,应当事先告知当事人拟作出行政处罚决定的事实、理由及依据,并告知其有陈述申辩权利,符合听证条件的,当事人可以依法申请听证,不得因当事人申辩而加重处罚。明确当事人对行政处罚决定不服的,有权提起行政复议或者行政诉讼。

(2) 规范金融机构涉刑案件管理

为进一步规范和加强银行保险机构涉刑案件管理工作,建立责任明确、协调有序的工作机制,依法、及时、稳妥处置案件,中国银保监会于2020年6月2日发布《银行保险机构涉刑案件管理办法(试行)》(以下简称《管理办法》)。《管理办法》共六章55条,对银行保险机构涉刑案件的定义、分类、信息报送、案件处置、监督管理等方面进行明确。《管理办法》明确了四类重大案件情形:一是银行机构案件涉案金额等值人民币1亿元以上,保险机构案件涉案金额等值人民币1 000万元以上的。二是自案件确认后至案件审结期间任一时点,风险敞口金额(指涉案金额扣除已回收的现金或等同现金的资产)占案发银行保险法人机构总资产10%以上的。三是性质恶劣、引发重大负面舆情、造成挤兑或集中退保以及可能诱发区域性或系统性风险等具有重大社会不良影响的。四是银保监会及其派出机构认定的其他属于重大案件的情形。

《管理办法》从2020年7月1日起正式实施,保险专业中介机构同样适用此办法,自生效之日起,《中国银监会关于印发银行业金融机构案件处置三项制度的通知》(银监发〔2010〕111号)、《中国银监会关于修订银行业金融机构案件定义及案件分类的通知》(银监发〔2012〕61号)、《中国银监会办公厅关于银行业案件(风险)信息报送有关问题的通知》(银监办发〔2012〕102号)、《中国银监会办公厅关于印发银行业金融机构案件问责工作管理暂行办法的通知》(银监办发〔2013〕255号)、《中国银监会办公厅关于印发重大案件挂牌督办和案件(风险)分级督查督导办法的通知》(银监办发〔2014〕208号)、《中国银监会办公厅关于银行业重大案件(风险)约谈告诫有关事项的通知》(银监办发〔2015〕154号)、《中国保险监督管理委员会关于建立保险司法案件报告制度的通知》（保监发〔2009〕81号）和《关于加强保险案件信息处理工作的通知》（保监厅发〔2014〕37号）八个文件同时废止。

2. 健全公司治理

2020年8月17日，银保监会印发《健全银行业保险业公司治理三年行动方案（2020—2022年）》（以下简称《方案》）。第一，《方案》明确要坚持问题导向、标本兼治、分类施策、统筹推进的原则，聚焦主要问题、弥补制度短板、强化差异化监管、注重工作整体性和协同性。第二，《方案》涉及总体要求，党的领导与公司治理融合，公司治理评估，股东行为规范，董事会等治理主体履职、激励约束机制、利益相关者保护、外部市场约束、监管能力建设、组织保障等方面。第三，《方案》围绕公司治理各个方面规划了一系列重点工作安排，是之后三年我国银行业保险业公司治理监管的行动指南。第四，《方案》将推动党的领导与公司治理有机融合放在首要位置，提出要将党的领导融入公司治理进一步制度化、规范化、程序化。第五，《方案》借鉴国际先进经验，充分吸收了前期银保监会关于《二十国集团/经合组织公司治理原则》在我国银行业保险业实施情况的评价结果。《方案》的发布和有效实施，有力推动银行保险机构稳步提升公司治理质效，切实增强风险抵御能力和经营可持续性。

3. 加强从业人员管理

为进一步完善银行业保险业从业人员金融违法犯罪预防工作机制，防控银行保险机构案件风险，促进银行业保险业健康发展，中国银保监会于2020年2月20日发布《中国银保监会办公厅关于预防银行业保险业从业人员金融违法犯罪的指导意见》（银保监办发〔2020〕18号，以下简称《指导意见》）。《指导意见》明确了预防银行业保险业金融违法犯罪案件的基本原则，重点强化了预防银行业保险业11个重点领域的金融违法犯罪案防要求，进一步强调了银行业保险业机构公司治理等6个方面的内控和行业自律机制作用；同时对完善案防管理体系、加强检查与评估结果运用、严格依法惩处、联合惩戒等监管和联动协调等提出了明确监管要求。《指导意见》是银保监会在预防银行业保险业从业人员违法犯罪行为机制建设方面的又一重要举措，是银行业保险业落实党中央、国务院防范化解金融风险战略任务的重要工作部署。

《指导意见》明确，预防重点领域的金融违法犯罪：严防信贷业务领域违法犯罪行为；严防同业业务领域违法犯罪行为；严防资产处置领域违法犯罪行为；

严防资产管理业务领域违法犯罪行为；严防信用卡业务领域违法犯罪行为；严防现金管理领域违法犯罪行为；严防保险业务领域违法犯罪行为；严防第三方合作领域违法犯罪行为；严防金融市场领域违法犯罪行为；严防洗钱和恐怖融资相关违法犯罪行为；严防信息科技领域违法犯罪行为。

（三）消费者权益保护持续加强

2020年3月1日，银保监会印发《银行业保险业消费投诉处理管理办法》（以下简称《投诉办法》）。《投诉办法》包含总则、组织管理、投诉处理、工作制度、监督管理、附则6大部分，共45条；主要体现了以下特点：一是明确消费投诉事项。二是规定银行保险机构职责。三是明确投诉处理程序。四是完善投诉处理制度机制。五是便民高效化解投诉。六是强化监管督查和对外披露。《投诉办法》的制定实施将进一步推动银行保险机构牢固树立以人民为中心的发展思想，畅通投诉渠道、提高处理效率，提升消费者对银行保险机构投诉处理工作的满意度；同时，也将有利于银保监会及其派出机构强化监管为民理念，坚持依法履职，指导督促银行保险机构加强消费者权益保护，维护金融市场秩序，为推进国家治理体系和治理能力现代化做出贡献。

为加快建立完善有利于保护金融消费者权益的机制，保护金融消费者长远和根本利益，深入贯彻以人民为中心的发展思想，落实党中央、国务院在《关于新时代加快完善社会主义市场经济体制的意见》中提出的"建立健全金融消费者保护基本制度"决策部署，中国人民银行于2020年9月18日制定并发布《中国人民银行金融消费者权益保护实施办法》（中国人民银行令〔2020〕第5号，以下简称《保护实施办法》），自2020年11月1日起施行。《保护实施办法》共七章，六十八条。第一章总则，主要对立法依据、适用范围及基本原则进行了规定。第二章金融机构行为规范，主要从银行、支付机构金融消费者权益保护顶层设计、全流程管控、信息披露和金融营销宣传等方面进行规范。第三章消费者金融信息保护，从消费者金融信息安全权角度，进一步强化了信息知情权和信息自主选择权。第四章金融消费争议解决，对争议解决的程序性规定及非诉第三方解决机制进行了细化和完善。第五章监督与管理机制，根据人民银行新"三定"方案，就制度制定、协调机制、监管执法合作等进行明确。第六章法律责任，规定了银行、支付机构责任、高管责任以及人民银行工作人员责任。第七章附则，明确了参照适用的机构类型、解释权、生效和废止等内容。《保护实施办法》将主动防范化解系统性金融风险放在更加重要的位置，发挥好金融消费者权益保护工作金融领域"减震器"和"舒压阀"的基础性作用，保护金融消费者长远和根本利益的现实需要，提升保护金融消费者权益专门文件的法律效力位阶，进一步规范银行、支付机构的经营行为，打击侵犯金融消费者合法权益的违法违规行为、合理提升违法违规成本的迫切需要，解决金融领域违法违规成本过低的问题。

（四）各业务领域监管更加完善

1. 财产险领域

（1）推进车险综合改革

2020年，银保监会对车险市场持续保持监管高压态势。车险综合改革正式实施，为消费者权益提供全面保护。9月，为贯彻以人民为中心的发展思想和高质量发展要求，深化金融供给侧结构性改革，更好维护消费者权益，实现车险高质量发展，中国银保监会发布《关于实施车险综合改革的指导意见》（以下简称《车险综合改革指导意见》）。《车险综合改革指导意见》以保护消费者权益为主要目标，短期内将"降价、增保、提质"作为阶段性目标。主要内容包括：第一，提升交强险保障水平，提高交强险责任限额，优化道路交通事故费率浮动系数。第二，拓展和优化商车险保障服务，提升责任限额，丰富商车险产品。第三，健全商车险条款费率市场化形成机制，完善行业纯风险保费测算机制，合理下调附加费用率，逐步放开自主定价系数浮动范围等。第四，改革车险产品准入和管理方式，将商车险示范产品的准入方式由审批制改为备案制。第五，推进配套基础建设改革，全面推行车险实名缴费制度，积极推广电子保单制度。第六，加强车险监管，完善费率回溯和产品纠偏机制、明确重点任务职责分工。同样在2020年9月，中国银保监会接连发布《关于调整交强险责任限额和费率浮动系数的公告》（以下简称《公告》）和《示范型商车险精算规定》（以下简称《精算规定》）。《公告》通过提高新责任限额、平衡各地之间新费率浮动系数，贯彻落实《车险综合改革指导意见》中关于提升交强险保障水平的要求。《精算规定》通过建立费率回溯和产品纠偏机制，明确保费不足准备金的评估标准，倒逼公司理性经营，达到完善车险精算制度、防范非理性竞争行为、推动车险高质量发展的目的。

(2) 加强信保业务监管

为进一步加强信保业务监管，强化融资性信保操作规范，防范业务风险，保护保险消费者合法权益，2020年5月，银保监会发布《信用保险和保证保险业务监管办法》。9月，银保监会印发《融资性信保业务保前管理操作指引》和《融资性信保业务保后管理操作指引》。《信用保险和保证保险业务监管办法》在经营条件、承保类型、禁止行为、承保限额等方面对信保业务提出明确监管要求，在规范经营行为、防范金融交叉性风险、强化风险管控等方面发挥了积极作用。《融资性信保业务保前管理操作指引》和《融资性信保业务保后管理操作指引》重点对融资性信保业务保前风险管理和保后监测管理两大环节建立标准化操作规范，降低保险公司承保风险，强化保险公司风险管控基础。上述文件的出台有助于实现"行业发展有标准，实施监管有抓手"的目的，有助于进一步促进融资性信保业务持续健康发展。

(3) 健全农业保险管理机制

为进一步深化农业保险供给侧结构性改革，建立健全农业保险业务经营条件管理机制，银保监会发布《关于进一步明确农业保险业务经营条件的通知》（以下简称《通知》）。《通知》主要内容有三点：一是明确农险业务经营条件，从总公司和省级分公司两个层面分别制定农险业务经营条件。二是提高农险业务经营标准。《通知》从依法合规、风险管控能力、农险服务能力、信息化水平等方面进一步提高了农险经营标准。三是建立完善退出机制。《通知》作为完善农业保险制度体系的重要制度安排，将进一步完善农业保险业务经营条件管理机制，优化农业保险机构布局，规范农业保险市场秩序，有利于促进农业保险持续健康发展。

(4) 规范责任保险经营

为进一步规范责任保险经营行为，促进责任保险业务持续健康发展，2020年12月，银保监会发布《责任保险业务监管办法》，这是监管首次专门面向责任保险业务发布相关监管办法。责任保险承保边界方面，明确责任保险应当承保被保险人给第三者造成损害依法应负的赔偿责任；市场经营行为方面，明确不得存在未按规定使用经批准或备案的条款费率、销售误导、不正当竞争、违规承诺等行为等；保险服务方面，明确保险公司提供保险服务应当遵循合理性、必要性原则，以降低赔付风险为主要目的，不得随意扩大服务范围内容。《责任保险业务监管办法》有利于强化责任保险业务风险管控，提升责任保险业务质量，推动责任保险业务持续、健康、有序发展。

2. 人身险领域

（1）推进意外险改革

2020年1月17日，银保监会印发《关于加快推进意外险改革的意见》。一是推进市场化定价改革，包括健全精算体系，完善定价假设规定，建立产品价格回溯调整机制，编制意外险发生率表以及探索建立意外伤害发生率表动态修订机制。二是强化市场行为监管，包括开展市场清理整顿，制定统一的专项监管制度，建立健全信息披露机制和信息共享机制等。三是夯实发展根基，包括加快推进标准化建设，推动产品条款标准化、简单化、通俗化，建立反保险欺诈长效协作机制等。《关于加快推进意外险改革的意见》对深化意外险市场改革、提高意外险服务经济社会发展能力、增强广大群众获得感有重要意义。

（2）完善人身保险精算制度体系

2020年1月21日，银保监会印发《普通型人身保险精算规定》。保险公司新开发的普通型人身保险产品须按《普通型人身保险精算规定》要求执行，在《普通型人身保险精算规定》印发前已审批或备案的普通型人身保险产品可继续销售，但应按要求提取责任准备金。《普通型人身保险精算规定》是继分红险和万能险精算规定之后的又一大单独的精算规定，与《分红保险精算规定》《万能保险精算规定》《投资连结保险精算规定》等共同构建涵盖各类产品形态的、基本健全完善的精算制度体系。《普通型人身保险精算规定》结合各类普通型保险产品的特点，通过差别设定保险产品定价参数和标准，支持风险保障类产品发展，推动降低产品价格，提升产品竞争力，更好满足消费者保险消费需求。

（3）强化人身保险法定责任准备金监管

2020年1月21日，银保监会印发《关于强化人身保险精算监管有关事项的通知》。一是进一步强化法定责任准备金监管。以责任准备金覆盖率为抓手，将其纳入非现场监测指标体系，并与产品监管等监管措施挂钩。二是规范分红险市场发展。修订完善分红险利益演示方法，明确了演示利率上限，统一红利分配比例。三是完善非现场监测机制。对《中国保监会关于做好人身保险业有关数据报送工作的通知》中季度负债业务信息表中相关内容进行了调整，新增责任准备金覆盖率、万能险账户基本情况、投连险账户基本情况等，加大负债业务监管力度。《关于强化人身保险精算监管有关事项的通知》有助于引导人身保险业强化风险意识，守住不发生系统性风险底线，有利于防范行业利差损风险，推动人身保险业长期健康发展。

（4）重塑健康保障委托管理业务监管框架

2020年2月11日，银保监会印发《关于进一步规范健康保障委托管理业务有关事项的通知》，这是对保监会2008年印发的《关于健康保障委托管理业务有关事项的通知》的修订。一是明确保险公司开展健康保障委托管理业务的条件，充实委托内容。二是回归业务本源，取消产品备案。三是取消委托投资功能，规范管理费用。四是加强业务监管，防范潜在风险。《关于进一步规范健康保障委托管理业务有关事项的通知》的发布，对确保健康保障委托管理业务各方当事人的合法权益、满足人民群众多层次多样化的健康保障需求将起到积极作用。

（5）鼓励长期医疗保险发展

2020年3月25日，银保监会发布《关于长期医疗保险产品费率调整有关问题的通知》。一是明确费率可调的长期医疗保险产品范围。二是明确费率调整的基本要求。三是明确产品条款及产品说明书相关内容。四是明确费率调整的信息披露要求。五是规范保险公司销售行为，明确对违规行为的监管措施。《关于长期医疗保险产品费率调整有关问题的通知》的发布明确传达了鼓励发展长期医疗保险的积极信号，有利于深化人身保险供给侧结构性改革，有效解决因被保险人健康状况变化或产品停售而无法续保的风险，更好地保障消费者权益。

（6）完善健康管理服务监管制度

2020年9月6日，银保监会印发《关于规范保险公司健康管理服务的通知》。一是明确健康管理服务的概念和目的。二是提出健康管理服务应遵循的原则和要求。三是完善健康管理服务的运行规则。四是强化健康管理服务的监督管理。《关于规范保险公司健康管理服务的通知》在压实保险公司主体责任、明确保险公司开展健康管理服务的合规要求和内部问责机制的同时，注重发挥保险行业协会自律组织作用，支持其探索建立保险公司间健康管理业务交流平台和健康管理服务机构评价体系，并牵头组织行业制定管理、技术、数据等相关标准。

（7）夯实重大疾病保险发展基础

2020年11月5日，在中国保险行业协会（以下简称保险业协会）和中国医师协会合作修订完成《重大疾病保险的疾病定义使用规范（2020年修订版）》以及中国精算师协会修订完成《中国人身保险业重大疾病经验发生率表（2020）》等工作的基础上，银保监会印发《关于使用〈中国人身保险业重大疾病经验发生率表（2020）〉有关事项的通知》。一是规定"2020版重疾表"为法定责任准备金评估基础的最低要求。二是明确"2020版重疾表"对产品定价的参考作用。三是建立重大疾病经验发生率表动态修订机制。"2020版重疾表"规范了重大疾病保险业务法定责任准备金评估工作，同时夯实了重大疾病保险定价基础。

此外，为落实党中央、国务院关于粤港澳大湾区建设的战略部署，银保监会还配套制定了"2020版定义粤港澳大湾区专属重疾险产品监管规则"。

3. 中介领域

（1）加强保险销售人员和保险中介机构从业人员管理

2020年5月12日，银保监会印发《关于落实保险公司主体责任 加强保险销售人员管理的通知》和《关于切实加强保险专业中介机构从业人员管理的通知》（以下统称"两个《通知》"）。"两个《通知》"是在《保险法》及保险代理人、经纪人、公估人三部相关监管规章等法律法规框架下，紧密结合2019年在从业人员清核中发现的问题，紧扣保险机构管理责任这个关键点，对保险机构主体责任的条分细捋和明晰化。

《关于落实保险公司主体责任 加强保险销售人员管理的通知》分为全面提高认识、加强战略统筹、严格招录管理、严格培训管理、严格资质管理、严格从业管理、夯实基础管理、严格监管监督八个部分；确立了落实法律责任、管理责任的基本原则，提出了健全管理架构体系、杜绝销售人员"带病"入岗、持续提升销售人员职业素养、建设销售人员销售能力分级体系、建立销售人员队伍诚信体系、持续治理销售人员数据质量、依法严厉处罚和严肃责任追究等任务。

《关于切实加强保险专业中介机构从业人员管理的通知》针对保险专业中介机构的特点和市场定位，从全面承担管理主体责任、加强统筹管理、严格招录管理、严格培训管理、建立销售能力分级体系、严格诚信管理、夯实基础管理、严格监管监督等方面进行了明确。

"两个《通知》"明确了销售能力分级的监管要求，支持保险行业自律组织发挥平台优势，推动销售人员销售能力分级工作，督促保险机构综合考察从业人员学历水平、从业年限、保险产品知识、诚信记录等情况，推进从业人员销售能力资质建设。

"两个《通知》"主旨都是强调保险机构对保险销售服务等保险从业人员依法承担从业人员相应业务活动的法律责任，强调保险机构在法律责任前提下所产生的对这些从业人员的管理主体责任，强调保险机构对这些从业人员的全过程、全环节管理要求。

（2）规范互联网保险业务

银保监会于2020年6月22日、12月7日分别印发了《关于规范互联网保险销售行为可回溯管理的通知》《互联网保险业务监管办法》。

《关于规范互联网保险销售行为可回溯管理的通知》主要包括以下五方面内容：一是明确互联网保险销售行为可回溯管理的定义和范围。二是明确销售页面和销售页面管理的定义。三是对保险机构互联网销售过程管理做出要求。四是明确可回溯内控管理。五是明确对融合业务和自助终端业务的管理要求，以及相关法律责任和实施时间。《关于规范互联网保险销售行为可回溯管理的通知》的发布有利于维护市场秩序、防范操作风险，进一步保障金融消费者知情权、自主选择权和公平交易权等基本权利。

《互联网保险业务监管办法》重点规范内容：一是厘清互联网保险业务本质，明确制度适用和衔接政策；二是规定互联网保险业务经营要求，强化持牌经营原则，定义持牌机构自营网络平台，规定持牌机构经营条件，明确非持牌机构禁止行为；三是规范互联网保险营销宣传，规定管理要求和业务行为标准；四是全流程规范互联网保险售后服务，改善消费体验；五是按经营主体分类监管，在规定"基本业务规则"的基础上，针对互联网保险公司、保险公司、保险中介机构、互联网企业代理保险业务分别规定了"特别业务规则"；六是创新完善监管政策和制度措施，做好政策实施过渡安排。《互联网保险业务监管办法》贯彻了中央加强金融监管、防范金融风险的要求，有助于规范互联网保险业务、推动保险业供给侧改革、促进保险业高质量发展。

（3）理顺保险代理人监管体系，加强代理人监管力度

2020年11月12日，银保监会印发《保险代理人监管规定》，把保险专业代

理机构、保险兼业代理机构和个人保险代理人纳入同一部规章进行规范调整，建立了相对统一的基本监管标准和规则，涉及机构多、人员广。《保险代理人监管规定》对保险专业代理机构的要求主要有以下四个方面：一是加强市场准入管理；二是加强分支机构管控；三是理顺后置审批流程；四是提升最低注册资本。《保险代理人监管规定》对保险兼业代理机构的要求主要有以下三个方面：一是明确准入条件；二是完善退出机制；三是设置相应罚则。《保险代理人监管规定》首次提出了"独立个人保险代理人"概念，明确了保险代理机构从业人员的概念；解决了保险代理人法律关系不清、监管体系不明、管理标准不统一的问题，巩固了近年来乱象治理成果，落实了保险中介市场改革中完善准入退出管理、鼓励推动变革创新、强化机构自我管控、加强监督管理等工作任务。

2020年12月29日，银保监会印发《关于发展独立个人保险代理人有关事项的通知》，作为《保险代理人监管规定》的配套性文件，对"建立独立个人保险代理人制度"内容进行细化和补充，主要从独立个人保险代理人定位、条件标准、行为规范、选拔机制、公司管理、监督管理等方面提出具体的监管规则，明确独立个人保险代理人不隶属团队、自主独立开展保险销售的本质特征，严格规定人员基本条件及选拔机制，着力规范人员从业行为，强调保险公司管控责任及监管部门监管责任，规定保险专业代理、保险经纪机构及其从业人员可参照执行独立个人保险代理人政策。

（五）金融科技创新进一步规范

2020年10月21日，中国人民银行正式发布《金融科技创新应用测试规范》（JR/T 0198—2020）、《金融科技创新安全通用规范》（JR/T 0199—2020）、《金融科技创新风险监控规范》（JR/T 0120—2020）三项金融行业标准。

《金融科技创新应用测试规范》从事前公示声明、事中投诉监督、事后评价结束等全生命周期对金融科技创新监管工具的运行流程进行规范，明确声明书格式、测试流程、风控机制、评价方式等方面要求，为金融管理部门、自律组织、持牌金融机构、科技公司等开展创新测试提供依据。

《金融科技创新安全通用规范》从交易安全、服务质量、算法安全、架构安全、网络安全、业务连续性保障等方面明确对金融科技创新相关科技产品的基础性、通用性要求，为金融科技创新应用健康上线把好安全关口。

《金融科技创新风险监控规范》明确了金融科技创新风险的监控框架、对象、流程和机制，要求采用机构报送、接口采集、自动探测、信息共享等方式实时分析创新应用运行状况，实现潜在风险动态探测和综合评估，确保金融科技创新应用的风险总体可控。

第二节 行业因素

一、市场主体经营平稳

截至2020年底，我国保险机构有238家，较2019年减少2家，较2018年增加3家，市场主体数量总体平稳。其中，保险集团/控股公司14家、财产险公司88家、人身险公司91家、保险资产管理公司28家。2020年，134家保险公司开展了互联网保险业务，其中人身险公司61家，财产险公司73家。

截至2020年底，我国共有2 634家保险专业中介机构，较2019年减少8家。其中，保险中介集团5家，保险专业代理机构1 761家，保险经纪机构496家，保险公估机构373家。

二、保费规模稳步增长

2020年，在全球保费增长率为-1.4%的情况下，我国保险业原保险保费收入45 257.34亿元，较2019年增加2 612.59亿元，同比增长6.13%。2020年，互联网渠道实现保费收入2 908.75亿元，较2019年增加212.43亿元，占原保费收入的6.42%，同比增加7.88%。

再保险公司分保费收入1 809.24亿元，同比增长14.66%。其中，中资公司保费收入1 180.14亿元，增长12.94%；外资公司保费收入629.10亿元，增长18.03%。

2020年，中国占全球总保费的市场份额继续上升，达到全球保险市场的10.5%。全球保险市场继续向美国、中国和日本三个市场集中，三国市场合计占全球市场近58%的份额，比例高于2019年的56%。

2020年，我国保险深度为4.45%①，较2019年提高0.15个百分点；保险密度为3 219.07元/人②，较2019年增加了168元。

三、业务结构优化调整

2020年，财产险公司保费收入13 583.69亿元，同比增长4.26%；人身险公司保费收入31 673.65亿元，同比增长6.90%。从业务类型来看，2020年，财产险业务原保险保费收入11 928.58亿元，同比增加279.11亿元，同比增长2.40%，增幅较2019年同期下降5.77个百分点；寿险业务原保险保费收入23 981.93亿元，同比增加1 227.79亿元，同比增长5.40%，增幅较2019年同期下降4.40个百分点；健康险业务原保费收入8 172.71亿元，同比增加1 106.74亿元，增长15.66%；意外险业务原保险保费收入1 174.11亿元，同比减少1.05亿元，下降0.09%。财产险、寿险、健康险和意外险的保费收入占比情况见图1-1。

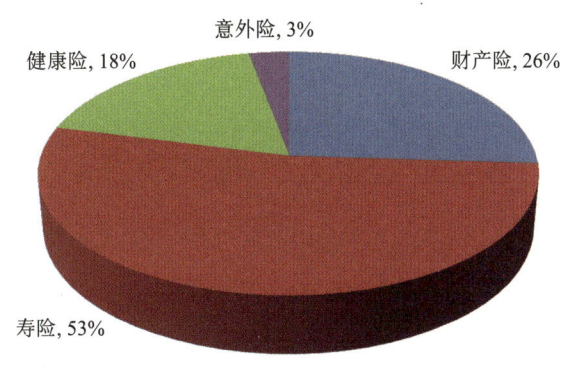

图1-1 中国保险市场结构

2020年，互联网人身险业务保费收入2 110.8亿元，同比增长13.6%，占2020年人身险公司保费收入31 673.65亿元的6.66%；互联网财产险业务保费收入797.95亿元，同比下降4.85%，占2020年财产险公司保费收入13 583.69亿元的5.87%。

---

① 保险深度＝当年原保险保费收入/当年GDP。2020年GDP数据来源于国家统计局发布的《2020国民经济和社会发展统计公报》。
② 保险密度＝当年原保险保费收入/当年初人口数与年末人口数均值。2020年初与年末人口数据来源于国家统计局公布的第七次全国人口普查主要数据。

2020年，财产险业务再保险分保费收入840.07亿元，同比增长15.10%；寿险业务再保险分保费收入441.56亿元，同比增长4.81%；健康险业务再保险分保费收入454.48亿元，同比增长28.71%；意外险业务再保险分保费收入73.14亿元，同比下降0.70%。

四、市场格局持续集中

（一）市场集中度

财产险方面，2020年市场集中度依然较高。原保险保费收入居市场前三位、前五位、前十位的财产险公司合计市场份额分别达到63.65%、73.89%、84.66%，与2019年同期基本一致。2020年，互联网财产保险市场集中度下降，竞争更加充分。互联网财产保险保费规模排名前十的保险公司分别为众安保险、泰康在线、人保财险、太保产险、国泰产险、大地保险、太平财险、平安产险、京东安联、阳光产险，累计保费收入622.12亿元，占比77.96%，较2019年下降4.46个百分点。

人身险方面，行业龙头牢牢占据领先地位。2020年，比较原保险保费收入，国寿股份、平安人寿市场份额分别为19%、15%，前两家合计占整个市场份额的三分之一以上。其他排名前十的人身险公司市场份额占比均在10%以下。人身险市场前三大、前五大和前十大经营者的市场份额分别为40.97%、50.65%和67.86%，较2019年均有所下降，行业集中度出现缓慢下降的趋势，但依然较高。2020年，互联网人身保险市场前三大、前五大和前十大公司的规模保费市场份额分别为40.9%、57.2%和79.6%，与2019年相比，前三大、前五大和前十大公司的市场份额均出现下降，但市场集中度仍然较高。排名第一的中邮人寿，累计实现规模保费380.2亿元，市场份额占比为18%，较2019年略有上升，其次是国华人寿，两者合计市场份额占比将近三分之一；排名第三、第四位的公司，市场份额均在10%以上；排名第五至第十位的公司，市场份额在3%至6%之间。

（二）区域集中度

全国各地区原保险保费收入排名中，广东省（不含深圳市）、江苏省列前两位，保费收入分别为 4 199.34 亿元、4 015.10 亿元；山东省（不含青岛市）排名第三，实现保费收入 2 971.55 亿元。海南、青海、西藏列后三位，前三位和后三位保费规模差距显著。

2020 年，东部 14 省（市）（含深圳、青岛、宁波、厦门 4 个计划单列市）保费收入 24 394.89 亿元，占全国保费收入的 53.90%；中部 6 省保费收入 9 137.60 亿元，占全国的 20.19%；西部 12 省（区、市）保费收入 8 627.73 亿元，占全国的 19.06%；东北 4 省（市）（含计划单列市大连）保费收入 3 035.62 亿元，占全国的 6.71%；集团和总公司本级保费收入为 61.50 亿元，占全国的 0.14%（见图 1-2）。

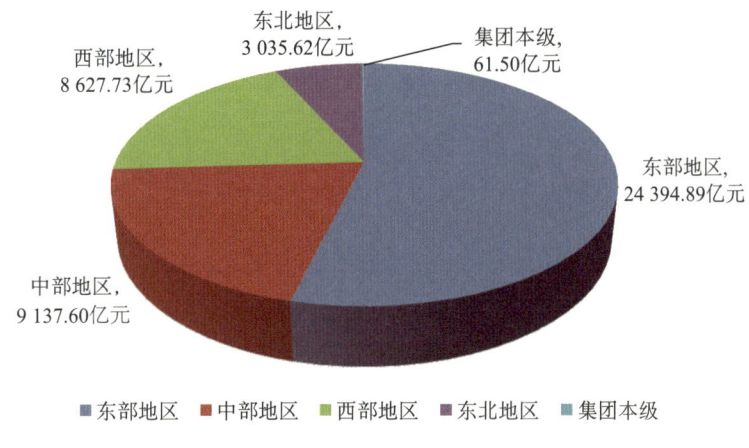

图 1-2 2020 年保费收入区域结构分布

第二章
保险科技总体发展状况

以互联网、大数据、云计算、人工智能、区块链等为代表的新一代信息技术快速演进，保险行业积极拥抱科技发展，"科技—行业"交互迭代效应持续增强，传统的保险业务模式产生了巨大变化。保险科技从经营场景拓展、保险产品创新、客户服务优化、风险管控升级等方面对保险行业转型升级发挥了积极作用，对行业的高质量发展发挥着越来越重要的作用。

第一节 情况概述

保险科技发展情况调研（以下简称调研）共覆盖各类保险机构 255 家，其中集团/控股公司 14 家、财产险公司 83 家、人身险公司 90 家、再保险公司 8 家、保险资管机构 18 家、保险中介机构 42 家。调研数据涉及科技投入、技术应用、基础设施、发展认知、人才队伍和组织架构 6 个领域，主要数据说明如下。

一、科技投入

（一）信息科技投入情况

信息科技投入[1]费用直接反映了保险行业保险科技费用投入情况。2020 年，保险全行业信息科技投入约 351 亿元，其中直保公司[2]信息科技投入 295.07 亿元，同比增长 16.74%。在直保公司中，财产险公司信息科技投入 123.83 亿元，同比增长 14.59%；人身险公司信息科技投入 171.24 亿元，同比增长 17.87%。

从信息科技投入经费结构上看，直保公司投入经费占据行业投入经费的绝对主体地位，2020 年直保公司信息科技投入在行业整体信息科技投入中占比达86.20%；直保公司中，财产险公司信息科技投入占比为 41.97%，人身险公司投入占比为 58.03%。

---

[1] 根据银保监会定义，信息科技投入费用指公司本年度在信息科技方面实际发生的资金投入。如部分资金非一次性投入，则只统计本年度实际投入部分的资金。计算公式：本年度信息科技投入 = 本年度基础设施投入 + 本年度电子设备采购投入 + 本年度软件采购投入 + 本年度系统开发项目投入 + 本年度系统运营投入 + 本年度信息科技咨询投入 + 本年度信息科技人力资源费用 + 本年度其他投入。

[2] 直保公司指财产险公司和人身险公司。

从各企业平均信息科技经费指标来看，2020 年，保险行业企业平均保险经费约 1.98 亿元，直保公司平均经费 1.69 亿元，财产险公司平均经费 1.47 亿元（其中大中型[1]财产险公司平均经费 9.88 亿元，小微型财产险公司平均经费 0.47 亿元），人身险公司平均经费 1.90 亿元（其中大中型人身险公司平均经费 3.32 亿元，小微型人身险公司平均经费 0.61 亿元）。

从信息科技投入在保费收入中的占比来看，2020 年，直保公司整体信息科技投入在保费收入中约占 0.65%，且连续两年占比增长，其中财产险公司平均占比为 0.92%，大中型财产险公司平均占比为 0.80%，小微型财产险公司平均占比为 1.52%，人身险公司平均占比为 0.54%，大中型人身险公司平均占比为 0.48%，小微型人身险公司平均占比为 1.69%。

（二）保险科技投入方向、意愿

从保险科技投入方向来看，全行业在软件、硬件和人力三个大类中以软件投入占比最高，但保险中介机构人力投入占比最高；其中，硬件投入最高的公司硬件投入占比[2]为 40.10%，软件投入最高的公司软件投入占比[3]为 56.94%，人力投入最高的公司人力投入占比[4]为 54.07%；集团公司中 1 家公司硬件投入占比最高（投入占比 60%），7 家公司软件投入占比最高（投入占比均值 47.95%），6 家公司人力投入占比最高（53.56%）。

从保险科技投入意愿来看，各类保险机构持续投入增加度达[5] 67.93%，其中集团/控股公司投入增加度为 78.57%，直保公司投入增加度为 61.85%，外资保险企业投入增加度为 54.00%，财产险公司投入增加度为 55.42%，人身险公司增加度为 67.78%，保险中介投入增加度为 90.48%，再保险投入增加度为 62.5%，保险资管投入增加度为 77.78%。未来 1—3 年，约近半数机构计划投

---

[1] 根据《金融业企业划型标准规定》（银发〔2015〕309 号），按照上年年末资产总额划分：大型企业资产总额≥5 000 亿元；400 亿元≤中型企业资产总额＜5 000 亿元；20 亿元≤小型企业资产总额＜400 亿元；微型企业资产总额＜20 亿元。
[2] 硬件投入占比指投入占比最高为硬件投入的公司其硬件投入在保险科技总投入中的占比。
[3] 软件投入占比指投入占比最高为软件投入的公司其软件投入在保险科技总投入中的占比。
[4] 人力投入占比指投入占比最高为人力投入的公司其人力投入在保险科技总投入中的占比。
[5] 针对调研中的问题"相对于发展保险科技的需求，目前贵公司在保险资管科技的投入情况是"回答为"基本满足需求，且计划未来 1—3 年增加投入"和"远未满足需求，但计划未来 1—3 年增加投入"选项的公司数量之和在参与调研总体样本中的占比。

入年均增幅为10%—30%，财产险投入增幅略低。

（三）满意度评价

各类保险机构保险科技投入满意度[①]达81%，其中，集团/控股公司投入满意度最高为92.86%，直保公司投入满意度为80.92%，外资保险企业投入满意度为76.00%，财产险公司投入满意度为78.31%，人身险公司投入满意度为83.33%，保险中介投入满意度为76.19%，再保险公司投入满意度为100%，保险资管投入满意度为88.89%。

二、技术应用

（一）总体情况

保险科技应用中，按照技术应用是否同时适用于财产和人身保险两类场景划分，14项保险科技可划分为通用型技术和专用型技术。其中，8项通用型技术包括移动技术、大数据、云计算、人工智能、区块链、隐私计算、机器人流程自动化（RPA）和二维码，6项专用型技术包括物联网、车联网、基因科技、无人机、虚拟现实（VR）和可穿戴设备。

通用型技术中，各类保险公司对大数据、移动技术、云计算和人工智能的应用比例较高；专用型技术中，财产险公司应用比例远超人身险公司。集团公司通用型技术应用比例（16.48%）高于直保公司（12.80%），专用型技术应用比例（3.46%）也高于直保公司（0.79%）。

按保险价值链划分，"客户服务""销售渠道"和"核保理赔"环节中保险科技的应用比例最高。此外，财产险公司对于保险科技的应用领域广于人身险公司，集团公司还注重"风险管理"的应用。

在具体技术的应用方向上，移动技术在"客户服务""销售渠道"和"核保理赔"环节应用率较高，应用比例[②]分别达68%、60%和48%；大数据技术

[①] 针对调研中的问题"相对于发展保险科技的需求，目前贵公司在保险资管科技的投入情况是？"回答为"基本满足需求，且计划未来1—3年增加投入"和"基本满足需求，但投入将维持现有规模"选项的公司数量之和在参与调研总体样本中的占比。

[②] 应用比例指在该领域应用该项技术的公司数在总样本中的占比。

应用范围则比较宽泛，在"风险管理""客户服务""核保理赔"和"销售渠道"环节应用率较高，应用比例分别达 41%、39%、38% 和 36%；云计算在"客户服务"和"销售渠道"环节应用率较高，应用比例分别达 32% 和 38%；人工智能在"客户服务""核保理赔"和"销售渠道"环节应用率较高，应用比例分别为 48%、38% 和 33%；二维码主要在"客户服务"和"销售渠道"环节应用，应用比例分别为 16% 和 27%；RPA 主要在"财务核算"和"核保理赔"环节应用，应用比例分别为 20% 和 8%；区块链在"销售渠道""核保理赔"和"监管合规"环节应用相对集中，应用比例分别为 6%、5% 和 5%；隐私计算在各个领域都还没有集中应用。

（二）线上化指标

线上化客户比例指本年度所有线上完成投保和理赔的客户量占客户总量的比例；线上化产品比例是指线上在售的产品数占产品总数的比例。2018—2020 年，保险行业线上化客户及线上化产品比例逐年上升。2020 年，直保公司整体线上化客户比例达 43.70%，线上化产品比例达 37.61%。

2020 年，财产险线上化客户比例（35.53%）低于人身险（51.33%），财产险线上化产品比例（27.33%）也低于人身险（47.19%）；其中，大中型财产险公司线上化客户（39.90%）和线上化产品（30.56%）比例均高于小微型公司（34.94% 和 26.90%），而大中型人身险公司线上化客户（45.86%）和线上化产品（45.49%）比例均低于小微型公司（56.32% 和 48.75%）。

2020 年，直保公司整体承保自动化率为 62.10%，核保自动化率为 73.61%，理赔自动化率为 23.34%。其中，在自动化程度较高的承保、核保环节，人身险（77.79% 和 80.05%）自动化率高于财产险（45.29% 和 66.70%），但在自动化程度较低的理赔环节，财产险（27.77%）自动化率高于人身险（19.21%）。此外，不论财产险，还是人身险，大中型保险公司在承保、核保和理赔各环节的自动化率均高于小微型公司。

（三）重要领域应用

数字营销渠道中，各类保险机构对小程序、远程展业平台、自有平台三大渠道的平均使用率为 59.35%，其中财产险公司平均使用率为 59.04%，人身险公司平均使用率为 63.33%，保险中介平均使用率为 58.74%，再保险公司平均使用率为 37.50%，保险资管平均使用率为 44.44%。

风险管理中，全行业保险科技应用主要体现在"承保理赔"和"内部风控"方面，其中财产险更关注"承保理赔"和"风险定价"方面的应用，人身险更关注"承保理赔""内部风控"和"投资风险预警"方面的应用，保险中介更关注"客户风险画像""内部风控"以及"产品设计"方面的应用。

三、基础设施

（一）采用云计算情况

保险行业整体采用云计算的比率为 76.79%，其中集团公司采用云计算的比例最高，为 92.86%，直保公司采用云计算的比例为 75.72%，外资保险企业采用云计算的比例为 68%，财产险公司采用云计算的比例为 67.47%，人身险公司采用云计算的比例为 84.44%，保险中介采用云计算的比例为 88.10%，再保险公司采用云计算的比例为 75.00%，保险资管采用云计算的比例为 72.22%。全行业近 7% 的机构已经实现完全采用云计算，全部集团公司没有实现完全云部署。

云计算设备中，公有云、私有云和混合云占比分别为 19.41%、20.68% 和 36.71%，其中 14 家集团公司中 1 家使用公有云、5 家使用私有云、7 家使用混合云（以私有云为主）。

在采用云计算的系统中，"销售和服务系统"占比最高，14 家集团公司中有 10 家"销售和服务系统"已经采用云计算。

（二）灾备情况

全行业硬件基础设施灾备系统使用率为 91.98%，其中集团公司使用率为 85.71%，直保公司使用率为 95.38%，外资保险企业使用率为 98.00%，财产险公司使用率为 98.80%，人身险公司使用率为 97.78%，保险中介机构使用率为 85.71%，再保险公司使用率为 75.00%，保险资管机构使用率为 94.44%。

全行业云灾备使用率为 46.84%，其中集团公司使用率为 64.29%，直保公司使用率为 42.77%，外资保险企业使用率为 34.00%，财产险公司使用率为 43.37%，人身险公司使用率为 41.11%，保险中介机构使用率为 61.90%，再保险公司使用率为 37.50%，保险资管机构使用率为 27.78%。

（三）来源渠道

保险科技供给来源中，行业总体以"第三方采购"为主，但保险中介以"自建/自主研发"为主。14 家集团公司中，12 家采用"自建/自主研发"方式实现保险科技的应用，4 家采用对外投资方式，11 家采用"第三方采购"方式。

全行业设立保险科技子公司、对外投资均处于早期阶段，但 40 家保险中介设立保险科技子公司比例已达 30%。14 家集团公司中，3 家已经成立保险科技子公司，6 家正在申请或计划成立；2 家已经对外投资前沿性保险科技公司，3 家正在寻找投资目标。

四、发展认知

（一）对保险科技应用趋势的认知

各类保险机构对于保险科技应用趋势具有高度一致的认知度为 83.12%，发展保险科技的认知基础已经具备。其中，集团/控股公司保险科技应用共识度[①]（88.57%）高于直保公司（81.16%），人身险公司应用共识度（84.89%）高于财产险公司（77.59%），也高于外资保险公司（含财产险、寿险公司）共识度（79.20%）。

（二）最有可能实现突破的技术

未来 3 年，在保险科技诸多分支中，各类保险机构普遍认为大数据、云计算、人工智能最可能成为实现突破的技术。除共性的认知之外，各类型机构也存在一定差异。其中，财产险公司认为，物联网技术领域更可能获得突破；再

---

① 调研问题保险科技五项应用趋势中"内部运营自动化和智能化""客户画像成为基本业务流程""风险模型的预测功能对实际业务产生重大指导作用""数字经济的发展导致保险产品形态发生重大变化"和"保险产业链重构，保险公司部分核心业务外包"选项，选择"有可能应用"和"很有可能应用"的公司数在总体样本中占比的平均值。

保险公司认为，区块链技术领域更可能获得突破；保险中介认为，隐私计算技术领域更可能获得突破。

（三）与科技公司合作面临的主要挑战

与保险科技公司合作是保险公司发展保险科技的重要形式，其中，"数据的可获得性和安全性"是影响合作的核心因素，"信息系统的安全性与兼容性"和"监管的不确定性"也受到各类保险公司重点关注。

五、人才队伍

（一）规模、结构、公司平均情况

信息科技从业人员数量直接反映了保险行业在科技人力资本方面的投入。2020年，各类保险机构信息科技从业人员（不包括外包人员）达2.62万人，占总体从业人员的2.51%，同比增加9.00%。其中，直保公司信息科技从业人员2.02万人，占比为1.98%，同比增加10.48%，财产险公司信息科技从业人员0.84万人，占比为1.47%，同比增加4.37%，人身险公司信息科技从业人员1.18万人，占比为2.64%，同比增加15.29%。

2020年，各类保险机构信息科技外包人员达3.02万人，同比减少5.28%。其中，直保公司信息科技外包人员2.46万人，同比增加4.87%，财产险公司信息科技外包人员0.94万人，同比下降18.50%，人身险公司信息科技外包人员1.51万人同比增加27.71%。

2020年，保险行业从业人员总数量下降3.59%，但各类保险机构信息科技工作人员，即从业人员和外包人员之和，达5.58万人，同比增加0.78%。2020年，直保公司信息科技工作人员4.48万人，同比增加7.33%，财产险公司信息科技工作人员1.79万人，同比下降9.11%，人身险公司信息科技工作人员2.69万人，同比增加21.96%。从信息科技工作人员数量结构来看，人身险公司信息科技工作人员在直保公司信息科技工作人员中约占60.13%，财产险公司占比仅为39.87%，人身险公司工作人员总数约为财产险公司的1.51倍。

从平均信息科技工作人员数量来看，大中型财产险公司平均信息科技工作人员1 030人，大中型人身险公司平均479人，小微型财产险公司平均102人，小微型人身险公司平均136人，各类保险公司信息科技工作人员规模差距比较显著。

（二）能力要素

保险科技人才队伍建设中，各类保险机构均认为"基于用户角度的产品意识""不断迭代的创新能力"和"技术人员的金融机构从业经验"是保险科技从业人员的核心技能。

（三）队伍建设关键因素

全行业认为，"薪酬"和"企业文化"是保险科技人才队伍建设的重要因素。

六、组织架构

（一）领导架构

实施保险科技战略组织建设中，全行业近八成机构具备明确的领导架构，但"名正职弱"现象显著，14家集团公司中，6家公司CEO设置了发展保险科技相关的绩效考核指标（KPI），且设置了首席信息官（CIO），1家公司CEO设置了发展保险科技相关的KPI，但没设置CIO，3家公司CEO没有设置KPI，仅设置了CIO，但不作为班子成员，3家公司CEO没有设置KPI，仅设置了CIO，但不作为班子成员。

（二）组织架构

全行业超九成机构设置了明确的组织架构，14家集团公司中，4家设立了保险科技子公司，2家设立了独立于IT部门的子公司，4家设立了专门的部门（但和IT同属一个部门），3家公司设置独立部门，但职责归属于具体部门。

（三）激励机制

保险科技创新机制以激励机制最普及，容错机制最稀缺；全行业创新激励机制以 KPI 考核为主，保险中介建立期权激励机制比例较高；全行业半数机构尚未建立创新容错机制，保险中介容错机制建设领先行业。

（四）绩效评价

总体而言，全行业保险科技发展绩效满意度为 73.00%。其中，集团/控股公司满意度为 85.71%，直保公司满意度为 69.94%，外资保险企业满意度为 64.29%；财产险公司满意度为 65.06%，人身险公司满意度为 74.45%，保险中介满意度为 83.33%，再保险公司满意度为 87.50%，保险资管满意度为 77.78%（见图 2－1）。

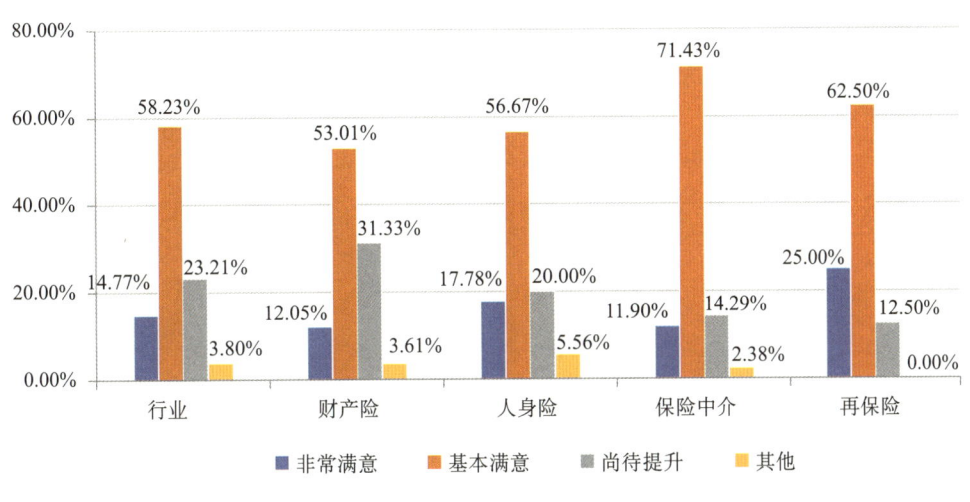

图 2－1　保险科技发展绩效自我评价

第二节　数据分析

本节针对调研各项指标收集数据进行具体分析，如无特别说明，所有数据均来自调研问卷结果。

一、科技投入指标

（一）全行业保险科技投入满意度为 81.43%，集团公司居首，外资保险企业最低

如图 2－2 所示，保险机构对于保险科技投入的自我评价普遍较高，超过

81.43%的保险机构认为目前保险科技投入基本满足需求，超过67%的机构表示会在未来1—3年增加保险科技投入。237家各类保险机构中，125家机构（占52.74%）认为目前保险科技投入基本满足需求，且计划未来1—3年增加投入，68家机构（占28.69%）认为目前保险机构投入基本满足需求，投入将维持现有规模，36家机构（占15.19%）认为保险科技投入远未满足基本需求，计划未来1—3年增加投入，只有8家机构（占3.38%）认为保险科技投入远未满足需求，且未来也没有增加投入的计划。

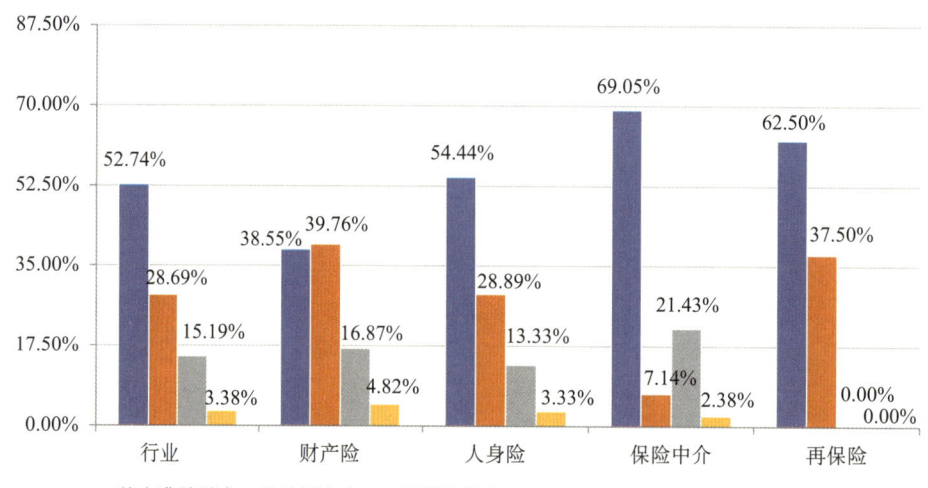

图2-2 保险机构对于保险科技投入的自我评价

如果以"保险科技投入是否满足需求"作为界定"保险科技投入满意度"的标准，则全行业"保险科技投入满意度"达81.43%，其中再保险公司"投入满意度"最高，达100%，人身险公司次之，达83.33%，而保险中介和财产险公司的保险科技"投入满意度"分别为76.19%和78.31%。

如果以"未来1—3年是否计划增加投入"作为界定"保险科技投入增加度"的标准，则全行业"保险科技投入增加度"达67.93%，其中保险中介"投入增加度"最高，达90.48%，人身险公司和财产险公司次之，分别为67.77%和55.42%，再保险公司仅为62.50%。

按照以上方法，14家保险集团/控股公司"投入满意度"为92.86%，高于行业平均水平约11个百分点；"投入增加度"为78.57%，高于行业平均水平11

个百分点,保险集团/控股公司成为未来保险科技投入的重要来源。此外,50家外资保险公司"投入满意度"为76.00%,"投入增加度"为54.00%,均低于行业平均水平。

(二) 未来3年,近半数机构计划投入年均增幅10%—30%,财产险投入增幅略低

未来3年,237家保险机构中118家(占49.79%)保险科技投入年均计划增长10%—30%,16家机构(占6.78%)投入年均计划增长30%—50%,8家机构(占3.37%)投入年均计划增长超过50%。此外,94家机构(占39.66%)计划投入年均增长为10%以下。

从细分情况来看,财产险公司计划投入以年均增长10%以下为主,再保险公司、人身险公司、保险中介机构计划投入年均增长均以10%—30%占比最高。外资直保公司计划投入年均增长10%以下的约占50%(见图2-3)。

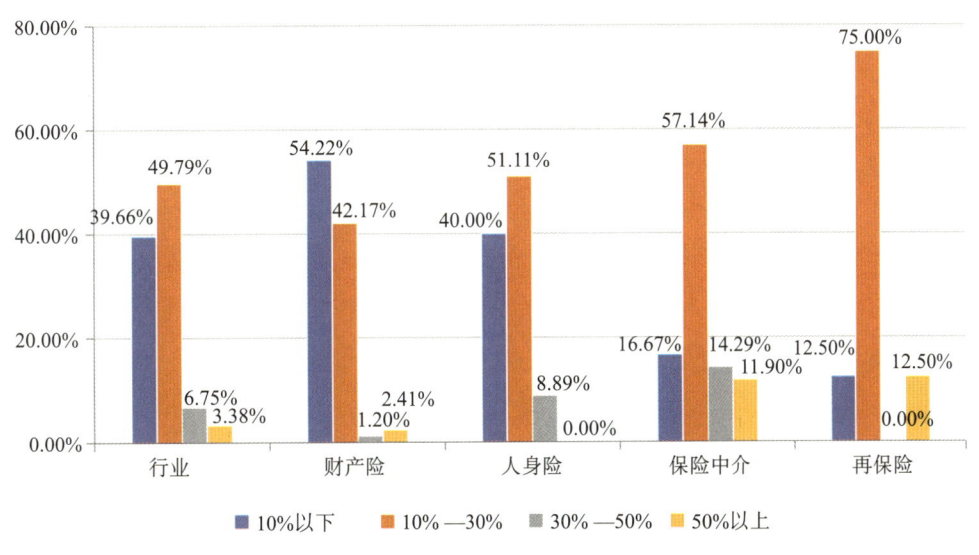

图2-3 保险科技投入计划增长幅度

(三) 全行业软件投入占比最高,保险中介人力投入占比最高

237家各类保险机构中,分别有19家(占9.70%)、148家(占64.14%)和60家(占26.16%)的保险科技投入在硬件、软件和人力(仅包括各类保险机构自有技术人员,不包括外部驻场人员)上占比最高,其中保险中介机构人

力投入占比最高（见图2-4）。

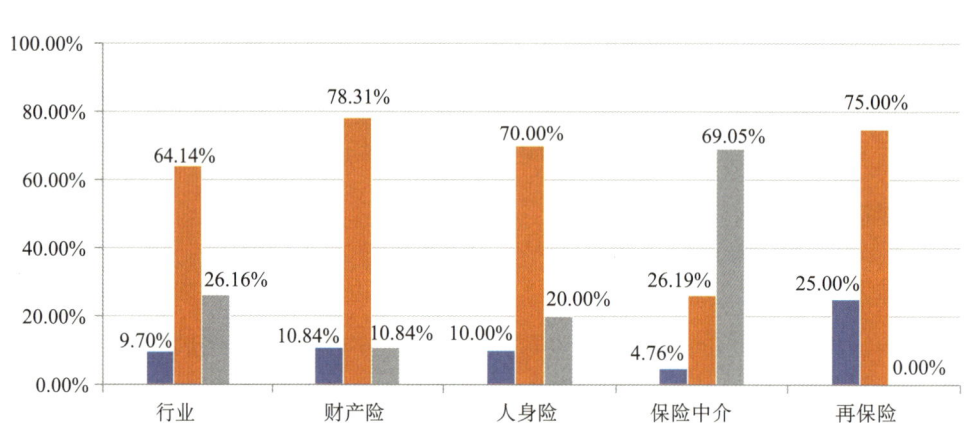

图2-4 保险科技投入占比

此外，硬件投入占比最高的公司硬件平均投入在保险科技上的占比为40.10%，软件投入占比最高的公司软件平均投入在保险科技上的占比为56.94%，人力投入占比最高的公司人力平均投入在保险科技上的占比为54.07%。

（四）软件投入"核心系统"占比最高，人身险各领域投入比例高于财产险

保险科技软件投入方向中，超过一半的企业均在"核心业务系统""销售及服务系统""客户管理系统""综合管理系统""财务管理系统"和"内控合规系统"6大领域进行投入，其中226家（占95.36%）投入"核心业务系统"，199家（占83.97%）投入"销售及服务系统"，158家（占66.67%）投入"客户管理系统"，144家（占60.76%）投入"财务管理系统"；125家（占52.74%）投入"综合管理系统"，119家（占50.21%）投入"内控合规系统"。从细分情况来看，人身险各领域投入比例都高于财产险和保险中介机构（见图2-5）。

（五）通用型技术投入比例普遍较高，智能办公、移动技术投入比例领先

保险科技按其在数据产业链中的作用可以简单划分为"通用型技术"（如"移动技术""大数据""云计算""人工智能""区块链"和"隐私计算"等）和

"专用型技术"（即适用于特定场景或限定于特定用途的技术领域，如"物联网""车联网""基因科技""无人机""AR/VR""RPA""可穿戴设备""二维码"等）。

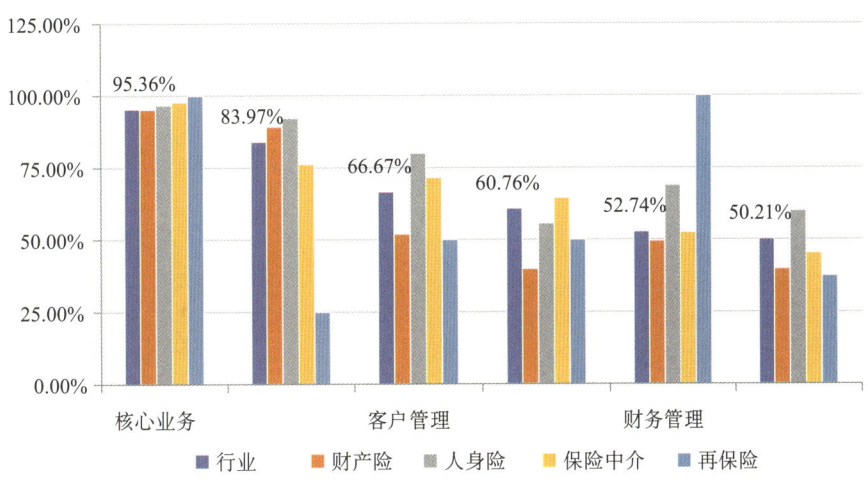

图 2-5 保险科技软件投入方向

保险科技投入方向中，"通用型技术"比例普遍较高。其中，"移动技术"和"大数据"作为保险行业获得数据的主要来源，未来一年，占比约 97.47% 和 96.20% 的保险机构计划投入；"云计算"和"人工智能"发展较早，分别获得约 78.06% 和 80.59% 保险机构的投入；物联网、车联网、基因科技、无人机、虚拟现实和可穿戴设备处于较早发展阶段，获得投入比例约为 5%—10%；RPA 和二维码作为智能办公和移动业务的主要技术，获得较高比例（约 20%—50%）投入。

从细分情况来看，未来 1 年，财产险和人身险保险科技重点投入领域分布和上述情况基本类似。保险中介机构在重点关注通用型技术的基础上，对于物联网、车联网、基因科技、无人机、VR/AR、可穿戴设备以及二维码的投入比例均超过行业平均水平。再保险公司除对通用型技术重点关注之外，对区块链和隐私计算的投入比例超过行业平均水平（见图 2-6）。

（六）财产险重视"核保理赔"和"产品定价"，人身险重视"销售渠道"和"客户服务"

按照保险价值链划分，未来 1 年，保险科技重点投入领域大体分为 3 类。其中，计划投入公司数量在全部样本中占比超过 50% 的领域包括"销售渠道"和"客户服务"，占比为 20%—50% 的领域主要包括"核保理赔""监管合规"和

"产品设计",占比为20%以下的领域主要包括"风险管理""产品定价""财务核算""投资分析""再保险"和"人力资源"(见图2-7)。

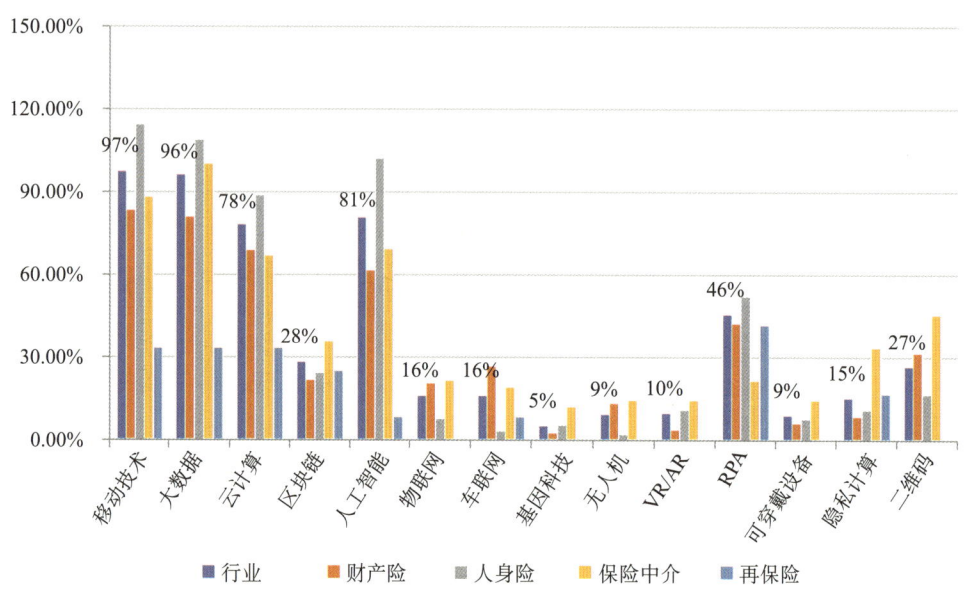

图2-6 未来1年保险科技重点投入领域(按技术方向)

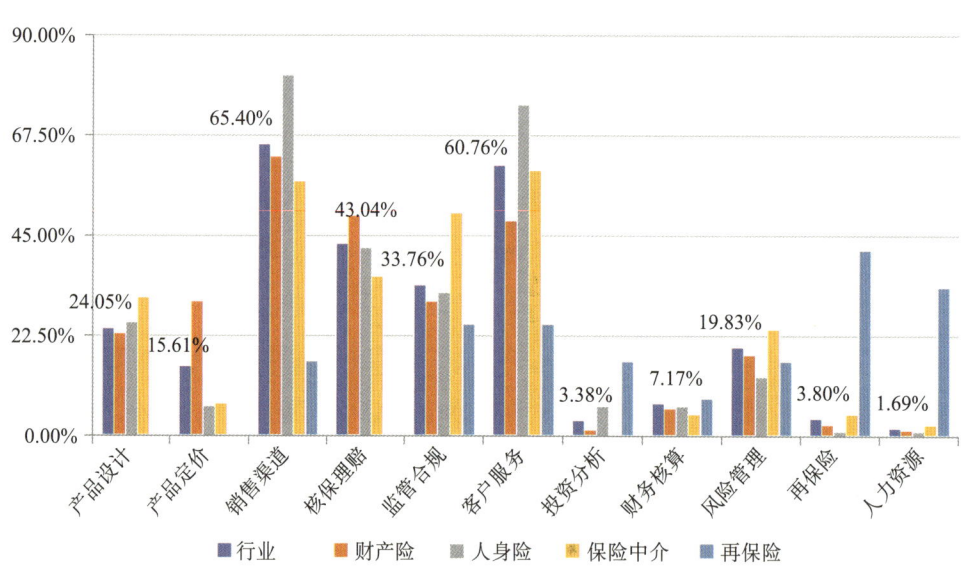

图2-7 未来1年保险科技重点投入领域(按业务方向)

从细分领域来看,财产保险和人身保险公司重点投入领域和全体样本基本相似,但财产险公司更加重视"核保理赔"和"产品定价"方面的投入,人身险公司更加重视"销售渠道"和"客户服务"方面的投入。

二、技术应用方向

(一)"客户服务""销售渠道"和"核保理赔"应用程度最高,"产泛寿聚"显著

保险科技的应用贯穿保险价值链多个环节,按照保险价值链划分,保险科技可在 12 个领域产生应用,其中各类保险机构在"客户服务""销售渠道"和"核保理赔"领域应用比例较高,均超过 10%;在"风险管理""监管合规""财务管理""产品定价"以及"产品设计"领域的应用集中在 5%—10%,在"投资分析""再保险"和"人力资源"领域的应用比例则低于 5%。

从细分情况来看,财产险公司对于保险科技在"核保理赔""产品设计""产品定价""财务核算""再保险"和"人力资源"领域的应用比例均超过行业平均水平;而人身险公司对于保险科技的应用仅在"核保理赔""销售渠道"及"客户服务"领域超过行业平均水平;保险中介机构则在"监管合规"和"风险管理"领域超过行业平均水平。由此可见,财产险公司保险科技应用领域相对人身险公司和保险中介机构更加广泛,而人身险公司保险科技应用更加"聚焦"(见图 2-8)。

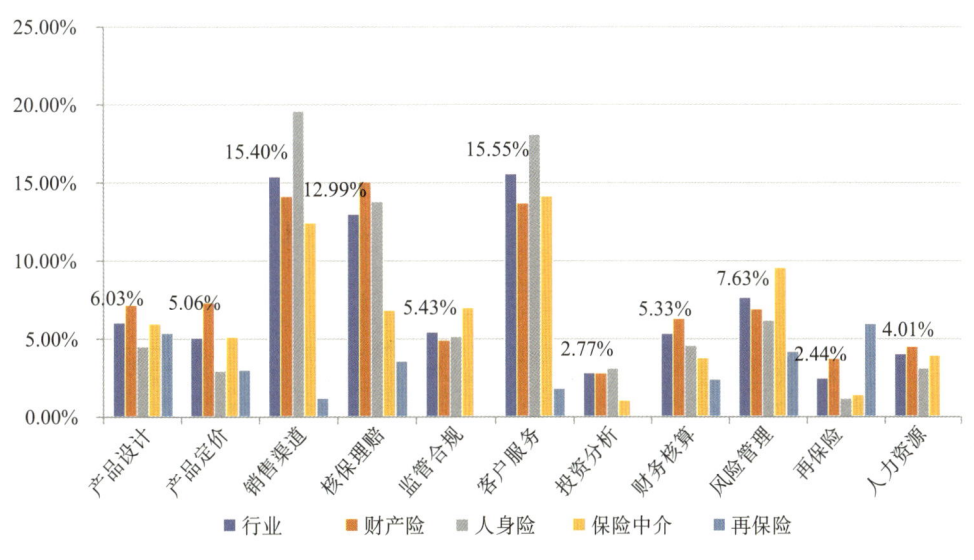

图 2-8 保险科技应用情况(按保险价值链划分)

（二）通用型技术应用较广，专用型技术财产险应用远超人身险

保险科技按照具体技术在数据产业链中的作用可以简单划分为"通用型技术"（如"移动技术""大数据""云计算""人工智能""区块链"和"隐私计算"等）和"专用型技术"（即适用于特定场景或限定于特定用途的技术领域，如"物联网""车联网""基因科技""无人机""AR/VR""RPA""可穿戴设备"和"二维码"等）。

在具体技术的应用方向上，移动技术在"客户服务""销售渠道"和"核保理赔"环节应用较高，应用比例[①]分别达68%、60%和48%；大数据技术应用范围则比较宽泛，在"风险管理""客户服务""核保理赔"和"销售渠道"环节应用率较高，应用比例分别达41%、39%、38%和36%；云计算在"客户服务"和"销售渠道"应用率较高，应用比例分别达32%和38%；人工智能在"客户服务""核保理赔"和"销售渠道"环节应用率较高，应用比例分别为48%、38%和33%；二维码主要在"客户服务"和"销售渠道"环节应用，应用比例分别为16%和27%；RPA主要在"财务核算"和"核保理赔"环节应用，应用比例分别为20%和8%；区块链在"销售渠道""核保理赔"和"监管合规"环节应用相对集中，应用比例分别为6%、5%和5%；隐私计算在各个领域都还没有集中应用（见表2-1）。

表2-1　　　　保险科技在保险价值链各环节应用比例前三位

保险科技应用	风险管理	客户服务	销售渠道	核保理赔
大数据	41%	39%	36%	35%
移动技术		68%	60%	48%
云计算		32%	38%	
人工智能		48%	33%	38%
区块链			6%	5%

进一步考察保险价值链诸环节具体保险科技应用情况发现，通用型技术中，

[①] 应用比例指在该领域应用该项技术的公司数量在总样本中的占比。

人身保险在大数据、移动技术、云计算、人工智能方面应用比例超过行业平均水平，财产险在区块链、隐私计算方面应用比例超过行业平均水平；专用型技术中，财产险在物联网、车联网、无人机、可穿戴设备、二维码方面应用比例超过行业平均水平，人身险只在 RPA 中应用超过行业平均水平。财产险和人身险在技术应用方面的区别和二者在保险价值链应用的"产泛寿聚"直接相关，也是不同险种覆盖风险场景多少的具体体现；人身险以"人"为风险管理对象，所以风险因素绝大部分只和人相关，财产险则涉及出行、居家、生产等多个场景，所以更加需要多种技术获得场景数据。

（三）数字营销渠道以小程序、远程展业平台、自有平台为主

保险机构数字营销渠道中，微信小程序、远程展业平台和自有平台是三大渠道。其中，在 237 家各类保险机构中，148 家（占 62.45%）选择使用微信小程序作为线上营销渠道，140 家（占 59.07%）采用远程展业平台，134 家（占 56.54%）选择自有平台（如官网）作为数字渠道；第三方平台作为保险机构数字营销渠道的重要性正在降低，237 家企业中仅有 95 家机构使用第三方平台渠道，占比仅为 40.08%；受监管政策限制，视频网站尽管流量增长迅猛，但作为保险机构线上渠道发挥作用仍较有限，仅有 29 家公司使用其作为线上渠道，占比最低，仅为 12.24%。

（四）承保理赔和内部风控是风险管理主要应用领域

保险科技在风险管理方面可发挥多重作用，如承保理赔、产品设计、风险定价、客户风险画像、投资风险预警和内部风控等。在 237 家企业中，183 家（占 77.22%）在承保理赔领域运用，124 家（占 52.32%）在内部风控领域运用，96 家（占 40.51%）在客户风险画像领域运用。

从细分领域来看，财产险在承保理赔、风险定价方面应用高于行业平均水平，人身险在承保理赔、内部风控、投资风险预警方面应用高于行业平均水平，保险中介在客户风险画像、内部风控以及产品设计方面应用高于行业平均水平。

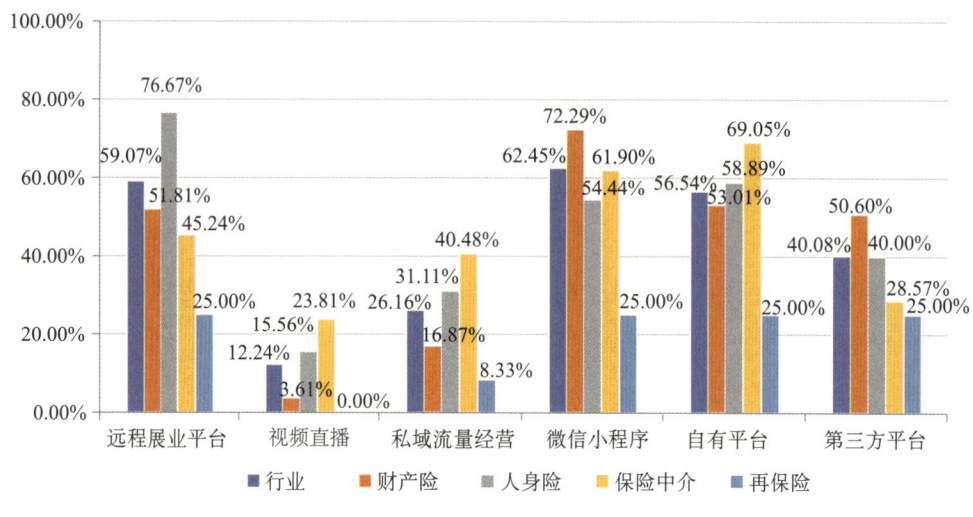

图 2-9 数字营销渠道

三、基础设施状况

（一）硬件建设以"租用机房+外购设备"为主，近7%的机构完全采用云计算

保险机构在保险科技硬件方面投入一般包括机房和硬件设备投入，在硬件的使用上又会根据生产和灾备需求进行组合，调研主要针对生产环境的硬件情况展开。在237家机构中，选择自建机房或租用机房的占比分别为36.28%和56.96%，选择采购或租用服务器等硬件设备的占比分别为75.10%和18.14%。此外，还有6.76%的公司已经实现了完全的云部署（见图2-10）。

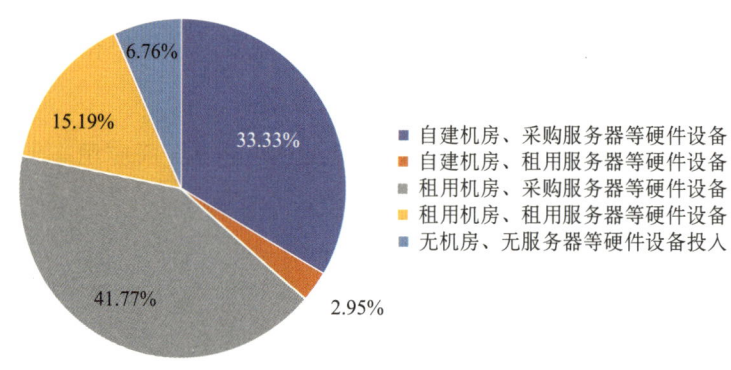

图 2-10 保险科技硬件基础设施情况

（二）全行业采用云计算技术的比例为80%，集团公司居首，外资公司最低

在237家保险机构中，182家已经采用云计算技术，比例达76.79%，还有11.81%的企业有采用云计算技术的计划，仅有8.44%的企业暂时没有采用云计算技术的计划。在已经采用云计算技术的企业中，使用公有云、私有云和混合云的企业分别占19.41%、20.68%和36.71%（见图2-11），混合云使用占据一定优势。在公有云和私有云的使用方面，私有云使用占比超过公有云约2个百分点，而且在混合云的使用过程中，以私有云为主的机构也超过公有云14个百分点。从细分领域来看，财产险公司采用云计算技术的比例为77.47%，人身险公司采用云计算技术的比例为84.44%，保险中介机构采用云计算技术的比例为88.10%，再保险公司采用云计算技术的比例为75%，外资直保公司采用云计算技术的比例为68.00%，保险集团/控股公司采用云计算技术的比例为92.86%。

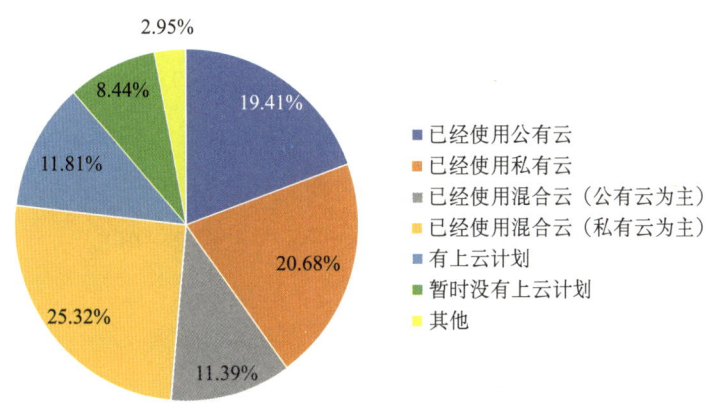

图2-11 保险机构采用云计算技术情况

在尚未采用云计算技术的48家机构中（含11.81%已计划采用云计算技术的机构和8.44%无计划采用云计算技术的机构）。尽管只有8.33%的机构认为云计算技术不够成熟，但79.17%的机构认为"安全风险"是影响其采用云计算技术的主要因素。此外，分别还有29.17%、27.08%、27.08%和22.92%的机构认为"相关技术标准的缺乏""云计算优势不足""缺乏技术支持"和"缺少解决方案"是影响其采用云计算技术的因素（见图2-12）。

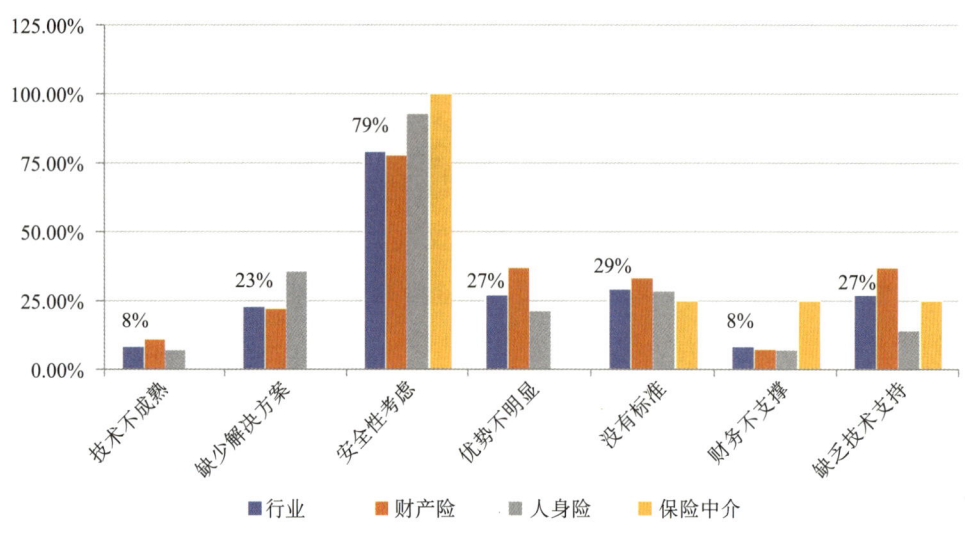

图 2-12 保险机构尚未采用云计算原因

(三) 采用云计算技术系统以"销售和服务系统"占比最高,保险中介核心系统采用云计算技术的比例高

在189家已经采用云计算技术的机构中,有170家(占89.95%)将销售和服务系统部署在云上,分别有100家(占52.91%)、95家(占50.26%)和93家(占49.21%)机构已经将核心业务处理系统、客户管理类系统和综合管理类系统部署在云上,而将财务管理系统和内控合规系统部署在云上的机构分别有71家和56家,占比分别为37.57%和29.63%(见图2-13)。

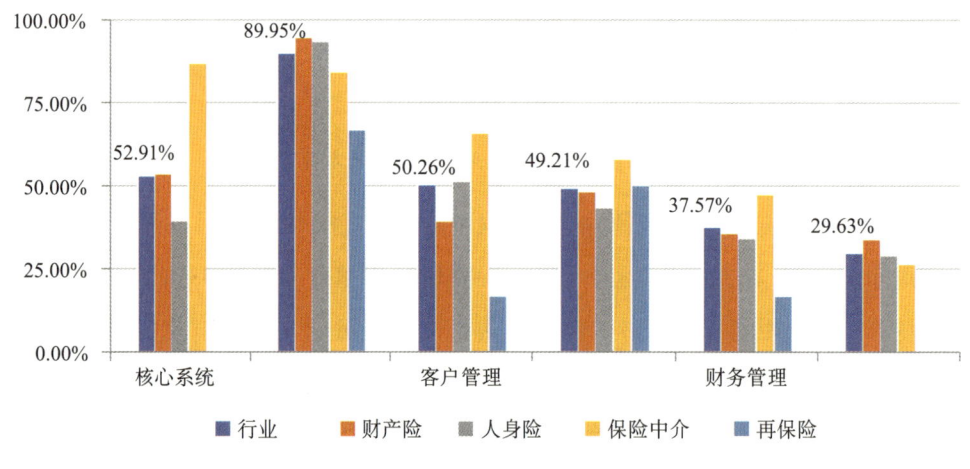

图 2-13 保险机构采用云计算系统分类

从细分情况来看，保险中介机构在核心系统、客户管理系统、综合管理系统和财务管理系统采用云计算技术的比例均高于其他机构，财产险公司保险核心系统采用云计算技术的比例高出人身险公司4个百分点，但人身险公司客户管理系统采用云计算技术的比例高出财产险公司12个百分点。

（四）近半数机构使用云灾备系统，再保险、外资保险企业云灾备系统使用率低

在237家机构中，117家机构（占47%）使用云灾备系统，还有31%的企业尚未使用，但已计划使用；15%的机构明确不计划使用云灾备系统。从细分领域来看，保险中介机构云灾备系统使用率最高，高于行业平均水平14个百分点，再保险公司云灾备系统使用率最低，低于行业平均水平9个百分点。此外，外资保险公司云灾备系统使用率仅为34%，低于行业平均水平11个百分点（见图2-14）。

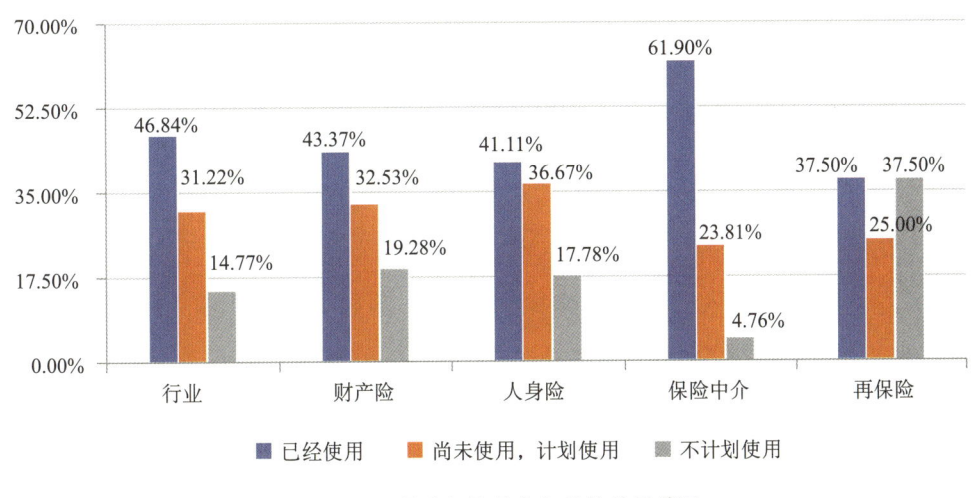

图2-14　保险机构云灾备系统使用情况

（五）超九成保险机构具备基础设施灾备系统，"一主一备"占近六成

在237家参与调研的保险机构中，仅有11家（占4.64%）未使用基础设施灾备系统，共有138家（占58.23%）采用"一主一备"的方案，有40家（占16.88%）采用"一主多备"的方式，9家（占3.80%）采用"多主一备"的方式，15家（占6.33%）采用"多主多备"的方式对基础设施进行灾备；此

外,还有16家机构(占6.76%)采用了"双活"或"多活"的方式进行灾备(见图2-15)。

从细分情况来看,财产险公司和人身险公司基础设施灾备系统使用率分别为98.80%和97.78%,均高于95.36%的行业平均水平,保险中介机构和再保险公司基础设施灾备系统使用率分别为88.10%和75.00%,均低于行业平均水平。

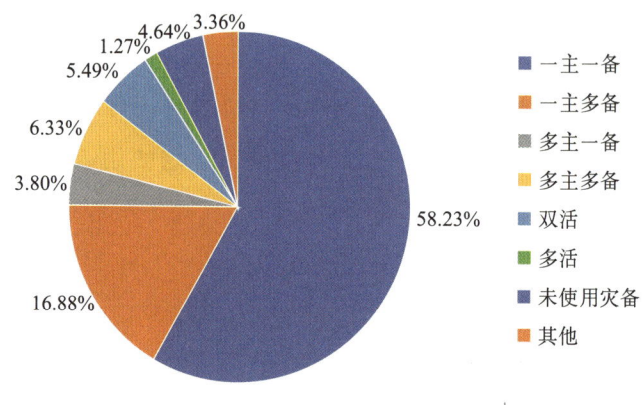

图2-15 基础设施灾备情况

(六)行业总体以"第三方采购"为主,保险中介以"自建/自主研发"为主

保险科技供给来源主要包括"自建/自主研发"(包括依赖于本公司自营的科技子公司的技术输入,或隶属于同一集团下的姊妹科技公司的技术输入)、"战略性投资前沿科技公司"和"外包/向第三方外部技术服务商采购"(即双方不存在战略性投资及股权关系)三种形式。

在237家保险机构中,182家(占76.79%)采用了"第三方采购"的方式,143家(占60.34%)采用了"自建/自研"的方式,只有13家(仅占5.49%)进行了"战略性投资"。由此可见,"第三方采购"和"自建/自主研发"在保险科技供给来源中占主要份额,"投资"则占较少份额(见图2-16)。

从细分领域来看,财产险、人身险公司更倾向于"第三方采购",保险中介机构则更倾向于"自建/自主研发",这一点和保险中介机构人力投入在保险科技投入中占比最高一致。此外,保险中介机构对外投资前沿性科技公司的比例也高于两类直保公司。外资保险公司采用"自建/自主研发"和"第三方采购"

方式进行保险科技投入的比例分别是52%和88%，"自建/自主研发"比例低于行业平均水平8个百分点，"第三方采购"比例高于行业12个百分点；14家保险集团/控股公司"自建/自主研发""投资前沿科技公司"和"第三方采购"的比例分别是85.71%、28.57%和78.57%，投资前沿科技公司的比例远超行业平均水平，"自建/自主研发"比例高于行业平均水平25个百分点，可见保险集团/控股公司成为保险科技投资、研发的主要力量。

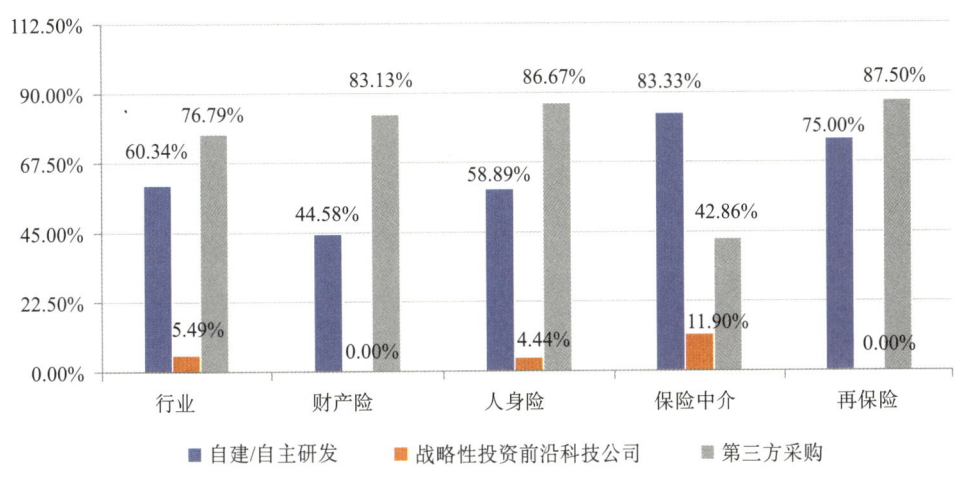

图 2-16 保险科技供给来源

按照具体技术方向，各类保险科技供给来源和总体情况基本相似，同样以"第三方采购"为主要来源，"自建/自主研发"占比次之，战略性投资在各个技术领域都非常少见。

（七）全行业10%的机构成立科技子公司，保险中介成立子公司比例远高于行业平均比例

保险科技子公司是发展保险科技的重要手段。在237家各类保险机构中，24家（占10%）已经成立保险科技子公司；32家（占13%）尚未成立，但正在申请或计划中；142家（占60%）尚未成立，且不确定未来是否成立；40家（占17%）明确不打算成立（见图2-17）。

从细分情况来看，14家集团/控股公司中，已经成立保险科技子公司的有3家；尚未成立，但正在申请或计划中的有6家；尚未成立，且未来不确定是否成立的有5家。

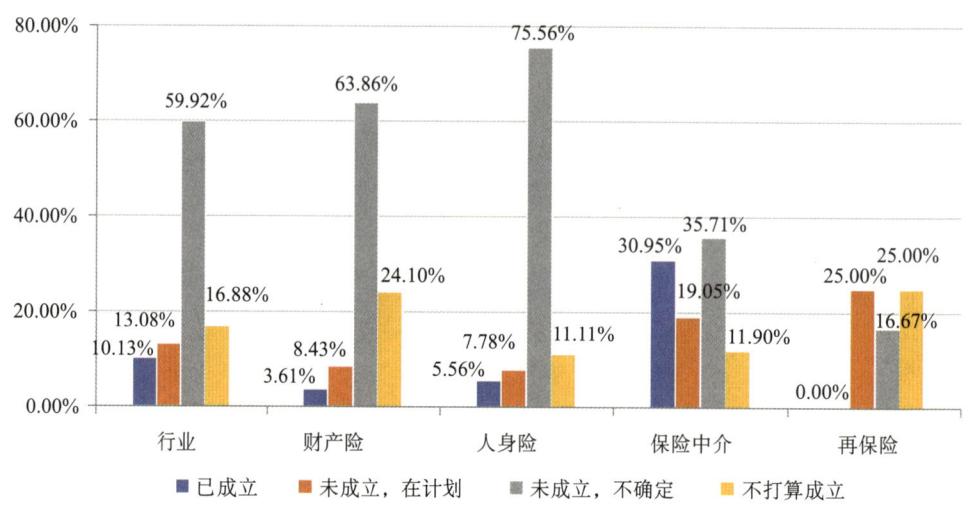

图 2-17 保险科技子公司设立情况

（八）9%的保险机构对外投资保险科技企业，对外投资进度慢于设立子公司

投资保险科技企业也是保险机构发展保险科技的重要途径，但当前保险行业对外投资保险科技企业尚处于非常早期阶段。在 237 家保险机构中，22 家（占 9.28%）已经投资，且还在继续寻找合适标的；27 家（占 11.39%）尚未投资，但正在寻找合适标的；187 家（占 78.9%）尚未投资，且未来也不确定是否投资（见图 2-18）。

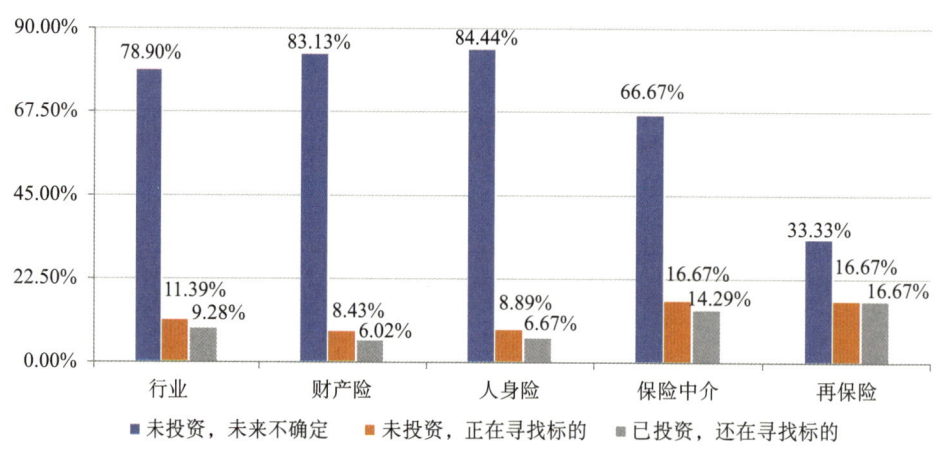

图 2-18 投资保险科技企业情况

在14家保险集团/控股公司中,已经投资且还在继续寻找合适标的的保险机构仅有2家,尚未投资但正在寻找合适标的的保险机构仅有3家,尚未投资且未来也不确定是否投资的机构达9家。不论是整体样本还是14家保险集团/控股公司,开展对外投资的进度总体低于设立保险科技子公司。

四、发展认知水平

(一) 五大应用趋势已成共识,保险科技创新发展的认知基础已经具备

各类保险机构对于未来1—3年保险科技五大应用趋势具有高度一致的认识,对于"内部运营自动化和智能化""客户画像成为基本业务流程""风险模型的预测功能对实际业务产生重大指导作用""数字经济的发展导致保险产品形态发生重大变化"和"保险产业链重构,保险公司部分核心业务外包"五大趋势的确定性认知度达83.12%[①]。其中,94.09%的机构认为保险科技将"很有可能"或"有可能"在"内部运营自动化和智能化"方面得到应用,91.14%的机构认为"客户画像成为基本业务流程",89.03%的机构认为"风险模型的预测功能对实际业务产生重大指导作用",80.59%的机构认为"数字经济的发展导致保险产品形态发生重大变化",60.76%的机构认为未来将面临"保险产业链重构,保险公司部分核心业务外包"。由此可见,中国保险业已在认知上对于保险科技的实际应用达成共识,推动保险科技创新发展的认知基础已经具备(见图2-19)。

但是,各类保险机构对于五大趋势的认知共识度并不完全相同,例如,认为保险科技"非常有可能"在"内部运营自动化和智能化""客户画像成为基本业务流程"和"风险模型的预测功能对实际业务产生重大指导作用"领域得到应用的机构分别有141家(占59.49%)、119家(占50.21%)和105家(占44.0%);而认为"数字经济的发展导致保险产品形态发生重大变化"和"保险产业链重构,保险公司部分核心业务外包"的机构分别仅有80家(占33.75%)和45家(占18.99%)。与此对应,认为保险科技在"保险产业链重构,保险公

---

① 五大趋势确定性认知度即每项趋势认为"很有可能"和"有可能"的占比之和的算术平均值。

司部分核心业务外包"领域的应用"完全不可能"或者"可能性很小"的机构共计55家（占23.2%），远高于其他4个领域。由此可见，保险行业对于保险科技的应用趋势具有较为实际的考虑，对于保险科技的应用顺序基本上是一种由内到外、由近及远的态度。

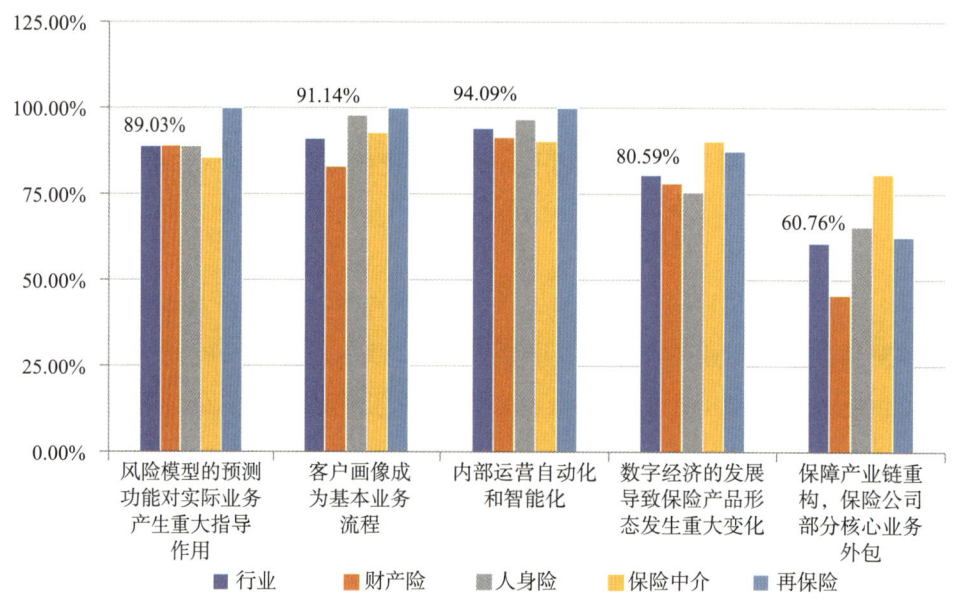

图2-19 保险科技五大应用趋势确定性认知概率分布

按照公司主营险种统计，83家财产险公司和90家人身险公司保险科技五大应用趋势确定性认知度分别为77.59%和84.89%，财产险公司对于保险科技五大应用趋势的确定性认知度低于人身险公司约7个百分点。在具体应用方向上，财产险公司和人身险公司均认为保险科技将最可能在"内部运营自动化和智能化"领域得到应用，占比分别为91.56%和96.66%；人身险公司则更倾向于"客户画像成为基本业务流程"，持这一观点的比例达到95.55%，而财产险公司更倾向于认为"风险模型的预测功能对实际业务产生重大指导作用"，占比达到89.16%。

按照公司股东性质统计，173家直保公司中，50家外资保险公司保险科技五大应用趋势确定性认知度仅为79.20%，略低于83.12%的行业平均值。在应用方向上，外资保险公司非常集中地倾向于认可"内部运营自动化和智能化"，占比高达94%，而中资保险公司比较平均地倾向于认可"内部运营自动化和智能化""客户画像成为基本业务流程"和"风险模型的预测功能对实际业务产生重大指导作用",占比分别为94.31%、91.86%和91.86%。

按照公司规模统计,14家集团/控股公司保险科技五大应用趋势确定性认知度为88.57%,不仅高于行业平均值,也高于财产险、人身险和保险中介各类机构的均值。在应用方向上,集团/控股公司更加集中地倾向于"内部运营自动化和智能化"和"客户画像成为基本业务流程",占比均达到100%。

(二)技术领域,大数据、云计算和人工智能最可能实现突破

按照每项技术获得投票数在每项总票数上限(237票)中的占比计算,大数据、云计算、人工智能最可能实现突破的共识度明显强于区块链、物联网、基因诊疗及隐私计算(见图2-20)。分析原因,一方面,从导入顺序的角度来看,大数据、云计算和人工智能要早于其他技术;另一方面,从数据技术产业链的角度来看,计算硬件、数据获取也是进一步挖掘、实现数据使用价值的前提。

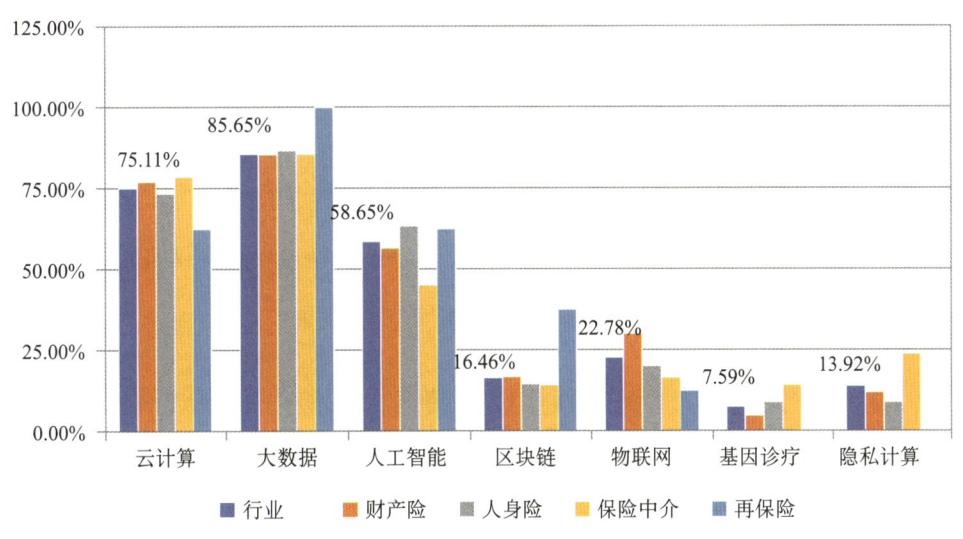

图2-20 保险科技层面最可能实现突破的领域

(三)与保险科技公司合作,"数据的可获得性和安全性"是核心考虑因素

保险公司发展保险科技离不开和保险科技公司的合作,在与保险科技公司合作中,"数据的可获得性和安全性"是保险机构最核心的考虑因素。

237家保险机构中，214家机构（占90.30%）认为"数据的可获得性和安全性"是与保险科技公司合作的主要挑战，161家机构（占67.93%）认为"信息系统的安全性和兼容性"会对保险科技公司的合作形成挑战，132家机构（占55.70%）认为"监管政策的导向性"会对保险科技公司的合作形成挑战，68家机构（占28.69%）认为"商业模式的差异"会对保险科技公司的合作形成挑战，25家机构（占10.55%）认为"企业文化的差异"会对保险科技公司的合作形成挑战，49家机构（占20.68%）认为"保险公司的财力"会对保险科技公司的合作形成挑战。财产险、人身险、保险中介和再保险公司对于与保险科技公司合作影响因素的观点和总体样本基本相同。

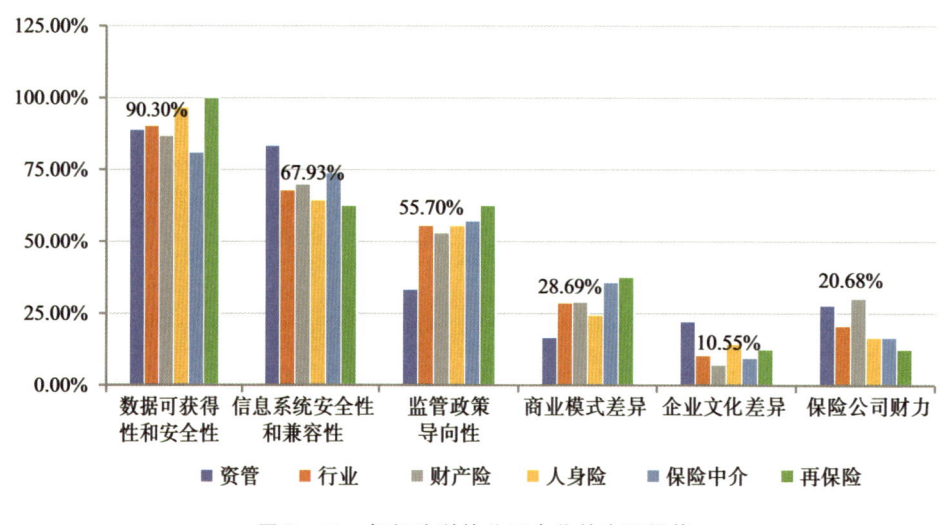

图2-21 与保险科技公司合作的主要挑战

（四）超七成机构对保险科技绩效满意，保险中介绩效满意度最高

在237家公司CEO针对本公司保险科技发展绩效的评价中，35家（占14.77%）认为"非常满意"，138家（占58.23%）认为"基本满意"，仅有55家（占23.21%）认为"尚待提升"。保险行业对保险科技发展绩效总体持肯定态度。

从细分情况来看，财产险、人身险、保险中介和再保险公司保险科技绩效自我评价结果和总体情况比较相似。相对而言，从"非常满意"和"基本满意"加总计算的保险科技绩效自我评价满意度来看，财产险公司的满意度为65.06%，低于73%的行业平均水平，人身险公司的满意度为74.45%，接近行业平均水平，保险中介的满意度为83.33%，高于行业平均水平。

五、人才素质要求

(一)"产品意识"和"迭代创新能力"是保险科技从业人员的核心技能

237家机构中,189家机构认为"基于用户角度的产品意识"是保险科技从业人员的重要技能,占比为79.75%;136家机构认为"不断迭代的创新能力"是保险科技从业人员的重要技能,占比为57.38%;120家机构认为"技术人员的金融机构从业经验"是保险科技从业人员的重要技能,占比为50.63%;95家机构认为"需求导向的市场意识"是保险科技从业人员的重要技能,占比为40.08%;85家机构认为"合规意识"是保险科技从业人员的重要技能,占比为35.86%;34家机构认为"产品创意能力"是保险科技从业人员的重要技能,占比为14.35%;33家机构认为"动手实践能力"是保险科技从业人员的重要技能,占比为13.92%。

财产险、人身险、保险中介和再保险公司对于保险科技从业人员的技能要求和整体样本情况类似。相对而言,财产险公司更看重"基于用户角度的产品意识"和"产品创意能力",人身险公司更看重"不断迭代的创新能力"和"合规意识",保险中介机构更看重"产品创意能力"(见图2-22)。

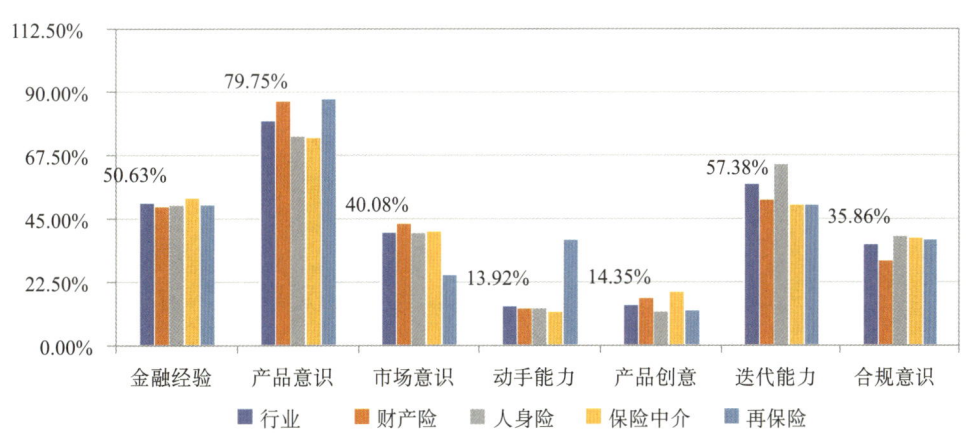

图 2-22 保险科技从业人员基本技能

(二)薪酬和企业文化是留住保险科技人才的重要因素

薪酬、公司文化和晋升机会是招聘和留住保险科技人才的重要因素。在237

家各类机构中，192家（占81.01%）认为"薪酬"是招聘和留住保险科技人才的重要因素；分别有120家（占50.63%）、103家（占43.46%）、101家（占42.62%）和97家企业（占40.93%）认为"良好的公司文化""晋升机会""业务前景"和"个人技能提升机会"是招聘和留住保险科技人才的重要因素。此外，仅有60家（占25.32%）和14家（占5.91%）机构认为"充分的授权和容错机制"和"期权"是招聘和留住保险科技人才的重要因素（见图2-23）。

从细分情况来看，财产险、人身险、保险中介和再保险公司对于招聘和留住保险科技从业人员的认识与整体样本情况类似，相对而言，保险中介机构吸引、留住人才更多依靠公司文化和业务前景，更少依靠薪酬和晋升机会。

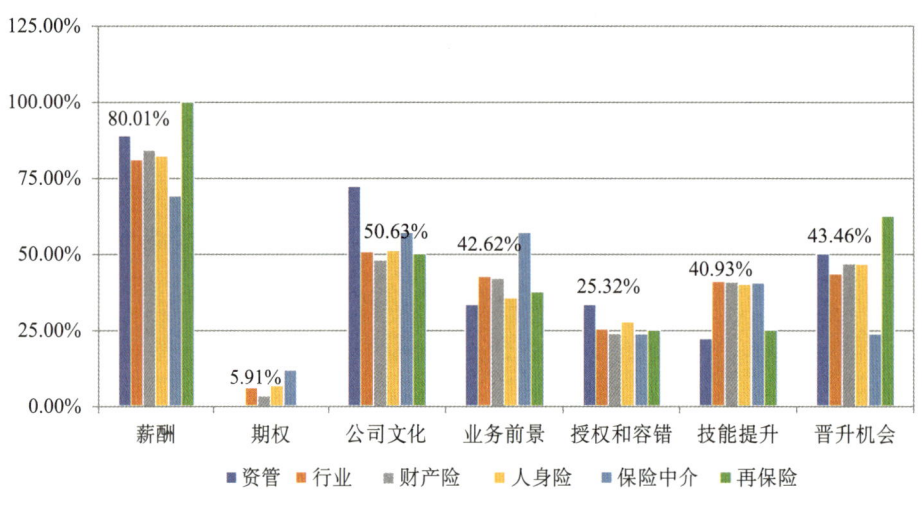

图2-23 保险科技吸引、留住人才的关键因素

六、组织与机制建设

（一）近八成机构设置了领导架构，但"名正职弱"占比较高

从名义上来说，设置专门的CIO即具备了实施保险科技战略的领导架构，CIO是否参与领导班子决策则说明了这个岗位的"含金量"，而是否设置了"明确的KPI"就更加明确地反映了这个领导岗位的驱动机制。既有名义，又有考核的岗位才能称为"名正职盛"；只有名义，没有考核的岗位只能称为"名正职弱"。

237家各类保险机构中，78.90%的机构设立了各种形式的领导架构实施保险科技战略，我们以"是否设置CIO"作为判断保险机构实施保险科技战略是否具备"名义领导架构"的标准,将"是否设置KPI"作为判断是否具备"实际领导架构"的标准,则全体样本企业"名义领导架构"设置率为68.78%(163家),"实际领导架构"设置率为40.93%(97家)(见图2-24)。

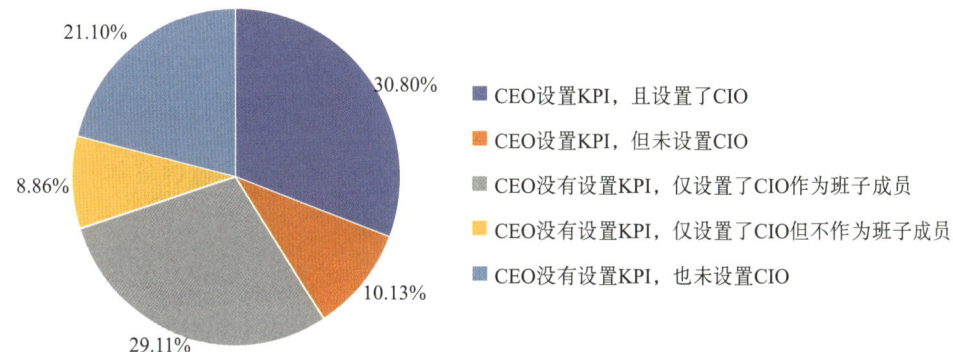

图2-24 实施保险科技战略领导架构

从细分情况来看,财产险、人身险、保险中介和再保险公司"名义领导架构""实际领导架构"设置率如图2-25所示,其中,保险中介机构"名义领导架构"和"实际领导架构"设置率高于行业平均水平,且二者比率(84.85%)明显高于行业平均水平(59.50%),说明保险中介机构实施保险科技战略领导架构具有"名实兼备"的特点。此外,人身险"名义领导架构"和"实际领导架构"比例均高于行业平均水平,但"实际领导架构"和"名义领导架构"的比例(56.92%)低于行业平均比例(59.50%);财产险"名义领导架构"和"实际领导架构"比例均低于行业平均水平,且"实际领导架构"和"名义领导架构"的比例(43.74%)低于行业平均比例(59.50%)。

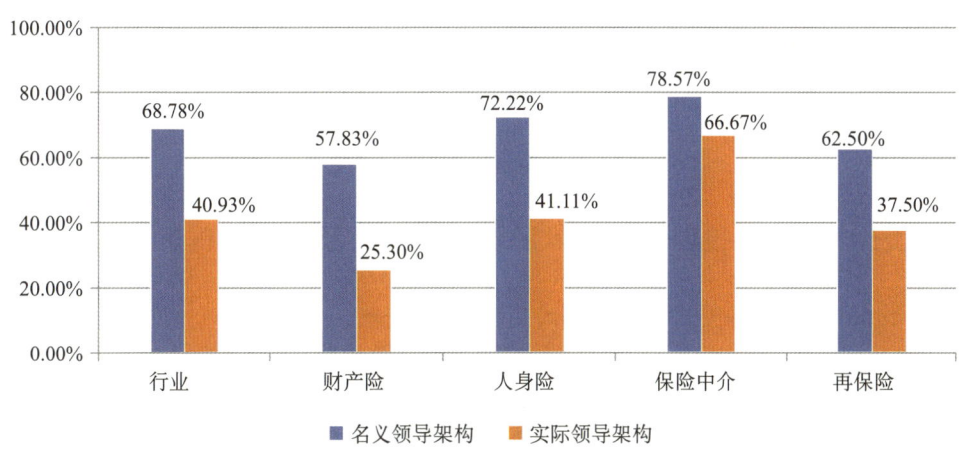

图2-25 保险科技"名义"和"实际"领导架构设置率

（二）超九成机构设置实施保险科技战略组织架构，保险中介组织架构清晰度高

样本企业中，有90家机构设置了专业部门，但和IT部门归属于同一部门，占比约37.97%；有79家机构未设置专门部门，但相应职责归属于具体部门，占比约33.33%；有40家机构设置了专门部门，且为独立于IT部门的专设部门，占比为16.88%；有17家机构设置了独立的子公司，负责公司的整体科技创新及应用，占比为7.17%；有11家机构未设置专门部门，且相应职责没有归属于具体部门，占比为4.64%。

将"设置独立的子公司""设置专门部门，且独立于IT部门"和"设置了专门部门，但和IT属于同一部门"归总为"明确的组织架构"，则样本企业中"具有明确组织架构"的比例为62.03%。从细分情况来看，财产险公司"具有明确组织架构"的比例是53.01%，人身险公司"具有明确组织架构"的比例是54.44%，保险中介机构"具有明确组织架构"的比例是85.71%，保险中介机构在实施保险科技战略组织架构方面具有显著优势。（见图2-26）

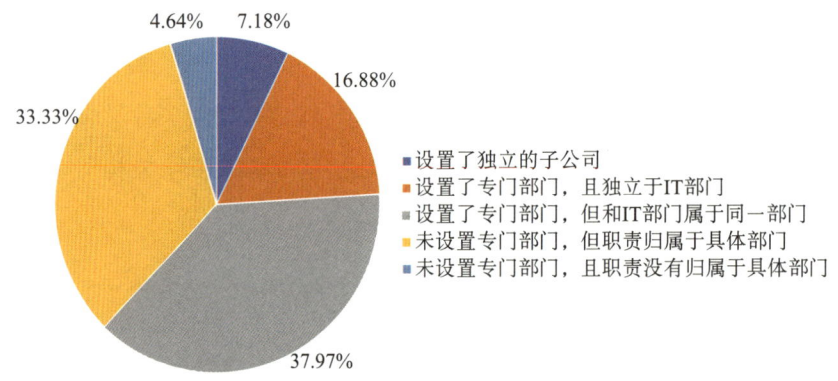

图2-26 实施保险科技组织架构

（三）保险科技创新机制以激励机制最普及，容错机制最稀缺

94.09%的样本企业建立了保险科技创新机制。其中，151家机构明确建立了激励机制，占比约63.71%；144家机构明确建立了人才机制，占比约60.76%；136家机构明确建立了组织机制，占比约57.38%；100家机构明确建立了制度机制，占比约42.19%；78家机构明确建立了容错机制，占比约

32.91%（见图2-27）。财产险、人身险、保险中介、再保险公司保险科技创新机制和整体样本情况类似。

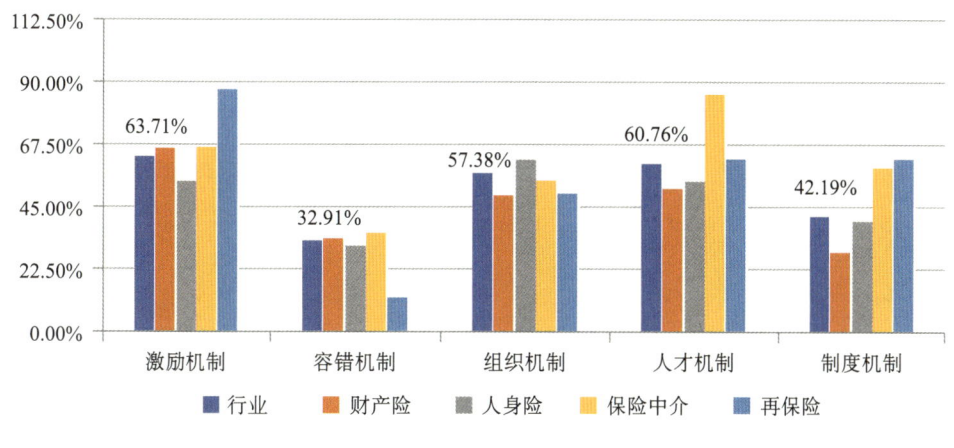

图 2-27 保险科技创新机制

（四）全行业创新激励机制以 KPI 考核为主，保险中介期权激励占比高

70.46%的样本企业建立了保险科技激励机制。其中，139家建立了KPI考核制度，占比约58.65%；102家建立了项目激励制度，占比约43.04%；仅11家建立了期权激励制度，占比约4.64%。财产险、人身险公司保险科技创新激励机制与整体样本情况类似，保险中介机构期权激励机制和项目激励机制占比远超行业平均水平（见图2-28）。

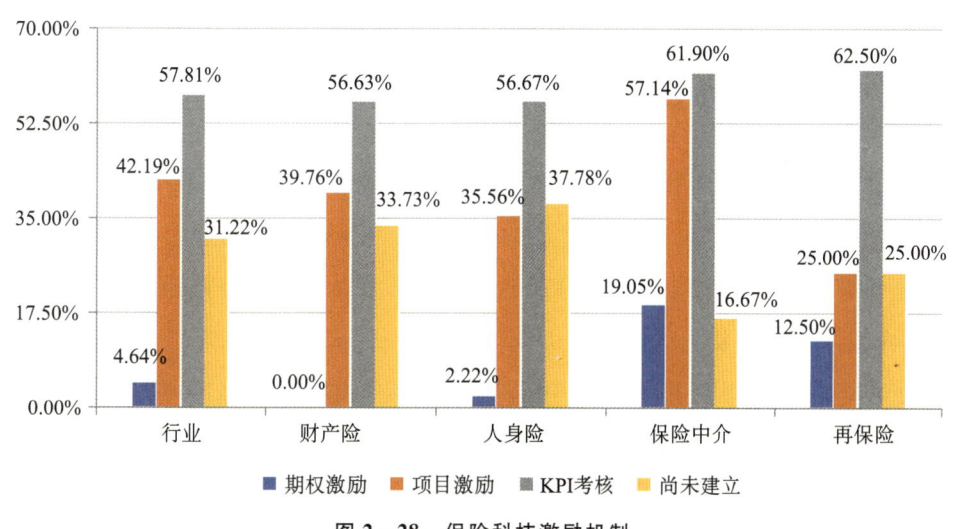

图 2-28 保险科技激励机制

（五）半数保险机构尚未建立创新容错机制，保险中介容错机制相对健全

49.79%的样本企业建立了保险科技创新容错机制。其中，68家机构实行了同一方向的AB角制度，占比为28.69%；80家机构在成本预算中体现，占比为32.07%。财产险和人身险公司保险科技创新容错机制与整体样本情况类似，保险中介机构容错机制相对健全，再保险公司容错机制最为缺乏（见图2-29）。

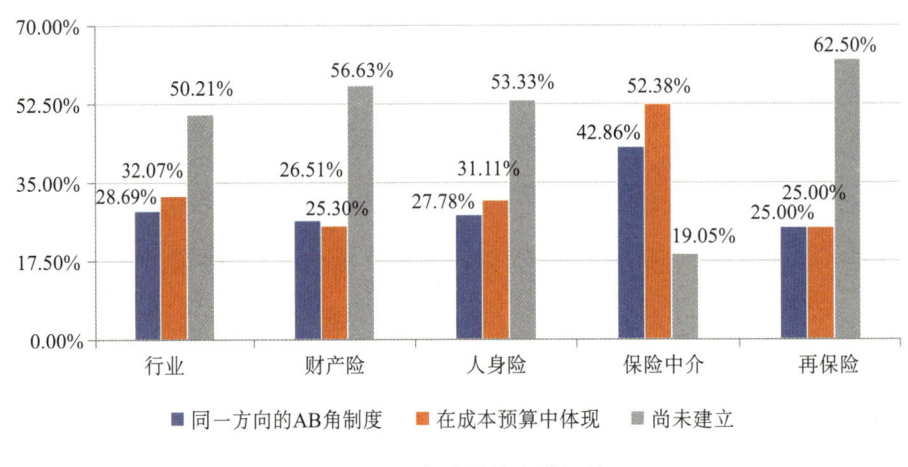

图2-29 保险科技容错机制

七、疫情应对及影响

（一）"客户触达"和"运营管理"方面作用显著，对人身险影响程度强于行业平均水平

保险科技对于"抗疫复工"的影响主要体现在"客户触达"和"运营管理"方面。其中，177家机构（占74.68%）认为保险科技的应用有助于疫情期间实现"客户触达"，149家机构（占62.87%）认为保险科技的应用有助于"运营管理"效率的提升，116家机构（占48.95%）认为保险科技的应用有助于在疫情期间实现"渠道扩展"，还分别有82家机构（占34.60%）和62家机构（占26.16%）认为有助于在新冠肺炎疫情期间开展"团队管理"和"产品开发"工作（见图2-30）。

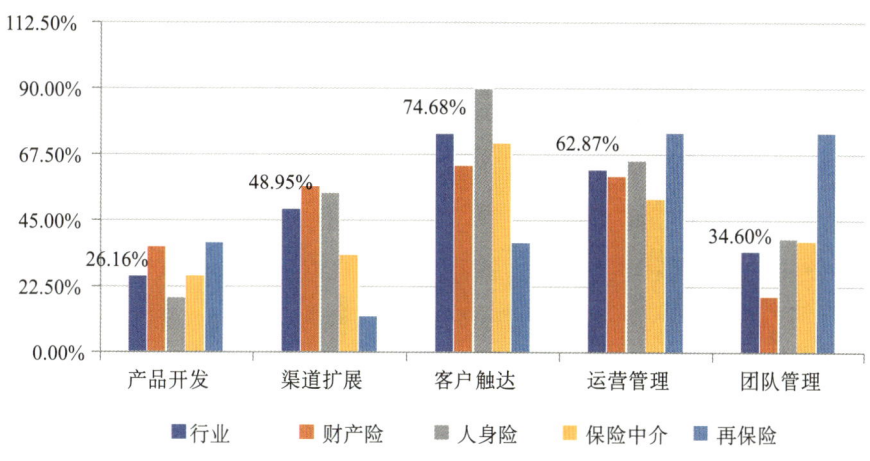

图 2-30 疫情期间保险科技作用

从细分情况来看,"产品开发"和"渠道拓展"对于财产险的作用大于行业平均水平,"客户触达""运营管理"和"团队管理"对于人身险的作用大于行业平均水平;保险科技五项作用对于保险中介机构的平均影响度(44.29%)最低,对于财产险公司的平均影响度(47.23%)次之,且都低于行业平均水平(49.37%),对于人身险公司的平均影响度(53.56%)则高于行业平均水平。

(二)"远程会议工具""远程办公平台""App 客户端"三大工具发挥重要作用

疫情期间,"远程会议工具""远程办公平台"和"App 客户端"三大工具对于保险机构开展业务发挥重要作用。237 家各类保险机构中,分别有 197 家(占 83.12%)、152 家(占 64.14%)和 133 家机构(占 57.81%)认为"远程会议"工具(如 Zoom 等)、"远程办公"平台(如钉钉、飞书等)和 App 客户端发挥突出作用。此外,45 家机构(占 18.99%)认为"生物识别"技术(如人脸识别、声纹识别等)、33 家机构(占 13.92%)认为"直播平台"、28 家机构(占 11.81%)认为"社交媒体"、23 家机构(占 9.70%)认为"机器人客服"、21 家机构(占 8.86%)认为"光学识别"(如 OCR)均在疫情期间发挥重要作用,还有 10 家机构(占 4.22%)认为 RPA 也在疫情期间发挥了积极作用(见图 2-31)。

从细分情况来看,财产险公司认为远程会议、RPA、光学识别和机器人客服在疫情期间作用最大,人身险公司认为生物识别作用最大,保险中介认为远程办公影响最大。

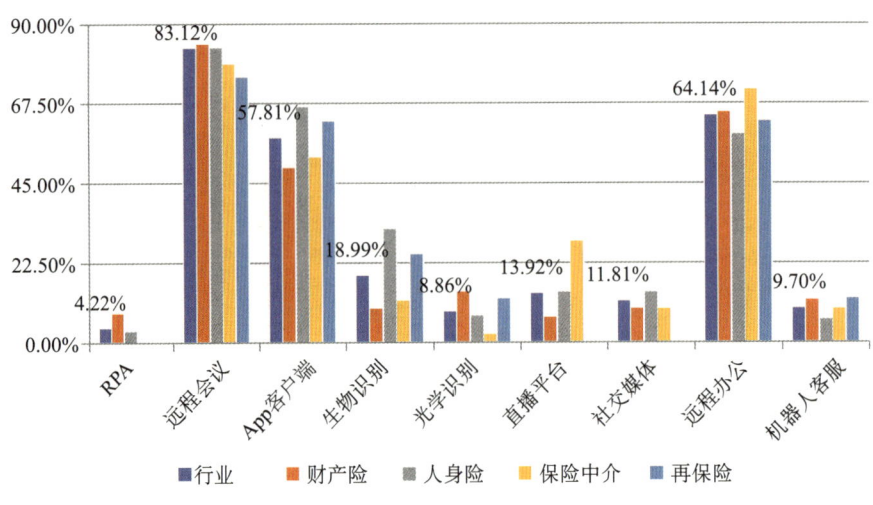

图 2-31 疫情期间突出发挥作用的保险科技

(三) 后疫情时期，机器人客服、App 客户端、远程办公平台成为保险科技重点发展领域

机器人客服、App 客户端和远程办公平台成为后疫情时期保险科技重点发展方向。其中，125 家机构（占 52.74%）认为机器人客服是后疫情时期保险科技的重点发展方向，117 家机构（占 49.37%）认为 App（如客户端）是重点发展方向，76 家机构（占 32.07%）认为远程办公平台（如钉钉、飞书等）是重点发展方向，68 家机构（占 28.69%）认为生物识别技术（如人脸识别、声纹识别等）是重点发展方向，58 家机构（占 24.47%）认为 RPA 是重点发展方向。此外，还有 47 家机构（占 19.83%）认为远程会议工具是重点发展方向，43 家机构（占 18.14%）认为社交媒体是重点发展方向，38 家机构（占 16.03%）认为光学识别（如 OCR）和直播平台是重点发展方向（见图 2-32）。

从细分情况来看，人身险公司更加关注 App 客户端、机器人客服和生物识别领域的技术应用，同时也重点关注直播平台和社交媒体等流量型工具，财产险公司更加关注 RPA、远程会议、光学识别和远程办公领域，保险中介则对直播平台和社交媒体等流量平台更加关注。

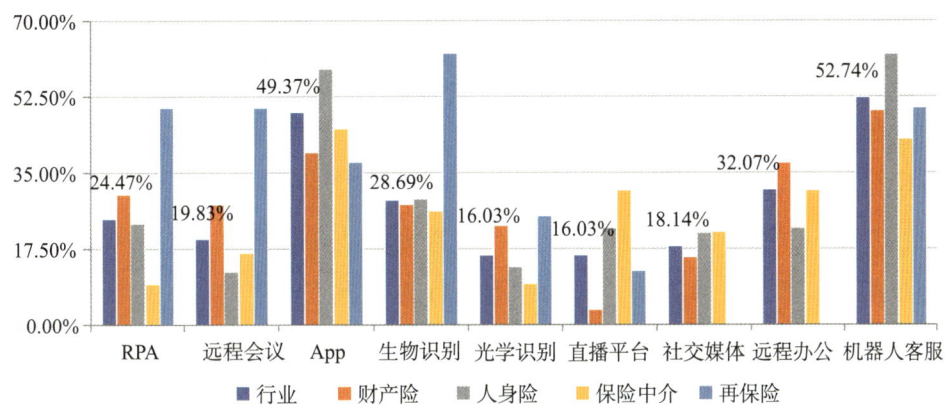

图 2-32 后疫情时代，重点发展保险科技

第三节 挑战与机遇

保险科技赋能，为保险行业带来了新的发展机遇；同时保险科技也面临行业内部和外部因素引发的潜在风险以及数据、技术、认知在促进发展的同时带来的各种问题，稳妥发展保险科技任重道远。

一、主要挑战

线上化应用将传统保险行业潜在风险的效应和发生概率放大，造成风险失控。

（一）线上化应用对风险传导的扩大效应

线上化应用加深了保险业务的操作风险和信用风险的影响程度和后果。

一是线上化应用拉近了保险机构、科技企业、经营相关基建企业、产业链上下游产业之间的距离。在线上化应用背景下，无论是保险机构、科技企业还是与保险行业产生交集的其他行业，在机构或行业内部产生的风险会更加快速地传播至其他领域，并引起风险传导的连锁反应，导致风险升级；同时，各行业在处理领域外风险时具有一定的局限性，这种风险管理方面的不完善也导致机构或行业之间的交叉感染风险，并最终导致风险水平上升。

二是线上保险将线下保险销售误导的影响程度扩大化。保险机构在营销时，对于保险产品和服务内容进行的夸大宣传、片面介绍、混淆概念和不当销售等销售误导行为，损害保险消费者合法权益，引发公众对保险业的信任危机，削弱保险公司诚信经营基础，制约了保险业的可持续发展。

三是在线保险使保险机构无法对客户身份信息进行有效识别，导致引入不良客户的概率增高，为欺诈、洗钱等不法行为留下空间。例如，近年来利用航班延误险进行保险欺诈的事件不断发生，尤其2020年利用虚构行程在近900次延误航班中获得300多万元理赔金的欺诈手段，不仅给保险公司带来经济损失，也给整个保险行业的社会形象带来损害，影响线上保险业务的发展。

（二）数据安全对业务模式的基础性影响

随着数字化程度提升，线上保险业务对数据安全管理提出更高的要求。

一是数据泄露是对线上保险数据机密性造成伤害的主要风险。恶意爬虫、黑产团伙、应用漏洞等都成为数据泄露的主要途径。

二是数据损伤是线上保险数据完整性面临的主要风险。线上数据在传输过程中，由于技术、硬件、配置、人为等问题导致的数据损坏和数据篡改，破坏了数据的完整性。

三是使用界限难以界定是线上保险数据可用性面临的主要风险。数据运用主体在数据处理和使用时难以控制数据应用的场景。调和大数据资源公开共享与隐私保护之间的矛盾是行业面临的难题，仍缺少有效的管控机制、治理标准和应用工具来保证数据机密性、完整性和可用性，确保数据安全。国家信息安全漏洞共享平台2020年全年新增收录通用软件、硬件漏洞数量创历史新高，达20 704个，同比增长27.9%；2015年以来，新增收录漏洞数量呈显著增长态势，年均增长率为17.6%，对企业数据安全提出了严峻的挑战。

（三）个人隐私保护对服务价值的双向挑战

用户信息安全在保险行业乃至整个金融行业都是不容忽视的环节。

一是个人信息数据来源渠道庞杂。线上化应用促进内部和外部数据激增，既有传统的交易、资产数据，也有客户行为数据、外部信息，既有原始数据，又有加工信息，频繁的数据共享交互使数据流转路径变得错综复杂。

二是企业滥用问题突出，个人信息数据被过度采集。部分保险机构在未征得用户授权或同意的情况下，交易用户信息数据，扩大个人信息使用范围，利用用户数据和算法推送新闻信息、商业广告。

三是不当处理用户信息数据触及法律合规底线。以默认授权、功能捆绑等形式强迫、误导个人信息主体同意其收集个人信息，采取自动化手段访问收集网站数据严重妨碍网站正常运行，非法发布、共享、交易或向境外提供重要数据，以上行为均触及法律合规底线。《2020 年中国互联网网络安全报告》显示，公民个人信息未"脱敏"展示与非法售卖情况较为严重，2020 年全年发现政务公开、招考公示等平台未"脱敏"展示公民个人信息事件 107 起，涉及未"脱敏"个人信息近 10 万条；个人信息非法售卖事件 203 起，其中银行、证券、保险相关行业用户个人信息遭非法售卖的事件占比较高，约占数据非法交易事件总数的 40%。

二、存在问题

保险行业在数字化发展方面的认知、规划、实施、管理中存在的问题，影响了保险科技均衡、健康、可持续发展。

（一）数据贯通和技术供给不充足

数据和技术是线上保险发展和企业数字化转型的重要驱动力，但在保险企业内部、保险企业之间以及保险行业与产业链上下游之间的数据贯通和技术供给不充足，技术布局缺乏长远规划，不利于保险机构数字化的可持续发展。

在数据贯通方面：一是互联网巨头利用市场优势，把控海量的企业和个人数据。巨头们利用数据优化保险产品和营销手段，进一步巩固行业优势。二是保险公司内部在产品和业务数据方面精细化程度不足，数据中台能力有待提升，在产品和服务创新上缺乏有力的数据支撑，不利于数字化转型。三是保险上下游产业链各行业间的数据不贯通，形成数据孤岛，不利于数据资源的合理配置和数据价值的最大化。

在技术供给方面：一是保险公司在积极推动新兴技术应用时，对于新兴技术领域的人才需求日渐迫切。但技术人才市场中新兴技术人员的供给不足，短期内成为技术赋能保险行业难以解决的"痛点"。二是中小型保险公司在自主研发能力和技术资金方面投入不足,过度依赖外部资源进行信息建设,导致企业失去技术资产的积累和技术人才的储备,易受制于外部因素,使线上保险发展的灵活性受到影响。

(二) 转型响应与需求场景不协调

保险机构产品和业务数据精细化以及数字化发展程度落后于需求场景的变化速度。

一是保险机构对于产品创新缺乏市场化思维,对于数据资产的精细化管理能力不充分,导致无法实时调整产品和服务要素以快速响应业务需求。二是保险机构对于客户需求的深度挖掘和分析能力不充分,缺少多维度的客户画像,导致产品设计响应不足,无法形成更多的定制化产品和服务。例如,在新技术应用和消费观念转变的推动下,健康险需求逐步扩大,发展迅速,但保险公司对健康产业的产业链内涵和发展趋势理解相对欠缺,产业间的互动较少,产品和服务创新能力不足,创新模式相对封闭,导致市场上产品差异性不大,在市场潜力较大的高额医疗费用、收入损失、长期护理等方面保险产品供给不足。

(三) 基础设施与线上化进程不匹配

信息共享和技术应用等基础设施平台的建设程度与保险行业的线上化发展进程不匹配,削弱了平台赋能保险行业线上化发展的效果。

一是在保险行业中,以营利为目的的第三方平台虽在流量、场景、服务、技术等方面占据优势,但缺乏专业的产品、业务流程管理机制和有公信力的行业数据,无法满足保险机构的需求。作为平台应用提供方的平台企业,保险机构无法保障对第三方应用的数据安全进行动态管理;第三方平台提供的业务功能及业务流程无法确保满足监管和公司的合规要求;以营利为目的的平台方,在公平公正地处理平台应用方的业务合作与竞争上缺乏公信力。二是一些以赋能行业为目标、有公信力和相对独立的第三方平台,在保险业务流程和功能设计方面的技术能力非常薄弱,无法满足更多保险公司的平台需求和开发响应速度。在复杂产品的销售、场内交易、理赔以及大宗业务推进等服务方面无法满足保险公司和用户的需求。例如,现阶段绝大部分区块链应用仍局限于大型保险公司、再保险公司或特定领域在单一业务场景下的私有链建设，面向整个行业业务主体、关联所有业务场景的联盟链则缺乏一个具有公信力的行业机构进行管理，从而无法实现整个行业关联节点内部数据共享和产业链上下游拓展。

（四）认知水平与发展趋势不同步

保险机构之间对数字化转型的认知程度以及保险机构内部各业务线之间对数字化转型的认知水平，都有明显的差异，导致保险机构之间或保险机构内部各业务线之间的数字化发展水平不均衡。

一是从公司规模和盈利能力来看，头部保险公司与中小型保险公司在数字化投入方面差距显著。2020年，我国保险公司数字化投入达到333.66亿元，其中75%以上是由保费规模超1 000亿元的保险机构贡献，数字化投入带来的效益使头部企业持续增加数字化投入，进一步发掘利润增长点。中小企业因技术和资金能力有限，投入成本费用过高限制其数字化探索的积极性。二是从公司主营业务类型来看，相对人身险而言，财产险对场景的依赖更为显著，需在保险科技方面，特别是与场景相关的技术方面，如物联网、车联网等方面加大投入，以便提供与特定场景下风险管理需求相适应的，具备数字化、精细化特点的保险产品。调研数据显示，财产险保险科技投入满意度（78.31%）低于人身险（83.33%），财产险的科技投入仍有较大提升空间。三是以财产险为例，保险机构内部各业务线的数字化投入比重不均衡。车险、健康险、意外险、家财险等业务领域的线上化率远高于农业险、信用险、企财险等，该局面进一步加大了企业内部业务领域的发展不均衡，特殊领域的业务结构调整易受到冲击，抗风险能力进一步削弱，各业务领域在业绩上的分化越来越严重。

（五）监管工具的适应性和创新性有待提升

监管机构要发挥其监督管理、行业引领等相关职能，需要促进监管工具适应线上保险的发展，并通过监管工具创新提升监管效率。

一是传统的静态和掌控型监管模式不仅降低了监管成效，还提高了监管成本，从而制约了监管对线上保险发展的有效监督和引领。二是创新性方面，线上保险业务模式变革带来了风险种类形式变革，导致监管工具的不适应。三是面临保险行业线上保险差异化发展的局面，监管对于行业内部差异化发展、发展方向指引、资源有效分配等方面缺乏科学引导。四是监测指标不够丰富，效果评估不够及时，难以动态观测政策落地实施中的"痛点"，无法评估每项政策的具体落地进度和阶段对比情况。

三、面临机遇

保险科技迅速发展，大量人员、资金涌入保险科技领域，互联网保险场景碎片化、交互频次高、交易时效强等特点推动了大数据、云计算、人工智能、区块链等新兴技术在行业的应用。要将新技术更好地应用于互联网保险业务场景中，不断提升保险服务质效。

（一）保险需求进一步扩大

保险保障功能获高度重视。十四五"时期我国进入新发展阶段，在加快构建新发展格局的过程中，保险业作为金融的重要组成部分担当着重要使命。围绕国家重大战略、人民美好生活需求，保险业在构筑实体经济风险保障体系、完善居民养老保障、建设多层次医疗保障制度体系、做好脱贫攻坚与乡村振兴的有效衔接等方面有效发挥经济"减震器"和社会"稳定器"功能，这将为保险行业迎来广阔发展空间。

新型风险对社会治理提出新挑战。一方面，随着我国社会生产力的持续稳定进步和人民物质文化需要的基本满足，新时代人民群众对美好生活提出新向往和新追求，期待更高层次的生活质量。另一方面，目前我国社会正处于转型关键阶段，转型则意味着不确定性增强，风险管理需求加大；互联网基本普及，网络服务为社会带来便捷的同时也带来了新的风险，网络安全、个人数据隐私等新型风险提出新的风险管理需求。

消费者保险意识进一步增强。随着我国经济持续增长，居民收入不断提高，消费者保险意识逐年增强。我国社保体系的持续发展对于居民的保险意识提升发挥显著作用，商业保险作为社保的补充也受到更多消费者关注，商业重疾险、医疗险成为广大消费者扩大保障范围、提升保障程度的主要选择。老龄化趋势明显的背景下，商业养老保险消费正呈现扩大化和年轻化的特点，"80后""90后"已经逐渐成为新一批保险需求的潜在用户。

（二）保险形态进一步升级

场景拓展丰富保险形态。保险科技不能仅局限于单纯的渠道创新，而应当依托互联网平台拓展场景化产品创新，促进形成新业态。在互联网环境下，依托新场景衍生出一系列创新性保险产品，如依托电商平台的退货运费险、与订票平台联合推出的航班延误险、针对网络游戏道具等虚拟财产保护推出的游戏道具损失险等。场景化保险覆盖了特定场景下的用户保险需求，让用户对于保险产品更有获得感。

科技赋能深化服务内容。科技赋能保险不仅拓展了不同场景下的保险产品类型创新，也延伸了保险业务产业链，拓展了"保险增值服务价值"。例如，通过对客户价值、需求的数据挖掘和分析技术，以保障规划为切入点，延展保险服务内容提供能力。以健康险为例，除了提供保险本身的保障功能外，还要深入挖掘客户在健康干预、健康管理、健康资讯以及专属权益等方面的服务，打造在"保险＋健康管理服务"方面的核心能力。这种纵深场景的创新，在为用户提供全链条保险服务的同时，也拓展了保险业务机会，完善了保险服务的闭环。

（三）技术供给进一步丰富

大数据、云计算、人工智能等关键技术的日趋成熟为保险价值链主要环节的重塑提供直接动能，区块链、物联网、隐私计算等新兴技术的创新发展为保险科技赋能保险带来新的机遇。

大数据的应用对于保险公司风险评价和风险定价具有直接作用，通过大数据还可对客户进行画像，进而提升保险产品的个性化和精细化程度。数据应用的同时，数据泄露和数据滥用的风险加大，数据治理、数据隐私保护以及数据共享机制的建立为大数据技术应用提供更为合理的逻辑。

近年来，保险行业积极推进云部署，保险机构采用云计算的比率持续提升。云部署不仅可以适应保险业务碎片化、高并发的计算资源需求，还可以大幅降低保险机构的硬件设施投入，特别是和收入规模增长不能匹配的前置性一次性投入。与此同时，云部署也为保险机构信息系统安全和数据安全带来新的挑战。

保险行业在一定程度上属于人员密集型行业，多场景覆盖、多环节服务使保险行业人力成本占比较高，人工智能技术的发展为一些重复度高、标准化程度高和经验导向的场景实现人工替代成为现实，智能外呼、智能保顾、AI 增员等场景下，人工智能的作用已经显现，未来在智能认证、远程查勘、智能识别人工智能方面还将发挥更大的作用。

第三章
财产险公司保险科技发展状况

第三章　财产险公司保险科技发展状况

本章针对我国财产险公司保险科技发展实践进行阐述和分析，主要内容既包括基于《行业保险科技发展情况调研》得出的关于财产险公司在保险科技发展过程中认知、投入、应用、组织以及疫情相关数据的分析，也包括财产险公司在保险科技方面的创新案例以及创新面临的挑战与机遇的分析，最后对财产险公司保险科技发展提出相关建议。

第一节　情况概述

本次调研共覆盖财产险公司 83 家，按照公司经营险种划分，经营财产险 75 家、责任险 1 家、农业险 5 家、财产相互保险 2 家；按照公司保费规模划分，大型公司 1 家、中型公司 9 家、小微型公司 74 家[①]；按照股东属性划分，财产险公司中有 21 家外资公司，其余全为中资公司。

调研数据涉及科技投入、技术应用、基础设施、发展认知、人才队伍以及组织架构 6 个领域。主要数据说明如下。

一、科技投入

（一）信息科技投入情况

2020 年，财产险公司信息科技投入 123.83 亿元，其中大中型财产险公司投入 88.95 亿元，同比增长 20.89%，小微型财产险公司投入 34.89 亿元，同比增长 1.16%。

从信息科技投入经费结构上看，大中型财产险公司信息科技投入占比为 71.83%，小微型公司投入占比仅为 28.17%。

从公司平均信息科技经费指标来看，大中型财产险公司平均经费 8.89 亿元，小微型财产险公司平均经费 0.47 亿元。

---

① 根据《金融业企业划型标准规定》（银发〔2015〕309 号），按照上年年末资产总额划分：大型企业资产总额≥5 000 亿元；400 亿元≤中型企业资产总额＜5 000 亿元；20 亿元≤小型企业资产总额＜400 亿元；微型企业资产总额＜20 亿元。

从信息科技投入在保费收入中的占比来看，大中型财产险公司平均占比为0.80%，小微型财产险公司平均占比为1.52%。

（二）保险科技投入方向、意愿

从保险科技投入方向来看，在软件、硬件和人力三个大类中，财产险软件投入占比最高，平均投入比例约57.87%；软件投入覆盖六大领域，其中不论公司规模大小都以"销售及服务类系统"投入度最高。除此之外，大中型公司更侧重于投入"客户管理系统"，小微型公司则更侧重于投入"核心系统"。

从保险科技投入意愿来看，大中型财产险公司投入增加度为70%，高于小微型公司的54.05%；未来3年，超半数财产险公司计划投入年均增幅低于10%，显著低于行业平均水平。

（三）满意度评价

财产险投入满意为78.31%，财产险公司投入满意度低于直保公司。其中，大中型财产险公司保险科技满意度为60%，低于小微型公司的79.73%。

二、技术应用

（一）总体情况

财产险公司对通用型技术的应用比例低于人身险公司，对专用型技术的应用则显著高于人身险公司。按照保险价值链划分，财产险保险科技应用主要体现在"客户服务""销售渠道"和"核保理赔"领域。

在具体技术的应用方向上，移动技术在"客户服务""销售渠道"和"核保理赔"环节应用率较高，应用比例[①]分别达54%、65%和57%；大数据技术应用范围则比较宽泛，在"核保理赔""客户服务""风险管理"和"产品定价"环节应用率较高，应用比例分别达39%、31%、37%和54%；云计算在"核保理赔"和"销售渠道"环节应用率较高，应用比例分别达22%和33%；

---

① 应用比例指在该领域应用该项技术的公司数在总样本中的占比。

人工智能在"客户服务""销售渠道"和"核保理赔"环节应用率较高，应用比例分别为40%、24%和37%；二维码主要在"销售渠道"环节应用，应用比例为35%；RPA主要在"财务核算"和"客户服务"环节应用，应用比例为17%和11%；区块链在"再保险"环节应用比例为8%，在"风险管理""核保理赔""销售渠道"环节应用比例为6%；隐私计算在"监管合规"中的应用比例为5%；物联网在"核保理赔"和"风险管理"中的应用比例分别为7%和6%；车联网在"产品定价"和"核保理赔"中的应用比例为6%；无人机在"核保理赔"中的应用比例为13%。

（二）线上化指标

2018—2020年，财产险线上化客户、线上化产品占比逐年上升。

2020年，财产险公司线上化客户比例（35.53%）低于人身险公司（51.33%），财产险公司线上化产品比例（27.33%）也低于人身险公司（47.19%）；其中，大中型财产险公司在线上化客户（39.90%）和线上化产品（30.56%）比例方面均高于小微型公司（34.94%和26.90%），而大中型人身险公司在线上化客户（45.86%）和线上化产品（45.49%）比例方面均低于小微型公司（56.32%和48.75%）。

2020年，在自动化程度较高的承保、核保环节，财产险自动化率（45.29%和66.70%）低于人身险（77.79%和80.05%），但在自动化程度较低的理赔环节，财产险自动化率（27.77%）高于人身险（19.21%）。此外，财产险大中型公司在承保、核保和理赔各环节的自动化率均高于小微型公司。

（三）重要领域应用

在数字营销渠道中，财产险在微信小程序、远程展业平台、自有平台三大渠道的平均使用率（59.04%）略低于直保公司平均水平（61.27%），也低于人身险公司（63.33%），但大中型公司三大渠道使用率（83.33%）远高于小微型公司（56.76%）；三大渠道之外，小微型公司相对更偏爱和第三方平台合作。

保险科技在财产险风险管理中主要体现在"承保理赔"和"风险定价"方面，其中"风险定价"应用比例是人身险的5倍。此外，大中型保险公司对于"客户风险画像"和"内部风控"也高度重视。

三、基础设施

（一）采用云计算情况

财产险公司整体采用云计算的比例（67.47%）显著低于直保公司平均水平（75.72%），也低于人身险公司（83.33%），但大中型公司采用云计算的比例（100%）显著高于小微型公司（63.51%），财产险公司在采用云计算的比例方面的劣势主要体现在小微型公司。

云计算设备方面，大中型财产险公司以混合云为主，占比达60%，但小微型财产险公司各种设备占比较为平均，占比最高的公有云仅为24.32%。

财产险公司完全云部署率（5.95%）高于直保公司平均水平（5.20%），也高于人身险公司（4.44%）。其中，实现完全云部署的财产险公司都是小微型公司，大中型公司没有1家实现完全云部署。

（二）灾备情况

财产险公司硬件基础设施灾备使用率（92.86%）低于直保公司平均水平（95.38%），也低于人身险公司（97.78%）。其中，大中型公司硬件基础设施灾备率（90.00%）略低于小微型公司（93.24%）。

财产险公司云灾备使用率（44.05%）高于直保公司平均水平（42.77%），也高于人身险公司（41.11%）。其中，10家大中型公司全部实现硬件基础设施灾备，但小微型公司云灾备率仅为36.49%。

（三）来源渠道

财产险公司保险科技供给渠道以"第三方采购"为主，自建/自研比例（44.58%）低于直保公司平均水平（51.45%），但大中型公司自建/自研比例达70%，远高于小微型公司40.54%。

仅3家财产险公司成立保险科技子公司，其中2家为大中型公司，1家为小微型公司；5家财产险公司对外进行投资，其中2家为大中型公司，3家为小微型公司。

四、发展认知

（一）对保险科技应用趋势的认知

财产险保险科技应用共识度（77.59%）低于直保公司平均水平（81.16%），对于"保险产业链重构，保险公司部分核心业务外包"共识度不足。财产险公司中，大中型财产险公司保险科技应用共识度（86.00%）高于小微型财产险公司（75.95%）。

（二）最有可能实现突破的技术

未来3年，财产险公司认为最可能实现突破的技术中，排名前三位的分别是大数据、云计算、人工智能，与全行业各类机构普遍认知相同。此外，30.12%的财产险公司认为在物联网技术领域更可能获得突破，显著高于行业平均水平（22.78%）。

（三）与科技公司合作面临的主要挑战

与保险科技公司合作面临的主要挑战，财产险公司认为排名前两位的是"数据的可获得性和安全性"和"信息系统的安全性和兼容性"，与全行业各类机构普遍认知相同。此外，30.12%的财产险公司更关注"保险科技公司是否有足够的财力"，显著高于20.68%的行业平均水平。

五、人才队伍

（一）规模、结构、公司平均情况

2020年，财产险公司信息科技从业人员0.84万人（同比增加4.37%），占该类型公司总体从业人员的1.47%，其中大中型财产险公司0.57万人（同比增加13.65%），占比为1.22%，小微型财产险公司0.27万人（同比减少10.89%），占比为2.56%。

2020年，财产险公司信息科技外包人员0.94万人（同比下降18.50%），其中大中型财产险公司 0.46 万人（同比减少 32.61%），小微型财产险公司 0.48 万人（同比增加 1.70%）。

2020 年，财产险公司信息科技工作人员 1.79 万人（同比下降 9.11%），其中，大中型财产险公司 1.03 万人（同比减少 13.01%），小微型财产险公司 0.76 万人（同比减少 3.21%）。

从信息科技工作人员数量结构来看，财产险公司中，大中型公司信息科技工作人员总量在财产险信息科技工作人员中占比约为 57.67%，小微型公司占比仅为 42.33%，大中型公司信息科技工作人员是小微型公司的 1.36 倍。

从平均信息科技工作人员数量来看，大中型财产险公司平均信息科技工作人员 1 030 人，小微型财产险公司平均 102 人，不同规模财产险公司信息科技工作人员规模差距比较显著。

（二）能力要素

保险科技从业人员核心技能方面，财产险公司认为排名前三位的是"基于用户角度的产品意识""不断迭代的创新能力"和"技术人员的金融机构从业经验"，与全行业各类机构普遍认知相同。此外，财产险公司对"需求导向的市场意识"和"产品创意能力"的重视程度高于行业平均水平。

（三）队伍建设关键因素

在队伍建设关键因素方面，财产险公司认为排名前两位的是"有竞争力的薪酬"和"良好的公司文化"，与全行业各类机构普遍认知相同。此外，相对于其他类型公司，财产险公司更关注"明确且广阔的业务前景"。

六、组织架构

（一）领导架构

财产险公司"名义领导架构完整度"（仅有职责划分没有设立 KPI 考核制度的公司数量占比）为 57.83%，低于直保公司 67.05% 的平均水平。其中，中小型公司"名义领导架构完整度"为 59.46%，高于大中型公司的 50%。

财产险公司"实际领导架构完整度"为 25.30%（既有职责划分，又设立 KPI 考核制度的公司数量占比），低于直保公司 33.53% 的平均水平。其中，大中型公司"实际领导架构完整度"为 30%，高于小微型公司 24.32% 的水平。

（二）组织架构

财产险公司"组织架构明确度"为 53.01%（即设置专门负责保险科技战略实施的子公司或部门的公司数量占比），低于人身险公司 54.44% 的水平。其中，大中型公司"组织架构明确度"为 80%，（设置专门负责保险科技战略实施的子公司或部门的公司数量占比），远高于小微型公司 50% 的水平。总体而言，财产险保险科技战略实施领导和组织架构建设落后于行业，但大中型公司"实大于名"，而小微型公司"名大于实"。

（三）绩效评价

财产险保险科技绩效自我评价满意度（65.06%）低于人身险（74.44%），也低于直保公司平均水平（69.94%），其中小微型公司满意度（68.92%）远高于大中型公司（40%）。

第二节 数据分析

本节结合《行业保险科技发展情况调研》，针对财产险公司在保险科技发展认知水平、投入方向和形式、应用方向和重点场景、人才队伍和组织情况以及疫情相关情况进行具体分析。

一、科技投入指标

（一）保险科技投入满意度、持续增加投入意愿低于行业平均水平

83 家财产险公司中，有 65 家认为目前保险科技投入基本满足需求，即保险科技投入满意度达 78.31%，这一水平低于行业平均满意度（81.43%）约 3 个

百分点,低于人身险平均满意度(83.33%)约5个百分点。

未来1—3年,83家财产险公司中,46家公司会继续加大保险科技投入,即保险科技投入增加度达55.42%,低于行业平均水平(67.93%)12个百分点,也分别低于人身险公司(67.78%)12个百分点。

财产险公司保险科技投入自我评价见图3-1。

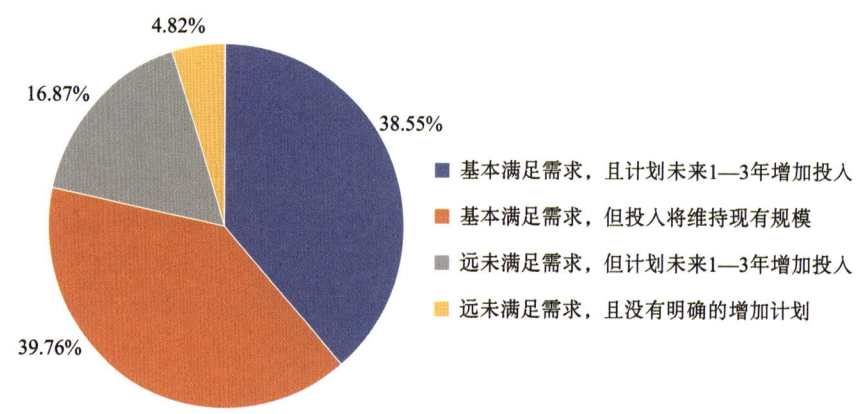

图3-1 财产险公司保险科技投入自我评价

(二)未来3年,超半数财产险公司计划投入年均增幅低于10%

未来3年,83家财产险公司中,35家公司(占41.18%)保险科技投入年均计划增长10%—30%,1家公司(占1.18%)保险科技投入年均计划增长30%—50%,2家公司(占2.35%)投入年均计划增长超过50%。此外,45家公司(占55.29%)计划投入年均增长为10%以下。

(三)软件投入占比最高,平均投入比例约57.87%

83家财产险公司中,65家(占78.32%)软件投入占比最高,分别有9家(占10.84%)硬件和人力(仅包括各类保险机构自有技术人员,不包括外部驻场人员)投入占比最高(见图3-2)。其中,软件投入占比最高的公司,软件投入在保险科技投入中的平均占比为57.87%,硬件投入占比最高的公司,硬件投入在保险科技投入中的平均占比为43.84%,人力投入占比最高的公司,人力投入在保险科技投入中的平均占比为45.13%。

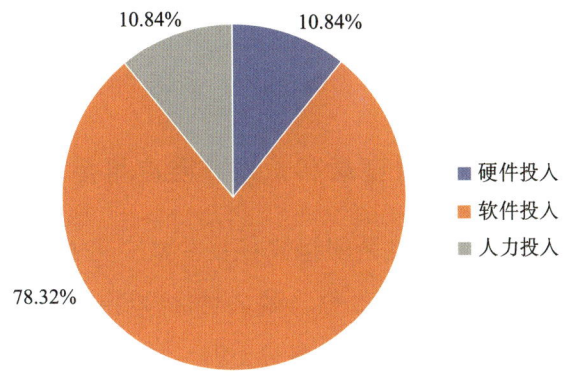

图 3-2 财产险公司保险科技投入占比

(四) 软件投入覆盖六大领域,"核心系统"和"销售及服务系统"集中度高

财产险公司软件投入覆盖"核心业务系统""销售及服务系统""客户管理系统""综合管理系统""财务管理系统"以及"内控合规系统"六大领域。其中,79 家(占 95.18%)投入"核心业务系统",74 家(占 89.16%)投入"销售及服务系统";43 家(占 51.81%)投入"客户管理系统";41 家(占 49.40%)投入"财务管理系统";分别有 33 家(占 39.76%)投入"综合管理系统"或"内控合规系统"(见图 3-3)。除"核心系统"和"销售及服务类系统"外,财产险公司投入比例均低于行业平均水平。

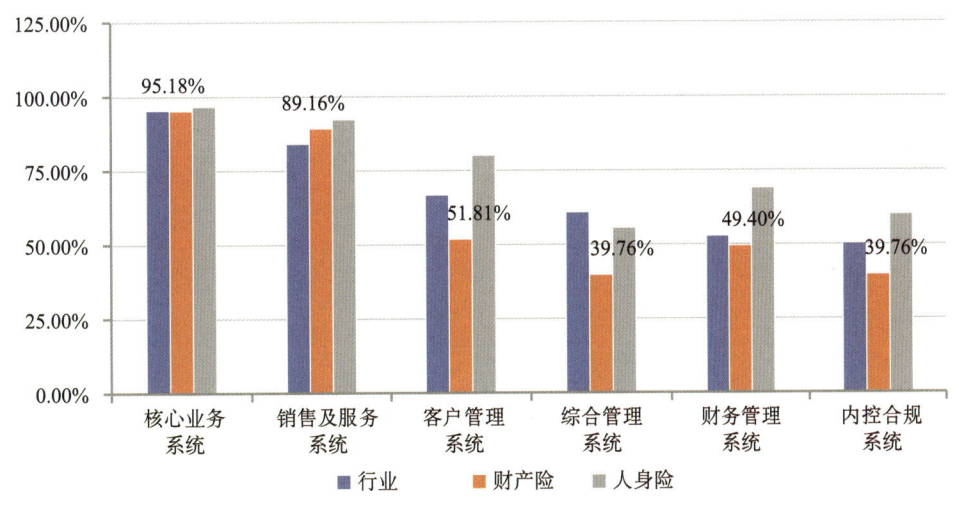

图 3-3 财产险公司保险科技软件投入方向

二、技术应用方向

(一)"核保理赔"应用度最高,财产险应用范围相对广泛

按保险价值链划分,财产险公司保险科技主要应用方向和保险行业总体情况基本相同。在 11 个应用领域中,财产险公司保险科技在"客户服务""销售渠道"和"核保理赔"领域应用比例超过 10%,在"风险管理""财务管理""产品定价"和"产品设计"领域应用比例为 5%—10%,其余领域应用比例低于 5%(见图 3-4)。

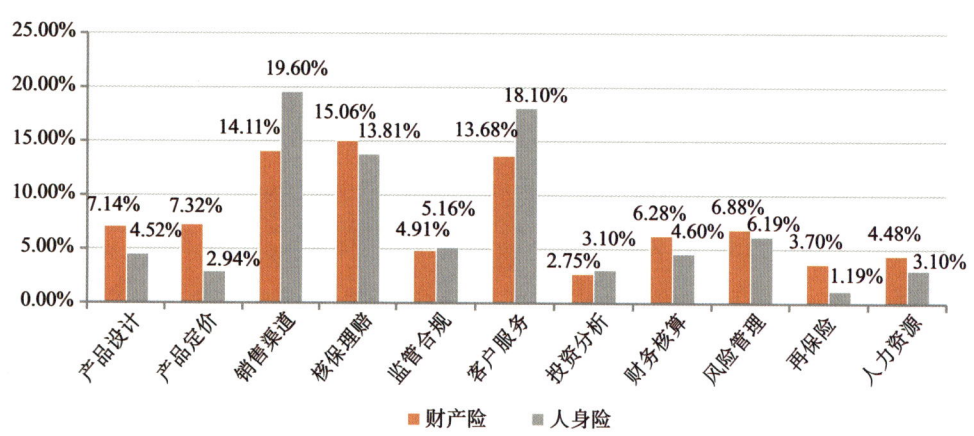

图 3-4 财产险及人身险公司保险科技主要应用方向(按保险价值链)

在应用比例超过 10% 的 3 个领域中,财产险公司保险科技在"核保理赔"中应用比例最高且超过人身险公司,但在"销售渠道"和"客户服务"中的应用比例均低于人身险公司;在保险科技应用比例 5%—10% 和低于 5% 的两个领域中,财产险应用比例普遍高于人身险,平均应用比例高出人身险公司近 4 个百分点。由此可见,在保险科技应用方面,财产险公司应用领域更广,可突破性更强。

(二)通用型技术应用比例低于人身险,财产险更倾向于专用型技术应用

财产险公司保险科技在"通用型技术"方面的应用率远高于在"专用型

技术"方面,但在"通用型技术"4个主要领域即"大数据""移动技术""云计算"和"人工智能"中的平均应用比例低于人身险,在"区块链"和"隐私计算"领域,财产险应用比例却高于人身险。此外,除"基因技术"之外,财产险公司保险科技在"专用型技术"领域应用程度普遍高于人身险公司。

在具体技术的应用方向上,移动技术在"客户服务""销售渠道"和"核保理赔"环节应用率较高,应用比例[①]分别达54%、65%和57%;大数据技术应用范围则比较宽泛,在"核保理赔""客户服务""风险管理"和"产品定价"环节应用率较高,应用比例分别达39%、31%、37%和54%;云计算在"核保理赔"和"销售渠道"中应用率较高,应用比例分别达22%和33%;人工智能在"客户服务""销售渠道"和"核保理赔"环节应用率较高,应用比例分别为40%、24%和37%;二维码主要在"销售渠道"环节应用比例为35%;RPA主要在"财务核算"和"客户服务"环节应用比例分别为17%和11%;区块链在"再保险"中的应用比例为8%,在"风险管理""核保理赔""销售渠道"环节应用比例均为6%;隐私计算在"监管合规"中的应用比例为5%;物联网在"核保理赔"和"风险管理"中的应用比例分别为7%和6%;车联网在"产品定价"和"核保理赔"中的应用比例均为6%;无人机在"核保理赔"中的应用比例为13%。

(三) 三大渠道平均使用比例低于人身险,财产险更偏爱微信小程序和第三方平台

如图3-5所示,财产险数字营销渠道中,微信小程序使用比例最高。83家财产保险公司中,60家(占72.29%)选择使用微信小程序作为线上营销渠道,还分别有44家(占53.01%)和43家(占51.81%)采用自有平台(如官网)和远程展业平台。此外,财产险三大渠道保险科技平均使用比例(59.04%)低于人身保险(63.33%)4个百分点,但对第三方平台渠道(50.60%)和微信小程序(72.29%)的使用比例高于人身险(40.00%和54.44%)。

---

① 应用比例指在该领域应用该项技术的公司数在总样本中的占比。

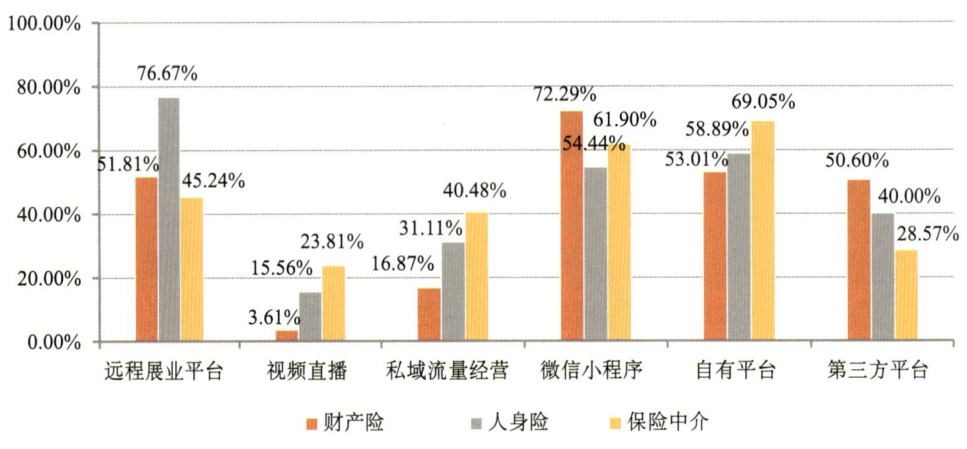

图 3-5　财产险数字营销渠道

（四）"承保理赔"和"风险定价"是风险管理主要应用，"风险定价"应用比例是人身保险近 5 倍

财产险中，"承保理赔"和"风险定价"是风险管理的主要应用，83 家财产险公司中分别有 69 家和 43 家机构在上述领域实现应用，占比分别为 83.13%和 51.81%。此外，财产险在"风险定价"方面的应用率是人身保险的近 5 倍（见图 3-6）。

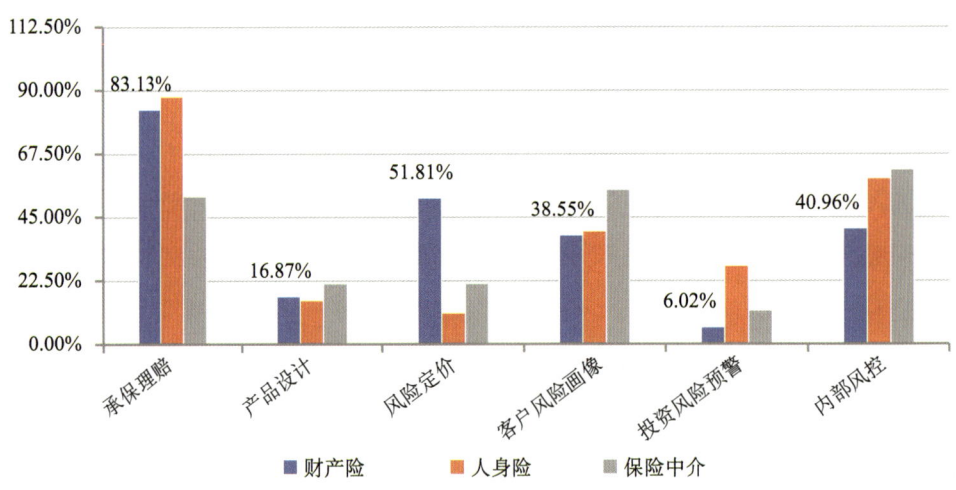

图 3-6　财产保险公司保险科技风险管理应用

三、基础设施状况

（一）57%的财产险公司租用机房，完全采用云计算技术的比率略低于行业平均水平

以生产环境的硬件设备为调研对象，选择自建机房和租用机房的财产险公司占比分别为36.41%和57.38%，自建机房比例接近行业平均水平（36.28%）；选择采购或租用服务器等硬件设备的占比分别为80.72%和13.25%，选择采购服务器的比例略高于行业平均水平（75.2%）。此外，约有6.02%的公司已经完全实现云部署，完全云部署比例低于行业平均水平（7%）（见图3-7）。

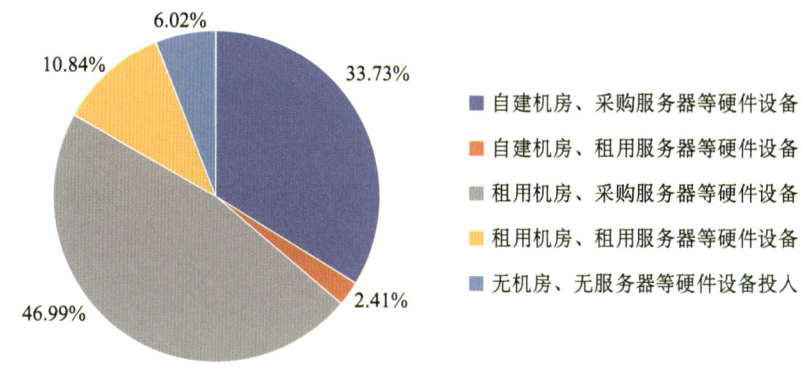

图3-7 财产险公司硬件基础设施情况

（二）财产险公司采用云计算的比例为77.47%，略低于行业平均水平

83家财产险公司中，56家企业已经采用云计算技术，占77.47%。此外，还有21.69%的企业有采用云计算技术的计划，仅有10.84%的企业暂时没有该计划（见图3-8）。在已经采用云计算技术的企业中，使用公有云、私有云和混合云的企业在总体样本中分别占21.69%、15.66%和30.02%，混合云使用占据一定优势。此外，财产险公司使用公有云的占比高于行业整体情况。

在尚未采用云计算技术的27家财产险公司中（含已计划采用的18家和无计划采用的9家），21家公司（占77.78%）认为"安全风险"是影响其采用云计算技术的主要原因；分别有37.04%的公司认为"云计算优势不足"和"缺乏技术支持及运维"是影响其采用该技术的主要因素；还有33.33%的公司认为"相关技术标准的缺乏"是影响其采用云计算技术的因素。

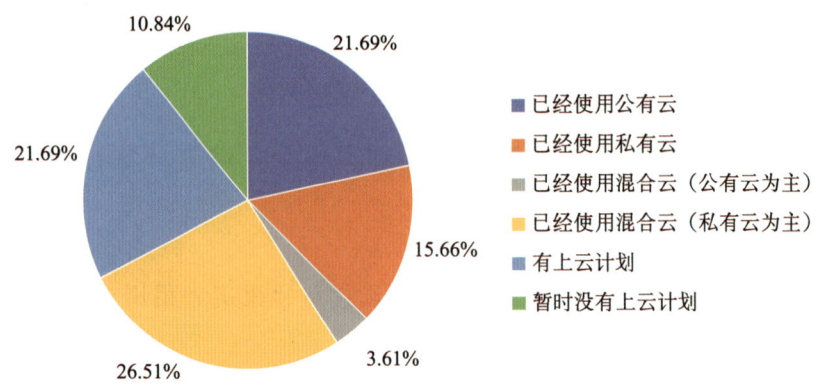

图 3-8 财产险公司采用云计算技术情况

（三）采用云计算系统以"销售和服务系统"和"核心业务系统"占比最高

在已经采用云计算系统的 56 家财产险公司中，有 53 家（占 94.64%）将"销售和服务系统"部署在云上，有 30 家（占 53.57%）将"核心业务处理系统"部署在云上，有 27 家（占 48.21%）将"综合管理系统"部署在云上，有 22 家（占 39.29%）、20 家（占 35.71%）和 19 家（占 33.93%）分别将"客户管理系统""财务管理系统"和"内控合规系统"部署在云上（见图 3-9）。此外，财产险公司"保险核心系统"和"综合管理系统"采用云计算系统的比例高于人身险公司。

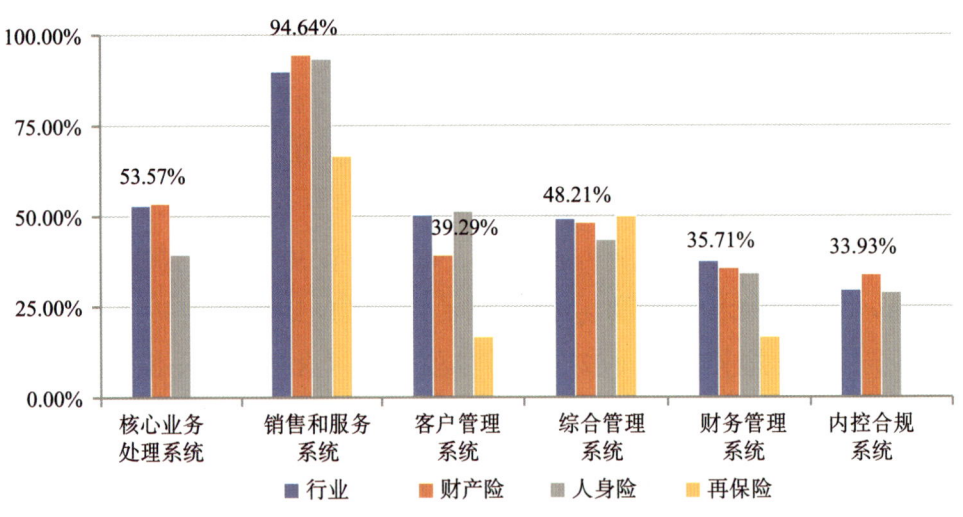

图 3-9 财产险公司采用云计算系统分类

(四) 43%的财产险公司使用云灾备系统,使用率高于人身险公司2个百分点

83家财产险公司中,36家(占43.37%)使用云灾备系统,27家(占32.53%)尚未使用,但已计划使用;20家(占19.28%)明确不计划使用云灾备系统(见图3-10)。财产险公司云灾备系统使用率低于行业平均水平(46.84%),但高于人身险公司平均水平(41.11%)。

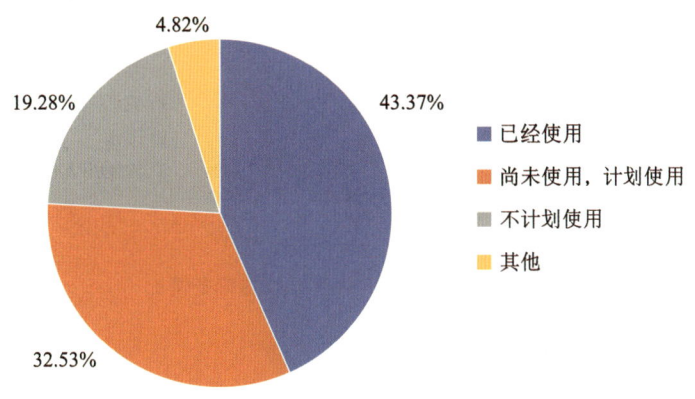

图3-10 财产险公司云灾备系统使用情况

(五) 98.8%的财产险公司具备基础设施灾备系统,"一主一备"占比超六成

83家财产公司中,仅有1家(占1.31%)未使用基础设施灾备系统,共有51家(占67.11%)采用"一主一备"的方案,有13家机构(占17.11%)采用"一主多备"的方式,有4家机构(占5.26%)采用"多主一备"的方式,有2家机构(占2.63%)采用"多主多备"的方式对基础设施进行灾备。此外,还有5家机构(占6.58%)采用了"双活"或"多活"的方式进行灾备。(见图3-11)。在该项调查中,7家公司未填报数据。

(六) 财产险公司保险科技以"第三方采购"为主,自建/自研比例低于行业平均水平

83家财产险公司中,对于保险科技的应用,69家(占83.13%)采用了

"第三方采购"的方式，37家（占比44.58%）采用了"自建/自研"的方式，尚没有财产险公司对外进行"战略性投资"（见图3-12）。显然，财产险公司的保险科技供给渠道以"自建/自主研发"和"第三方采购"为主，且财产险公司"自建/自主研发"比例低于行业平均水平约15个百分点。

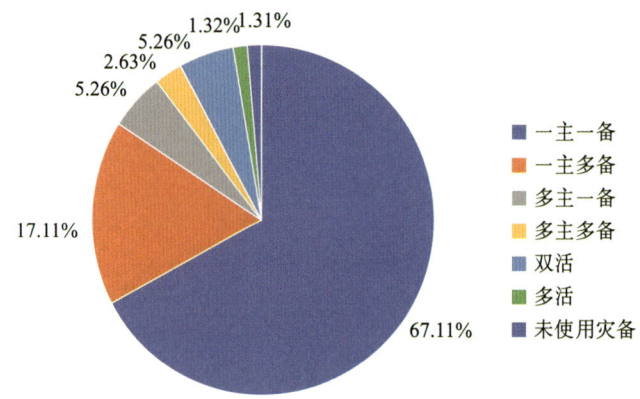

图3-11 财产险公司基础设施灾备情况

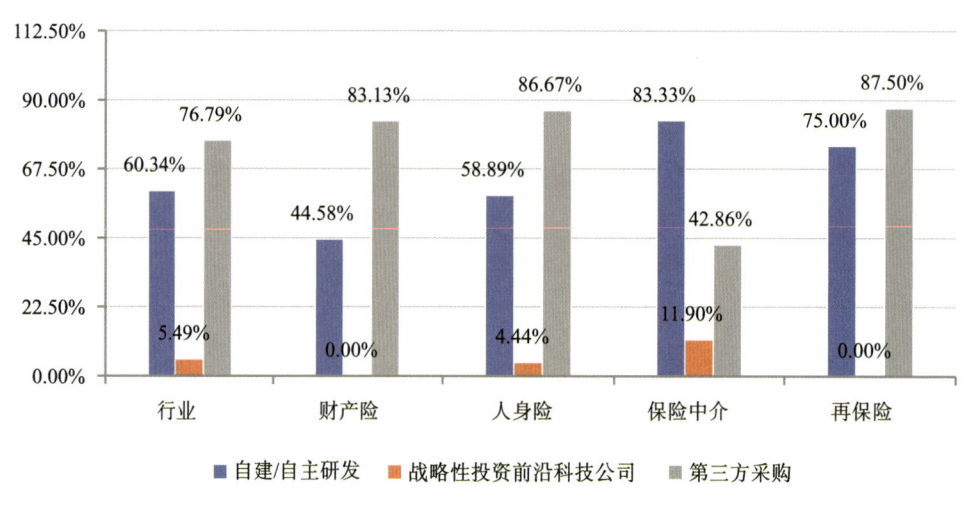

图3-12 财产险公司保险科技供给来源

（七）仅3家财产险公司成立保险科技子公司，另有7家计划成立

83家财产险公司中，有3家（占3.61%）已成立保险科技子公司；7家（占8.43%）尚未成立，但正在申请或计划中；53家（占比约63.86%）尚未成立且未来不确定是否成立；20家（占24.10%）明确不打算成立（见图3-13）。

财产险公司成立保险科技子公司的比例低于人身险公司（5.56%）。财产险公司成立保险科技子公司情况和人身险公司基本类似，都处于早期起步阶段。

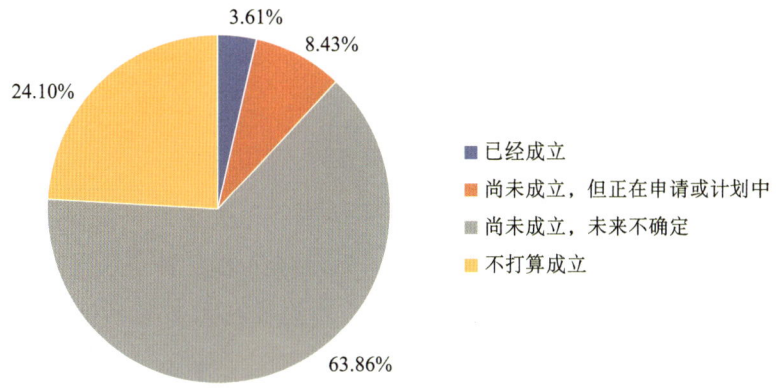

图 3-13 财产险公司保险科技子公司设立情况

（八）仅 5 家财产险公司对外进行投资，另有 8% 的公司正在寻找投资标的

83 家财产险公司中，5 家（占 6.02%）已经在保险科技领域对外进行投资，且还在继续寻找合适标的；7 家（占 8.43%）尚未投资，但正在寻找合适标的的保险机构；69 家（占 83.14%）尚未投资且未来也不确定是否投资（见图 3-14）。财产险公司对外投资情况和人身险公司基本类似，都处于较早期阶段。

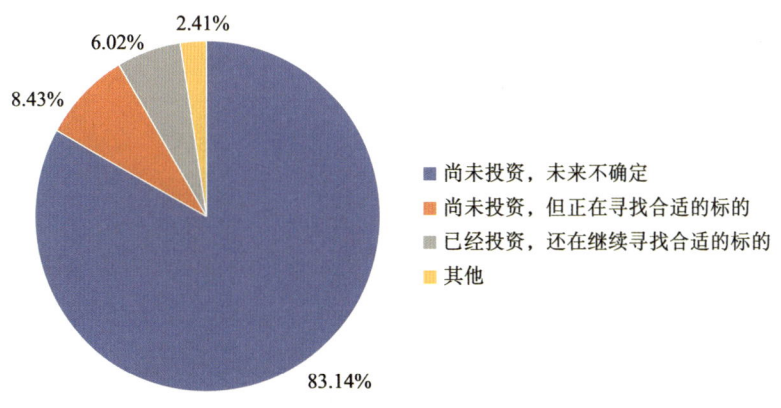

图 3-14 财产险公司保险科技对外投资情况

四、发展认知水平

(一) 保险科技四大应用趋势成共识,"产品形态创新"共识强于人身险

财产险公司对于未来1—3年保险科技五大应用趋势具有较为一致的认知,对于"内部运营自动化和智能化""客户画像成为基本业务流程""风险模型的预测功能对实际业务产生重大指导作用""数字经济的发展导致保险产品形态发生重大变化"和"保险产业链重构,保险公司部分核心业务外包"五大趋势的确定性认知平均值达77.59%,但该均值不仅低于行业平均水平(83.12%),也分别低于人身险(84.89%)和保险中介机构(88.10%)平均水平7个和11个百分点。

83家财产险公司中,76家(占91.57%)认为保险科技将在"内部运营自动化和智能化"方面得到应用,74家(占89.16%)认为"风险模型的预测功能对实际业务产生重大指导作用",69家(占83.13%)认为"客户画像成为基本业务流程",65家(占78.31%)认为"数字经济的发展导致保险产品形态发生重大变化",但仅有38家公司认为,"保险产业链重构,保险公司部分核心业务外包"成为趋势,占比仅为45.78%(见图3-15)。因此,财产险公司保险科技应用趋势仅为"四大共识"。此外,财产险在"数字经济的发展导致保险产品形态发生重大变化"方面共识度强于人身险。

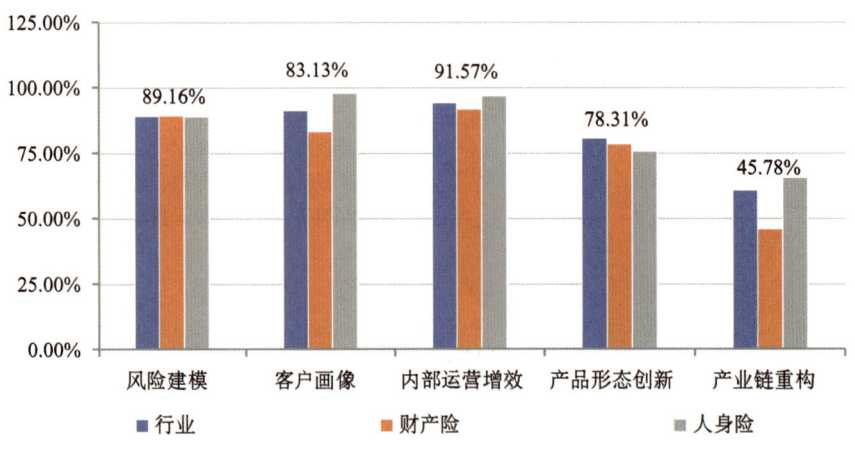

图 3-15 财产险公司保险科技五大应用趋势确定性认知概率分布

（二）大数据、云计算、人工智能最可能实现突破，区块链和物联网突破概率超行业平均水平

按照每项技术获得投票数在每项总票数上限（83 票）中的占比计算，大数据、云计算、人工智能分列财产险保险科技最可能实现突破技术领域前三位；其中，64 家机构（占 77.11%）认为"云计算，安全和稳定运营水平进一步提升"，71 家机构（占 85.54%）认为"大数据，跨界数据获取变得更加便利"，47 家机构（占 56.63%）认为"工智能，从计算向感知和认知的高阶演进"，14 家机构（占 16.87%）认为"区块链，从先导概念走向实际产品"，25 家机构（占 30.12%）认为"物联网，应用于自动驾驶等领域并推动产生新的保险产品形态"，4 家机构（占 4.82%）认为"基因诊疗，广泛用于个体健康情况预测"，10 家机构（占 12.05%）认为"隐私计算，数据的共享和交易规则明确"。此外，财产险公司整体认为区块链、物联网的突破概率均超过行业平均水平（见图 3-16）。

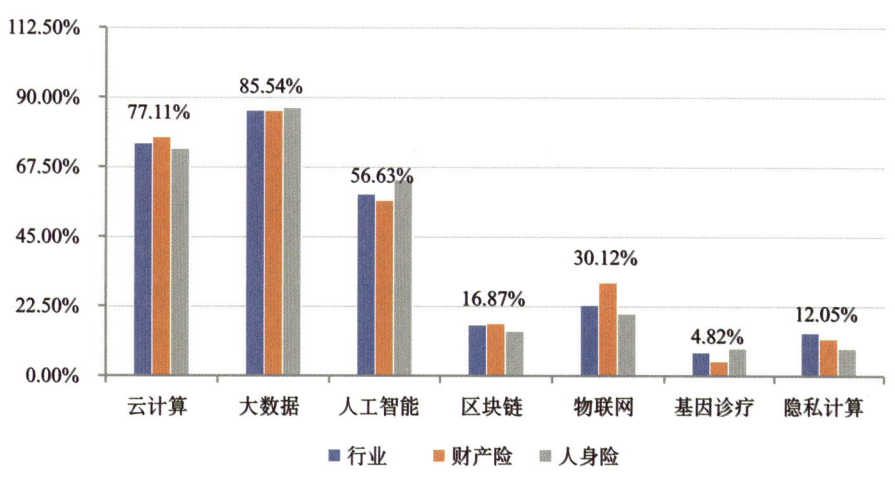

图 3-16 财产险公司保险科技最可能实现突破的领域

（三）与保险科技公司合作"数据和安全"是核心因素，财产保险公司更关注"财力支持"

在与保险科技公司的合作中，"数据的可获得性和安全性"是财产险公司考虑的核心因素。其中，72 家机构（占 86.75%）认为"数据的可获得性和安全

性"是与保险科技公司合作的主要挑战,58 家机构(占 69.88%)认为"信息系统的安全性和兼容性"会对保险科技公司的合作产生影响,44 家机构(占 53.01%)认为"监管政策的导向性"会对保险科技公司的合作产生影响,24 家机构(占 28.92%)认为"商业模式的差异"会对保险科技公司的合作产生影响,6 家机构(占 7.23%)认为"企业文化的差异"会对保险科技公司的合作产生影响,25 家机构(占 30.12%)认为"保险公司的财力"会对保险科技公司的合作产生影响(见图 3 – 17)。

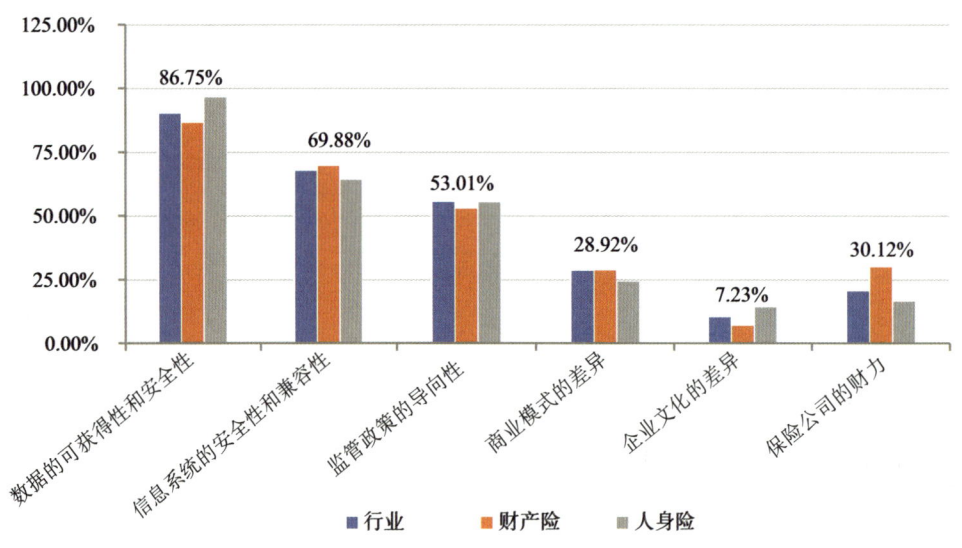

图 3 – 17 财产险公司与保险科技公司合作的主要挑战

(四)保险科技绩效自我评价满意度近七成,财产险公司总体满意度低于人身险公司

在 83 家财产险公司 CEO 针对本公司保险科技发展的绩效评价中,10 家(占 12.05%)认为"非常满意",44 家(占 53.01%)认为"基本满意",仅 65 家(占 31.33%)认为"尚待提升"(见图 3 – 18)。财产险公司对于本公司保险科技发展绩效总体持肯定态度,但财产险公司绩效满意度(65.06%)低于人身险公司(74.44%)约 9 个百分点。

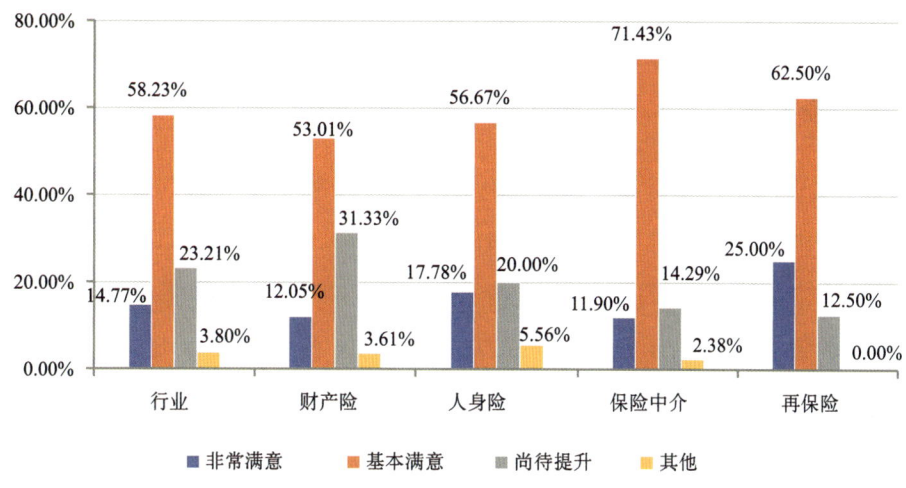

图 3-18 财产险保险科技绩效自我评价

五、组织与机制建设

（一）七成公司具备明确领导架构，财产险公司领导架构完整度低于人身险公司

83家财产险公司中，56家（占70%）设立了多种形式的领导架构实施保险科技战略，其中有48家（占57.83%）设置了"名义领导架构"，21家（占25.30%）设置了"实际领导架构"。财产险"名义领导架构"和"实际领导架构"设置率均低于行业平均水平（78.78%和40.93%），且财产险二者比率（43.75%）低于保险行业平均水平（59.51%）。由此可见，财产险公司实施保险科技战略领导架构完整度处于较低水平。

财产险公司实施保险科技战略领导架构相关统计结果如图 3-19 所示。

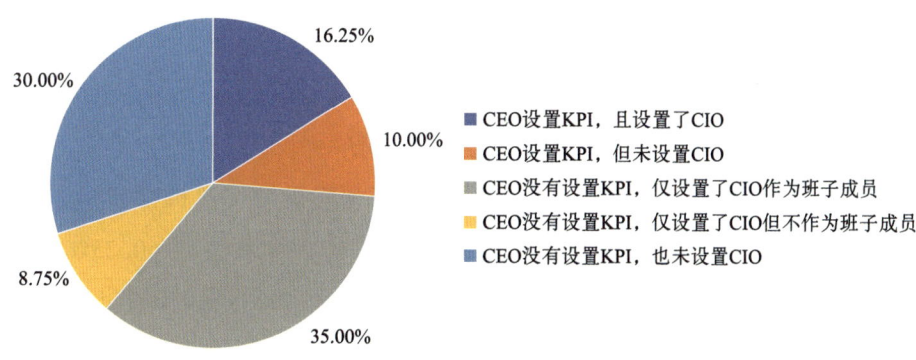

图 3-19 财产险公司实施保险科技战略领导架构

（二）超九成公司具备明确的组织架构，财产险公司组织架构明确度低于人身险

83家财产险公司中，33家（占40.74%）"设置了专业部门，但和IT部门归属于同一部门"或"未设置专门部门，但职责归属于具体部门"，9家（占11.11%）"设置了专门部门，且为独立于IT部门的专设部门"，2家（占2.47%）设置了独立的子公司，负责公司的整体科技创新及应用，4家（占4.94%）未设置专门部门，且职责没有归属于具体部门（见图3-20）。此外，财产险公司"明确组织架构"的比例（53.01%）低于人身险公司（54.44%）及行业平均水平（62.03%）。

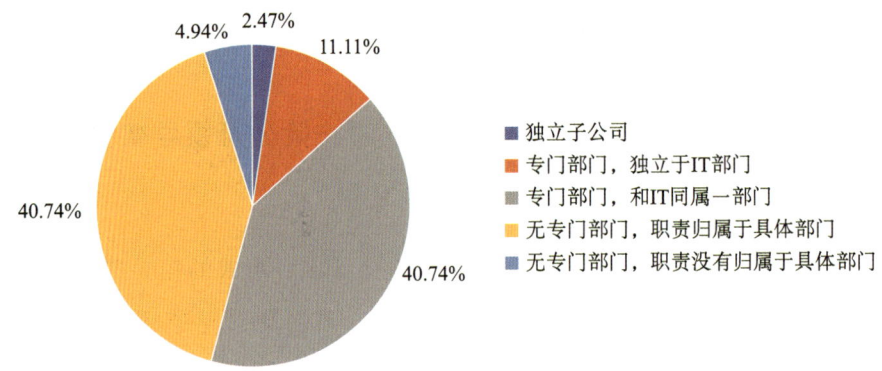

图3-20 财产险公司实施保险科技战略组织架构

六、疫情应对及影响

（一）保险科技"客户触达"作用显著，对财产险影响度低于行业平均水平

"抗疫复工"期间，保险科技对财产险公司的影响主要体现在"客户触达""运营管理"和"渠道拓展"方面。其中，53家保险机构（占63.86%）认为保险科技的应用有助于疫情期间实现"客户触达"，50家机构（占60.23%）认为有助于"运营管理"效率的提升，47家机构（占56.63%）认为有助于"渠道拓展"（见图3-21）。

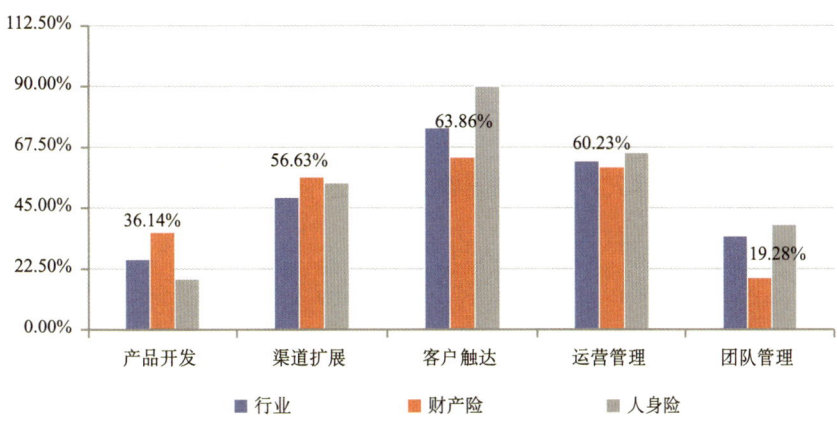

图 3-21 疫情期间保险科技对财产险的作用

此外,保险科技5项作用对于财产险公司的平均影响度(47.23%)低于行业平均水平(49.37%),而"产品开发"和"渠道拓展"对财产险的影响度高于行业平均水平。

(二)三大工具作用显著,工具型保险科技对财产险发挥更大作用

疫情期间,"远程会议""远程办公"及"App 客户端"三大工具对财产险公司"抗疫复工"作用显著。其中,有 70 家财产险公司(占 84.34%)认为远程会议工具(如 Zoom 等)发挥突出作用,54 家(占 65.06%)认为远程办公平台(如钉钉、飞书等)发挥突出作用,41 家(占 49.40%)认为 App 客户端发挥了突出作用。此外,财产险公司认为远程会议、RPA、光学识别和机器人客服在疫情期间作用最大(见图 3-32)。

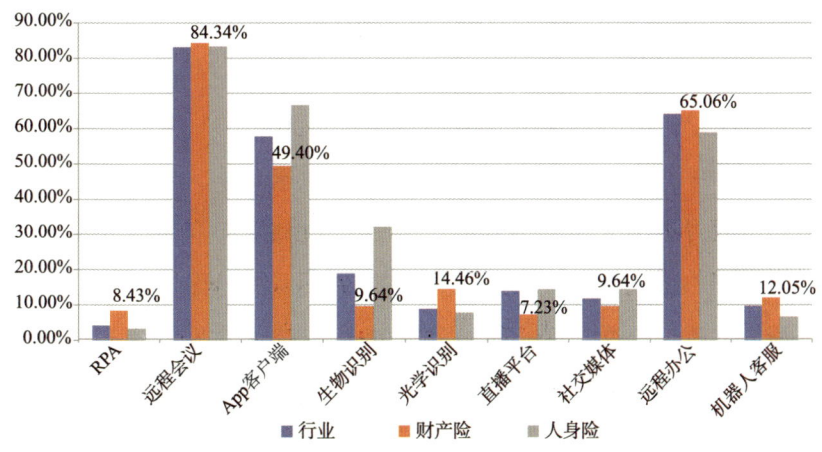

图 3-22 疫情期间针对财产险突出发挥作用的保险科技

（三）后疫情时代，重点发展机器人客服、App 客户端和远程办公，智能办公和技术型保险科技受关注

后疫情时代，机器人客服、App 客户端和远程办公成为财产险公司保险科技重点发展领域。其中，41 家公司（占 49.40%）认为机器人客服是重点发展领域，33 家（占 39.76%）认为 App 客户端是重点发展领域，31 家（占 37.25%）认为远程办公是重点发展领域。此外，财产险公司对于 RPA、光学识别和远程会议相关技术的关注度高于人身险公司。

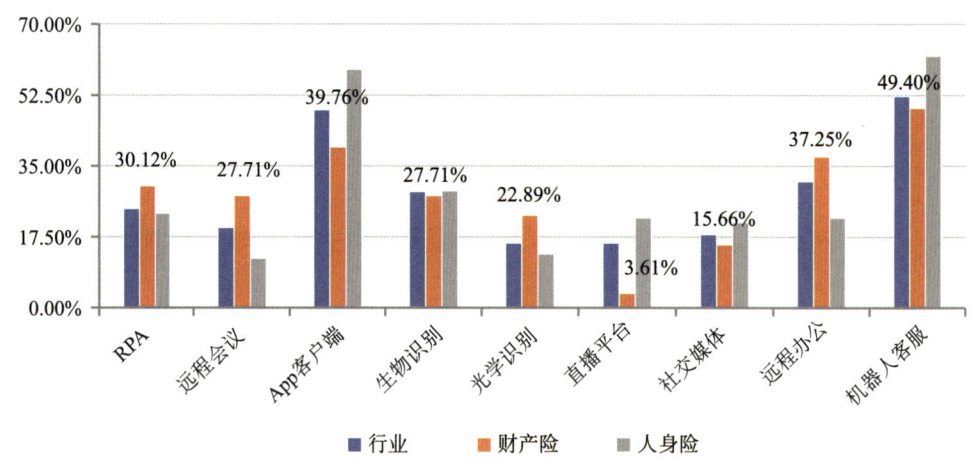

图 3－23　后疫情时代财产险重点发展的保险科技

第三节　应用实践

随着 2020 年车险综合改革落地，车险业务增速放缓，非车险业务加速发展，财产险公司纷纷寻找多元发展新模式，加强科技赋能向高质量发展转型成为行业共识。大数据、云计算、人工智能、物联网、区块链等技术促进保险科技蓬勃发展，深入渗透保险生态价值链，正在重塑传统保险发展模式，推动业态优化、渠道变革、场景创造、体验提升，促使行业整体数字化转型。

一、模式创新应用

在互联网、大数据和区块链等科技赋能下,社会变革,特别是保险型社会理论和"保险+"商业模式的发展,重新定义了保险行业产业结构、市场机制、组织形态、产品和服务模式等,催生财产保险的新业态、新价值。

(一)经营模式:从双向进阶到深度融合

在互联网与科技在保险业渗透度不断提高、用户体验需求升级的背景下,"互联网+"将从差异化的标签转变为所有环节的共性元素。保险科技的资源布局也从最初的抢占场景,发展到利用技术不断连接、积累数据,创建新的互联网保险生态系统[①]。在此过程中,行业的资源布局在线上和线下更多领域实现结合,跨界融合正不断加速,进而实现业务延伸和跨界经营。

1. 线上链接线下,提升效率优体验

传统保险公司的客户资源优势明显,可助推其完成向线上业务的引流,通过在线运营降低获客成本、提升运营效率,推动部分产品和服务交互的便捷化,新技术的应用将实现更精细的用户管理和服务,增加用户的信任。

国寿财险通过构建"App+微信公众号+微信小程序"三位一体的"安心享"服务矩阵体系,聚焦客户全生命周期,围绕保险、服务、生活等,打造了安心享保障、安心享服务、安心享关爱、安心享智能和安心享福利五大服务主题,支持客户自主投保、视频批改、自助报案、自助承保理赔查询、第三方增值服务、在线咨询、在线机器人服务等线上服务,线上经营能力大幅加强。

2. 线下赋能线上,连接资源拓服务

由于单一的线上业务依然无法满足用户对复杂条款的解析需求,也无法以线上模式维系用户的信任,互联网保险公司纷纷布局线下场景,更多地利用数据和科技实现上下游的串联,提供健康管理、医疗养老等附加服务,用生态化的链接实现线上线下的融合,不断拓宽保险行业的资源布局。

泰康在线以健康险为突破口,2018年即着手构建医疗服务网络,通过"新

---

① 众安金融科技研究院,《新保险时代:金融科技重新定义保险新未来》,机械工业出版社2018年版。

生态"的建设广泛连接服务资源，建设独立的健康服务平台，为客户提供对抗风险的综合解决方案。公司推出在线问诊购药服务，22[①] 万名公立医院医生24小时在线；开通门诊/重疾"绿通"服务，覆盖全国293个地级市、2 694家医疗机构，三甲医院100%全覆盖；推出个性化体检服务，涵盖全国126个城市711家体检机构；上线特色口腔齿科服务，包含全国198座城市1 639家齿科门诊，全年服务用户超5.5万人。通过权益的方式将健康服务打包至保险产品中，不断丰富健康险的服务范围，实现保障与服务的融合。

（二）服务模式：从事后补偿到事前干预

在全面深化社会治理体系改革的过程中，"保险+"商业模式不断延伸保险业服务社会的范围，从参与社会风险管理和社会保障体系，到参与医疗、养老、汽车等延伸产业链，从销售到服务再到管理，保险逐步从简单的"事后补偿"模式向"事前预防"和"事中干预"的风险管理模式转变。保险公司利用科技、基于数据、进行风险管理和风险补救的经营性质与客户体验相统一，保险产品的金融属性与服务属性进一步实现深度融合。

1. 聚焦风险防控，服务企业用户

提升保险参与社会风险管理的深度和广度，当好社会风险管理的压舱石，是新形势新变化下保险业发展的主要目标。基于厂房租赁模式的"厂中厂"企业一直是安全生产管理的难点，由于主体众多、责任不明、隐蔽性强，管理难度很大，安全生产隐患众多。

针对这一问题，人保财险开展"安全工厂"模式探索，利用物联网技术和大数据分析，为企业提供了"三位一体"的风险管理服务，即构建了专家隐患排查"时点防线"，可出具隐患排查报告并对安全隐患进行闭环管理；物联网智能感应设备"实时防线"，对企业主要风险隐患进行实时监测，及时预警；保险保障"兜底防线"，一旦出险及时赔付，帮助企业恢复生产，化解社会矛盾。安全管理的"三道防线"全方位保障了企业的生产安全，减少事故的发生。

2. 聚焦产品创新，满足个人用户

随着中国经济社会的发展，城镇化、老龄化进程的加快，医疗卫生模式逐

---

① 泰康在线，《2020年理赔及健康服务报告》，相关数据均为截至2020年底报告数据。

渐从以治病为中心向以健康为中心的方向转变，健康保障和健康服务成为人民群众的刚性需求，这也要求健康保险在发挥保障功能的同时，在健康服务领域要发挥更多积极作用。

把握"大健康"发展机遇，太保安联升级推出"以客户为中心、以数据为驱动、以科技赋能服务"的健康管理模式，打造了涵盖用户全生命周期的"太安馨""太安康""太安诊"三大产品体系，通过运营团队建设结合供应商管理的方式，实现覆盖全国的服务网络。其中，"太安康"是由全科医生、健康管理师、营业专家、健身教练组成的创新且充满活力的团队，通过"健康态"App及"贝塔健康"智能管家为个人用户及其家人提供从疾病预防到康复管理的一站式健康管家服务，有效推动健康保险的风险管控由单纯的财务风险控制向与健康风险控制结合转变。

二、渠道领域应用

新冠肺炎疫情的冲击以及互联网技术的普及，使保险营销逐步从线下发展到线上，一方面扩大了营销人员的发展空间，提高了保险营销的效率；另一方面也对渠道管理提出空前的挑战，科技赋能的渠道创新变革成为"必选题"。

（一）效能提升

据调研，近2/3的保险实际用户仍将保险代理人作为汲取保险关键信息的优选途径，随着保险市场营销体制去层级化趋势的演进，保险经纪公司、保险代理公司（以下简称保险经代）及保险代理人渠道规模仍具较大上升空间[①]。但是，部分代理人专业性较差、忽视用户请求、无法提供个性化的风险管理和售后服务，是传统代理人渠道推广效率降低的主要原因。通过数字科技驱动赋能前端销售展业队伍，构建渠道数字化经营管理体系，辅助代理人沉淀业务能力、提升专业性，是解决问题的较优切入点。

1. 赋能队伍管理，优化运营流程

微信群、短视频、直播等新型营销手段的兴起，促使线上展业、用户运营

---

① 艾瑞咨询，《保险新周期 中国保险用户需求趋势洞察报告》，https://www.iresearch.cn/.

与队伍管理的手段日益多元化，各保险主体也在引导销售队伍培养线上展业的习惯，并积极利用数据驱动的数字化管理平台和工具赋能渠道数字化变革，进一步提高业务效率、增强用户体验。

平安产险依托线上展业平台"平安好帮手"，随时随地为业务一线队伍提供在线业务处理、在线业务支持、在线互动、在线学习等方面的支持，作为渠道队伍经营向数据化转型的源头和基础，彻底实现销售与管理的线上化、数据化、自动化，完成队伍与公司、队伍与客户、队伍与队伍的相互连接。建立"分渠道成长及任务管理"体系，激励队伍线上成长，并为渠道可视化、数据化管理奠定基础；搭建"好帮手用户线索集市"，涉及业绩、销售能力、营销能力、学习能力及管理能力五类用户标签，应用于队伍画像及成长任务分析等场景，精准定位管理及运营问题，助力一线队伍转型升级。

2. 赋能销售人员，助力降本增效

随着大数据、人工智能、区块链等技术的逐步发展，通过信息化手段为前端展业人员提供定期培训、团队建设等已在车险和健康险等领域普及，可提升代理人的专业性。

针对个代销售模式，太保产险打造了"太好创"移动应用平台，运用互联网新技术手段和模式实现线上便捷展业、佣金灵活结算和团队的全覆盖管理。通过大数据集成和整合，可形成较为全面的客户画像，助力代理人整理提炼用户关键信息、更有针对性地展业及推荐产品。通过"一人一名片""名片即店铺"的微信名片展业模式，销售人员可在微信店铺灵活加载销售产品组合，改变了财产险传统的线下展业模式，填补个人代理渠道缺乏配套工具和平台的空白。"日清日结"佣金结算模式的创新，改变了个人代理业务佣金一月一结的模式，佣金时效的提升带动了销售人员的展业积极性，也进一步提升了财产险公司的市场竞争力。

（二）生态融合

近年来，以腾讯微保、慧择保险网为代表的互联网保险中介发展势头迅猛，产销分离的大趋势给予保险电商平台更大提升空间，也对传统保险公司产生一定的冲击。营销渠道互联网化改造是财产险公司渠道数字化升级的主战场，各公司秉持线上线下一体化的理念，积极布局 App、微信小程序等线上服务平台的建设。随着近年来互联网渠道迅速发展成熟，保险需求逐渐呈现高并发、高峰值以及灵活多变的特性，综合来看，分散的渠道数据及第三方平台的快速接入、场景化产品的快速上线是财产险公司渠道变革过程中面临的核心考验。

1. 互联互通，统一客户体验

分渠道的客户管理存在着客户数据分散、信息不一致、内部管理混乱等多种弊端，难以适应客户在保险全流程中的统一体验需求。随着行业格局变化及保险科技的加持，各渠道呈现整合汇集的演进趋势，实现各渠道的互联互通，打造全渠道融合的客户体验，是渠道未来发展的核心方向。

为解决客户识别的难题，泰康在线建立统一客户识别体系TKID，实现多维度的特征数据匹配，为每个客户建立唯一的识别码，将客户分散的保单数据、行为数据、理赔服务数据串联在一起，沉淀出多维度丰富的用户标签，加深对客户的了解，以便提供更优质的服务。人保财险建设统一客户视图，在上线客户实名制、从源头强化客户识别的基础上建立客户档案，统一编码，以统一客户账号横向打通客户数据共享，将客户接触点和交易数据全方位整合至其账户下，构建"一个客户、一个账户"的经营模式，打通渠道壁垒，打破数据孤岛，实现数据从保单维度向客户维度转变，全面支持保险价值链各场景客户识别与调用，打造全渠道融合的客户体验。

2. 开放合作，实现快速对接

为降低渠道业务扩展成本，保险公司需加大与互联网生态的融合，拓宽自身业务渠道，打造更多的合作入口和接口，构建快速响应的连接能力，实现更紧密更高效的业务互通。

在分销环节，为更好满足公司日益增长的对接业务发展需求，有效地缓解互联网业务竞争压力，国寿财险建设对接平台"国寿易联"，支持自主可视化配置及对接联调服务接口，产品已覆盖90%以上的常见对接险种，实现了第三方出单的低成本快速对接，使非车第三方对接项目的实施效率得到大幅提升，实现与第三方渠道的高效互联互通，大幅降低对接时间，提升产品推广效率。在渠道拓展环节，众安保险建立开放平台，提供商户直接在线完成保险需求的标准化流程解决方案及场景化定制保障方案，为拥有流量或保险售卖渠道的公司接入众安保险产品，实现海量产品灵活配置，创新定制快速对接。在高效的技术支持下，常规对接只需1—2天时间。截至2021年8月，众安保险已实现与

330个生态合作伙伴无缝对接，为超过1 400家商户提供开放服务，拓宽了自身业务渠道，推动了更高效的业务互通。

三、产品领域应用

在科技进步的推动下，财产保险领域的产品和服务随着时代的变迁而蓬勃发展、不断壮大。保险科技的应用进一步推动了产品形态和保障功能的升级，丰富了产品体系和服务模式，满足客户更加多元化的保险保障功能需求。

（一）聚焦场景

产品同质化一直是传统财产保险行业发展中的难题，互联网保险的发展使保险产品同质化现象得到一定程度的缓解，各保险公司利用大数据等技术深入挖掘不同领域细分场景下的用户"痛点"和风险保障需求，掌握分散性业务场景的主动权，为产品差异化持续赋能。此外，场景的转变驱动保险产品走向细分化，科技的应用也在催生全新经济发展模式带来的全新保险需求。

1. 依托多元产业链，提供全场景服务

以众安保险链接多元化的用车场景为例，以"保骉车险"作为切入点，众安保险已形成新零售、新金融、新出行、车联网四位一体的轻模式产业布局。"新金融"以保骉车险为切入点，提供买车、用车、养车全流程金融保障服务；"新零售"扩大与汽车生态合作商的合作深度，提供更多元、更碎片化的车险产品及周边研发；"新出行"逐步得到滴滴、安拓、"E代驾"等更多合作伙伴的赋能，并通过软件服务化（SaaS）方式切入车后市场[①]；"车联网"前端与主机厂合作，后端和车载自动诊断传统（OBD）厂商合作，提供数据整合、定制保险和增值服务，并将推出基于车联网数据的"智慧行车"体系。

用户依托众安保险提供的一站式智慧用车服务，能够享受全场景式的保障，同时也能够为保险公司提供新的设计源泉，这种良性互动使得众安保险能够不断以场景作为出发点，设计出更多场景化险种。

---

① 车后市场，即汽车实现销售后，围绕其使用过程的各种服务。

2. 应用先进技术，拓展新场景覆盖

在跨境电商领域，商家跨境出口包裹物流服务过程中，退货及其费用结算并非如境内机制成熟便利，为解决跨境电商商品退件沟通成本高、退回费用不透明、退回费用线下收取不便等问题，优化商家、客户场景体验及平台运营，人保财险与蚂蚁供应链联手，与AliExpress（全球速卖通平台）定制推出"菜鸟AliExpress不可达退回项目"服务，保障商家发货后由于无法妥投买家签收而产生的退货运费风险。

为提升过程监控水平，有效防范承保风险，人保财险基于蚂蚁区块链将保障覆盖的全部商家、物流信息进行上链存证，分析物流线路及卖家交易历史数据，筛选优质客户，借助区块链不可篡改、时间戳等特性确保数据真实性，降低退货风险，控制赔付水平。

（二）聚焦主责

在既有保险体系下，保险科技的支持使保险企业能够定制开发更具有需求针对性的保险产品，在整体风险可控的前提下，满足更多客群的保障需要及特定人群的深层次需求，突出针对性、差异性和普惠性，实现保险产品高质量供给，发挥保险的稳定器作用，创造更多社会价值。

1. 发展普惠保险，助力回归本源

深化保险业供给侧结构性改革，大力发展普惠性保险业务，是行业回归本源的本质要求。发展普惠保险，体现到保险产品上，就是要坚持保障为民，在追求商业可持续的前提下，更加注重普惠性。

（1）"惠民保"让健康保险更普惠

近些年，健康险领域的"网红"产品"惠民保"在全国多地"开花"，推出之初便定位于保本微利、衔接基本医保的普惠型保险产品，具有管理模式新、惠及人群广、参保形式灵活、理赔一站式结算等特点，多数产品不限年龄、不限病史，成为部分非标体、高龄人群、带病体等投保群体的"救命稻草"，极大减轻了大病患者医疗负担，显著提高了重特大疾病保障水平。截至2021年5月，全国"惠民保"累计参保5 600万人，参保人5个月暴增约40%，平安健康、太保财险、人保财险等20余家保险企业相继加入。以大数据、人工智能等为代表的新技术的发展，为"惠民保"提供了技术支撑，也成为"惠民保"运行的基

础保障，已有的一些行之有效的医疗智能监管系统、医疗大数据系统则为"惠民保"的运行提供了强有力的支撑。

（2）"海南自贸港博鳌乐城全球特药险"完善多层次医疗保障体系

普惠型保险使保险功能不仅体现在保障倍数上，还体现在对优质稀缺资源的优化配置上。由太平财险、国寿财险等多家保险公司承保推出的"海南自贸港博鳌乐城全球特药险"，将博鳌乐城国际医疗旅游先行区的优质医疗资源带到全国，惠及更多群众，同时也在一定程度上解决了恶性肿瘤国内药品费用高、国外特药用药难等系列难题，实现国内患者国外特药报销从"无"到"有"的突破，创新地让中国人可以不走出国门，通过保险的支付有效使用境外新药特药。此类保险使价格高昂的进口特药不再是少数富人的专利，广大群众也能买得起、用得上，充分体现其"惠民"属性，在推动普惠型健康保障的升级与普及方面起到重要作用。

（3）太保产险"防贫保"为百姓筑起防贫"保护墙"

为贯彻落实国家精准扶贫要求，将商业保险机制引入政府扶贫工作，太保产险推出"防贫保"项目。区别于已有扶贫保险以建档立卡贫困户为保障对象，该项目聚焦处于贫困边缘的农村低收入户和人均收入不高不稳的脱贫户两类临贫易贫人群，发挥近贫预警和骤贫处置功能。防贫对象不事前确定、不事先识别，原则上也不重新建档立卡，而是按照防贫预警线实时监测进行框定，力求简便手续、应保尽保。初期，产品按农村非建档立卡户数的一定比例估算保费，当保费不足时进行动态调整。"防贫保"聚焦解决贫困增量问题，为辖内居民提供兜底保障，在超过个人风险承受能力时，通过保险保障解决致贫问题，使全体居民远离贫困线，推动整个社会抗风险能力的提升。

2. 开发多元产品，提供全面保障

近年来，由监管部门和行业组织主导，车险属地化定价、重大疾病经验发生率表扩展大湾区病种、农业风险区划等陆续推出，让专属保险遍地开花，保险细分市场蓬勃发展。在健康险领域，大数据为产品创新、智能风控和增值服务提供了基础支撑，多家保险企业瞄准特定疾病、慢病或者患病高风险人群推出相应的产品。2021年初，众安保险对百万医疗拳头产品"尊享e生2021"全新升级，首次覆盖六大慢病群体，除此前已经涵盖的糖尿病、高血压和甲状腺疾病人群，又突破性地向部分乳腺疾病、肝病和肾病人群提供专属医疗计划。5月，众安保险先后上线两款女性高发疾病保险：前者在覆盖乳腺癌、子宫癌、宫颈癌等女性高发疾病的同时，在行业内首创乳腺假体医疗责任；后者与再鼎医药联合，推出国内首个关爱卵巢癌女性的公益保障计划，将投保人群扩展至患病女性群体。

此外，各保险公司更加注重产品的多样性，以客户需求为导向，针对不同细分客户群体、同一客户的不同生命旅程、不同销售渠道等，持续推出多样化保障型产品，为客户提供覆盖全生命周期的保险保障。太保安联健康险不断加强创新研发，形成面向不同收入客群，与医疗服务、健康管理相结合，适合线上、线下多渠道销售的系列产品。包括涵盖全球医疗责任、提供直接费用支付的团体医疗保障计划"欣·臻享"；面向客户家庭，创新定制的高端医疗保障计划"爱家有约"；首款定制化互联网运动意外的保障计划"全民运动"以及为客户提供高额医疗保障及住院前、住院中、出院后一体化健康服务的"乐享百万"医疗保险，全方位满足个人、家庭、团体多样化健康保障需求。

（三）聚焦智能

1. 科学量化风险，拓宽风控类型

物联网设备的广泛应用、海量数据的爆发为挖掘数据价值带来了机遇，通过对丰富场景下多维数据的收集、整合，作为风险因子指导定价，提高风险定价的精准性，同时能够将一些之前不可保的风险，通过科技量化后变为可保，通过保险的方式来解决原来不能承保、承保难的问题，推动了既有保险需求满足方式的改善优化。

在工业设备租赁领域，因设备本身类型繁多，专业属性较强，而用于产品定价的数据又相对欠缺，相关保险产品的开发面临很大困难，此类险种的发展受到严重制约。久隆财险通过与工程机械生产企业的数据系统对接，实时获取万亿级装备工况和风险数据资源，开发了设备开工不足损失保险、UBI保险、设备延保等10余款创新型保险产品，通过依据每一台工程设备的实际使用状况进行差异性精准风险定价，减轻设备客户的负担。同时，通过海量动态数据将行为和结果准确关联，可以精准分析客户风险和使用习惯，从而提供个性化的风险解决方案。

2. 普及智能流程，强化保障能力

随着业务规模的扩大，高昂的人力成本、复杂的承保理赔流程对保险业务的发展形成了制约，客户对保险的时效性要求无法得到充分满足。保险科技的应用提高了保险作业流程的自动化、智能化水平,支持保险公司将保障服务提供给更大时空范围内的保险需求方,例如借助卫星遥感和图像识别,传统的农业保险也可以为地理位置更偏远、种植品种集中化程度更低、气象条件更复杂的区域提供保障服务,推动保险服务向全流程一体化的方向迭代。

为全面优化农业保险服务水平,平安产险推出"智慧农业+科技农险"平台,集成卫星遥感、无人机智能化作业应用,支持承保理赔数据实时云端处理、农业险业务按图承保和理赔。其中,无人机智能作业在植入农业险手持终端方面实现了一键起飞勘察、影像实时上传云端拼接处理,在云端完成现场实景还原、作物识别、长势评估、灾损评估,构建了无人机智能查勘定损模式,每日单机可现场完成千亩灾损评估,为承保验标、理赔查勘定损提供精准数据支持。

在农业险服务基础上,平安产险基于农业险智慧云平台打造了灾前预警、灾中监测、灾后估损一体化农业风险及灾害管理体系,输出"智慧农业灾害管理服务",实现大范围作物识别、灾害预警监测,为政府和农户提高灾害快速反应能力、采取快捷的防灾减损措施,提升农业保险保中风控管理水平,以及政府高效救助提供依据。

四、服务领域应用

随着5G的广泛应用、物联网终端设备的多元化、智能化能力建设的拓宽,科技助力财产险实现了更广泛客户群体的连接,提升了服务的速度和温度。数字化生态中,连接客户、洞察客户、响应客户、经营客户的能力成为未来保险企业的核心竞争力之一,各保险主体均开始建立"以客户为中心"的服务体系,围绕优化改善客户的体验,以数字技术和先进科技成果推广贯穿至整个保险服务价值链,创新创造客户的价值,打造技术运营体系。

(一)服务方式

1. 更广泛精准的用户触达

线上平台的快速发展推动保险产品触达更广泛的用户群体,在海量数据的基础上,大数据能够进一步提炼出用户画像、用户需求及风险识别等信息,对用户进行多角度、立体化的研究,从而帮助保险公司迅速深入分析用户的真实需求，进行客户的"私人订制"以提高核心竞争力。

泰康在线充分发挥互联网保险的优势，搭建在线数据分析平台，利用数据标签对客户做出详细分类，不同的客户在泰康在线网站上看到的产品内容也各不相同，真正做到"千人千面"，有效提升了营销效率；通过搭建智能营销平台，基于用户画像和数据分析，精准发现潜在客群及对应需求，并有针对性选择 App 消息、微信、短信、电话等客户触达方式，降低无效触达率，避免对无关人群的打扰，提升资源利用效能。

在客户咨询环节，基于知识图谱、自然语言处理（NLP）等技术实现的智能客服及智能保险顾问能够及时响应客户需求，并对保险产品进行深度解析，帮助用户理解，在提升用户体验的同时，降低保险企业的运营费用。针对保险行业传统人工客服需要定期培训、人员流动率高、培训成本高、质量把控困难等一系列问题，众安保险研发推出智能客服系统"众安精灵"，已在电话、网站、App、小程序、微信公众号等各种渠道提供前置式自助服务和引导式服务。通过保险意图识别模型，"众安精灵"识别准确率保持在 94% 以上，持续在线 9 500 多小时，提供 2 700 多小时的讲解服务，单日服务用户数最高达 30 万人，在线客服人工智能使用率达到 70%，在线服务人力节省 61%。截至本书成稿时，"众安精灵"已处理案件量超 45 万件，85% 的在线客服会话均由智能机器人处理，真正建立起碎片化、定制化、高效化顾问式客服模式。

2. 更智能高效的业务流程

人工办理承保、理赔等流程存在时效性差及准确性不足的问题，而用户在保险服务中对核保、理赔等环节的时效性和准确性较为敏感。保险科技的应用核心在于降低人工干预比例，提升业务反应速度及办理效率，通过数据科技化、智能化，提供高效的确定性保障服务。

面部识别、图像识别、声纹识别等技术实现在线核身，能够大大简化投保流程，缩减投保时间。以肉牛养殖险为例，之前投保必须给牛佩戴耳标，工序烦琐之外，会导致牛身体不适，农户因此而弃保。国寿财险将生物特征人工智能识别技术应用于养殖险业务，在山西、广西等地试点"牛脸识别"，直接采集图像视频信息，通过建立牛脸 ID 库，对牛进行电子化管理，大大简化承保验标和理赔审核流程，标的查验仅需一位查勘人员用手机采集图像，一分钟即可完成。此外，生物特征人工智能识别技术还可动态监测牲畜的健康状况，及时开展疾病防御工作，为养殖过程提供增值服务。

大数据接入及后端知识图谱构建简化核保流程——根据客户风险分级分类对投保人实现有针对性的专属核保、自动化核保。人保财险推出的"好医保"产品采用蚂蚁金服领先的 NLP 能力，通过构建智能核保知识图谱，支持开放式提问。用户可输入疾病问句，例如"住过院能不能买""几年前得过肺结核能不能投"等，系统自动识别所咨询的疾病，并匹配专业核保结果，极大提升用户体验。

基于深度学习和知识图谱应用的智能理赔能够实现自动化作业，降低理赔处理成本，缩短理赔周期，提高理赔时效。平安好车主"一键理赔"产品运用大数据及科技能力打造机器人支持为主、线上理赔专家为辅的全流程线上理赔模式。用户在行车过程中遇到剐蹭追尾等交通事故后，只需打开 App，点击"在线报案"，拍摄上传车辆损坏照片，后台 AI 智能定损机器人将自动评估维修方案及维修成本金额，通过人脸识别确认赔付，理赔款即时到账。

（二）服务能力

服务创新的一个重要理念是探索基于价值创新的风险减量管理，推动社会风险管理总绩效的提高。当下，财产保险的服务创新聚焦于服务社会、服务民生方面创新攻坚，以及联合社会资源，集智汇力，变革求新，保险产品与服务的融合使保险创新回归风险保障功能的服务基因。一方面，保险公司通过做精产品赋予保险新的价值，让产品更有品位、更有品牌，让社会安定、让政府安心、让客户安全；另一方面，保险公司聚焦经营客户，提供更全面的风险管理解决方案。

1. 前置服务，化风险补偿为风险管理

在当前社会化大生产的过程中，安全生产责任事故时有发生，尤其是高危行业领域，安全生产事故后果更为严重。国寿财险会同科研院校打造了安全生产责任保险（以下简称安责险），联合清华大学工业数据中心，研发安全生产基础能力提升项目——"企业效率改善 App"，在山东省昌乐县试点建立"预防链＋安责险"体系。该体系核心要义是使企业在推广使用"企业效率改善 App"的基础上，投保安全生产责任险，强化保险企业参与事故预防和安全管理的职能，提高从业人员风险认知、风险分析、风险防控、隐患排查治理和应急准备

"五个能力"，有效评价企业及其相关区域事故的防控能力，掌握企业事故管控的动态，把安责险的制度优势更好地转化为安全生产的治理效能，大幅降低工伤事故发生率，减少重大安全事故隐患，贯通安全生产"最后一公里"。

2. 聚焦事前，建立全过程风险防范机制

近几年来，全球范围内的古建筑火灾事故频发，我国古建筑以木结构及砖木结构为主，火灾事故的发生概率更大、受损严重程度更高，面临更高的损失风险。平安产险分析古建筑面临的事故风险，结合古建筑损失数据及古建筑的实际保险需求，在西藏布达拉宫首发以事前风险防范服务为主的"古建筑'服务+保险'创新解决方案"，建立古建筑全过程保险风险防范机制：针对古建筑电气故障，引入物联网智慧用电系统、红外热像电气检测技术；针对古建筑消防，与合作伙伴开发水喷雾灭火系统、消防物联网火灾探测器、"平安果"灭火瓶等创新消防产品，以便快速处理初期火灾；针对古建筑综合管理，开发智慧巡检系统，并建立了专属古建筑风险实验室等。该"方案"是平安产险以"事前风险防范服务"和"保险保障托底"双核心驱动、最大限度降低事故的发生概率及影响、提高我国文物古建筑保护水平的有力尝试。

（三）服务维度

保险产品的基本价值在于其提供的风险抵御和保障功能，而深层次的价值在于保障之外的服务延伸。激烈的市场竞争致使各大公司纷纷投身产品创新转型之列，在利用产品赢得客户的同时，如何附加更多价值的服务构筑竞争力"护城河"成为保险企业思考的重点。多家保险公司通过整合线上线下资源、打通保险科技上下游渠道，形成"保险+"大生态圈，为客户提供更丰富多元的增值服务，根据不同客户群的表现与特征，加大客户体验的探索力度，打造高度个性化和卓越的服务体验。

1. 延伸服务边界，构建一站式服务平台

传统的财产险经营模式存在与消费者的触达方式少、接触频率低等弊端。以车险为例，投保环节的触达是1年1次，出险理赔的平均触达约4年1次。整体来看，车险客户与财产险公司的互动时长每年大概仅有120分钟。平安产险依托"平安好车主"平台，聚合广泛优质的车生态服务资源，与全国5.9万余个保养网点、7.8万余间修理厂、3万余家4S汽车经销商、2万余个加油站/综合经销商等总计 19 万余个网点深度连接，逐渐建立起车服务生态圈。基于"数据＋平台"智慧经营模式，"平安好车主"以用户为中心，敏捷响应用户需求，不断深挖车主服务场景，加速连接外部合作伙伴，持续延伸车服务边界，逐渐成为涵盖"车保险、车服务、车生活"的一站式服务平台。平台涵盖车损测算、年检代办、停车缴费、查询违章、道路救援、直呼代驾等 80 余种热门车服务，将产品和服务融入客户的生活场景，提升了与消费者的连接频次及客户体验。

2. 聚焦用户需求，打造服务闭环

通过连接互联网保险与互联网医院的相关业务，众安保险打造推出"互联网保险＋医疗"的医疗服务闭环，为用户提供更优质的医疗服务与健康保障。在当前门急诊险"赛道"，主流模式为"线上投保，线下就诊，线上报案"，但该模式下前期用户线下就诊排队时间长，后期报案上传资料烦琐，报案理赔周期长。为解决这一问题，众安保险联合蚂蚁保险及旗下众安互联网医院，推出线上门急诊险，构建一站式就医管理服务，实现"投保＋问诊＋取药＋理赔"全链路线上闭环。例如，客户 S 购买门急诊险后，凌晨咳嗽，发起在线问诊，60 秒内医生应答，医生给客户 S 看诊后开出处方，客户 S 在线拿药支付药费，理赔部分直接减免，整个过程仅需 10 分钟。该模式在提升客户服务体验的同时，强化用户对互联网医院在线诊疗功能的认识，提升保险公司在用户问诊过程中的参与度，从而进行更有效的控费控药，实现用户、保险公司、互联网医院多方共赢。

五、风险管理应用

随着保险业整体数字化转型及业务呈现多元化趋势，传统的风险管理技术也要有所创新，风险管理要更多前置到业务全流程的循环中，在业务的选择过程中发挥作用。同时，从创新发展的视角看，在科技赋能的背景下，保险能够更好地发挥制度优势，强化风险前置意识，更广泛、主动地参与社会风险管理的各个领域，全面降低社会存量风险暴露，不断提升社会风险管理效率。

（一）风险管理能力提升

保险科技已经深入影响保险服务范式、风险定价机制和风险管控模式，各保险主体的风险偏好体系建设进一步精细化，从销售、承保、理赔、运营管理等全流程角度切入，嵌入公司管理业务活动和核心价值链，在提升客户体验的同时实现全面线上风险管控，以促进风险与企业经营目标进一步融合，形成更具公司特色且切合业务特点为导向的个性化风险管控时代，为业务保驾护航。

1. 销售端：建设销售追溯体系，助力安全合规发展

随着移动互联网、5G等技术的应用和普及，互联网保险经历了爆发式增长，疫情突发使互联网保险所代表的线上销售模式迎来蓬勃生机。2020年，我国互联网保险原保费收入达2 908.75亿元，互联网保险用户数超2亿人[①]。然而，在互联网保险迅速发展的同时，背后的问题和风险也逐渐显露，投诉量激增、销售误导频发、监管办法不健全等问题掣肘行业发展。基于此，众安保险设计研发"千里眼"销售可回溯系统，旨在解决互联网保险证据留存难、定责认责难、销售行为不规范等行业沉疴。

千里眼可视化回溯方案利用数据可视化、区块链等前沿技术，实现互联网端用户行为精准可视化还原，适用于线上交易中信息不对称、投诉纠纷较多的业务环节，解决以往保险投诉纠纷无据可寻的难题，目前可通过镜像还原99%以上的用户行为和销售过程，同时引入区块链技术解决证据公信力和法律效力问题。截至本书成稿，该方案已稳定运行1年多，覆盖300多款保险产品，已协助解决10%的内部投诉，有效提升客诉处理效率。

2. 承保端：规范信息采集，实现按图承保

农险经营具有点多面广的特点，存在工作量大、数据采集难、信息不对称、经营成本高、合规风险大等难题，其中种植险承保的难点和核心是确定大田作物种植面积。阳光农险创新开发的"3S承保理赔平台"内置高分辨率遥感影像，可清晰地识别出每一个地块。工作人员在平台中绘制出承保地块的形状，形成以村为单位的标的库管理，通过与"核心业务系统"对接，同步各地块保单信息，实现按图承保。该平台还可自动计算电子地块面积，通过校对，对承保面积与实际面积不一致的保单进行批改，防止虚假承保。

太保产险利用卫星遥感影像图，结合人工智能技术，实现地块轮廓和作物的智能识别，有效提高了种植险标的识别的精准度，实现了大尺度空间的精细

---

① 资料来源：保险业协会。

化管理,形成了数字化基础管理平台——标的库。标的库有效覆盖河北、河南、新疆、山东、内蒙古等种植险区域 6 800 余万亩,精准承保 351 余万亩。在标的库的基础上,再结合气象预警,可有效提升防灾减损能力;将标的库平台开放给新型农业主体,可为农户提供长势监测、收获管理等增值服务;用标的库结合微信小程序,客户可自行确认投保标的,实现种植险在线承保的突破。

3. 理赔端:搭建反欺诈模型,有效减少风险损失

据统计,我国车险领域欺诈渗漏比例约达 20%,对应每年的损失超过 200 亿元。现代欺诈案件的职业化、团伙化、复杂化,使保险公司靠传统手段较难监测,提高了保险公司的运营成本,侵害了保险消费者的利益,影响了保险消费者的服务体验。

(1) 国寿财险"车险理赔反欺诈模型"

为更好防范与识别保险欺诈,国寿财险借助百度智能云大数据、人工智能技术,将历史理赔经验与现有数据结合,提取风险因子进行特征工程建设,基于大数据处理经验与理解,完成车险理赔反欺诈模型的建设。模型会综合评定理赔案件发生的时间、地点,涉事车辆的保险信息、理赔记录等,对每个案件进行欺诈风险等级评分,同时运用关联图谱分析模型具体了解报案车辆的交通事故记录、车损记录、保险理赔记录等信息,以帮助查勘员快速锁定案件的查勘重点。车险理赔反欺诈项目的上线更好地防范了欺诈损失,减少不合理的赔付;同时通过大数据的风险预测,促进了理赔分流处置,能够更有效地为客户提供优质的服务。

(2) 人保财险"堵防打通"理赔反欺诈一体化新模式

针对保险欺诈这一行业顽疾,人保财险融合应用多种新技术,构建"堵防打通"理赔反欺诈一体化新模式。"堵",即在理赔核心流程中进行反欺诈预警;"防",即建立大规模数智化反欺诈规则模型新引擎;"打",即深入一线全员,建立理赔稽查反欺诈线上、线下工作新机制;"通",即积极构建承保、理赔全链条的信息互通、数据联通、案件相通、打击畅通的内部反欺诈联盟。例如,某特大车险诈骗案中,人保财险运用理赔反欺诈大数据应用平台中的规则模型预警、数据挖掘、关联分析、网络图谱发现等技术,对欺诈团伙线索相关案件关键信息进行大数据匹配和案件串并联,锁定欺诈团伙虚构两车及三车交通事故、伪造事故责任认定书及车辆维修发票骗取保险赔偿金等关键证据,一举突

破。理赔反欺诈一体化模式为保险公司降本增效提供了有力支撑,净化了行业秩序与风气,把理赔服务与理赔资源导向确实遭遇风险损失的客户,真正实现保险的风险保障价值。

4. 运营端:强化风险前置,提供主动防控服务

营业货车行业管理水平良莠不齐,占比最大的个人零散挂靠型车队管理松散、安全隐患突出、交通事故频发,不仅是交通领域安全生产管理中的难点,也是保险公司车险领域运营管理中风险最为突出的板块。

针对营运车安全监控运营管理,太保产险在业内首创"太好保车联网平台",通过驾驶行为分析设备、前向安全设备和多路视频监控系统,形成对驾驶异常情况的全面监控,并对数据进行实时分析统计和挖掘计算,提供智能化的信息和服务,为超过32 000名司机提供了安全服务,事故率降低了39%,事故导致的死亡率下降幅度达89%。

降低事故率是挽救驾驶员生命、遏制重大恶性交通事故的重要途径。人保财险依托车联网技术,以车载高科技设备为风险管控载体,提供主动安全服务,通过实时监测司机驾驶行为,提前纠正危险驾驶行为,降低事故发生概率,化解社会矛盾,切实履行保险企业的社会责任。从承保风控来看,对营业货车驾驶行为数据的收集为货车保险几十年的随车定价向随人定价转变奠定了基础,丰富车辆保险风险因子样本,助力货车保险领域的产品创新。从事故理赔来看,收集的数据能够对事故发生时点的驾驶员状态和车辆状态进行深度还原,减少虚假案件。项目的实施使货车赔付率明显下降,大案减少,事故率指标改善,获得了较好的经济效益与社会效果。

(二) 风险管理平台搭建

作为社会风险管理的市场制度安排,传统保险主要解决事后的经济补偿问题。随着保险科技的不断发展,保险业风险管理出现数字化、智能化趋势,简单、被动和消极的风险管理思维已经不能适应时代发展的需要,利用保险制度和科技手段优势全面介入社会、企业和家庭的风险管理已成为保险发展的新趋势。各财产险公司积极搭建保险服务平台,助力实现社会资源的整合,在有效防范、化解风险的同时,也为政府、公众构建了更加丰富的社会治理体系。

1. 专业化的风险预警监测云平台

在服务企业等团体客户方面,平安产险聚合多项服务能力打造风控开放平台"KYR 风险管理云"(KYR – Know Your Risk),助力保险服务从事后赔付向事前风险防范转变,向客户提供专业化、科技化的风控服务。其自主研发的 DRS 鹰眼系统聚合了 140 亿条地理、灾害、气象、保险大数据,实现承保客户快速筛选和精确预警以及防灾减灾和救援力量精准投放,能够对台风、暴雨等多种气象灾害进行预警与防控,为客户减少风险损失。安责险风控云平台、消防物联网云平台、IDI 风控云平台,借助大数据平台和专业化服务为客户提供智能风险管理平台化的应用服务,协助做好预警和监测,更直接地推动社会风险管理水平的提升,实现政府、企业及保险公司多方共赢。

2. 智能化的供应链防伪溯源平台

秉持融合、共创的理念,众安保险推出基于"区块链 + 物联网 + 智能防伪技术 + 雾计算"的农产品供应链防伪溯源平台,从食品源供应商开始,历经养殖场、检疫部门、加工包装、物流企业,最终到消费者,溯源范围覆盖整个农产品供应链,实现农产品"从田间到餐桌"全程关键要素动态呈现,所有信息通过区块链流转,确保数据真实安全可靠,解决了食品安全溯源问题,既为消费者提供了优质安全的放心食品,也为农产品提升了品牌效应。同时,利用区块链的可追溯不可篡改特性,农产品"上链"形成数字化资产,改变了农村金融市场"征信难"的状况,打造农村信任经济,重塑农村金融的边界和内涵,助力国家扶贫政策,探索构建了政府、保险公司、企业、消费者互动共赢的共治体系。

第四节 挑战与机遇

保险科技从单一节点创新向赋能保险全链条数字化转变,使整条保险产业链发生质的飞跃并得到升级,而互联网保险也正成为金融科技应用和价值体现角逐的前沿阵地,是"互联网 +"发展中的重要亮点。保险科技行至中盘,科技与业务深度融合,技术的变革驱动需求侧创新,成为财产险发展的"新风口",也让行业面临着前所未有的挑战。

一、主要挑战

（一）数据要素成为新引擎，数据治理顶层设计亟待完善

数据成为数字化时代企业的战略性资源，而数据分析的准确性对保险公司应用保险科技做出更好的定价、风险和运营决策至关重要。例如，人工智能技术需要获得大量数据，以便对定价设计、风险评估或反欺诈识别等预期功能进行训练，输入数据中的任何偏差均可能影响模型、算法和结果的有效性，从而影响训练系统的输出，对于决策的潜在后果和风险是不容忽视的。

当前，财产保险行业积累数据的量级、维度的丰富性以及对大数据的处理速度都相对较弱，对于部分保险主体来说，公司内部缺乏明确的数据治理架构，数据管理尚未实现系统化体系化，针对不同业务需求建立的应用系统数据无法被有效共享，不准确、有偏见或被操纵的信息数据可能会危及保险公司规划、运营和发展业务的洞察力之准确性。

（二）新技术放大潜在风险，信息隐私安全问题日益突出

保险科技时代，数据在推动行业变革和创新的同时也成为最难监管的资产之一。一方面，随着保险科技的应用，业务数据的种类和数量急剧增加，技术的发展推动数据集中化存储和管理，一旦被非法访问或破坏，数据安全及隐私保护将面临巨大风险。同时，互联网渠道下的保险产品场景化属性更强，客户触达和互动频次更高，使得原有客户信息安全问题更加突出，对保险公司的信息保护能力提出较高要求。

另一方面，新技术的广泛应用使保险公司开展业务越来越依赖于互联网，在极大提升社会生产力的同时，也带来了信息安全等方面的诸多问题。信息系统更加开放，当前总体网络安全形势严峻，恶意的网络活动和网络犯罪大大增加，攻击手段复杂多样，各保险主体必须为网络攻击和系统中断的高风险做好准备。

（三）科技型人才需求旺盛，"保险+科技"复合型人才匮乏

在保险科技快速发展的过程中，由于薪酬、文化等因素的制约，相比互联

网及科技公司，保险公司对于高水平科技人才的吸引力相对较弱，存在招聘难、培养难、留人更难等问题，且大部分公司尚未形成高层次人才引进政策倾斜，导致保险科技人才缺口很难在短期内有效填补，使科技应用成果研发和落地推进困难。

保险科技的应用与优势的发挥，归根到底取决于保险人才对新技术的应用与对新环境的适应程度。当前行业内"保险+科技"复合型人才较为匮乏，只有少数高校开设保险科技课程，导致保险科技在基础通识领域的短缺，相关人才的供给与保险科技发展速度不相匹配。同时，传统保险公司对内部保险业务人员的培养也相对不足，缺乏需求挖掘与科技应用能力，无法满足当前行业转型的发展趋势。

（四）科技创新需大量投入，产出效益存在一定不确定性

为了应对新技术、新模式和新业态的挑战，无论是硬件资源、数据资源、技术平台等基础设施的建设获取，还是新产品、新应用的研发上线，均需要投入大量资金；而行业针对新兴产品的风控体系尚不完善，相关标准规范较为滞后，对其风险缺乏有效的指导和引导，可能导致投入的资金一时难以收到成效。同时，保险需求侧不断变化，一些新技术的落地应用场景无法直接明确，部分创新应用项目的价值反馈难以量化，如何实现科技创新投入成本和效率优势获益之间的平衡，是各保险主体尤其是中小保险公司面临的问题。

二、面临机遇

（一）"十四五"规划引领行业发展方向

"十四五"规划把"坚持创新发展，全面塑造发展新优势"摆在各项规划任务的首位，坚持创新在我国现代化建设全局中的核心地位，把科技自立自强作为国家发展的战略支撑。同时，在推进基础保障方面，"十四五"规划提出"健全农村金融服务体系，发展农业保险""发展巨灾保险，提高防灾、减灾、抗灾、救灾能力""完善和落实安全生产责任制""提高食品药品等关系人民健康产品和服务的安全保障水平"等目标要求，为财产保险业发展勾勒蓝图。

财产险行业应抓住"十四五"政策机遇，积极布局农业险、责任险、巨灾险等非车领域，以创新驱动、高质量供给引领和创造新需求，进一步推进互联网、大数据、人工智能等技术同财产保险业务深度融合，推动保险企业在产品、渠道、服务、风险管理等方面全面升级，通过精细化管理与科技赋能向高质量发展模式转型。

（二）监管政策频发利好数字化转型

近年来，财产保险市场由高速增长向高质量发展转变，在"保险业要回归本源，服务实体经济"的主基调下，银保监会不断出台政策鼓励保险公司通过科技创新手段提高保险供给体系的质量和效率，增强保险行业的创新能力和服务能力。为加强顶层设计与整体规划，银保监会印发《推动财产保险业高质量发展三年行动方案（2020—2022年）》，明确指出支持财产保险公司制定数字化转型战略，鼓励财产保险公司利用大数据、云计算、区块链、人工智能等科技手段，对传统保险操作流程进行更新再造，提高数字化、线上化、智能化建设水平。

《关于推进财产保险业务线上化发展的指导意见》要求各财产险公司到2022年，车险、农业险、意外险、短期健康险、家财险等业务领域线上化率达到80%以上，鼓励财产险公司加快线下服务的数字化转型，推动线上线下融合发展；同时要求各财产险公司拓宽线上化服务领域，包括创新线上产品服务，延伸线上服务链条，建设线上生态圈，行业线上化进程加速成为共识。

（三）科技与用户双轮驱动行业增长

从发展趋势看，非车险成为财产保险业务增长的重要动力，产业结构持续优化。人工智能、区块链、物联网等底层技术的不断突破以及在应用领域快速发展，为保险业供给侧改革提供了强有力的科技驱动"内核"，保险科技的注入在一定程度上能够攻克传统保险各个环节的发展关键，为行业带来新的增长发力点。例如，在用户体验方面，传统保险产品获得感低、理赔体验较差，科技赋能保险公司可实现理赔无纸化、快速查勘、快速定损，缩短理赔时间，提供全天候智能理赔咨询客服以及延伸增值服务，在为用户提供全方位保障的同时发挥客户新的价值。

随着互联网保险、线上化客户服务平台发展日趋成熟，互联网渠道用户占比逐渐增高。据调查①，在购买过商业保险的人群中，"80后""90后"群体的占比已超过75%，其中受教育程度相对好、收入相对高、居住在一二线城市的"新中产"群体占比超过75%，"80后""90后"新中产群体将取代"70后"成为保险新的核心目标客群，核心用户年轻化趋势利好保险业未来发展，为保险行业长足进步提供稳定后驱力。

"紧抓用户需求、结合科技实现提质增效进而驱动行业发展"已成为行业共识，深耕用户领域成为存量竞争时代的关键点。保险公司需要寻找适合自身的数字化第二增长曲线，来突破传统营销体系带来的发展瓶颈，缓解新生代用户"数字化迁徙"带来的增长压力。充分理解新核心用户的崛起和其带来的产品类型、消费习惯、审美倾向等系列用户画像改变下的保险需求、提供个性化服务，既是保险行业面临的挑战，也是走向未来蓝海市场的核心。

（四）平台化、生态化重塑产业格局

顺应信息化时代发展趋势，信息共享、平台共建引领行业高质量发展。中国银行保险信息技术管理有限公司（以下简称中国银保信）依托保单登记、车险、农业险等不同业务主题的信息共享平台，致力于构建银行保险业信息共享新生态。上海保险交易所牵头成立"保险区块链创新中心"，以区块链再保险标准制定和应用为切入点，持续推进区块链技术在保险行业的规范化、规模化应用，联合多家保险企业搭建保险风控区块链平台，以数据共享的方式有效打破行业内外数据壁垒，降低保险风控成本。

随着保险科技的渗透由点及面，逐渐深入，从销售渠道的线上化切入保险产品设计、服务流程的数字化，向保险行业的生态化转变，部分保险企业整合线上线下资源，打通保险科技上下游渠道，形成"保险+"的大生态圈，以保险产品和服务为载体，通过不同场景下的互联实现产业链的改造升级，构建线上线下融合生态的机遇将开启。

三、发展建议

新一轮科技革命和产业变革推动全球经济、产业链、商业模式发展升级，

---

① 艾瑞咨询，《保险新周期 中国保险用户需求趋势洞察报告》，https://www.iresearch.cn/.

科技在赋予保险行业更多可能性的同时，更大的潜能在于改变传统保险业态的运作模式。各保险主体应以科技创新为驱动重塑核心竞争力，使公司具有与数字化时代相匹配的数字化能力，做好主动感知和敏捷适应。

（一）强化转型顶层设计，构建数字化经营能力

数字化浪潮正在各行业掀起变革，进一步推动数字化转型、顺应行业发展是财产险公司的必选之路，而顶层设计是确保数字化作战能力的关键。保险公司需科学谋划转型顶层设计，保持"持续性原则"，聚焦科技投入、组织机制、技术体系、创新机制等重点领域，确保筑牢信息化基础，统筹规划战略性投入和项目资源投入，进一步完善激励机制，激活创新基因，加强总分协同和科技业务联动，发挥自顶向下和自下而上创新的各自优势，支持战略性项目落地。同时，要注重公司整体组织协同、数字文化、经营思维的重构，激活组织创新活力，推进业务深入融合，对市场变化敏捷反应。

数字化时代，可获取的数据在"量级"和"维度"上都迎来极大的扩充，任何战略粗犷、运营粗放的公司都将被市场淘汰。精细化管理离不开数字化经营能力的提升。加大对数据要素的资源投入，强化数据分析，推进数据综合应用将成为公司经营的基础，是数字经济时代公司应该具备的核心竞争力。公司应将数据纳入治理的范畴，建立自上而下、协调一致的数据治理体系，进一步整合物联网终端设备和内外部数据资产，达成数据的互联互通，将数据应用嵌入业务经营、风险控制和内部管理的全过程，畅通数据流转，挖掘数据价值，构建数字化经营能力，依靠数据加强经营分析，优化战略决策，实现数据驱动的创新发展。

（二）打造灵活组织架构，提升敏捷性创新能力

保险业务的高速发展使保险公司组织架构、需求管理愈加复杂，业务系统越来越多，诸多"前台+后台"的竖井式应用架构彼此独立、交错、重复，功能难以复用，数据难以打通，创新变化难以快速支持。保险科技推动了新产品、新服务及支持这些产品和服务所需的新商业模式的变革，此过程需要敏捷而富有弹性的企业架构，以创新的方式快速对业务事件做出响应。据预测，"到2023

年，采用智能可拼装组合方法的企业在新功能实现速度上将超过竞争对手 80%"。①

保险公司应顺应场景互联网化及架构平台化的发展趋势，将目前业务当中大量可复用的功能和场景进行梳理，打造组件化、模块化的可组装式架构，快速满足复杂的前台业务场景需求，解决"重复造轮子"问题，为业务的高速增长做好准备，同时可以支持快速创新，实现敏捷执行，应对未来不可预知的市场变化。

（三）赋能用户体验升级，智能化运营提质增效

随着互联网经济与体验经济的兴起，体验成为服务的核心要素，消费者主体意识的增强使客户对产品和服务的丰富性、高效性、可获得性以及稳定性等均提出更高的要求。保险公司需借助科技力量重新规划数字化交互的指引理念，完成从"以产品为中心"向"以服务为中心"的转型，顺应数字化时代变迁的潮流，关注并强化用户体验意识，通过数字技术形成对用户的深度洞察，将用户体验融入企业经营管理的各个方面。从产品到服务的理念转型、全面改善和提升用户体验是保险公司保留存量客户和避免同质化竞争的重要战略。

保险公司应建立真正"以客户为中心"的产品、经营、服务体系，以数字技术和先进科技成果推广贯穿整个作业流程链条，为保险各业务环节优化提供全新手段，通过底层基础设施建设，保证上层业务和各项服务的高效运作。通过大数据、人工智能、物联网和区块链等保险科技的综合应用实现面向客户的售前、售中、售后的业务流程优化，提升业务处理效率及用户体验，实现公司运营管理流程的优化，进一步掌控风险能力，从整体上重塑保险服务价值链。

（四）搭建保险开放平台，合作共赢生态化发展

互联网时代，企业的价值在于其能链接和整合多少社会资源，科技使保险业务链条延伸、客户渠道下沉成为现实，同时带来了丰富的"产品+服务"的模式，开放生态化转型成为行业的必由之路。保险公司可利用应用程序编程接口（API）等技术构建保险开放平台，与商业生态合作伙伴共享数据、算法、交

---

① Gartner，《2021 年重要战略科技趋势》，https：//www.gartner.com/.

易、流程和其他业务功能,开放共享资源,充分发挥数字化资源链接能力,实现保险产品与服务的"即插即用",构建开放的跨界共赢生态圈。

通过生态合作实现业务产品创新、客户服务体验提升,提供多维丰富的场景、权益、营销触达、产品设计、服务运营等,是保险开放的首要核心。一方面,应通过"引进来"的开放模式,扩展生态化增值服务,在保险服务流程中充分连接外部的生活化场景,如健康管理、就医康复、智能停车等,提高客户"黏性",同时在场景中完善保险服务流程中的欠缺环节,实现对保险产品创设、客户情况评估、客户画像数据的补充等[①];另一方面,通过"走出去"的开放模式,利用保险开放平台更多连通外部平台接入生活服务,向生态化产品销售延伸,围绕用户在外部线上平台的生活场景,适时推荐相关险种,搭建保险销售的新场景、新触点。

---

① 刘伟光,"展望未来保险:新金融时代,重塑保险硬核科技",腾讯网。

第四章
人身险公司保险科技发展状况

第四章 人身险公司保险科技发展状况

本章针对我国人身险公司保险科技发展实践进行阐述和分析，主要内容既包括基于调研得出的关于人身险公司在保险科技发展过程中认知、投入、应用、组织以及疫情相关数据的分析，也包括人身险公司在保险科技方面的创新案例以及创新面临的挑战与机遇的分析，最后对人身险公司保险科技发展提出相关建议。

第一节 概况展示

本次调研覆盖的 90 家人身险公司中，按照经营险种划分，人身险公司 74 家，健康险公司 7 家，养老险公司 8 家，人寿相互保险公司 1 家；按照股东属性划分，人身险公司中有 7 家外资公司，养老险和健康险公司中各有 1 家外资公司，其余全为中资公司；按照公司规模①划分，大中型公司 43 家，小微型公司 47 家。

调研数据涉及科技投入、技术应用、基础设施、发展认知、人才队伍和组织架构 6 个领域，现将主要数据说明如下。

一、科技投入

（一）信息科技投入情况

2020 年，人身险公司信息科技投入 171.24 亿元，同比增长 17.87%。其中，大中型人身险公司投入 142.75 亿元，同比增长 16.39%，小微型人身险公司投入 28.49 亿元，同比增长 25.85%。

从信息科技投入经费结构上看，人身险公司投入占比为 58.03%，其中大中型人身险公司信息科技投入占比 83.36%，小微型公司投入占比仅为 16.64%。

从平均信息科技经费指标来看，人身险公司平均经费 1.90 亿元，其中大中

---

① 根据《金融业企业划型标准规定》（银发〔2015〕309 号），按照上年年末资产总额划分：大型企业资产总额≥5 000 亿元；400 亿元≤中型企业资产总额＜5 000 亿元；20 亿元≤小型企业资产总额＜400 亿元；微型企业资产总额＜20 亿元。

型人身险公司平均经费 3.32 亿元，小微型人身险公司平均经费 0.61 亿元。

从信息科技投入在保费收入中的占比来看，人身险公司平均占比为 0.54%，大中型人身险公司平均占比为 0.48%，小微型人身险公司平均占比为 1.69%。

（二）保险科技投入方向及意愿

从保险科技投入方向来看，在软件、硬件和人力3个大类中，人身险软件投入占比最高，平均投入比例约 55.51%；软件投入覆盖6大领域，各领域投入比例均高于财产险。

从保险科技投入意愿来看，人身险保险科技投入增加度[①]（67.78%）和行业平均水平持平，大中型人身险公司投入增加度为 67.44%，略低于小微型公司的 68.09%。未来3年，超半数人身险公司计划投入年均增幅 10%—30%。

（三）满意度评价

人身险公司满意度[②]为 83.31%，高于行业平均水平的 81.43%；大中型人身险公司投入满意度为 93.02%，远高于小微型公司的 74.47%。人身险公司对已有保险科技投入满意度高，但对未来投入意愿体现稳健心态。

二、技术应用

（一）总体情况

人身险保险科技的应用主要体现在通用型技术[③]方面，且应用比例高于财产险，但多数专用型技术不适宜人身险业务。

按保险价值链划分，保险科技在人身险应用领域主要集中在"客户服务""销售渠道"和"核保理赔"环节，但在其他领域应用比例均低于财产险。

在具体技术的应用方向上，移动技术在"客户服务""销售渠道"和"核保理赔"环节应用率较高，应用比例[④]分别达 73%、86% 和 56%。大数据技术

---

① 见第二章第一节相关定义。
② 见第二章第一节相关定义。
③ 见第二章第一节相关定义。
④ 应用比例指在该领域应用该项技术的公司数在总样本中的占比。

应用范围则比较宽泛，在"销售渠道""核保理赔""客户服务""风险管理"和"产品设计"环节应用率较高，应用比例分别达50%、43%、41%、38%和30%。云计算在"客户服务"和"销售渠道"环节应用率较高，应用比例分别达47%和52%。人工智能在"客户服务""销售渠道"和"核保理赔"环节应用率较高，应用比例分别为64%、52%和49%。二维码主要在"客户服务"和"销售渠道"环节应用，应用比例分别为16%和23%。RPA主要在"财务核算"环节应用，应用比例为24%。区块链在"核保理赔"环节应用相对集中，应用比例为6%。隐私计算在各个领域都还没有集中应用。

（二）线上化指标

2020年，人身险线上化客户比例为51.33%，高于财产险的35.53%，人身险线上化产品比例为47.19%，高于财产险的27.33%。其中，大中型人身险公司在线上化客户比率（45.86%）和线上化产品比率（45.49%）方面均低于小微型公司（56.32%和48.75%）。

2020年，在自动化程度较高的承保、核保环节，人身险自动化率分别为77.79%和80.05%，高于财产险的45.29%和66.70%，但在自动化程度较低的理赔环节，人身险的自动化率为19.21%，低于财产险的27.77%。此外，人身险大中型公司在承保、核保和理赔各环节的自动化率高于小微型公司。

（三）重要领域应用

数字营销渠道中，人身险微信小程序、远程展业平台、自有平台三大渠道的平均使用比例为63.33%，高于行业平均水平的59.35%，也高于财产险的59.04%，大中型人身险公司的使用率为65.89%，高于小微型公司的60.99%。在三大渠道之外，人身险比较关注私域流量和视频直播。

保险科技在人身险风险管理中的应用主要体现在"承保理赔"和"内部风控"方面。此外，人身险"投资风险预警"应用是财产险的近5倍。

三、基础设施

（一）采用云计算情况

人身险公司采用云计算的比例为84.44%，显著高于行业平均水平的

76.79%，也高于财产险的 67.47%。其中，大中型人身险公司采用云计算的比例为 86.05%，高于小微型公司的 80.85%。

人身险公司采用云计算系统以"销售和服务系统"和"客户管理系统"占比最高。

人身险公司完全云部署率为 5.56%，低于行业平均水平的 6.75%，也低于财产险的 6.02%，实现完全云部署的人身险公司全部为小微型公司。

（二）灾备情况

人身险公司基础设施灾备系统使用率为 97.78%，高于行业平均水平的 91.98%，但低于财产险的 98.80%，其中大中型人身险公司全部具备灾备系统，小微型公司灾备系统使用率也达 95.74%。

人身险公司云灾备使用率为 41.11%，低于行业平均水平的 46.84%，也低于财产险的 43.37%，其中大中型人身险公司的云灾备使用率为 39.53%，低于小微型公司的 42.55%。

（三）来源渠道

人身险公司保险科技供给渠道以"第三方采购"和"自建/自主研发"为主，两种渠道采用比率分别为 86.67% 和 58.89%，均高于行业平均水平的 76.79% 和 60.34%。其中，大中型人身险公司"自建/自主研发"使用率为 65.12%，高于小微型公司的 51.06%。

仅 5.56% 的人身险公司成立保险科技子公司，6.67% 的人身险公司对外进行投资。

四、发展认知

（一）对保险科技应用趋势的认知

人身险公司保险科技五大应用趋势共识度为 84.89%，高于行业平均水平，其中"客户画像成为基本业务流程"是最强共识。人身险公司中，大中型公司保险科技应用共识度为 86.05%，高于小微型公司的 82.98%。

（二）最有可能实现突破的技术

未来 3 年，人身险公司认为最可能实现突破的技术，排名前三位的分别是大数据、云计算、人工智能，与全行业各类机构普遍认知相同。其中，63.33%的人身险公司认为在人工智能技术领域更可能获得突破，显著高于行业平均水平的 58.65%，也高于财产险公司平均水平。

（三）与科技公司合作面临的主要挑战

关于与保险科技公司合作面临的主要挑战，人身险公司认为排名前两位的是"数据的可获得性和安全性"和"信息系统的安全性和兼容性"，与全行业各类机构普遍认知相同。其中，96.67%的人身险公司认为"数据的可获得性和安全性"是与科技公司合作面临的主要挑战，该比例居行业各类机构前列。

五、人才队伍

（一）规模、结构、平均情况

2020 年，人身险公司信息科技从业人员[1] 1.18 万人，占该类型公司总体从业人员的 2.46%，同比增加 15.29%，其中大中型人身险公司 0.94 万人，占比为 2.56%，同比增加 12.90%，小微型公司 0.24 万人，占比为 5.71%，同比增加 25.68%。

2020 年，人身险公司信息科技外包人员 1.51 万人，同比增加 27.71%，其中大中型人身险公司 1.11 万人，同比增加 24.27%，小微型公司 0.40 万人，同比增加 38.45%。

2020 年，人身险公司信息科技工作人员[2] 2.70 万人，同比增加 21.96%，其中大中型人身险公司 2.05 万人，同比增加 18.80%，小微型公司 0.64 万人，同比增加 33.34%。

从信息科技工作人员数量结构来看，人身险公司中，大中型公司信息科技工作人员在人身险信息科技工作人员中约占 76.30%，小微型公司这一比例为

---

[1] 见第二章第一节相关定义。
[2] 见第二章第一节相关定义。

23.70%，大中型公司信息科技工作人员总量是小微型公司的3.22倍。

从各公司平均信息科技工作人员数量来看，大中型人身险公司平均479人，小微型人身险公司平均136人，不同规模人身险公司信息科技工作人员规模差距比较显著。

（二）能力要素

保险科技从业人员核心技能方面，人身险公司认为排名前三位的是"基于用户角度的产品意识""不断迭代的创新能力"和"技术人员的金融机构从业经验"，与全行业各类机构普遍认知相同。此外，人身险公司对"合规意识"的重视程度高于行业其他类型机构。

（三）队伍建设关键因素

在队伍建设关键因素方面，人身险公司认为排名前两位的是"有竞争力的薪酬"和"良好的公司文化"，与全行业各类机构普遍认知相同。此外，相对于其他类型公司，人身险公司更关注"期权"和"充分的授权和容错机制"。

六、组织架构

（一）领导架构

人身险公司"名义领导架构完整度"（仅有职责划分，没有设立KPI考核制度的公司数量占比为72.22%）高于行业68.78%的平均水平，其中大中型人身险公司这一比例为76.74%，高于小微型公司的68.09%。

人身险公司"实际领导架构完整度"（既有职责划分，又设立KPI考核制度的公司数量占比为41.11%）略高于行业40.93%的平均水平，其中大中型人身险公司这一比例为46.51%，高于小微型公司的36.17%。

（二）组织架构

人身险公司"组织架构明确度"（设置专门负责保险科技战略实施的子公司或部门的公司数量占比为54.44%）低于62.03%的行业平均水平，其中大中型人身险公司这一比例为 65.12%，高于小微型公司的 46.81%。

（三）绩效评价

人身险保险科技绩效自我评价满意度为 74.44%，高于财产保险的 65.06%，也高于 73.00% 的行业平均满意度，其中大中型人身险公司这一比例为 81.40%，高于小微型公司的 70.21%。

第二节　数据分析

本节结合调研数据，针对人身保险公司在保险科技发展认知水平、投入方向和形式、应用方向和重点场景、人才队伍和组织情况以及疫情相关情况进行具体分析，同时结合直保公司总体及财产险公司相关数据进行比较分析。

一、科技投入指标

（一）保险科技投入满意度高于行业平均水平，持续投入意愿高于财产险

90 家人身险公司中，75 家公司（占 83.33%）认为保险科技投入基本满足需求，即保险科技投入满意度达 83.33%，这一水平高于行业平均水平（81.43%）约 2 个百分点，高于财产险公司平均水平（78.31%）约 5 个百分点。未来 1—3 年，超过 67.77% 的人身险公司会继续加大保险科技投入，即保险科技投入增加度达 67.77%，和 67.93% 的行业平均水平持平，但高于财产险平均水平（55.42%）12 个百分点（见图 4-1）。

（二）未来 3 年，超半数人身险公司计划投入年均增幅 10%—30%

未来 3 年，90 家人身险公司中，46 家公司（占 51.11%）保险科技投入年均计划增长 10%—30%，8 家机构（占 8.89%）保险科技投入年均计划增长

30%—50%,36家机构(占40%)计划投入年均增长在10%以下(见图4-2)。

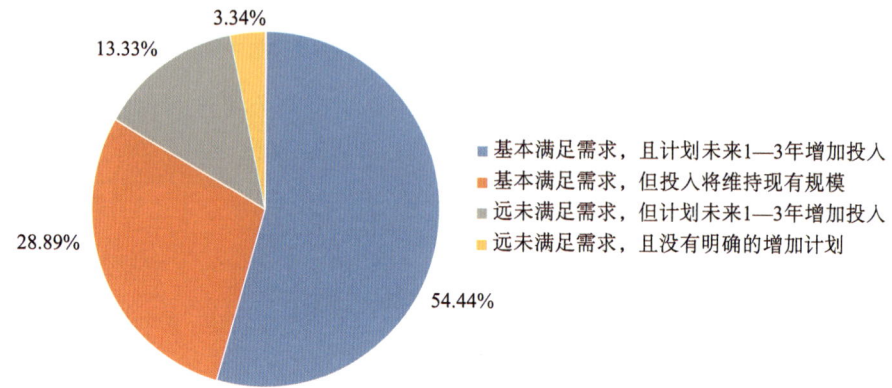

图4-1 人身险公司保险科技投入的自我评价

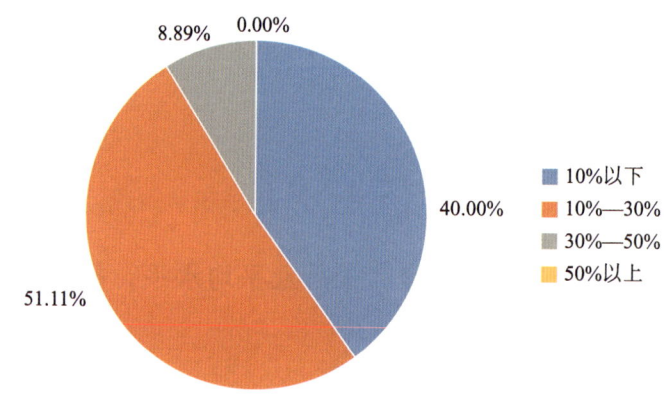

图4-2 人身险公司保险科技投入计划增长幅度

(三)软件投入占比最高,平均投入比例约55.51%

90家人身保险公司中,分别有9家(占比10.00%)、63家(占比70.00%)和18家(占比20.00%)在软硬件和人力(仅包括各类保险机构自有技术人员,不包括外部驻场人员)投入中占比最高(见图4-3)。其中,硬件投入占比最高的公司平均硬件投入在保险科技投入中的占比为34.31%,软件投入占比最高的公司平均软件投入在保险科技投入中的占比为55.51%,人力投入占比最高的公司平均人力投入在保险科技投入中的占比为47.94%。

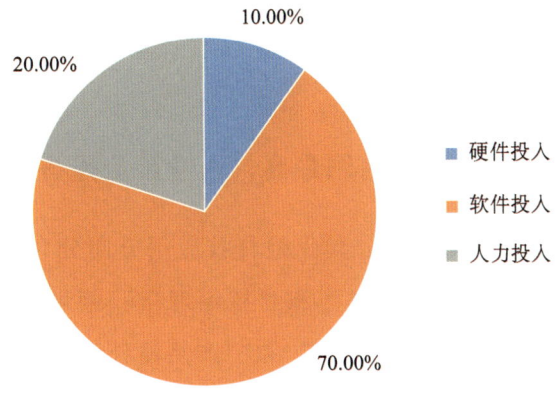

图 4-3 人身险公司保险科技投入占比

（四）超半数机构 6 大领域全覆盖，软件各领域投入比例均超财产险

超半数人身险公司软件投入覆盖"核心业务系统""销售及服务系统""客户管理系统""综合管理系统""财务管理系统"和"内控合规系统"6 大领域。其中，投入"核心业务系统"的有 87 家，占比 96.67%；投入"销售及服务系统"的有 83 家，占比 92.22%；投入"客户管理系统"的有 72 家，占比 80.00%；投入"财务管理系统"的有 62 家，占比 68.89%；投入"内控合规系统"的有 54 家，占比 60.00%，投入"综合管理系统"的有 50 家，占比 55.56%。除"综合管理"系统外，人身险公司在各领域投入均高于行业平均水平（见图 4-4）。

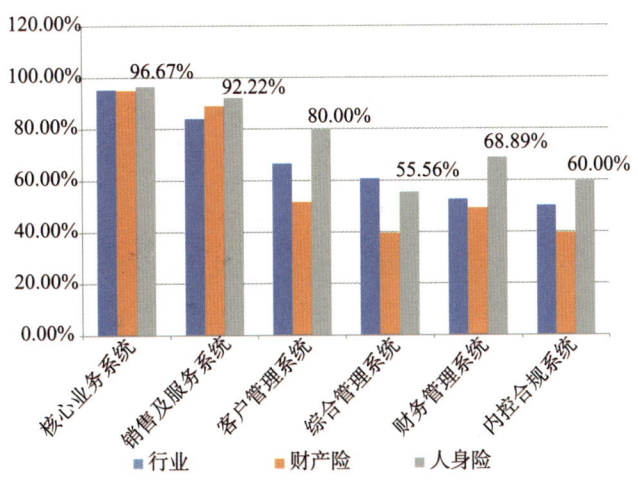

图 4-4 人身险公司保险科技软件投入方向

二、技术应用方向

(一)"销售渠道"应用比例最高,人身险应用方向相对集中

按保险价值链划分,人身险公司保险科技应用方向分布和总体样本基本相同,其中"客户服务""销售渠道"和"核保理赔"领域应用比例超过10%,"风险管理""财务管理""产品定价"和"产品设计"领域应用比例为5%—10%,其余领域应用比例则低于5%。

在应用比例超过10%的3个应用领域中,人身险在"销售渠道"的应用比例最高,且在"销售渠道"和"客户服务"中的应用比例均超过财产保险;应用比例为5%—10%和低于5%的两个领域中,人身保险应用比例普遍低于财产保险,平均低于财产保险近4个百分点(见图4-5)。可见,相对财产险公司,人身险公司保险科技应用更加集中。

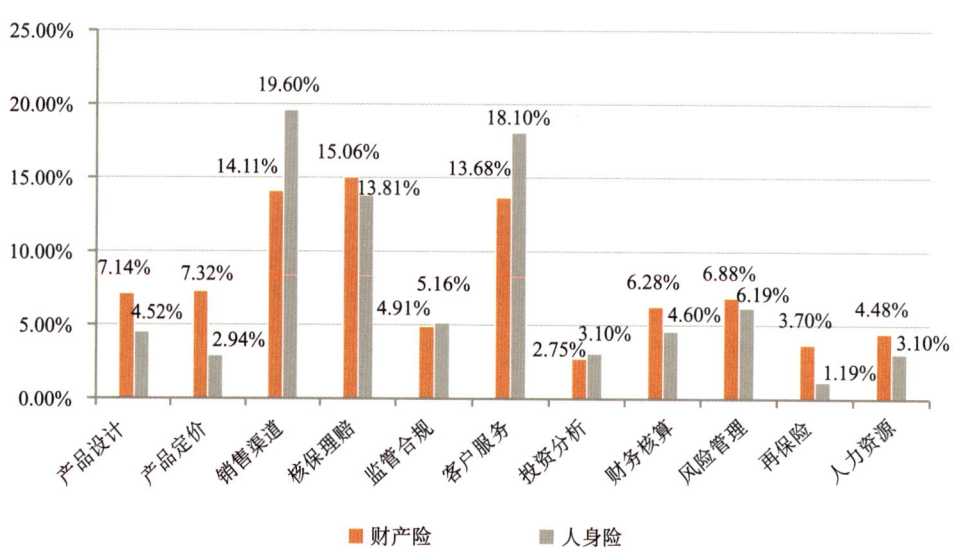

图4-5 人身险及财产险保险科技应用情况(按保险价值链划分)

(二)通用型技术应用比例高于财产险,人身险不适用多数专用型技术

人身险公司通用型技术①的应用远高于专用型技术,且人身保险公司在通用

---
① 见第二章第一节相关分类标准。

型技术 4 个主要领域即"大数据""移动技术""云计算"和"人工智能"中平均应用比例高于财产险,但在"区块链"和"隐私计算"领域,人身险应用比例却低于财产险。此外,人身险公司只对"RPA""二维码"和"基因技术"有一定的应用,其他技术并不适合人身险领域。

在具体技术的应用方向上,移动技术在"客户服务""销售渠道"和"核保理赔"环节应用率较高,应用比例[①]分别达 73%、86% 和 56%。大数据技术应用范围则比较宽泛,在"销售渠道""核保理赔""客户服务""风险管理"和"产品设计"环节应用率较高,应用比例分别达 50%、43%、41%、38% 和 30%。云计算在"客户服务"和"销售渠道"应用率较高,应用比例分别达 47% 和 52%。人工智能在"客户服务""销售渠道"和"核保理赔"环节应用率较高,应用比例分别为 64%、52% 和 49%。二维码主要在"客户服务"和"销售渠道"环节应用,应用比例分别为 16% 和 23%。RPA 主要在"财务核算"环节应用,应用比例为 24%。区块链在"核保理赔"环节应用相对集中,应用比例为 6%。隐私计算在各个领域都还没有集中应用。

(三)三大渠道平均使用比例高于财产险,人身险偏爱私域流量和视频直播

人身险数字营销渠道中,远程展业平台使用比例最高,90 家人身保险公司中 69 家选择使用远程展业平台作为线上营销渠道,占比达 76.67%,还有 53 家和 49 家分别采用自有平台(如官网)和微信小程序作为线上渠道,占比分别为 58.89% 和 54.44%,人身险三大渠道平均使用比例为 63.33%,高于财产险的 59.04%。此外,人身险第三方平台渠道的使用比例低于财产险,但私域流量和视频直播的使用比例高于财产险(见图 4-6)。

(四)"承保理赔"和"内部风控"是主要应用,"投资风险预警"应用是财产险的近 5 倍

90 家人身险公司中分别有 79 家和 53 家机构在"承保理赔"和"内部风控"领域实现保险科技应用,占比分别为 87.78% 和 58.89%;此外,人身险在"投

---

① 应用比例指在该领域应用该项技术的公司数量在总样本中的占比。

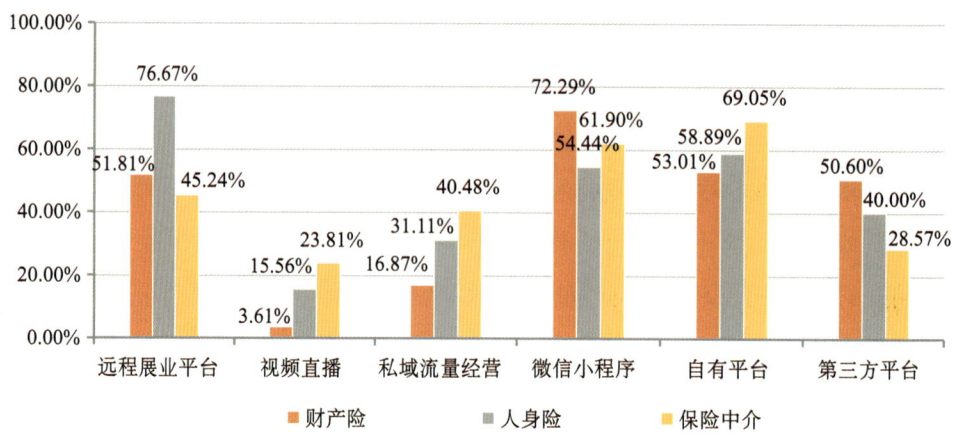

图 4-6 人身险公司数字营销渠道

资风险管理"方面保险科技的应用率是财产险的近 5 倍（见图 4-7）。

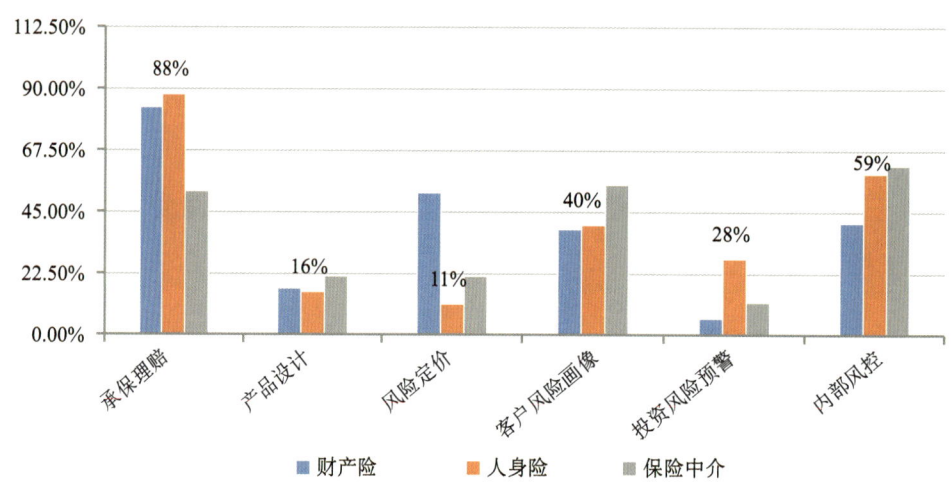

图 4-7 人身险公司保险科技风险管理应用

三、基础设施状况

（一）租用机房占比 65.55%，外购设备占比 78.89%，完全采用云计算技术的比例低于行业平均水平

以生产环境的硬件设备为调研对象，选择自建机房和租用机房的人身险公司占比分别为 28.89% 和 65.55%，自建机房比例低于行业平均水平的 36.28%；选择采购或租用服务器等硬件设备的占比分别为 78.89% 和 15.55%，选择采购

服务器的比例略高于行业平均水平的 75.20%。此外，约有 5.56% 的公司已经完全实现了云部署，完全云部署比例低于行业 7.00% 的平均水平（见图 4-8）。

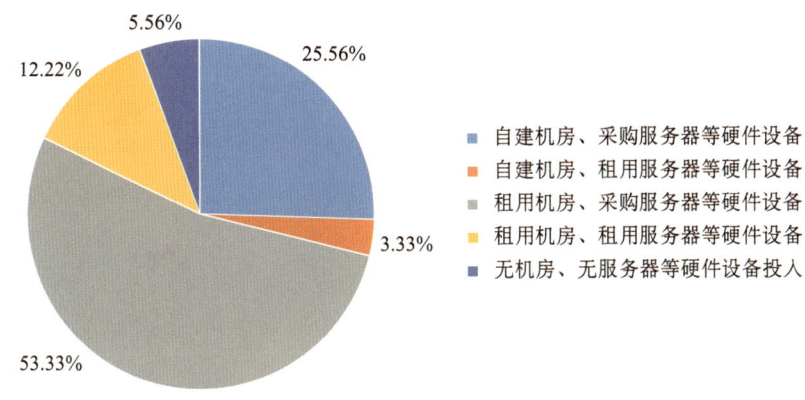

图 4-8 人身险公司硬件情况

（二）人身险公司采用云计算技术的比例为 84.44%，显著高于行业平均水平

在 90 家人身险公司中，76 家已经采用云计算技术，采用云计算技术的比例达 84.44%。此外，还有 10.00% 的企业有采用云计算技术的计划，仅有 5.56% 的企业暂时没有该计划。在已经采用云计算技术的企业中，已经使用公有云、私有云和混合云的企业在总体样本中分别占 18.89%、21.11% 和 44.44%，混合云使用比例占据明显优势（见图 4-9）。

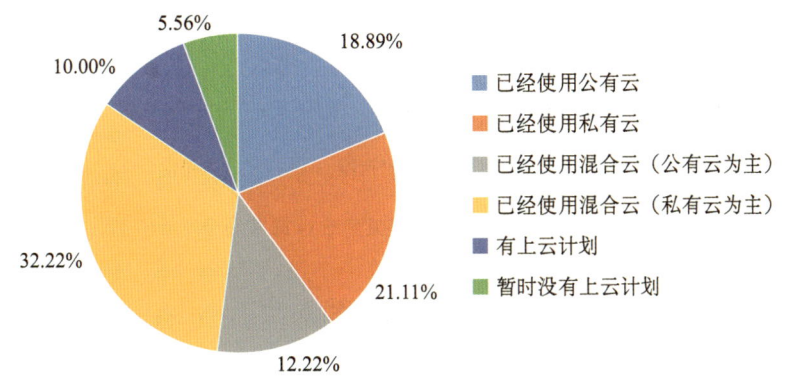

图 4-9 人身险公司采用云计算情况

在尚未采用云计算技术的 14 家人身险公司中（含已计划采用云计算技术的

9家和无计划采用的5家),13家(占79.17%)认为"安全风险"是影响其采用云计算技术的主要因素。此外,分别还有35.71%、28.57%和21.43%的机构认为"缺少解决方案""相关技术标准缺乏"和"云计算优势不足"是影响其采用云计算技术的主要因素。

(三)人身险采用云计算系统的以"销售和服务系统"和"客户管理系统"占比最高

在76家已经采用云计算技术的人身险公司中,有71家(占比达93.42%)将"销售和服务系统"部署在云上,有39家公司(占51.32%)已经将"客户管理系统"付诸云计算技术,33家公司(占43.42%)已经将"综合管理系统"部署在云上,而将"核心业务系统""财务管理系统"和"内控合规系统"部署在云上的仅有30家、26家和22家,占比分别为39.47%、34.21%和28.95%。此外,人身险公司客户管理系统采用云计算技术的比例高出财产险公司12个百分点(见图4-10)。

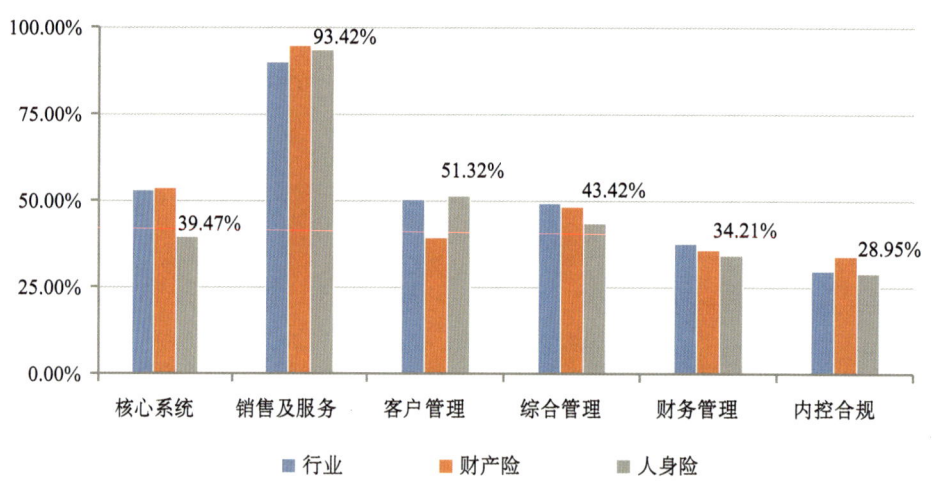

图4-10 人身险公司采用云计算系统分类

(四)41%的人身险公司使用云灾备系统,使用率低于财产险公司2个百分点

90家人身保险公司中,37家(占41.11%)使用云灾备系统,33家(占36.67%)尚未使用,但已计划使用;仅有16家公司(占17.78%)明确不计划

使用云灾备系统（见图4-11）。人身险公司云灾备系统使用率低于行业平均水平的46.84%，也低于财产险公司平均水平的43.37%。

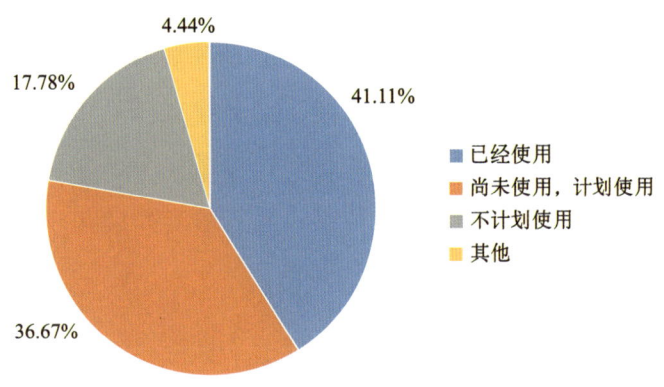

图4-11 人身险公司云灾备情况

（五）97.78%的人身保险公司具备基础设施灾备系统，"一主一备"占近七成

90家人身险公司中，仅有2家（占2.22%）未使用基础设施灾备系统，共有62家（占68.89%）采用"一主一备"的方案，有12家（占13.33%）采用"一主多备"的方式，1家（占1.11%）采用"多主一备"的方式，5家（占5.56%）采用"多主多备"的方式对基础设施进行灾备（见图4-12）。此外，还有8家机构（占8.89%）采用了"双活"或"多活"的方式进行灾备。

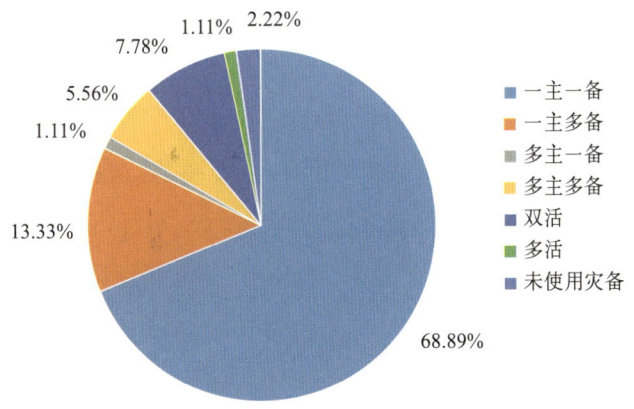

图4-12 人身险公司基础设施灾备情况

（六）半数以上公司保险科技供给采取"第三方采购"和"自建/自主研发"两种方式

90家人身险公司中，78家（占86.67%）的保险科技供给采用了"第三方采购"的方式，53家（占58.89%）采用了"自建/自研"的方式，4家（仅占4.44%）对外进行"战略性投资"。相对于财产险公司，人身险公司建立了通过对外投资获得保险科技供给的途径，但其主要供给来源仍以"第三方采购"和"自研/自建"为主（见图4-13）。

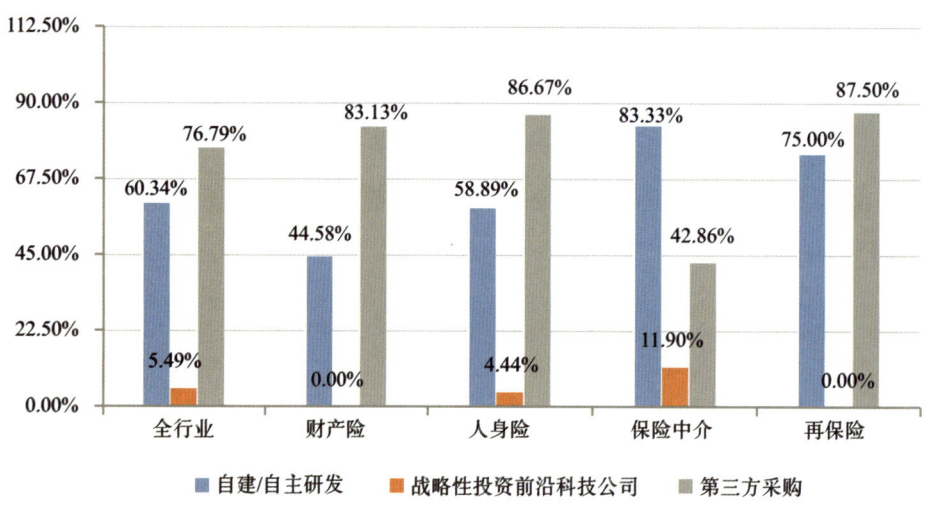

图4-13 人身险公司保险科技供给来源

（七）仅5.56%的人身险公司成立保险科技子公司，7%的机构计划设立

90家人身险公司中，5家（占5.56%）已经成立保险科技子公司；7家（占7.78%）尚未成立，但正在申请或计划中；68家（占75.55%）尚未成立，且未来不确定是否成立；10家（占11.11%）明确不打算成立（见图4-14）。人身险公司成立保险科技子公司的情况和财产险公司基本类似，都处于早期起步阶段。

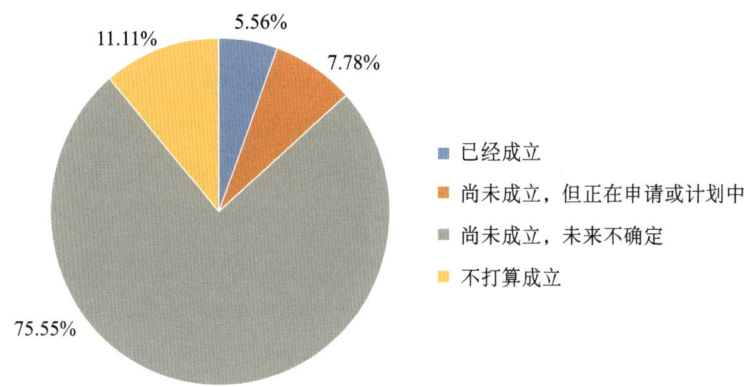

图 4-14 人身险公司保险科技子公司设立情况

(八) 仅 6.67% 的人身险公司对外进行投资，8.89% 的机构正在寻找投资标的

90 家人身险公司中，6 家（占 6.67%）已经投资且还在继续寻找合适的标的；8 家（占 8.89%）尚未投资，但正在寻找合适标的保险机构；76 家（占 84.44%）尚未投资且未来也不确定投资（见图 4-5）。人身险公司对外投资情况和财产险公司基本类似，都处于较早期阶段。

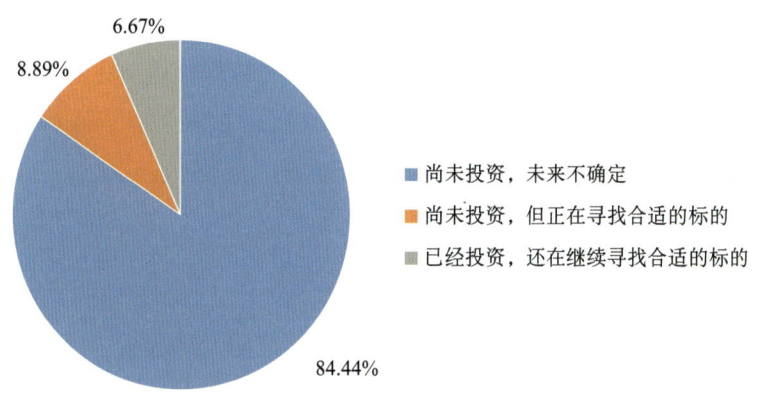

图 4-15 人身险公司保险科技对外投资情况

四、发展认知水平

(一) 保险科技五大应用趋势共识强，"客户画像成为基本业务流程"是最强共识

未来 1—3 年，人身险公司对于保险科技五大应用趋势具有高度一致的认知，对于"内部运营自动化和智能化""客户画像成为基本业务流程""风险模型的预测功能对实际业务产生重大指导作用""数字经济的发展导致保险产品形态发生重大变化"和"保险产业链重构,保险公司部分核心业务外包"五大趋势的确定性认知度达 84.89%,不仅超过行业平均水平(83.12%)近 2 个百分点,也超过财产险公司均值(77.59%)7 个百分点(见图 4 – 16)。

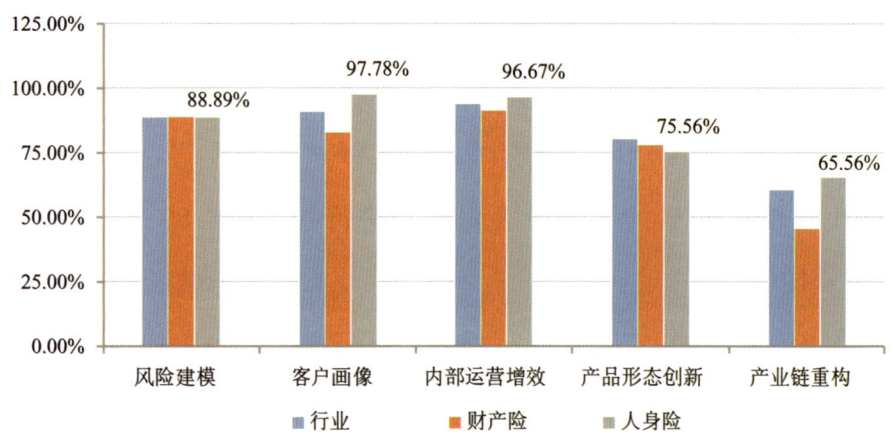

图 4 – 16 人身险公司保险科技五大应用趋势确定性认知概率分布

90 家人身险公司中,88 家(占 97.78%)认为"客户画像成为基本业务流程",87 家(占 96.67%)认为保险科技将在"内部运营自动化和智能化"方面得到应用,80 家(占 88.89%)认为"风险模型的预测功能对实际业务产生重大指导作用",68 家(占 75.56%)认为"数字经济的发展导致保险产品形态发生重大变化",还有 59 家(占 65.56%)认为"保险产业链重构,保险公司部分核心业务外包"是必然趋势。此外,人身险公司在"客户画像成为基本业务流程""内部运营自动化和智能化"以及"数字经济的发展导致保险产品形态发生重大变化"方面共识度超过财产险公司。

(二)大数据、云计算、人工智能最可能实现突破,基因诊疗突破概率超行业平均水平

按照每项技术获得投票数在每项总票数上限(90 票)中的占比计算,大数据、云计算、人工智能分列最可能实现突破技术领域前三位;90 家人身险公司中,66 家(占 73.77%)认为"云计算,安全和稳定运营水平进一步提升",78

家（占86.67%）认为"大数据，跨界数据获取变得更加便利"，57家（占63.33%）认为"工智能，从计算向感知和认知的高阶演进"，13家（占14.44%）认为"区块链，从先导概念走向实际产品"，18家（占20.00%）认为"物联网，应用于自动驾驶等领域并推动产生新的保险产品形态"，8家（占8.89%）认为"基因诊疗，广泛用于个体健康情况预测"，8家（占8.89%）认为"隐私计算，数据的共享和交易规则明确"。此外，人身险公司认为基因诊疗获得突破的概率超过行业平均水平（见图4-17）。

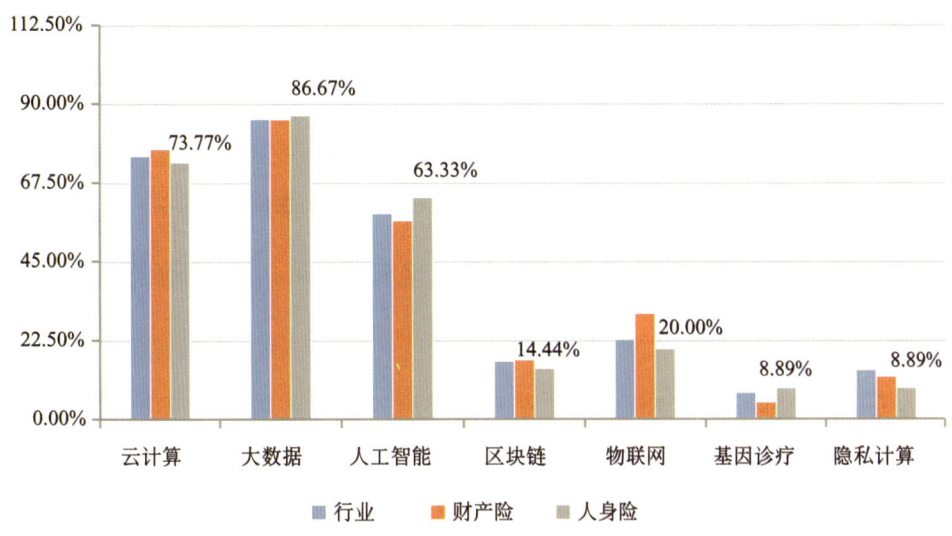

图4-17 人身险公司保险科技最可能实现突破的领域

（三）与保险科技公司合作，"数据"是核心因素，人身险公司更关注"企业文化差异"

在与保险科技公司合作中，"数据的可获得性和安全性"是人身险公司考虑的核心因素。其中，87家机构（占96.67%）认为"数据的可获得性和安全性"是与保险科技公司合作的主要挑战，58家机构（占64.66%）认为"信息系统的安全性和兼容性"是主要挑战，50家机构（占55.56%）认为"监管政策的导向性"是主要挑战，22家机构（占24.44%）认为"商业模式的差异"是主要挑战，13家机构（占14.44%）认为"企业文化的差异"是主要挑战，15家机构（占16.67%）认为"保险公司的财力"是主要挑战（见图4-18）。

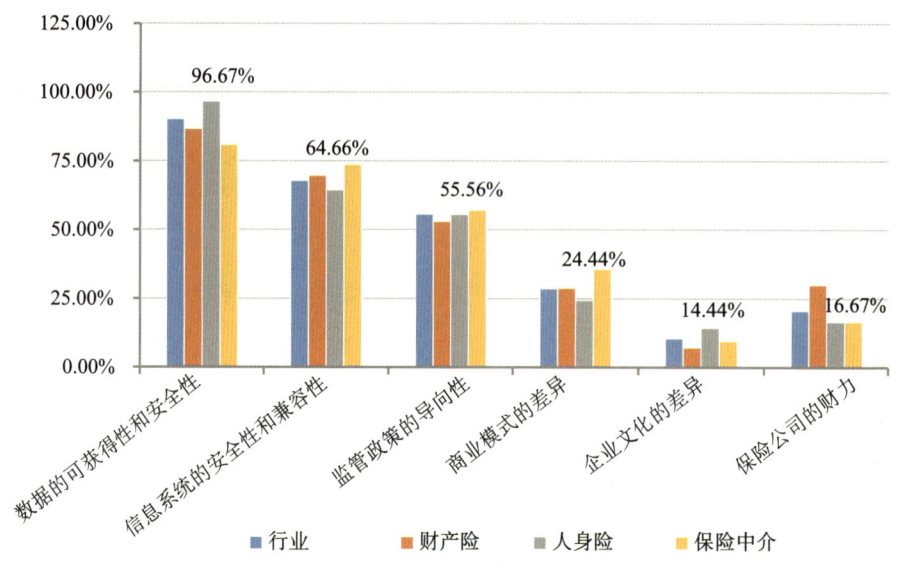

图 4-18　人身险公司与保险科技公司合作的主要挑战

（四）保险科技绩效自我评价满意度超 70％，人身险总体满意度高于财产险

在 90 家人身险公司 CEO 针对本公司的保险科技发展绩效评价中，16 家（占 17.78％）认为"非常满意"，51 家（占 56.67％）认为"基本满意"，仅 18 家（占 20.00％）认为"尚待提升"。人身险公司对于本公司保险科技发展绩效总体持肯定态度，满意度为 74.44％，高于财产险公司 65.06％的满意度（见图 4-19）。

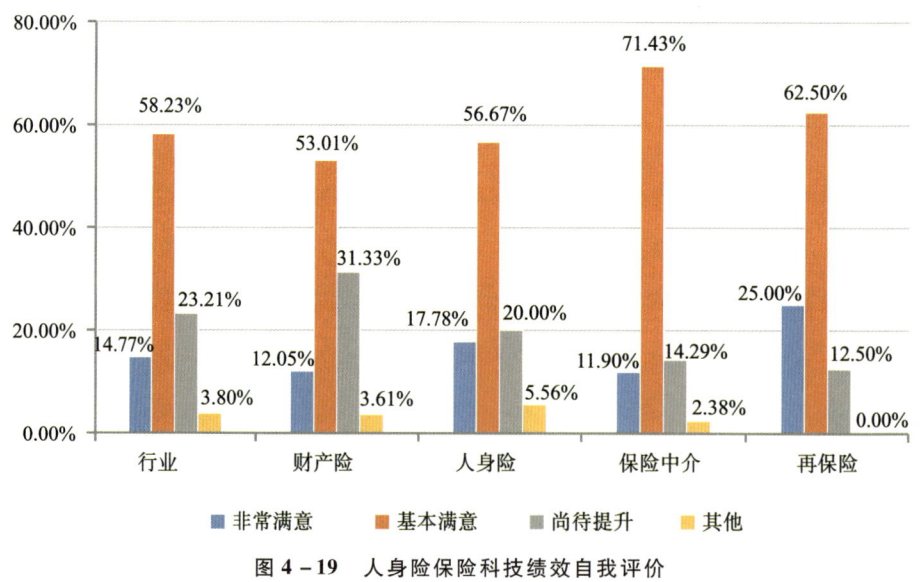

图 4-19　人身险保险科技绩效自我评价

五、组织与机制建设

(一) 超八成公司具备明确的领导架构,人身险公司领导架构完整度高于财产险公司

90家人身保险公司中,有75家(占84.27%)设置了各种形式的领导架构。其中,"名义领导架构"设置率72.22%(65家),"实际领导架构"设置率41.58%(37家);人身险公司"名义领导架构"和"实际领导架构"设置率均高于行业平均水平,但二者比率(56.92%)低于行业平均水平(59.50%)人身险公司实施保险科技战略领导架构情况如图4-20所示。

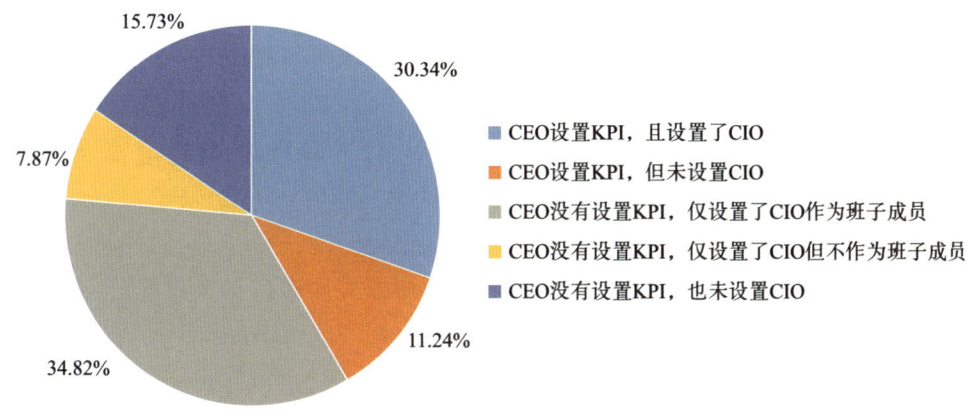

图4-20 人身险公司实施保险科技战略领导架构情况

(二) 超九成公司设置了组织架构,人身险公司组织架构明确度高于财产险公司

人身险公司中,有35家公司设置了保险科技专业部门,但和IT部门归属于同一部门,占比约39.33%;有36家机构未设置专门的保险科技部门,相关职责归属于具体部门,占比约40.45%;有13家机构设置了专门的保险科技部门,且该部门为独立于IT部门的专设部门,占比为14.61%;有1家机构设置了独立的保险科技子公司,负责公司的整体科技创新及应用,占比为1.12%;有4家机构未设置专门的保险科技部门,且相应职责也没有归属于具体部门,占比为4.49%。此外,人身险公司在保险科技方面具有明确组织架构的比例是54.44%,高于财产险公司53.01%的水平,但低于62.03%的行业平均水平(见图4-21)。

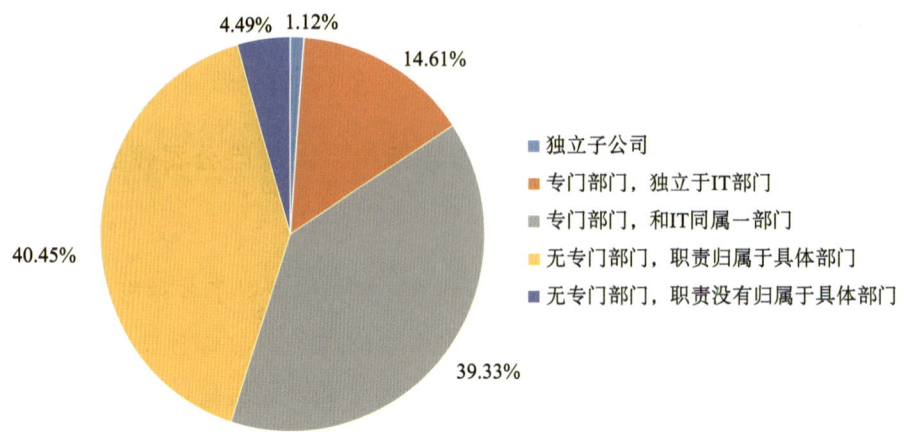

图 4-21 人身险公司实施保险科技战略组织架构情况

六、疫情应对及影响

(一)"客户触达"方面作用最显著,对人身险影响程度高于行业平均水平

"抗疫复工"期间,保险科技对人身险的影响主要体现在"客户触达""运营管理"和"渠道拓展"方面。其中,81家保险机构(占90.00%)认为保险科技的应用有助于疫情期间实现"客户触达",59家(占65.56%)认为有助于"运营管理"效率的提升,49家(占54.44%)认为有助于实现"渠道拓展"(见图4-22)。

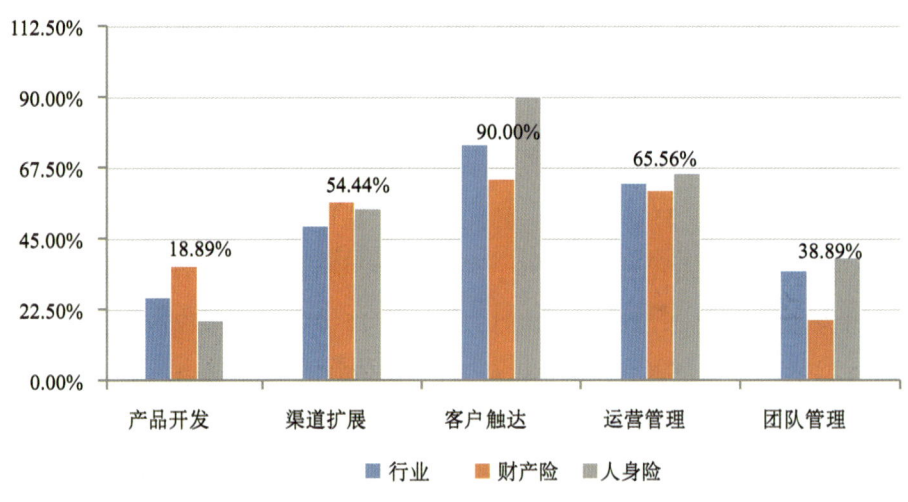

图 4-22 疫情期间保险科技对人身险的作用

此外，保险科技 5 项作用对于人身险公司的平均影响度（53.56%）高于行业平均水平（49.37%），且对人身险在"客户触达""运营管理"和"团队管理"方面的作用大于财产险公司。

（二）三大工具作用显著，生物识别对人身保险发挥重要作用

疫情期间，人身险公司突出发挥作用的保险科技主要包括远程会议工具、App 客户端和远程办公平台等。其中，75 家（占 83.33%）认为远程会议工具（如 Zoom 等）发挥重要作用，60 家（占 66.67%）认为 App 客户端发挥重要作用，53 家（占 58.89%）认为远程办公平台（如钉钉、飞书等）发挥突出作用。此外，App 和生物识别技术在疫情期间对人身险的作用明显大于对财产险（见图 4－23）。

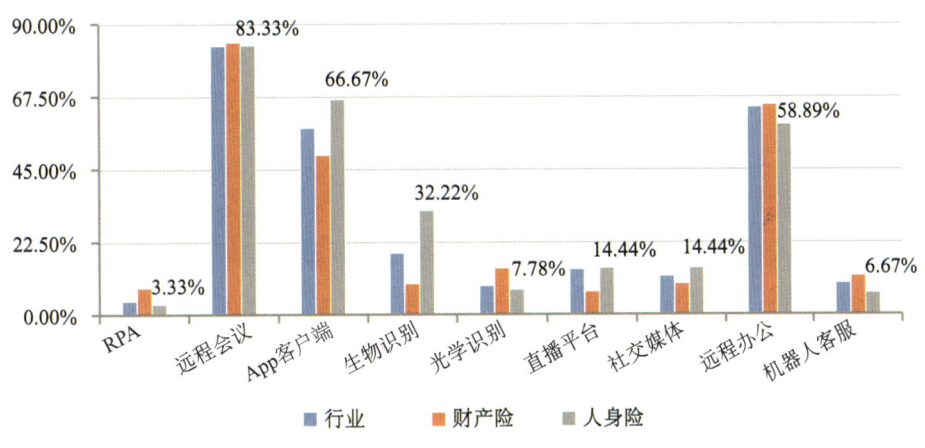

图 4－23　疫情期间针对人身险突出发挥作用的保险科技

（三）后疫情时代，重点发展机器人客服、App 和生物识别技术，流量型工具受关注

后疫情时代，机器人客服、App 和生物识别成为人身险公司保险科技重点发展领域。其中，56 家公司（占 62.22%）认为机器人客服是重点发展领域，53 家（占 58.89%）认为 App 客户端是重点发展领域，26 家（占 28.89%）认为生物识别是重点发展领域（见图 4－24）。此外，人身保险公司对于直播平台和社交媒体等流量型工具的关注度高于财产险公司。

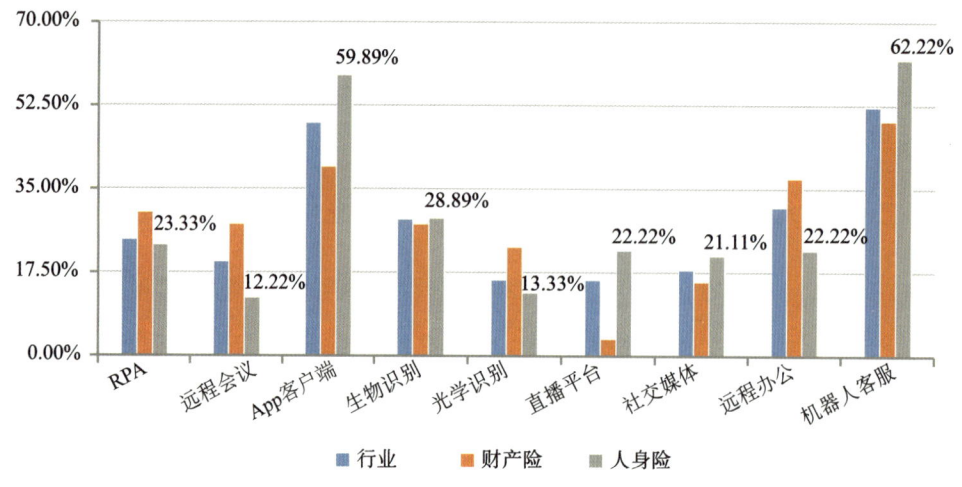

图 4-23 后疫情时代，人身险重点发展保险科技

第三节 应用实践

面对新科技的不断发展，我国各人身险企业积极探索和布局保险科技应用，使科技重塑保险价值链的落地场景越来越多。本书总结提炼人身险企业的创新方式和创新趋势，并从模式、渠道、产品、服务、风险管理五个维度介绍人身险企业保险数字化转型创新实践及实际案例。

一、模式创新应用

（一）经营模式：拓展客户经营深度

"十四五"期间，中国经济进入新发展阶段，高质量发展理念明确树立，双循环发展格局加快构建。伴随中国经济的不断成长，保险业实现了无数次的跨越。如今，数字化转型成为企业高质量发展的广泛共识，在新时代新要求下，保险业的数字化转型变革需要不断深入，人身险传统经营模式在时代变化的冲击下也面临新的考验。

从需求端看，一方面，主流客群主体发生变化，在数字时代下成长，习惯线上交流、消费的"80后""90后"逐渐成为社会的中坚力量和主流消费群体。

另一方面，客群需求升级加快。过去保险行业处在起步发展阶段，客户对于保险的需求并不迫切，客户的保险需求为潜在需求，且主要依靠营销队伍激发。随着我国人口老龄化进程加速，以及新冠肺炎疫情的冲击，人们的风险意识不断增强。移动互联和数字化发展的不断深入让保险知识的信息可得性和透明性大幅提高，人们对保险价值的认识随之提升，对自身保险需求的认知也更充分。此外，客户群体的分层也导致需求端客户的诉求差异，高端客户希望提供覆盖长寿健康财富的全方位服务，普通客户更善于精打细算，通过互联网比价寻求性价比更高的保险保障。

从供给端现状看，产品同质化和人口红利消失，传统销售模式遇到瓶颈。在传统寿险公司，代理人渠道往往贡献最大，销售模式经常以线下人情获客为主，通过销售低保障的产品进行客户转化，所以代理人渠道的收入很大一部分依赖于代理人营销队伍的壮大。但是，伴随需求端客群结构变化和移动互联网带来的信息对称性，新单保费承压，代理人队伍规模滞涨，依赖队伍增员的传统销售模式面临瓶颈，支撑寿险业高速发展的人口红利逐渐消失，全面提升代理人产能迫在眉睫。

供给需求发展失衡的市场迫使人身险企业寻求变革创新，人身险企业正逐渐转向精英化培育、线上主动获客、提供高价值"产品加服务"以及建设深度客户经营体系，匹配数字化展业、客户运营和风险管理工具，才能迎合客户保险获取方式和保险需求的变化，在数字时代实现新的跨越，让亿万客户感受到保险的保障和美好，在国家经济社会发展中发挥"经济助推器"和"社会稳定器"的作用。

（二）服务模式：加速平台化转型

技术驱动的平台模式是互联网经济和实体经济融合发展的新引擎，促使实现供需端长期动态精准匹配，也为人身险企业带来新的启示。人身险企业平台化模式发展的驱动力逐渐从以保单为中心的思维方式转向以客户为中心，为客户思考。平台模式打通了"烟囱式"系统[①]以及渠道间的壁垒，可以精确地判断客户的身份甚至是客户的需求，从而更好地响应客户、服务客户，让客户从初

---

① "烟囱式"系统：一种不能与其他系统进行有效协调工作的信息系统，又称孤岛系统。

次接触到咨询、活动、投保、保全、理赔等环节都可以实现无缝的交互体验。人身险企业平台化建设通过渠道客户数据打通，建立统一客户视图和客户画像，也为后续智能化场景应用奠定有利基础。

> **案例 4-1**
>
> **大家保险"端+平台"设计实现平台化模式创新**
>
> 借鉴 Uber 平台高效配置生产资料和社会资源，大家人寿建设端到端、整合式的数字化平台，破解工具碎片化与信息孤岛难题。通过"端+平台"一体化设计建立的一体化整合式数字化平台避免了业务场景中"烟囱式"各自独立、碎片化的系统开发。
>
> "端+平台"设计包含了销售端、客户端、管理端和平台端。其中，销售端与社交平台集成，实现对代理人个人营销活动的全面支持。客户端全面线上化，支持客户全生命周期投保及保单自助服务。管理端一步到位实现实时看板，代理人获客、出单、训练及招募一目了然，数据指标实时掌握。平台端基于大数据架构，实现寿险全域业务数据的采集、整合与交换，并实现产品工厂支持产品结构、规则及服务配置，缩短产品上线时间。另外，平台端在五大业务域构建 500 多个微服务，实现业务能力 API 化，实现能力复用，支持各端之间的互联、互通、互动，促进代理人与客户的实时连接、高频互动，客户与公司的服务直通直达，公司与代理人的作业支持与信息透明。

（三）生态模式：打造跨界生态圈

当前新一轮科技革命，产业变革和互联网平台模式的发展推动产业间的融合，催生新业态、新生态，保险行业也不例外。保险是一个典型的线性服务行业，传统的保险业务价值链包括产品设计、营销、承保、理赔等环节，寿险业务本身具有低频、非刚需、非主动的特点，单点低频的保险业务无法形成价值丰富且具有竞争力的平台，向客户提供多维高频的服务。因此，各家保险企业选择不断创新商业模式，依托寿险业务本身，主动连接场景，主动融合业态和建立自有生态圈，延展商业边界，通过各类生态所属的不同业务领域，打造多平台入口，切入不同场景广泛获取客户流量，增加客户黏性，形成横向覆盖客户多维需求,纵向覆盖客户全生命周期的生态体系。

从人身险企业实践来看,很多保险企业已布局保险生态圈建设,并取得了阶段性成果。财富管理、养老、医疗健康是和保险最为契合的三大服务体系,也是保险企业布局最积极的三大生态圈。例如,作为"保险+养老社区"的开创者,泰康保险已布局24家养老社区,依托"活力养老、高端医疗、卓越理财、终极关怀"四位一体商业模式,坚定打造"健康、长寿、富足"三大闭环,为长寿时代提供"泰康方案"。中国人寿推进"大健康""大养老"战略,通过整合健康医疗服务资源,实行健康信息化管理,打造覆盖全生命周期的健康生态圈。平安集团围绕"金融服务、医疗健康、汽车服务、房产服务、智慧城市"五大生态圈,在"金融+科技"和"金融+生态"的规划指引下,持续推动"科技赋能金融,科技赋能生态,生态赋能金融"建设。在大趋势下,保险行业也必将迎来新一轮跨边界的多元生态竞争,人身险企业需要明确核心定位,集中优势资源,重视数据基础设施建设,以科技为支撑,以客户为中心,不断提升保险为社会带来的价值。

> 案例 4-2

"长寿时代,泰康方案"落地四位一体商业模式

长寿时代给保险业带来新的挑战,同时也带来更多的发展机遇。健康险、医疗险、长护险蓬勃发展,从根本上拓宽了人身保险业发展的路径,"长寿时代、泰康方案"代表了人身保险最先进的生产力。多年来,泰康保险践行的将虚拟的保险和现实的"医养康宁"结合的发展模式逐渐成熟,引领着国内保险业逐步形成"长坡、宽道、厚雪"的四位一体的商业模式。

2020年,泰康保险集团提出"长寿时代,泰康方案",即"年金险+养老服务"长寿解决方案,"健康险产品+健康服务+大健康生态"健康解决方案,"保险金+资管服务"的财富解决方案、健康财富规划师(HWP)职业解决方案,通过"保险支付+实体服务",为客户提供全生命周期解决方案,将理念转化为切实可行的商业模式。

在此方案引导下,在人身险业发展遇到挑战、传统营销模式弊端显露之时,泰康保险凭借全新的体验式营销独树一帜。泰康保险以泰康之家作为实体依托,

邀请客户参观体验，实地体验医养社区的魅力，构建了24个城市的养老社区布局、5家医院的医养生态布局，包括拜博口腔、三博脑科等在内的大健康投资体系。

未来，泰康保险集团将回归本源，践行战略，拥抱"绩优高客"①，以全新的销售方式带动业务增长，为行业转型提供更多借鉴，整合拜博口腔、HWP、新生活广场，构造每个中心城市的大健康中心，进一步推动体验式销售，开创一条全新的道路。

二、渠道领域应用

（一）代理人渠道：数字化赋能代理人成长和展业

随着消费客群对保险认知的提升，依靠代理人规模驱动保费增长模式带来的效益逐渐减弱，需求端对代理人自身素质和代理人渠道销售模式提出了更高的要求。与此同时，疫情对保险行业造成了一定程度的冲击，加速了保险业的线上化进程。在代理人渠道，许多人身险企业重点在代理人的质量把控、队伍培养、销售支持和自主经营四个方面加强线上经营、拓展智能场景，实践数字化转型。

一是数智化加强代理人甄选、洞察代理人潜质，夯实代理人渠道基础。头部人身险企业通过引进国内外成熟甄选模型，精准识别潜在高质量候选人，提升代理人招募质量，提高代理人留存率，助力构建招募管理闭环，实现对候选人线上招募环节的全生命周期管理。

二是建设学习和训练一体的线上培训平台。许多人身险企业已建设线上培训平台以及线上线下培训闭环体系，支持线下制式培训、线上培训学习任务、自主拓展学习、千人千面学习、管理者可移动化管理等重要场景，覆盖全渠道、全阶段代理人的培训需求，高效实现训战结合，从体验、效率等维度实现降本增效。

三是丰富数字化营销工具，助力千人千面精准营销。人身险企业的实践有：

---

① 绩优，指绩优代理人；高客，指高净值客户。

在疫情期间，积极开发线上拜访工具，例如通过音频、视频手段进行线上会客，开拓线上展业模式；运用人工智能、大数据等技术创新展业形式，整合数亿合法获取的新老客户数据，建立客户统一视图，实现海量客户在线分析，建立完善的客户经营体系，促进销售更加智能、精准、便捷；运用人工智能算法模型，针对海量保险产品进行责任拆解和计算，为客户提供全面的保障缺口分析，提高客户转化率等。

四是科技赋能代理人活动管理和团队管理，提升数字化自主经营工具，目标是将营业部的工作流程化、标准化、智能化。这一领域的领先实践如平安人寿，以"三好五星"营业部为目标牵引，从数字化招聘、培训、活动量、日常四个主要方面打造智能的数字化营业部，并在20个营业部试点了一系列数字化工具，提高营业部部均首年度保费（FYP）。

> **案例 4-3**

友邦人寿数字化营销平台赋能代理人差异化运营

近年来，友邦人寿积极尝试探索基于个人代理人渠道的数字化转型，赋能队伍的未来精英化升级。公司层面提供代理人一系列的线上化、数字化营销平台，亦在此基础上积极尝试为每一位代理人提供定制化、个性化的模块功能，基于代理人的个人意愿和能力，可自行配置相关功能，以更为特色化的前端页面和功能组成，极大地帮助代理人进行私域流量的互动运营和客户经营转化，提高效率和成本的同时，极大提高产能。

数字化营销平台解决了传统线下展业相对低效率和高成本的问题，基于总公司统一从用户角度搭建的数字化营销平台的构建，不仅提供了队伍数据可视化、功能集成化、应用丰富性，也形成了以点概面、以面成体的立体化业务发展模式，开辟了传统模式下无法解决的诸多难点问题。针对不同代理人对于不同获客场景的需求，公司提供了包括但不限于活动、内容、产品定制化试算、互联网直投产品、营销工具、微店等当下热门的营销获客形式，减少了大量代理人的工作量；基于合规保障前提的对于客户的触达提供了多维度、多层级触达方式，大大降低了获客成本，提升了获客质量；对于获客数据进行精准分析，提供了全方位的精准用户画像，为后期运营及客户经营工作提供了大量可用信息,在获客效率、准确性及业务价值贡献方面,均形成了第二增长曲线。

友邦人寿数字化营销平台创新建设及应用效果有:

第一,营销活动方面,通过各类线上线下(O2O)活动的筹划、统一策划、设计、开发并上线,代理人可以绑定自己的工号后转发给微信好友,通过其私域好友的参与互动,以较小的获客成本帮助代理人激活其朋友圈的潜在客户,代理人可以跟进联系和转化。通过这种方式,单个边际获客成本可能会低至几元钱。

第二,内容方面,通过为不同群体的客户定制分客群文章和保险知识(如老人/青少年/女性),由代理人转发给特定的客户,并通过客户对此类文章的兴趣程度进行客群传播,形成内容获客。此类内容由公司统一设计制作、统一审核,规避了产品和服务层面宣传文字的合规性问题,通过统一的视觉设计,吸引客户有兴趣点击阅读。

第三,产品定制试算方面,提供代理人各类线下产品的线上利益演示功能、计划书生成预览功能,代理人可以在公司规则范围内自由组合主附险,并将试算结果通过链接形式转发给客户,同时客户可以自己另行设定所需产品并填入相关信息后重新获得相关结果,提供了代理人最为直接的产品类触客方式和路径。因为客户已经有了相关的产品购买需求,所以这种路径下的获客转化率是最高的。

第四,直投产品方面,代理人直接将互联网专属保险产品链接转发给客户,完成一键投保,提供客户保障,同时也可以更好地为客户提供加保服务的保障方案和接触渠道。

第五,营销工具方面,将带有代理人三要素的各种元素生成海报、贺卡、爱心卡、心愿卡、节日签、日签、一图等,客户通过点击上述元素就可以进入代理人微店,与代理人建立后续联系。

第六,个人微店运营方面,一站式的产品和服务组合、各种代理人勋章和能力展示、代理人获客(AGM)之后客户转介绍获客(MGM)的归集帮助代理人展示个人形象,从垂直获客功能到一站式的客户线上经营阵地,形成千人千面的个人微店,极大赋能代理人差异化经营。

第七,数据视图方面,通过各类素材与客户互动帮助代理人更高效地管理、经营客户,解决了获得客户却不知道怎样经营的问题。此外,可视化数据报表推动客户和业务管理，多角色多维度数据看板也可助力销售。

第八，相互协同方面，基于业务场景设定，公司各公众号、小程序、App、短信多路触达，有效促进客户培育和转化，以及相互之间的业务协同和叠加，形成"端到端"的全流程闭环经营。各系统间有各自定位，专业化运营团队也可实现敏捷运营快速迭代，提高营销精准度，提升营销效率。

案例 4-4

平安人寿数字化营业部提升队伍产能及效率

平安人寿打造的数字化营业部建立了统一的、科学的对营业部的分级评价体系，在 20 个营业部试点了一系列数字化工具。数据表明，20 个营业部的行为指标均有明显改善，其中 10 个营业部业绩明显改善，部均 FYP 比试点前提升了 6%。

与传统营业部相比，数字化营业部能够赋能一线代理人，一方面销售队伍可以快速学习、理解分级评价体系，确立阶段性的经营目标，同时还能高效掌握智能化平台工具，并应用于展业和客户服务；另一方面，得力于平台设计，不论是产品咨询、业务办理，还是售后服务，代理人队伍都能很好地适应线上化、智能化交互方式的变化。

此外，数字化营业部的打造还将赋能营业部管理，节约营业部经理管理时间，提升营业部的管理水平，针对部课经营中组织发展、业务开拓、技能培养和日常管理等核心环节，一系列数字化平台工具得以研发，赋能部课主管及一线代理人。

（二）银保渠道：网点数字化经营助力融入银行生态

凭借对财富管理领域的前瞻眼光，许多人身险企业创新银保协同新模式，融入银行生态，为银行客户提供"财富＋健康＋保险"的全方位保障利器。麦肯锡公司研究表明，银行和保险公司双方通过产品定制、整合客户旅程、数据洞见共享、一体化团队协同和生态场景共创五个维度，可以实现有效突破，银保渠道在为保险公司贡献保费规模、赢得市场的同时，还能带来较高的新业务价值利润率，实现规模与价值双增长。

实践方面，人身险企业在银保渠道的科技建设主要有：

一是建设保险银保通系统，通过专线方式与银行银保通系统连接，实时传送数据，实现方便、快捷、实时出单，满足客户直接在银行端进行保险产品投保、缴费和出单的需求。

二是创新网点经营科技，以银行营业网点数据为核心，附加网点出单件数、保费、产品，理财经理实际开单人力等数据，多维度多角度分析银行网点经营情况，精准赋能银保网点经营。

三是打造赋能理财经理的数字化工具，以 App 或者小程序为载体，为理财经理提供包含计划书、保单服务、线上培训、生态圈资讯、产品资料库等功能强大，使用便捷的业务支持平台。

四是深度融入银行生态，以小程序或第 5 代 HTML 网页技术（H5）方式实现保险服务与银行移动端的无缝对接，让客户在银行生态中就能享受保险公司提供的服务，大大提升客户体验。

案例 4－5

大家人寿，数字化工具赋能破局银保渠道经营

银保渠道的发展面临合作关系松散、缺乏专业化的销售队伍、服务能力落后等困局，大家人寿将网点经营、团队经营、客户经营、销售服务能力经营标准化，线上化，通过数字化工具赋能，加强一线销售人员的展业过程管理，引导基层网点服务方式和经营模式的转变，科学合理评定销售人员的价值贡献，实现银保渠道经营破局。

大家保险银保新技术应用和渠道建设有以下八点创新：

一是实现渠道销售人员作业全线上标准化管理。系统围绕网点经营，在网点信息采集、巡防、销售、服务等方面实现经营动作的标准化，并通过系统固化提高管理效率，降低管理成本。

二是实现销售团队间高效协作。依托即时通信技术，通过在线互动交流，实现团队内随时随地沟通交流，尤其在疫情期间，成为业务团队沟通交流的主要平台。

三是实现销售作业任务闭环管理。将一线业绩、培训、续期、满期、回访

等作业任务以任务包方式推送至一线作业任务，任务找人，通过系统监控任务"接没接""做没做""成没成"，提升业务和管理效率。

四是实现销售人员培训线上化、任务化。将一线业务问题经验、学习培训等过程以数字化"每日一课"形式推送，每日推送，每课必考，考后评分，充分利用销售碎片化时间，实现知识快速学习和迭代更新。

五是提供实时看板，促进数据经营。通过实时数据计算，自动生成银行网点，公司分支机构的日、月、年业务经营报表，帮助各层级管理者随时抽取掌握网点、银行渠道、分支机构的各项数据，及时发现问题，为实时决策、业务跟踪提供参考。

六是建设开放式第三方对接平台，赋能第三方渠道业务发展。第三方业务对接平台提供 API 对接服务，支持产品快速上线与业务拓展。渠道接入方面，完成英仕、i 云保、保险师、小帮等 10 家销售渠道接入，提供出单服务支持。

七是实现手机银行与保险服务一键对接。用 H5 页面封装客户服务界面，主动送服务上门，与招商银行手机银行对接，通过客户信息鉴权，避免客户二次登录，实现客户从银行 App 一键跳转至大家人寿"我的保单"页面，保单查看、保单回访、获取电子保单、客户信息变更等保单服务直通直达，方便快捷，使用效果获得银行方及客户好评。

八是"银保王牌"数字化平台已全面推广至大家人寿总部及 19 家分公司。系统日均活跃用户约 1 万人，日活率接近 100%，App 单日启动近 15 万次，极大助力一线销售人员及公司经营管理工作。截至本书成稿时，大家人寿银保渠道价值类业务已位居行业前列，业务转型初见成效。

案例 4-6

爱心人寿"智慧银保"开拓银保渠道发展空间

在银行保险代理渠道，爱心银保致力于先进的智能系统建设，已成功打造专属行辅系统，并同步连接银保通系统、官微系统和智能行辅系统，初步形成了"智慧银保"系统平台。

一是银保通系统。银保通系统是银保业务发展的核心，系统稳定是银保业务快速发展的必备条件。爱心人寿银保通系统为基于开源数据库支撑的云化版，采用腾讯金融云部署,安全隔离级别高、高可用度、高性能,采用统一的接口与数据交互模式,实现信息的系统内、系统间共享;其拥有稳定的性能、易于扩展的开发模式,端到端流程优化与管理的支持能力能够使其实现稳定、高效的运转,也为后续开发、维护、使用带来很好的适应性,能为银保业务的快速"上量"提供稳定的支撑。

二是官微系统。基于"爱心客户主义"的指引,爱心银保已经实现所有保全服务在线自助完成,经历3轮优化升级,在线自助服务时效远高于同业水准,其中预核保功能更是业界领先,其作为销售"利器",大大提高了客户体验,也节省了银保规划师的时间。电子化回访亦是银保一大特色,当前爱心银保已在所有作业地区实现客户电子化回访,免去了银保客户经理后续追踪的问题,现场即可完成。

三是智能行辅系统。为落实"数字化运营工程",银保渠道本着提高规划师作业效率,释放内勤人力的目标,公司自主开发了智能行辅系统 ProA App 程序。该系统受众主要为银保渠道内外勤人员。主要有保单管理、回访查询、业绩查询、日程管理、数据中心等15项功能,每项功能的开发均源自一线需求的反馈。自2020年新冠肺炎疫情开始,银保推出在线运营模式,将原有的线下工作全部转移线上,智能行辅系统提供了有效支撑。

2021年,爱心人寿银保渠道加大行辅系统的迭代升级力度,同时积极探索并运用"区块链""大数据"及"移动互联"技术在获客、数字化运营、客户服务体验提升等方面的应用,建设适应移动互联网时代潮流的渠道支持、电子商务及客户服务系统,建设大数据分析挖掘平台,支持精准营销及交叉销售的开展,为银保业务提供新的发展空间。

(三)电销渠道:电网销融合向智能化座席转型

保险业协会在2021年第一季度发布的《2020年寿险电话营销行业经营情况分析报告》显示,2020年寿险电销规模保费较2019年同比下滑22.5%,截至2020年12月末,总销售人力较2019年底同比减少3.9%。随着电销业务逐渐缩减,获客成本越来越高,通过传统的外呼方式无差别接触客户已逐渐被淘汰。保险电网销融合是最近和未来保险行业的发展趋势,人身险企业先借助互联网渠道实现客户的初步触达和验证,再借助电话和企业微信座席等方式进行一对一的沟通和需求挖掘。以需求为导向的沟通和销售则对人员流动大、培训不足的人工座席提出了更高的业务和素质要求。为了应对这一挑战,部分人身险企业运用机器人座席替代初级人力,运用人工智能算法辅助中高级人力挖掘客户需求,充分利用人和机器各自的优势,实现有效人机结合,为客户提供更好的服务。

例如,德华安顾人寿利用语音处理、自然语言理解技术提升数字化营销品质,在数字化营销场景中引入"智能座席助手"和"智能质检"。智能座席助手系统适时分析座席和客户交互过程,对内容进行理解和分析,针对客户意图实时推荐业务信息,为座席营销的全流程提高效能。智能质检系统对座席客户交流过程进行全量质检,利用人工智能技术精准发现潜在营销风险,及时予以处置。

大都会人寿引进了自动语音识别(ASR)、自然语言处理(NLP)、语音合成技术(TTS)等智能技术,已实现续期缴费外呼提醒场景的智能语音交互自助服务,提高客户服务体验,提升外呼效率和保费续期效果,并缓解人工座席工作强度,让人工能够去处理更复杂的业务问题。截至本书成稿时,50%以上的续期外呼任务已经完全可以通过智能外呼机器人来完成。智能机器人外呼与人工外呼相比优势巨大,轻松完成量化指标,解放人类重复脑力劳动,真正为企业提升了工作效率,开启电话外呼革命的新时代。

案例 4-7

招商信诺人寿数据驱动提升营销转化

招行信诺人寿是一家以电销业务为主的保险公司,留存海量的客户录音以及客户接触数据,这些都是数据分析最重要的财富。招商信诺人寿自 2017 年开始大数据平台建设,3 年的建设里,为持续挖掘数据价值,陆续启动"浑天""天鹰"项目,通过"浑天"平台对客户和销售人员进行识别、"打标签"、分类,利用"天鹰"的大数据智能分析引擎分析海量录音及"浑天"标签,输出训练好的多模态推荐系统的各模态参数,来实现对各个类型数据最优客户标签组合的解读。运用深度学习方法,利用客户属性、客户行为、客户沟通数据、销售人员等特征进行训练,实现多模态用户价值评分、产品推荐、销售推荐,并根据外呼结果数据和数据仓库新增数据自动进行模型的训练、测试、集成、"蒸馏",更新上线,推理整个流程,以不断匹配客户最新业务和数据变化。

"浑天"平台主要提供以下三大功能:

一是客户维度的精细化营销。识别客户的保险意图是提高销售转化率以及客户满意度的重要措施之一。"浑天"平台基于客户的外呼信息、客户基本信息、保险信息等构建客户营销模型,输出千人千面的产品推荐方案及客户价值分类,基于客户价值输出有针对性的客户接触方案,为客户精细化营销策略提供支持。输出的结果将继续作为模型的输入,持续自动地优化模型。流程如图4-25所示。

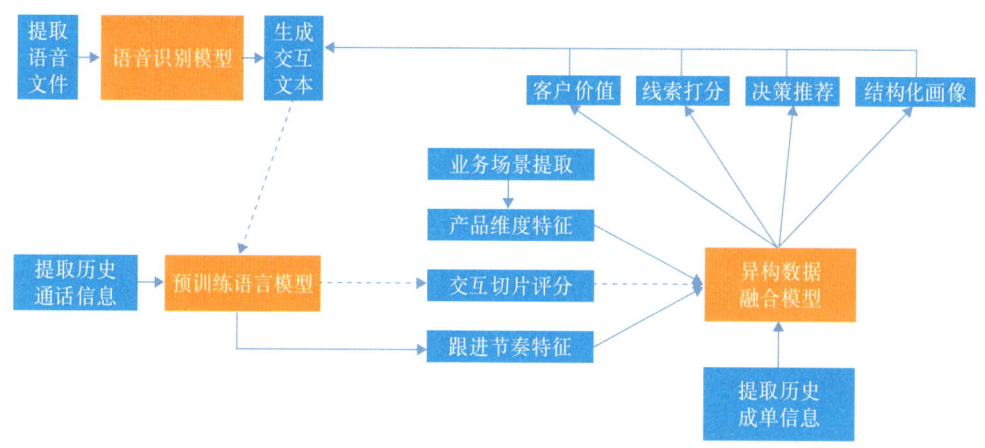

图4-25 招行信诺人寿"浑天"平台客户精细化营销模型

二是录音处理平台搭建。"浑天"致力于搭建语音处理平台,每日录音自动流入,通过ASR转写成文本。结合结构化字段,自动进入模型,基于无监督的学习算法,自动进行参数的选择和模型的优化,全程不需要进行人工干预。

三是名单自动下发全流程。依托"浑天"平台的活动管理,可线上完成人群包的筛选,通过"天鹰"平台对人群包的下发KPI进行确认,配置打分、产品推荐等不同应用场景的模型与业务指标、产品范围、客户范围等信息,最终输出人群包以及对应的分数,将人群包传送回浑天平台进行自动下发。根据业务需求,人群包可以按照年、月、周、日自动下发。

"浑天"平台已实现的应用效果:

一是客户意向预测:基于过往沟通数据和成单结果数据训练模型,筛选出高意向名单进行外呼,成单率较传统客户营销模式提升1.3倍左右。

二是客制化保障方案推荐:通过历史营销的数据,模型学习客户标签与已购买产品的关系,从而了解客户更有可能购买的产品,成单率提升1倍。

三是通过智能素材库灵活配置营销素材,可定义超过300种类型近千条营销素材,为线上客户提供保险营销服务和客户所需的保险知识,大幅提升员工销售信心。

(四)经纪代理渠道:标准化、平台化提升对接效率

经纪代理渠道是保险公司和消费者之间的另一个桥梁。近年来,随着互联网在保险行业的迅速渗透,除传统经纪代理公司外,很多具备了场景优势的互联网企业开始进入这个行业,例如以微保和蚂蚁保险为代表的互联网公司和以慧择为代表的专业互联网保险中介等。随着经纪代理公司与保险公司合作的不断深入,经纪代理公司不再单为保险公司提供通道服务,一些经纪代理公司与保险公司合作推出针对特定客户的专属产品,为其客户提供更精细化的产品和服务。为了快速实现产品对接和上线,许多人身险企业建设开放的 API 平台,采用标准化接口输出,使合作伙伴可以在线进入 API 说明和调试页面,根据清晰的接口说明和示例,自动修改接口参数实现对接并调试,从而实现快速对接,极大程度简化了复杂的对接流程、系统环境、联调测试等管理工作,减少双方投入,并大幅提高对接准确性。

案例 4-8

太平人寿打造业务中台提升渠道对接效率

太平人寿互联网保险业务平台通过搭建的互联网保险业务中台,支撑蚂蚁金服等互联网大流量、高并发、"7×24 小时"不间断业务模式,同时作为业务中台,面对各类渠道,提供统一标准的对接模式和对接流程;通过产品、数据、科技的力量,打造一套技术上高可用度、业务上高灵活性的互联网保险业务中台系统,提升整体渠道对接、产品上线时效,助力渠道业务的快速开展。

互联网保险业务中台通过高性能、高可用度、高扩展架构应对互联网大流量活动冲击,每日稳定处理万级以上在线保险业务;快速支持产品上下线、产

品运营规则调整等，并做到用户无感知。搭建的一整套互联网场景化保险，以产品合规运营为基础，针对不同投保人群进行产品定制，如针对未成年人提供教育年金等产品；以 C 端客户体验为目标，打造极简客户投保流程体验。

互联网保险业务中台已对接 20 多家第三方渠道，共合作包括年金、重疾、两全、医疗等 30 多款保险产品；通过平台搭建、多渠道打通，帮助太平人寿实现卓越的保费规模，2020 年累计超 20 亿元增量保费，并且产生了规模效应；通过互联网对接，使太平人寿优秀产品和优质服务触达更多流量用户，形成行业口碑；通过和第三方渠道对接，拓宽了销售渠道，增加了业务来源，也为第三方渠道创造广阔的发展空间，在互惠互利的基础上，建立长期稳定的合作关系，共同致力于为广大消费者提供丰富的保险产品及保险服务。

（五）渠道逻辑：从流量引入向客户运营转变

电商的崛起和新冠肺炎疫情推进互联网保险快速发展，人身险网销渠道也迎来爆发式增长，高度便捷和灵活的互联网成为用户投保的重要渠道。然而，对于人身险企业来说，保险渠道的互联网化转型并不只是简单的互联网对接、流量输入，更是思维的互联网化，即从传统的"营销思维"向"用户思维"的转化。

1. 公域和私域流量体系构建获客闭环

传统保险模式下很多优秀代理人都有自己的客户经营办法，通过微信群和朋友圈认识新朋友，加为好友（拉入自己的私域）继而深耕客户，通过在重要节日送出祝福、提供关怀和帮助等方式不断与客户产生链接，赢得客户的认同和保单。然而，随着互联网的发展，加之疫情的冲击，传统模式已无法满足客户需求和行业发展需要，许多人身险企业着手建立自有公域流量矩阵，借助线下广告和服务，线上互联网平台，如百度、抖音短视频，线上爆款保险产品营销和假日活动，线上生态服务等形式，吸引用户与人身险企业产生连接，实现用户导流；之后围绕自有生态和微信等平台生态，根据业务特点创新与客户的交流方式，丰富触客内容和活动，触点自主可控，实现私域流量聚合。通过合规线上留存数据，开发营销分析工具和产品，为代理人提供展业支持，为客户提供立体服务，最终能够做到客户精细化运营。

案例 4-9

和谐健康特色直播引流体系

基于直播系统将"人货场"进行线上化，是当前传统保险行业向互联网发展的大趋势。线下面对面的销售体验整体搬至线上，实现了异地、移动的从"1对1"到"1对多"的业务驱动转变，借助PPT、视频、图片等形式生动展现产品特性及相关案例等。在此模式下，用户的观看时间灵活、线上高效实时互动便于沟通。

和谐健康已建立较为完整的直播引流体系，通过直播系统技术平台的搭建，提供异地多人、多会场、多机位、多视频流、远程导播切换PGM信号，打破空间限制，实现随时随地多人多角度直播，在与观众互动时，可以实现多人连麦、讨论区留言等，通过社群、App等自有私域流量平台进行流量转化；在公域平台通过直播软硬件系统进行抖音、快手、视频号、小红书等主流平台分发，构建完整的业务平台触点矩阵，落地H5页面实现公私域流量的业务推进转化；在直播私域流量中，通过对观看直播用户数据——包括但不限于起始时间、观看时长、观看设备、地域、手机号、业务转化等进行统计，进行用户画像分析，推进业务驱动迭代。

2. 渠道数据构建客户统一视图

对于人身险企业而言，客户的需求已经从单一渠道购买进化到全渠道一体化、线上线下相结合的综合服务需求，而传统模式下各渠道在组织职责、信息资源方面划地为界，导致客户数据无法流通、共享不畅，为此部分人身险企业利用数据平台、中台等体系，打通渠道之间的"烟囱"，实现各渠道互联互通，实现同一客户业务办理全流程的一致性体验。整合全渠道数据后，人身险企业根据客户基础信息、合规采集的行为等数据，建立360度客户视图和客户经营体系，赋能前端业务销售。

案例 4-10

友邦人寿"One Experience"助力渠道可持续价值增长

在"数智化"时代，唯有不断革新和自我超越才能持续引领行业。随着近年来内外部环境的巨大变化，友邦人寿通过打造一体化数据驱动的客户平台，提供一流的客户体验，赋能渠道，以创造可持续的价值增长。

友邦人寿一体化数字客户平台（One Experience）通过建立一个覆盖客户全旅程的一体化客户平台，更好地了解、经营和服务客户，挖掘客户价值；通过建立客户数据分析系统，数据驱动洞察客户平台体验"痛点"，定点优化客户体验，为客户提供更贴心的服务内容；通过标签系统，实现客群的精准化定位及分类，以数据驱动个性化精准营销；通过打通渠道及营运平台，提供客户洞察支持，赋能渠道创造业务价值，同时支持营运进行更好的风险管理，助力创造更好的客户体验。

友邦人寿一体化数字客户平台创新建设及应用效果：

一是技术创新：一体化数字客户平台整体依托阿里金融云的云计算技术解决方案，包括前端应用、中台微服务架构以及基础设施服务等，其中前端应用采用了移动开发平台（mPaaS），有效提高了跨平台的应用开发效率，降低了原生应用的发布频率。同时，基于可移植容器的编排管理工具（K8S）等云原生技术的微服务架构降低了不同系统间的耦合程度，缩短了应用系统的开发、部署、运维等各个环节的执行周期，对于系统的水平扩展也有较高的灵活性。

二是体验提升：一体化数字客户平台通过数据分析及标签应用系统，从客户体验出发，有效改善了客户平台使用过程中的明显"痛点"，客户全旅程交互更加顺畅，通过精准化的客群区分定位，实现了活动运营效果的显著提升。

三是渠道赋能：一体化数字客户平台通过平台对客户的洞察分析，向代理人提供服务与销售线索，支持代理人获取客户、培育潜在客户、建立关系、加保及转介绍，从而支持渠道业务提高产能。

四是理念传递：一体化数字客户平台通过布局丰富的内容生态系统，包括保险故事、健康养生、财富管理等，更多地触达潜在客户群，在线传递健康长久好生活的保险价值理念，促进更多潜在客户完成从形成保险理念到产品成交转化的过程。

3. 算法模型实现客户多层转化

人身险企业借助客户画像赋能代理人营销和服务，为客户提供个性化解决方案，实现客户关联销售、客户流失预警和客户全生命周期管理。如提取行为偏好、产品偏好、渠道偏好等群体共性，以共性为基础，扩大客户群；做出针对性运营并且优化各项运营数据（转化率、流失率等），更符合客户喜好的活动；利用客户标签进行精准营销，并根据客户需求在客户的许可下投放其感兴趣的信息和产品等。例如，华泰保险通过对内外部大量数据的分析，包括对历史购买行为、社交媒体信息等的分析，了解用户偏好，识别产品需求，并结合云平台自动化营销算法识别客户的潜在保险需求，推出针对性的销售建议，如判断某个客户最有可能购买的产品，并将适宜的销售时机告知代理人。

三、产品领域应用

（一）精细定制：满足市场多元新需求

当前，人身险领域正从重营销、轻体验的粗放型发展模式，向以客户体验为导向、以数据和科技为驱动的精细化发展模式转型。目前市场上的人身险产品虽种类繁多，但产品设计更多是从保险公司自身利益出发，未能充分考量市场和客户的实际需求，同时也难以满足不同客户之间差异化的保险产品需求。各家人身险企业正在积极探索将大数据和云计算技术应用在产品设计和定价的过程中，利用云计算、大数据等保险科技，更方便快捷地掌握客户的特点，更精准地进行需求分析，设计出更符合客户需求的产品，向"以市场为导向，以客户为中心"理念看齐。

案例 4-11

德华安顾人寿基于合作穿戴设备、医疗认证数据创新保险产品服务

智能可穿戴设备日益普及，与可穿戴健康大数据生态融合成为健康保险创新发展新趋势。德华安顾人寿与华米科技公司达成战略合作，打造新型基于智能可穿戴技术和健康管理服务的健康险产品"德华安顾巴纳德重大疾病保险（尊享健康版）"。该产品可基于智能可穿戴大数据为客户提供综合性重疾保障，在取得客户充分授权后，运用智能可穿戴设备实时监测相关健康指标，定期为客户进行健康分评估，并通过健康促进方案助其养成良好的生活习惯。当客户的健康状况获得改善、健康分值提高后，则可获得更多的保险权益。

此次合作为德华安顾人寿与华米科技公司在保险产品、数据分析、客户健康管理、员工数字化素养教育培训等多方面的合作奠定了基础。德华安顾人寿将在产品多样化、营运服务智能化、健康管理精准化等方面不断创新,做到早监测、早干预、早预防,既能帮用户提升产品体验和健康水平,也可助力保险公司降低理赔风险。

(二) 智能定价:优化产品设计新模式

不同于传统定价和设计方法对抽样样本的数据分析,保险科技不仅支持采集历史经验数据及统计数据,使产品开发人员实现了对全量数据样本的数据分析,进行多维度、多层次、海量的实时数据挖掘,对客户需求和客户画像形成更全面理解,并建立丰富的风险特征体系,开发出更符合市场需要的保险产品和保险费率,而且通过搭建风险判断模型,有效判别风险、预测赔付成本,实现个性化定价,并提高风险定价能力,降低赔付成本。

案例 4-12

平安养老"智能定价"提升定价效率

团体业务保障方案、报价规则比较复杂,业内往往是手工通过 Excel 表格来做测算,成本高、效率低,尤其是对于方案调整、报价调整的支持,效率成为影响业务开展的"梗阻",备受业务前线诟病。为了解决这个问题,平安养老从2019 年开始启动智能报价项目,逐渐迭代完善,将平安养老传统的团体业务手工线下报价调整为线上报价,搭建了包括风险发生率评估法、月度结案评估法在内的 19 个算法,同时对支持算法做模板化配置,新增算法时通过后台配置即可实现算法在前台页面的展示和选择;另外对算法涉及的原子化计算逻辑和字段做了抽象,实现底层共用,降低了新增算法的开发成本。

此外,平安养老通过将报价核心算法迁移到分析型数据库 (YBD) 的方式,实现了核心计算逻辑在 YBD、数据汇总输出和展示在核心系统的分片计算模型,将性能提升 10 倍以上,这样之前无法通过线上报价的大单业务可以顺利通过智能报价模型来做报价,补齐了线上化率提升的短板。

智能报价项目的核心在于智能报价算法,续保是基于依据历史保单数据、理赔数据、核保的经验数据等，对下年度的出险率及人均赔款进行预估，进而计算获得人均成本，得到对此业务的报价；新保参考年龄分布按险种评估法计算人均成本、预估赔款，进而计算得到对此单业务的报价。通过智能报价项目，平安养老将自动报价率提升了一倍，报价效率最高提升了15倍，大幅提升了报价时效性、降低了报价成本。

（三）准确定位：构筑全方位保障新格局

人身险企业的数字化创新不仅是销售渠道创新，更是要以普惠民生，满足人民群众美好生活需要为目标，探索大数据、互联网等新兴技术，解决数据和渠道鸿沟问题，解决普惠金融发展面临的成本、效率和安全问题，将保险服务更好地融入民生应用场景。

惠民保定位为社商融合型商业健康保险，地方政府提供政策指导，商保机构自行举办，当地居民群众自愿购买。其设计思路是建设一个与社会基本医疗保险保持高度衔接性的商业健康保险体系。相比百万医疗险，其投保门槛更低、保费价格更低，可保障人群范围大大扩展，设计上也将药品和罕见病纳入。惠民保的诞生和推广展现出健康险市场的新变局，结合当地政府支持、各保险公司踊跃承保、资源协同，以及第三方支付平台、健康科技平台等积极参与，借力互联网大数据、人工智能等新技术支撑，为投保者提供投保、诊断、就医、赔付全程全方位一站式的科学解决方案，提供医保之后的二次保障。其模式改变商业健康险的成本结构，提升保险的支付能力，积极落实"健康中国"战略，充分体现"普惠"的核心价值。

随着中国社会人口结构的变化，以家庭为单位进行保障规划成为人身险产品领域的发展趋势。与传统的、单纯以个人为单位设计的保险产品相比，"家庭保障"型保险产品可以提供全方位的家庭保障解决方案，扩充了客户对保险产品的选择，其"一站式购齐，全家无忧"的服务形式，更为周到、贴心。

趋势之下，许多人身险企业搭建了以家庭为单位的数据体系和客户经营体系，利用数据分析技术形成家庭保障报告，为客户分析家庭保障缺口。例如，招商信诺人寿针对不同渠道特点上线了智能保顾测评工具，三分钟家庭风险评测，从健康、意外、重疾、财富和养老五个维度智能测算用户个人及家庭的保险保障缺口。也有一些人身险企业，建立了"一张家庭保单"模式，解决了家庭多个成员投保重复录入保单的问题，在满足家庭保障的同时大大提升了家庭投保的效率。

案例 4-13

泰康人寿"爱家之约"实现一张保单保全家

2002年，泰康人寿首次提出"爱家之约"概念，满足了客户对"一张保单保全家"的美好诉求。秉承持续创新、践行战略和赋能业务的精神，"爱家之约"经历了3次迭代。2021年全新升级的"爱家之约3.0"真正实现"一个投保人，一张保单，多被保人"模式，实现了一次手续、一个界面、家庭多个被保人一次性录单、一张保单、一次扣款、投保人一次签名、一个承保短信、一个回执、一个回访的爱家之约投保流程，解决了家庭多个成员投保需重复录入保单的问题，并且支持主被保人按需配置年金、重疾等热销主险，其他被保人按需配置"医佳宝医疗"等附加险，投保更便捷，更流畅，大大节省客户时间。

"爱家之约"丰富的"1+N"产品体系，以爱冠名，以创新驱动。"爱家之约"通过持续升级满足客户的多元化需求：其主产品"1系列"充分考虑了各层级客户和队伍的特征，提供了包括"乐享健康""全能保""百万护驾"在内分层分档的核心保障；副产品"N系列"则着手专项保障，围绕特定疾病、特定阶段、储蓄等各类人生风险，不断丰富产品线，包括"心脑血管特疾""癌症多次""泰满福""百岁人生"等多款代表性产品，满足客户个性化需求，全面领先行业。

同时，泰康人寿"爱家之约"精耕细作客户全生命周期的产品设计。针对少年、中年、老年3个人生重要阶段的不同特点，"爱家之约"分设少儿版、成人版、老年版产品，为客户提供全方位守护。少儿版产品匹配青少年更长的生命周期，实现从摇篮到天堂的保障；成人版产品匹配中年客户差异化需求，以精细化的产品和优质的服务激活其大健康需求；老年版产品则着手专项保障，匹配老年客户在长寿时代的康护需求。通过精细化的设计和运作，"爱家之约"得以在满足客户基础保障需求的同时，挖掘各阶段深层诉求，激活客户全生命周期的大健康需求。

四、服务领域应用

（一）服务观念：从以保单为中心向以客户为中心转变

服务是人身险公司的核心竞争力。保险行业发展到今天，在供给充分和同质化的市场上，单纯依靠价格战保持市场份额已不可持续，服务逐渐成为客户选择产品、选择公司的首要考虑因素。因此，保险企业要想做到持续经营，就要坚持以人为本，以客户为中心，从客户角度出发，深入了解客户的"痛点"及需求，并有针对性地提供更加定制化的解决方案。同时，在移动互联网时代，市场开始由传统的价格导向转为场景导向，在这种情况下，保险企业要进一步强化场景化思维，注重用户体验，围绕客户的实际情况和日常习惯展开服务，达成保险企业和客户之间的黏性互动。在保险科技方面，人身险企业需要时刻秉承"以客户为中心"的理念，积极重构传统作业流程，打造客户视角新旅程，推进线上化智能化工作，提升客户体验；同时积极关注客户全旅程触点，形成客户洞察，为客户提供动态化、个性化、立体化保障。

案例 4-14

陆家嘴国泰人寿"CRM 客户关系管理微平台"为客户提供全生命周期服务

"CRM 客户关系管理微平台"是陆家嘴国泰人寿为服务人员自主开发的移动端服务管理工具，其特点为：聚焦所有保户，第一时间支持服务人员在线查询客户、掌握服务动态，探查潜在服务需求，主动为客户进行服务，提升客户体验和满意度。

2020 年之初，在疫情影响之下，"CRM 客户关系管理微平台"成为陆家嘴国泰人寿最便捷的客户关系管理工具，其承载客户运营重任。平台通过设置业务办理提醒、客户权益平台使用指引、短期险续转等功能，保障服务人员及时跟进客户需求，并主动联系投保人，为客户提供包括保单管家、缴费提醒、年金领取提醒、活动邀约、保单校正、VIP 权益说明、介绍产品、生日祝福等主动服务。

2020 年下半年疫情缓解，CRM 客户关系管理微平台不仅成为一线服务人员为客户服务的好助手，更是再次开发上线新功能，如"拜访地图"等，更好地帮助服务人员（代理人）熟悉并服务客户、完成活动管理闭环，更好地进行服务推动，落实主动服务标准流程。

（二）服务方式：从线下为主向线上化智能化转变

随着移动智能创新科技的深度应用，保险行业的服务模式正在发生着深刻变革。新冠肺炎疫情发生以后，用户向线上迁移，保险公司纷纷推出线上投保、线上保全、线上咨询、线上理赔等创新服务，并利用智能技术，推动作业流程的自动化，致力于将一部手机连接保险生态、打通服务闭环，让客户足不出户就可办理各项业务，极大地提升了保险企业的综合运营效率和客户服务体验。

1. 投保流程线上化智能化

为快速响应复杂多变的保险市场需求，应对多场景多业态的销售模式和客户购买行为转变，满足客户轻便快捷投保体验及监管风控精细化要求，许多人身险企业致力打造敏捷高效的线上销售支持系统，开拓客户投保新渠道，打通客户自助投保的全流程，实现投保流程统一化管理，建设投保流程模块化、规则标准化、服务差异化的产品平台。通过深度融合轻量级的远程交互技术与人工智能技术，可打破时空限制，扩展保险购买场景，在保证合规底线的同时提升投保体验，解锁了后疫情时代保险购买和客户权益保护新模式。

在投保线上化、智能化的趋势之下，智能核保也应运而生。智能核保通过整合新技术与互联网平台数据优势，极大推动保险公司核保流程优化，移动在线核保成为趋势，为保险公司提升核保效率及客户体验带来质的飞跃。如智能核保机器人，可为客户提供全天候、定制化的 AI 核保服务，打破传统健康告知异常处理流程对于时间、地点的严苛要求，从而有效提升客户体验，提高核保效率。由规则引擎和算法模型支持的自动化核保，则可进一步依靠人工智能在感知、认知、决策等方面的优势，替代核保员进行决策，简化投保流程、提升核保效率、防范承保风险。

案例 4-15

太平洋人寿"星云投保中台"助力多渠道快速投保

太平洋人寿为有效应对新时代保险消费行为转变，提前布局线上购买场景，在"神行太保"移动展业平台基础上再发蓄力,打造了新一代兼具智能远程投保和智能远程双录功能的"双智合璧"线上投保平台。之后太保寿险立足前瞻设计,采用项目自研方式,打造敏捷高效的"星云投保中台"个人线上销售支持系统,打通客户自助投保的全流程,以及多场景多渠道的差异化投保流程,将客户投保时间大幅压缩。

"星云投保中台"以H5为基本载体的系统架构,支持流程规则模块化且高度可配置化的系统后台,实现流程便捷化和线上自助化的用户前台。

"星云投保中台"主要提供五大功能:

一是投保流程模块化定义。搭建试算、客户认证、告知、信息录入、投保确认、核保、支付等核心投保流程,细分模块共243字段,涉及21个单证。目前已初步搭建起规则流程、销售方案等灵活配置的后台功能,为需求场景多样化提供后台支撑。

二是加载AI原子化实时质检能力。人脸识别、图像识别、笔迹识别等4项原子化AI能力,针对"B+C"线上线下融合的社交分发的业务场景,通过智能化技术简化投保操作步骤、保证客户账户安全,在确保流程合规可控前提下,最大限度提升投保体验。

三是灵活组合覆盖多样化销售场景。例如业务员转发、直播带货、银保App客户自助投保等3种场景,业务员可以通过B端的叮咚助手和科技个险向客户分发投保链接,客户在微信中打开投保链接即可完成投保;实现与好说直播平台、空中课堂的对接,为线上直播带货销售模式提供投保支持;同时对接第三方App,打通银保线上投保全流程,为实现银保渠道客户自主投保,助力银保业务经营及渠道客户拓展奠定基础。

四是初步搭建数据运营能力。嵌入神策分析、互联网远程可视化回溯管理平台,追踪分析购买行为及转化率,同时满足监管对于互联网保险销售的要求。

五是加载保单生态圈支持。加载洋洋客服系统,通过机器人智能应答,实时为客户提供服务;同时,持续更新在线服务知识库,以满足客户全方位的咨询需求,实现为投保产品定制的AI交互问答。

"星云投保中台"的创新建设主要实现三大实践意义:

一是赋能业务支持,提升客户体验。星云投保中台流程清晰易懂,操作步骤简洁,以合规为基础,体验优先,将客户投保时间大幅压缩。目前,客户通过星云投保中台自助购买保险产品平均时长 5 分 42 秒，对比传统录单平台平均提升了 1 分 20 秒，老客户再次投保最快仅用时 41 秒。目前系统以小于 72 核的硬件资源，即可支持整个投保流程每秒交易达到 86 笔，1 小时可支持 30 万单的出单能力，实现核心技术自立自强。

二是终端灵活对接，扩展销售场景。星云投保中台打通自主投保的便捷通道、多场景多渠道的差异化投保流程，实现科技个险、"叮咚助手"、寿险官微、太平洋保险 App、好说平台、空中课堂、第三方 App 等多个投保入口，支持微信分发、直播跳转等互联网传播销售入口，扩展多模式的销售场景，贴合新一代客户群的消费习惯和模式，助力客户渠道拓展。

三是智能技术支撑，提升风控能力。平台通过人脸识别、图像识别、笔迹识别等创新技术应用，严格甄别客户身份，满足互联网保险销售行为可回溯、保险实名制等监管要求，为客户和公司的权益提供可靠保障，为业务团队提供便捷、可靠的投保录单工具。

案例 4-16

和谐健康线上核保闭环系统助力非标体人群承保

目前互联网线上承保流程一般只接受标准体承保，对于健康告知异常或者没有通过保险公司自核系统校验的客户则直接拒保，缺少非标准件的核保流程，没有形成线上核保闭环，导致部分可承保的客户流失。和谐健康通过建设线上核保闭环系统，实现了非标体的在线承保，扩大了承保人群，提升客户体验。

线上核保闭环系统在标准件承保流程基础上增加了智能核保问卷系统、在线人工核保流程、大数据风控系统，形成线上核保闭环，解决了非标体人群的投保需求，同时通过风控系统提升了承保质量。

和谐健康线上核保闭环系统创新建设及应用效果：

一是智能核保问卷系统：对于存在部分健康问题的客户，在投保重疾险或医疗险时，引导客户线上回答一系列根据产品定制的问题，并自动根据客户的回答给出相应的核保结论，可承保客户人群增加了 5% 以上。

二是在线人工核保流程：对于部分不接受线上智能核保结论的客户，或者未能通过自动核保系统校验的客户，给予客户"是否选择人工核保"的选项，客户选择人工核保后，由核保师根据客户提供的资料进行核保评估，进一步扩大承保人群，提升客户体验。

三是大数据风控系统：通过对接大数据风控系统平台，对客户的健康情况及财务状况画像，综合评判客户风险，从而识别高风险客户，降低逆选择风险和保险欺诈风险，提高承保业务质量。

2. 保全流程线上化智能化

保全服务是保险公司围绕契约变更、满期金或年金给付等项目而开展的售后服务，即保险公司在客户的要求下对保单进行变更，保证保单有效性，进而为客户提供连续的保险服务。许多人身险企业借助新技术工具实现保全业务的线上化、智能化，引领保全操作模式的变革，成为保全服务发展的新航标，对客户服务智能化、自动化发展具有重要意义。例如，合众人寿提供一站式自助保全服务。行业首创以客户体验为服务导向，做保全就像逛淘宝一样，为客户提供一站式服务体验。客户申请保全服务可以多个项目多个保单一次性提交申请。通过前置规则校验，细化配置规则校验提示，客户能清晰知晓操作要点，顺利办理。通过人脸识别、OCR 识别、远程签名等科技手段，可以让不同情况的客户轻松完成各类保全业务办理。

案例 4-17

富德生命人寿赋能客户保全环节便捷高效

富德生命人寿在保全环节利用移动化、智能区域分单技术和"保全 e 代审"服务提高公司保全业务时效，客户服务的满意度不断提升。

移动化方面，富德生命人寿客户在移动端操作的保全项目已经占到总量的 93%，节省了纸质申请书的填写，提高了操作时效，通过人脸识别及 OCR 技术降低了操作风险。客户通过 App、公众号、小程序操作减少时间和空间成本。通过引导客户订阅电子批单及通知信，45% 的纸质信函的打印得以减少，方便客户快捷查看到信函内容。

另外，富德生命人寿通过区域分单技术，可以快速对未来缴费期的保单及时地进行可视化分单情况展现，及时根据保单渠道、机构等条件调整分单策略，减少 60% 的人工分单工作量。

不仅如此，富德生命人寿还在展业 App 上线"保全 e 代审"模块，代审人员可以帮助客户在线完成联系方式变更、生存金领取、账户部分领取等 21 项常用保全项目。相较传统作业模式，"保全 e 代审"的优点：一是更便捷，客户通过一部手机可随时享受保全服务，免去填单、复印资料、代审人员交单等烦琐过程；二是更高效，客户 3—5 分钟即可完成保全申请，现场完成业务受理，有效缩短保全服务时效；三是更安全，运用人脸识别、OCR 验证等技术的同时，增加后台人工审核环节，为客户的资金安全保驾护航。"保全 e 代审"不仅提升了客户的服务体验，也提高了保险企业处理保全业务的效率。

3. 理赔流程线上化智能化

传统理赔方式流程复杂，各种票据反复提交核对，不仅费时，而且极大影响客户体验。对企业而言，线下理赔过程中不但消耗了许多额外的人力、物力成本，而且降低了企业的工作效率。如今，随着互联网科技大数据时代的发展，理赔线上化、智能化也是行业必然的发展趋势。近年来，人身险企业致力于发展线上理赔、线上直付、闪赔预赔等模式，改善客户理赔流程的时效性、便捷性，积极落实企业"降本增效"和可持续性发展理念。例如，国华人寿搭建了"简 e 赔"平台，通过移动互联、大数据、云服务等新兴技术手段有机结合，创新建立了一套智能化理赔服务平台。客户可以随时随地在移动端发起在线理赔申请，只要在微信公众号填写基本的就诊信息（就诊日期和就诊医院），即可实时通过医疗数据平台获取客户的就诊信息，包括病例、费用清单、出院小结等材料。平台采集到的医疗数据准确完备，通过自动理算提高了理赔处理的时效。

案例 4-18

平安人寿"极速闪赔"与"智能预赔"实现客户便捷理赔

平安人寿持续聚焦理赔难、理赔慢的"痛点"，探索创新理赔业务模式，以满足客户快速、便捷理赔服务需求，提升客户满意度。

2017 年，平安人寿"闪赔"服务推出，大幅缩短了从客户提交理赔申请到赔款到账的时间。闪赔服务简化理赔申请材料，针对符合条件的案件，客户在家里，通过手机线上申请即可快速获得理赔款。闪赔服务为客户带来"材料极简、时效极快"的理赔新体验。

2020年，平安人寿"智能预赔"服务推出，有效缓解客户看病遇到的困难。打破传统的治疗结束后才能申请理赔的定式，智能预赔服务为符合条件的客户在住院治疗时提前赔付部分理赔款用于疾病治疗。智能预赔包含住院预赔与重疾先赔两项服务，险种覆盖范围从医疗险到重疾险，实现了住院中赔付，缓解患者治疗资金压力，解除客户燃眉之急。

平安人寿案例创新建设及应用效果：

一是极速赔付。闪赔服务为客户带来了快速结案赔款到账的服务体验，整个过程在30分钟内即可完成，通过OCR、人脸识别、智能风控等技术的应用，完成案件的自动化理算。每日超40%的理赔客户可以享受到30分钟内理赔款到账的理赔服务。

二是创新预赔付场景。住院预赔通过构建理赔客户画像及大数据模型，综合分析客户疾病、保单等情况，预测赔付金额，将医疗险理赔环节前置到住院治疗中，实现部分理赔金的提前给付。截至2021年6月30日，智能预赔（含重疾先赔）已经累计赔付超2.8万件，赔付金额超9.1亿元。

4. 客服流程线上化智能化

智能客服是通过自然语言处理、语音识别、知识图谱等技术，结合大数据统计分析等人工智能算法技术开发出的智能问答系统。智能客服通过拟人化的人机交互，能为客户提供24小时的自动化、智能化问答服务，将自身的服务时限提升为全年无休。

在面临分红、保险产品、保险变更等常见业务问题咨询时，智能机器人的实时在线解答可以极大节省沟通成本，轻松解决客户的常见问题，人工客服不必每天再面对大量重复的问题，只有一些特殊的、机器人回答不了的问题才会流转给人工客服，在线转人工服务的工作量减少。同时，智能客服庞大的数据库能够覆盖保险公司全部的销售产品，既能解决传统的保险客服培训时间长、专长领域单一、绩效管理漏洞多等问题，又可以为客户带来更优质便捷的服务。此外，智能客服系统能够一站整合多渠道沟通方式，支持从Web网站、手机网站、App、微信、微博、邮件及电话等多渠道客户接入。响应越快、可供选择的渠道越多，客户的问题就能越快地被解决，从而提高获客效率和客户满意度。

除上述举措外，各家人身险企业以客户为中心，对传统柜面进行升级，建立多平台智慧客服体系，打造集服务办理、客户经营、品牌宣传融合共生的智慧服务中心，对于业务复杂又不方便前往柜面的客户，积极探索"视频客服云柜面""空中客服"服务，在提高客户服务能力、业务降本增效及可持续发展方面发挥了巨大作用。例如，珠江人寿通过空中客服的引入，基于语音视频技术的移动柜面作为一种新的服务模式，实现了客户"足不出户"办理保险业务的高效率。移动柜面的服务模式不仅可以将无形服务融入有形产品展现中，为客户提供"声画一体"的类现场服务，还可以加强人与人之间的"面对面"交流，增强客户信任感。以客户为中心，运用人工智能、OCR、人脸识别等技术开发的智能客服机器人、智能服务助手、微信自助服务等平台减少了公司的人工参与，提高了服务时效，降低了运营成本。

案例 4-19

太保人寿"视频客服云柜面"提高服务供给

随着人们趋于线上化办理业务，C端应用也在不断拓展支持范围，但是单纯依靠线上自助服务无法满足客户多样化的业务需求。太平洋寿险将高科技有效融入传统柜面服务，推出"视频客服云柜面"的新模式，有效引导和协助客户完成线上服务，提升客户体验。

视频客服云柜面依托视频通信技术，借助活体检测、OCR等智能风险识别工具，突破传统服务限制，将传统柜面远程化、线上化。客户可通过寿险App、寿险官微、神太保全等多入口发起视频与远程柜员进行"面对面"的业务办理交流。在办理业务的过程中，客户自己不需要进行烦琐的操作，只需向远程柜员口述业务需求，就可办理业务。视频客服云柜面打通了客户诉求最后一公里，以清晰的交互画面、流畅的语音沟通、贴心的专业服务，让客户尽享"即时即地、随心随意"的极致服务。

视频客服云柜面创新建设及应用效果：

一是视频客服云柜面利用音视频技术，打破地域物理上的界线；运用活体检测、IOCR等多种技术手段核身，保证身份的精准性；全程录音视频留痕，减少人工作业风险，为后续智能风控打下基础；作业中自动检测风险，引导人工规范作业。

二是全国 2 000 名云柜员云中待命，已服务客户超 140 万人，完成超 272 万余笔业务办理，平均服务时长3分24秒，最短服务时长32秒，极大提高了服务供给，云端守护千家万户，真正体现了保险服务价值。

（三）服务内容：从单纯理赔向多维专属服务转变

长久以来，以重疾险、百万医疗险为代表的传统健康险，大多采用事前缴纳保费，事后按合同约定提供理赔保障的模式。随着健康险需求的增加，许多人身险企业积极创新实践，连接优质医疗资源，升级健康险服务模式，提供癌症筛查、健康管理激励、重疾康复等服务形式，着力满足客户在诊前、诊中和诊后的服务和健康管理需求，推动保险产品与医疗、健康管理等服务深度融合，助力健康险从"事后理赔"升级为"服务前置"，为客户提供"健康"与"财务"的双重保障。

案例 4-20

"平安乐健康TM专案管理服务"提供全程疾病管理

以肿瘤、心脑血管疾病等为代表的重大疾病是影响客户身体健康和经济生活等的重要因素，因重疾产生的医疗费用也在医疗保险赔付中的占比逐年增高。针对客户罹患重疾后的就医"痛点"和财务压力，平安健康整合资源，开发"平安乐健康TM专案管理服务"，为客户提供全流程疾病管理服务。

平安乐健康TM专案管理服务创新建设：

一是早介入：在体检异常、疑似重疾的阶段，该服务就可以介入管理，提供科学的信息和就医安排，让客户得到专业而及时的治疗。

二是配专人：客户申请后，该服务就为客户匹配专属的就医管家。就医管家均为具有多年三甲医院工作经验的医护人员，专属"一医一护"为客户制定就医规划。

三是找专家：平安健康提供优质的医疗网络资源，自签逾百位涵盖不同领域的优选医生，为客户在第一时间找到对症、权威的专家。

四是跟全程：该服务不仅实现早介入、配专人、找专家，跟全程，在院后康复阶段，平安健康会提供长达半年的医学指导和咨询，实现全程疾病管理。

五、风险管理创新

（一）数智化反欺诈

人工智能、大数据等新技术已应用在多类场景之下并带来许多积极改变，为保险公司构建智能风控平台和体系奠定了基础。许多人身险企业风险管理工作在反欺诈、反洗钱、风控合规等场景中颇有成效。未来，人身险企业将着力建立贯穿事前、事中、事后的风险管理体系，打通业务全流程数据，互通企业内部各部门的"烟囱"，建设统一的风险管理平台，对各环节、全流程进行风险管理，赋能保险业高质量发展。

例如，新华人寿积极跟进金融科技领域的应用发展，结合监管要求和公司业务实务，搭建了风险信息管理、风控合规管理、反洗钱管理、理赔反欺诈、审计管理等涵盖事前、事中、事后的风险管理类系统。从2018年起，新华人寿将大数据挖掘技术和关联图谱技术应用于理赔反欺诈领域，在数据挖掘技术方面，建立"逆选择模型"和"虚假发票模型"模型。其中："逆选择模型"针对不如实告知类逆选择风险，通过专家评估和大数据技术建立不如实告知机器学习模型，对高风险案件进行筛查和提示；对低风险案件自动核赔通过，提升理赔时效；"虚假发票模型"则针对伪造、变造医疗发票风险，识别出违背发票号格式规律的理赔案件与发票号在同一客户、业务员、医院或医生的异常聚集，建立机器学习模型，发现高风险赔案。在关联图谱技术应用方面，将保险欺诈环节涉及的数据定义为图谱节点，分析节点间的关系，构建出理赔反欺诈关系网络图谱，关联图谱技术精准揭露"欺诈环""中介造假""窝案"等复杂欺诈情形，控制赔付风险。以上技术应用降低人工审核成本，提升客户快速理赔体验；同时基于对理赔风险案件的多维度分析，有效提升欺诈风险的识别、评估和监测能力，对于合谋欺诈或团伙欺诈风险的识别防范能力的提升则更为显著。

另外，为实现反洗钱工作的优化和提升，光大永明人寿2020年11月建设了新反洗钱系统，功能可全面覆盖监管16大项要求，显著提升公司反洗钱工作的合规风险管理能力。平台化管理页面及时效提醒提高了管理工作的质效；突破了核心业务系统以保单为单位进行存储和管理的难点，对业务数据进行整理，实现以客户为单位进行洗钱风险等级划分和管理；提供可视化功能和统计报表，提升管理效率。系统各个功能模块均具备工作统计功能，利于对各机构操作人员进行督促及考核评价。新反洗钱系统提供了模型管理工具，其中可疑模型40个，比老反洗钱系统增加25%，逻辑计算复杂程度提升30%，使筛查工作更加准确；客户风险评级积分模型复杂程度比老系统提升了50%；补充身份识别模型4个；新增黑名单模糊匹配算法。新反洗钱系统自带的调度工具可将每日20多个批处理工作进行串并联，实现自动化处理，支持可视化查看数据处理状态，方便系统管理，提升处理效能。

不仅如此，太保人寿以寿险新3年"长航行动"为指引，持续在"做智"上加力度，护航公司健康稳定发展，充分运用行业内最新智能化技术，整合内、外部各类欺诈风险数据源。计划在3年内建成统一的智能化风险管理平台，从活动营运、产品销售、客服管理、核保理赔等各个环节做到风险管控，实现全流程全方位的风险监控和预警。

（二）平台化风险识别

随着数字化沟通连接手段的完善，越来越多的人身险企业已具备数据收集和基本的整合分析能力，并连同合法的、科技实力强大的第三方平台，建立起高效的数据协作模式，构建起数据应用的协作生态。基于数据的互通，将金融机构全链路数据和外部数据平台综合进行归集、加工和分析，突破传统风控方式，发掘出对风险管理有利的更多价值空间，高效、准确实现风险识别与控制的目标，是包括人身险在内的整个保险行业深度数字化转型进程中的关键任务。

实践方面，珠江人寿参与由广东省公安厅、广东省银保监局和驻粤各省级保险机构共同搭建的保险欺诈风险防控平台，实现了跨行业联合打击保险欺诈工作，加强了对保险欺诈行为的防控；同时，引入人民银行、公安部、国际反洗钱组织的黑名单，有效管控反洗钱风险。

招商信诺人寿自主建设了"盾牌座"风控平台，截至本书成稿时已接入6家医疗风控数据，覆盖全国主要省市地区，为未来精细化风险管理提供基础与可能。

（三）闭环化流程风控

保险科技同时也积极赋能投资端风险管理的建设。目前，投资、风控、资金方各自都会根据相同的风控需求并线下整理出相关监控指标，而这些指标很多都是在系统外通过邮件通知、记录。通常，这些风控相关文件是由中前台收集、风控人员通过人工解读，登记在册，录入相应的交易系统作为风控条目，并在线下记录风控条目与档案的关联。长期以来，风控文档、条目数量非常庞大，更新迭代，风控人员也会花费非常多的精力在线下管理、跟踪这些文件，导致信息难以维护管理，甚至各环节可能因为信息遗漏而导致信息不一致。为此，许多人身险企业积极响应投资侧的风险管理需求，致力于打造投资端全流程风险管理体系，实现投资业务、操作和人员的有效风险管理。

案例 4-21

平安养老险智慧风控建立投资风控闭环

作为一家具备多种资金管理资格的养老保险公司，同时接受多个监管机构的监管，为统筹监管和满足各方资金的要求，充分理解和贯彻风险控制理念，平安养老通过智慧风控项目建立投资风控闭环，使风险控制能够贯穿资产、负债两端。

智慧风控项目建立了从需求源头、监控落地到事后跟踪的风控闭环（见图4-26），主要功能如下：

一是档案管理：智能化风控档案管理模块主要能够帮助投资经理、风控人员、账户（客户）经理统一和流程化地管理风控相关文件，当中前台账户（客户）经理上传文件后，系统会通过OCR技术智能识别文件类型及风控条文，并匹配到现有风控条目、规则上，当系统触发或查找某个风控条目、规则预警或禁投时，系统会自动找出对应的风控文件。

二是规则引擎：规则引擎旨在打造可扩展的配置化风控方案，主要有空间管理、变量管理、目录管理、规则管理、规则监控等模块。风控人员可在系统中根据不同的监控维度、阈值等配置需要的风控规则；风控规则可通过树级目录结构进行有序管理；规则绑定业务模型，可以通过上游系统发送的业务模型数据传入或者规则引擎的自定义脚本计算二次加工获取;规则引擎和投管系统的基础数据及业务数据实时打通,被自定义脚本实时计算引用,触发规则的实时运行。系统还提供了实时监控功能,根据不同规则进行业务数据的监控及预警。

三是组合画像:组合画像模块主要功能有投资经理信息管理、组合投管信息管理、组合绩效和风险管理。能够更好地将管理投资经理所负责的组合的管理人、投资业绩、风险、配置等情况反映给中前台人员,同时可以将中前台收集到的客户的画像信息同步至后台。

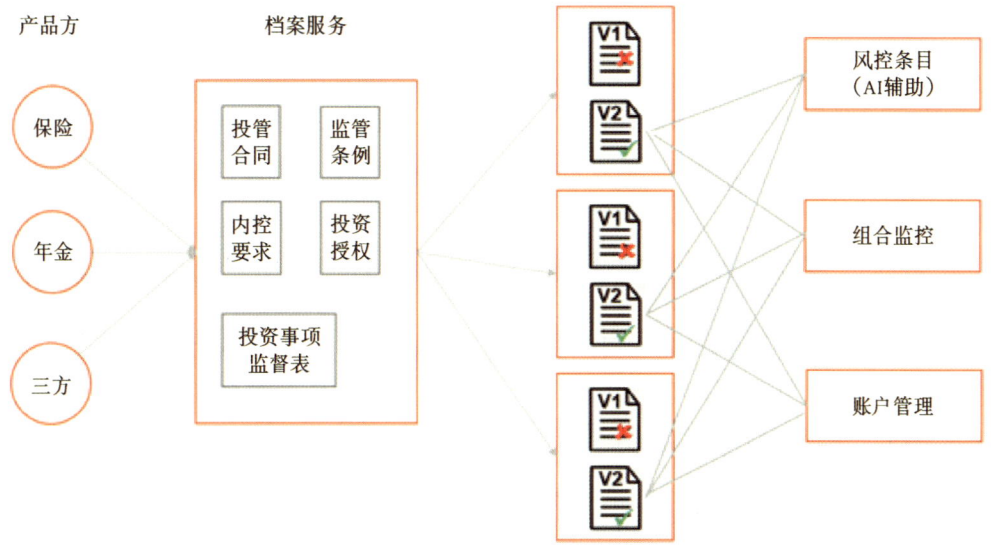

图4-26 平安养老智慧风控项目档案管理流程

第四节 挑战与机遇

科技逐渐成为保险行业高质量发展的重要驱动力。云计算、大数据、人工智能等保险科技在人身险渠道营销,产品设计,客户服务,风险管理等环节得到充分实践,更升级了传统人身险的发展模式,改善保险生态环境。

然而,创新之外,人身险科技机遇与挑战并存。新技术运用将带来信息安全、技术更新等风险挑战。面对未来发展趋势,各人身险企业应加强保险科技应用统筹规划，合理布局保险科技应用，健全信息安全体系，重视保险科技人才培养，强化自身科技能力的同时加强与第三方科技平台的合作创新，以高质量发展为目标，推动人身险数字化转型，更好地服务人民保险保障需求。

一、主要挑战

（一）多源数据应用带来信息安全新挑战

现代科技加速了信息的透明度和开放性，数据呈现多源性和海量化特点。保险机构在业务拓展过程中，为了提供更快、更好的客户体验，充分利用多方资源为客户提供保险服务，与较多第三方机构进行了数据对接。例如，一些人身险企业尝试以大数据、区块链等技术，与其他保险公司、医疗机构和第三方数据公司进行数据共享和互联互通，通过数据共创开展反欺诈、快速理赔、健康管理等应用。但是，一方面数据作为重要资产，缺乏利益激励机制和安全保障机制，使各机构共享数据的顾虑颇多；另一方面区块链技术的产业生态圈还不成熟，没有形成生态体系，目前除少部分公司联盟、开源组织的支持外，社会对区块链的认可度不高，意愿参与区块链的公司、医院数量有限，造成上链数据有限、联盟扩展难的问题。

此外，目前保险机构内部的科技创新较大比例来自外部技术供应商，包括外部原厂商、集成商、人力外包厂商等，而技术供应商对客户信息和敏感技术资料安全保护薄弱，系统托管生产运行风险高，交付的软件产品存在安全漏洞，对保险机构也带来信息安全挑战。

（二）迭代加速带来技术应用新挑战

传统人身险企业都在积极跟进各类热门技术趋势，推进场景化新技术应用，加快数字化、智能化布局，但新技术的应用也为传统人身险企业带来挑战。

在技术应用初期，传统人身险企业面临打破传统业务架构难度高等挑战，主要体现在系统早期建设时采取了成熟稳定的框架结构，没有预留对接大数据、人工智能、区块链等新技术和新方式的接口，导致在新技术使用时改造成本提升。

在保险科技应用逐步上线后，传统人身险企业又面临着应用瓶颈的挑战。首先，许多新技术应用尚不成熟，如人工智能 OCR 等技术应用过程中发现效果不理想，科技成熟度不够，票据格式不统一，票据印刷质量导致的错误率、差错率、完整率问题都需要依赖技术能力的提高得以提升。其次，新技术需要持续且大量的投入和训练。机器学习、人工智能等新技术应用，需要合适的场景和大量且可用的数据基础，需要较大投入并具有一定的技术门槛。目前大量新技术应用于关键业务领域以抢占市场先机，如果科技应用投入有限，加上技术人员的新技术知识储备不足，则识别新技术缺陷存在一定困难，易导致生产运行隐患。另外，新技术应用也带来新型操作风险。保险科技创新与相应的风险管控机制不匹配，容易导致新型操作风险的产生，需要及时补充完善相应管控机制。公司定期的内控合规检查及操作风险评估，能够在一定程度上查缺补漏，但科技应用先于制度是常态，需要制定完善的管理机制防止风险迅速扩大。

（三）复合型需求带来人才培养新挑战

首先是人身险业务自身复杂性对人才培养的挑战。保险科技需要同时掌握底层技术应用和保险业务能力的高端复合型人才，并需要对业务持续性和复杂度有深刻理解，这部分人才本身就较为稀缺。其次，传统保险公司在科技人才争夺上的优势与互联网企业比略显不足，造成保险科技人才缺口比较大。除此之外，传统保险企业过度依赖外部技术供应商，人才缺失与外部技术依赖双重效应挤压对内部保险科技人才的培养，造成传统保险企业保险科技人才培养的挑战。

二、面临机遇

（一）人口老龄化激发保险与医养生态结合

我国人口老龄化趋势日益凸显。第七次全国人口普查数据显示，我国 60 岁及以上老年人口已达 2.64 亿，占总人口的 18.7%，老龄化程度进一步加深，老年人对医养结合的健康养老服务需求日益增加。同时，低死亡率和科技进步将带来人们平均寿命的增长。这样的趋势为人身险创新带来新的机遇。

首先是商业健康险的发展机遇。人均寿命持续增长，各类慢性疾病也会随之而来。老年人增多，总体医疗支付费用上涨会带来老年群体医疗费用难题和突发公共卫生事件。因此，商业健康险和大健康产业的发展尤为重要。商业健康险作为我国多层次医疗保障体系的重要组成部分，对完善我国医保体系建设、深化医药卫生体制改革、推动供给侧改革、促进经济提质增效发挥着重要作用。对于人身险企业，开展健康险全价值链、全供应链管理，并搭建多维新型医疗服务网络，以商业健康险为中心发展健康新生态尤为重要。

其次是居民养老需求增长机遇。养老保险层面，银保监会发布的《关于进一步丰富人身保险产品供给的指导意见（征求意见稿）》指出，对于服务养老保险体系建设，要适应养老保险体系发展需求，积极开发可支持长期化、年金化、定制化领取的保险产品和服务。此外，伴随高龄化、少子化、空巢化程度的提高，未来机构养老和专业护理服务的需求将进一步提升，为人身险生态服务拓展指明方向。

保险与健康生态、养老生态的深度融合为人身险行业带来新机遇。生态的融合也少不了科技的助力，未来，科技需持续赋能人身险产品创新能力，医疗和养老资源匹配能力、健康管理能力以及运营控费能力，持续满足人民群众对健康美好生活向往的追求，在长寿、健康服务时代新机遇下坚实推进"健康中国"战略。

（二）需求差异化拓展普惠型、专属型细分市场

不同客户群体在不同阶段面临的保险需求呈现差异化特征。按资产规模区分，普通消费客群希望保险提供的更多是养老、医疗保障，他们更青睐于性价比高的保险保障。在此趋势下，各城市的普惠险产品纷纷上线。普惠险的发展不仅提高人民保险意识，还从打通政府、医疗、健康数据，搭建新型医疗服务网络、完善企业算法模型、提高控费能力和产品创新能力方面带来新的机遇。

相比于普惠保障，中高净值人群希望提供整体、全面的保障方案，包括资产管理、财富传承、养老布局、医疗服务等需求，面对日益增长的中高净值客群，及其在保险层面的需求潜力，人身险企业也可以利用大数据等先进技术，培养精准客户洞察与个性化解决方案制定能力，为中高净值客户提供真正的高品质服务。

(三) 技术成熟化催生健康管理新场景新应用

物联网、区块链技术在人身险领域的应用案例较少,技术发展还处于探索应用场景阶段。人寿保险公司通过可穿戴物联网设备收集重要的医疗数据,如血糖水平、体温和心率,来更精确地确定一个人的健康状况,从而计算个体保费,升级了根据客户年龄、病史、卫生习惯等信息设定保费的传统模式,减少信息不对称下的道德风险。未来,伴随物联网技术的发展、生态服务的不断连接、智能设备的广泛应用,物联网技术将赋能不限于客户健康管理的多场景服务。

此外,区块链在数据共享安全方面将面临广泛机遇。伴随科技能力的不断提升、保险创新的不断深入,数据对保险业的发展越来越重要,成为保险实现普惠的核心资源和必要支撑。这些数据分散在各家保险机构、各家互联网平台,将来可能延展到物联网的各类设备和终端。这导致保险行业目前面临海量的行业内部及保险行业与其他行业之间信息整合和共享的需求。区块链的开放性和加密机制可以让各个机构实现对数据的共享,并形成共赢互惠效果,最终将更多的普惠功能传递给公众。

三、发展建议

(一) 加强顶层设计,推进高效数字化转型

保险科技成为保险行业高质量转型的核心驱动力之一,但保险科技布局不应该是概念驱动的,盲目建设的。人身险公司需加强科技战略规划与顶层设计,从公司战略、自身需求和能力出发,把握数字化转型重点,构建适合自身发展的数字化转型规划蓝图和清晰的应用落地路线图。例如,从空间角度设计科技赋能着力点,选择在渠道、产品、服务、风险管理等重点环节和场景加大科技布局,或是进行全产业链科技赋能、流程重构;从时间角度设计科技赋能的发力度,如新兴前沿技术的使用程度,根据自身战略明确科技定位,进行对应战略的科技投入和适合的创新技术布局。此外,在明确科技战略方向外,人身险公司还需构建保险科技实施效果评价体系,保障保险科技应用的经济性、效率性和有效性,落实数字化转型对保险业务的高质量赋能。

（二）强化自主研发，增强技术应用掌控力

新型基础设施是以新发展理念为引领，以技术创新为驱动，以信息网络为基础，面向高质量发展需要，提供数字转型、智能升级、融合创新等服务的基础设施体系。互联网、大数据等科技在保险行业已不仅是一种单纯的技术范畴，它们渐渐成了保险业的重要基础，并融入保险业态的各个领域。数据平台、云计算等"新基建"的加快推进，能够为保险业带来更大的发展空间。

此外，传统人身险企业重渠道、重销售，对于保险科技创新理念更偏向于"拿来主义"，以第三方供应商合作提供技术为主，依赖外部原厂商、集成商、人力外包厂商，自身科技能力和底层技术建设相对滞后，公司自身科技自主、自控、自研能力较弱，存在核心技术依赖第三方的风险。因此，保险公司应转变内部保险科技团队定位，在与外部广泛合作创新的同时，提高自主研发能力，形成"内部主导，外部为辅"的合作模式。

（三）深化平台合作，探索价值链创新机制

目前，云计算、大数据等主要技术日趋成熟，持续激发创新保险业务价值链和经营管理方面的科技应用。但是，从目前人身险企业的实践应用状况来看，偏重"营销"理念的渠道创新与服务创新实践较多，也较为成熟，而产品设计、产品定价等产品创新环节保险科技创新实践案例较少，保险科技似乎并未完全发挥其作用。

保险科技建设周期长，前期投入大，业务集中度较高的头部人身险企业自主研发具备资金和体量优势。但是，随着客户群体需求升级，大型保险企业需充分利用自身体量优势，深化与第三方科技平台和场景平台的合作，加强生态与科技建设，强化高质量产品与服务供给，着力满足广大客户多样化需求，实现价值与规模的统一。例如，头部保险企业可以加强与知名医院等医疗机构合作，整合保险和医疗资源，引领人身险健康生态闭环创新，将价值医疗与数字科技相结合，研发更多个性化、多样化的人身险产品和服务满足客户多样化的保障型需求。

对于中小型保险企业来说，面对需要耗费大量人、财、物的保险科技核心科技建设，强化外部技术合作，使用轻量级技术服务性价比更高。此外，中小

型保险企业也可以充分利用与技术平台、场景平台的合作，运用前沿技术进行产品创新及风险管理创新，在细分赛道明确自身市场定位，提高市场竞争力。

（四）聚焦人才建设，推动产学研协同发展

针对保险科技创新的复杂性和人才缺口现状，高校、科研机构、人身险保险科技公司或板块可以联合建设保险科技产学研协同创新体系，提升保险科技在人身险领域的实用性，并通过校企合作、产教协同的方式为高端复合型人才提供学习与实践的平台。高校层面，优化人才培养方案，设立交叉学科供学生选择，如科技专业增加保险学、金融学等课程内容，保险学专业增加金融科技、数据分析、人工智能概论等课程内容，培养保险科技复合型人才。人身险企业层面，保险科技岗位需增加定期业务部门轮岗，加强保险业务培训，提升技术人才的保险知识素养。此外，人身险企业还可以积极学习国际先进保险科技经验，设立保险科技专家与知识智库，跟踪研究保险科技前沿技术发展趋势，为进一步发挥保险科技赋能保险业高质量发展的作用建言献策。

第五章
再保险公司保险科技发展状况

第五章 再保险公司保险科技发展状况

本章针对我国再保险公司保险科技发展实践进行阐述和分析,主要内容既包括基于调研得出的关于再保险公司在保险科技发展过程中认知、投入、应用、组织以及新冠肺炎疫情相关数据的分析,也包括对再保险公司在保险科技方面的创新案例以及创新面临的挑战与机遇的分析,最后对再保险公司保险科技发展提出相关建议。

第一节 情况概述

本节根据中国保险业协会调研内容完成编写。参与调研的再保险公司共计8家。

一、科技投入

(一)信息科技投入规模和公司平均水平

2020年,再保险公司信息科技投入约1.03亿元,同比增长8.69%,增长幅度明显低于直保公司。

从公司平均信息科技经费指标来看,再保险公司平均经费0.15亿元,不仅低于直保公司平均水平,也低于小微型财产险和人身险公司。

(二)保险科技投入方向、意愿和满意度

再保险公司保险科技投入中,软件投入比例最高,平均投入比例约为60%,软件投入的6大领域中,"核心业务"和"财务管理"集中度高;未来3年,超七成再保险公司计划投入年均增幅10%—30%,居行业中游;投入增加度[①]为62.5%,低于行业平均水平(67.93%)。

再保险公司保险科技投入满意度[②]为100%。可见,再保险公司对已有保险科技投入满意度高,但对未来增加投入意愿偏低。

---

① 见第二章第一节相关分类标准。
② 见第二章第一节相关分类标准。

二、技术应用

（一）总体情况

从保险价值链上来看，再保险公司保险科技应用方向较少，且应用比例普遍低于行业整体水平，相对而言在"产品设计"领域应用比例较高。

从技术方向上来看，再保险公司保险科技主要应用集中在通用型技术[①]方面，在专用型技术方面应用较少，其中只有区块链和RPA有一定应用。

（二）重要领域应用

再保险公司数字营销渠道使用较少，"风险定价"和"承保理赔"是保险科技在风险管理方面的主要应用。

三、基础设施

（一）采用云计算情况

硬件设施，再保险公司以自建机房和采购设备为主，采用云计算的比例（75.00%）低于行业平均水平（76.79%），云计算设备以私有云为主，采用云计算系统以"销售及服务"和"综合管理"占比最高，还没有出现完全云化部署的再保险公司。

（二）灾备情况

再保险公司云灾备使用率（37.5%）低于行业平均水平（46.84%）；灾备系统使用率（75.00%）低于行业整体水平（91.98%）。

（三）来源渠道

再保险公司保险科技来源以"第三方采购"为主，同时，"自建/自研"比

[①] 见第二章第一节相关分类标准。

例（75%）也超过行业平均水平（60.34%）；参与调研的再保险公司中有 1 家已成立保险科技子公司、有 2 家已对外投资。

四、发展认知

再保险公司对保险科技 5 大应用趋势已形成共识，且共识度高于行业平均水平。在诸多保险科技分支中，再保险公司认为最可能实现突破的技术排名前三位的分别是大数据、云计算、人工智能，与全行业各类机构普遍认知相同。此外，认为区块链可能形成突破的概率超过行业其他类型机构。在与科技公司合作面临的主要挑战方面，再保险公司对于"数据的可获得性和安全性""监管的不确定性"的重视程度显著高于其他类型保险机构。

五、人才队伍

（一）规模

2020 年，再保险公司信息科技从业人员[1]为 155 人（同比增加 9 人，增幅为 6.16%），外包人员为 466 人（同比增加 107 人，增幅为 29.8%），信息科技工作人员[2]为 621 人（同比增幅为 22.97%）。相对于直保公司，再保险公司在人才方面更依赖外包人员。

（二）公司平均

从公司平均信息科技工作人员数量来看，再保险公司平均 88 人，与直保公司相比，再保险公司信息科技工作人员规模相对较小。

（三）能力要素

在保险科技从业人员核心技能方面，再保险公司对"基于用户角度的产品意识"和"动手实践能力"的重视程度高于行业其他类型机构。

---

[1] 见第二章第一节相关分类标准。
[2] 见第二章第一节相关分类标准。

（四）队伍建设关键因素

在队伍建设关键因素方面，再保险公司对"有竞争力的薪酬"和"扁平化的组织平台和通畅的晋升通道"的重视程度显著高于行业其他类型机构。

六、组织架构

（一）领导架构与组织架构

再保险公司保险科技战略实施领导架构完整度低于行业平均水平，但组织架构明确度高于行业平均水平，再保险公司实施保险科技战略组织架构建设中出现了"头轻脚重"的现象，因此整合公司各级资源形成合力有助于进一步提升保险科技的创新效能。

（二）绩效评价

再保险公司保险科技绩效自我评价满意度（87.5%）高于行业平均水平（73.00%）。

第二节　数据分析

一、科技投入指标

（一）保险科技投入满意度为100%，未来1—3年保险科技持续投入居中游水平

8家再保险公司全部认为目前保险科技投入基本满足需求，即保险科技投入满意度达100%，这一水平远高于行业、财产险、人身险以及保险中介机构。8家再保险公司中，5家会持续增加保险科技投入，即投入增加度为62.50%，高于行业及财产险平均水平，但低于人身险及保险中介平均水平（见图5-1）。

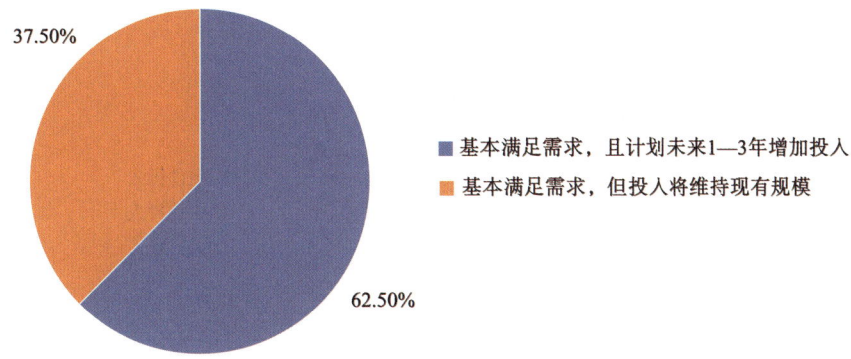

图 5-1　再保险公司保险科技投入自我评价

（二）未来 3 年，超七成再保险公司计划投入年均增幅为 10%—30%（含）

未来 3 年，8 家再保险公司中 6 家（占 75.00%）保险科技投入年均计划增长 10%—30%（含），各 1 家公司（分别占 12.50%）年均投入分别计划增长 30%—50%（含）和 10%（含）以下（见图 5-2）。

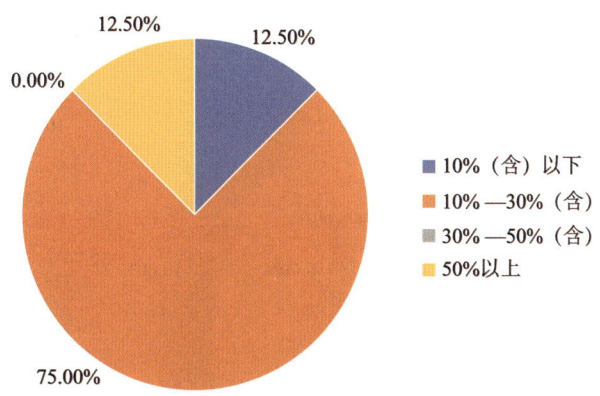

图 5-2　再保险公司保险科技投入计划增长幅度

（三）软件投入比例最高，平均投入比例约为 60%

8 家再保险公司中，有 2 家公司（占 25.00%）保险科技投入中硬件投入占比最高，6 家公司（占 75.00%）软件投入中占比最高（见图 5-3）。其中，硬件投入占比最高的公司硬件投入在保险科技投入中的平均占比为 50.00%，软件投入占比最高的公司软件投入在保险科技投入中的平均占比为 62.00%。

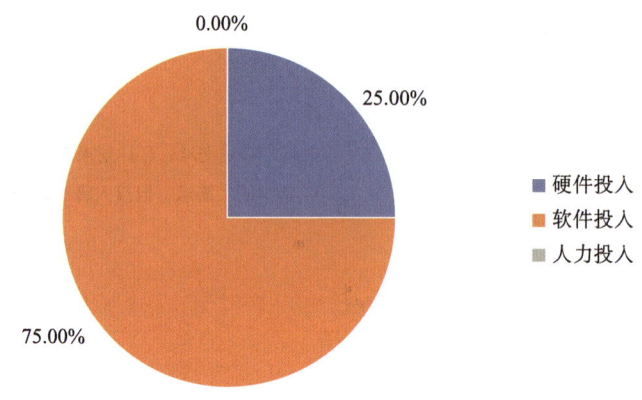

图 5-3 再保险公司保险科技投入占比情况

(四) 软件投入 6 大领域中,"核心业务"和"财务管理"集中度高

再保险公司软件投入主要包括"核心业务""销售及服务""客户管理""综合管理""财务管理"以及"内控合规"6 大领域。其中,8 家公司都在"核心业务"和"财务管理"有投入,4 家公司在"客户管理"和"综合管理"有投入,3 家公司在"内控合规"有投入,2 家公司在"销售及服务"有投入(见图 5-4)。

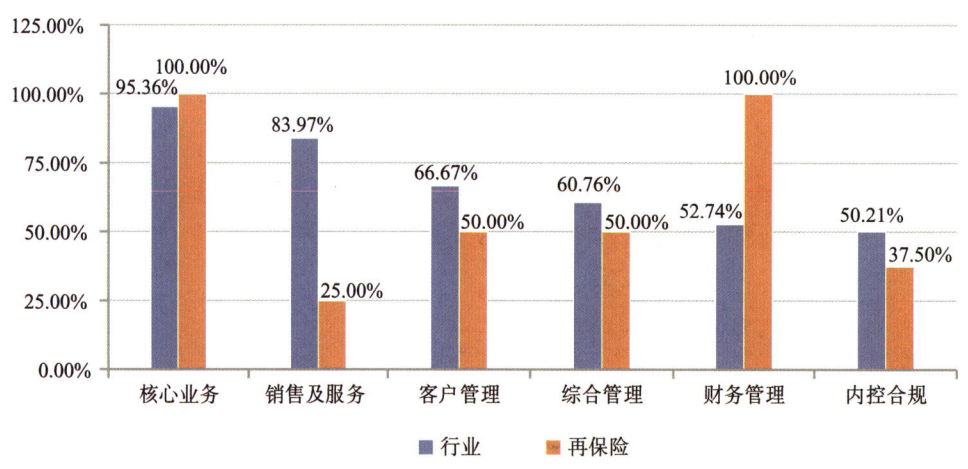

图 5-4 再保险公司软件投入方向

二、技术应用方向

(一) 再保险科技应用方向较少,应用比例普遍低于行业整体水平

再保险公司保险科技应用方向相对较少且应用比例大多低于行业整体水平。

其中,再保险公司在"产品设计"领域应用比例最高,且超过行业平均水平;在"风险管理"和"核保理赔"领域应用比例均不低于5%,在"销售渠道""客户服务"以及"财务管理"领域应用比例较低(见图5-5)。

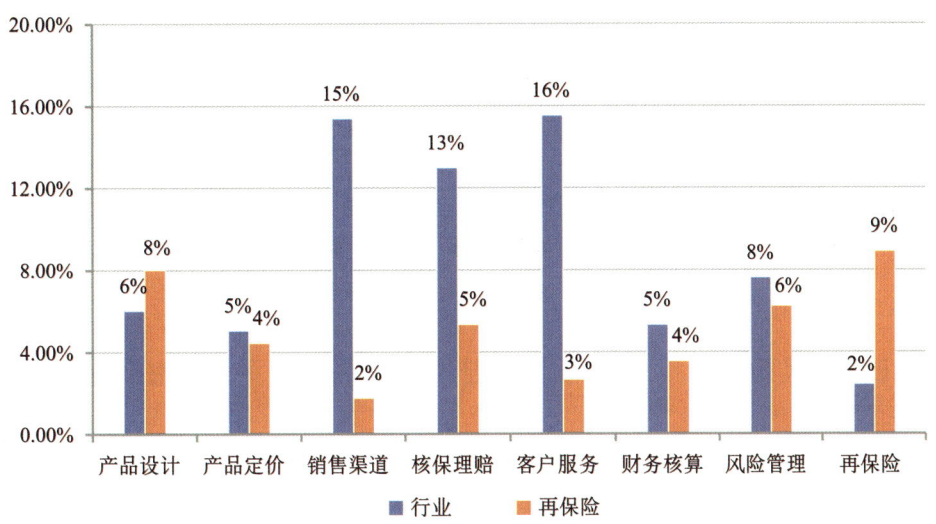

图5-5 再保险公司保险科技应用方向(按保险价值链)

(二)主要应用集中于通用型技术

再保险公司保险科技应用主要集中在通用型技术方面,其中在大数据和云计算领域应用最多,移动技术和人工智能应用比例次之。再保险公司在通用型技术领域的应用比例大多低于行业平均水平,只有在区块链领域的应用比例高于行业平均水平。专用型技术方面,再保险公司仅在RPA方面有一定应用,且应用比例较高。

(三)再保险公司数字营销渠道使用较少

8家再保险公司中,分别有3家使用"远程展业平台""微信小程序""自有平台"和"第三方平台"作为线上营销渠道,还有1家采用"私域流量经营"作为数字渠道(见图5-6)。

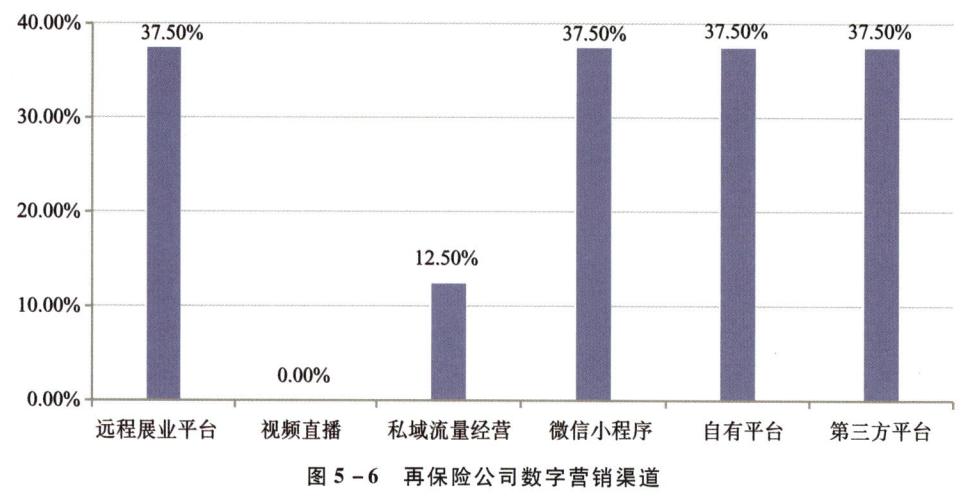

图 5-6 再保险公司数字营销渠道

(四)"风险定价"和"承保理赔"是再保险公司风险管理主要应用

"风险定价"和"承保理赔"是再保险公司风险管理的主要应用,8 家再保险公司中各有 6 家机构在上述领域实现应用(见图 5-7)。此外,还有 4 家和 3 家在"内部风控"和"产品设计"方面实现应用。

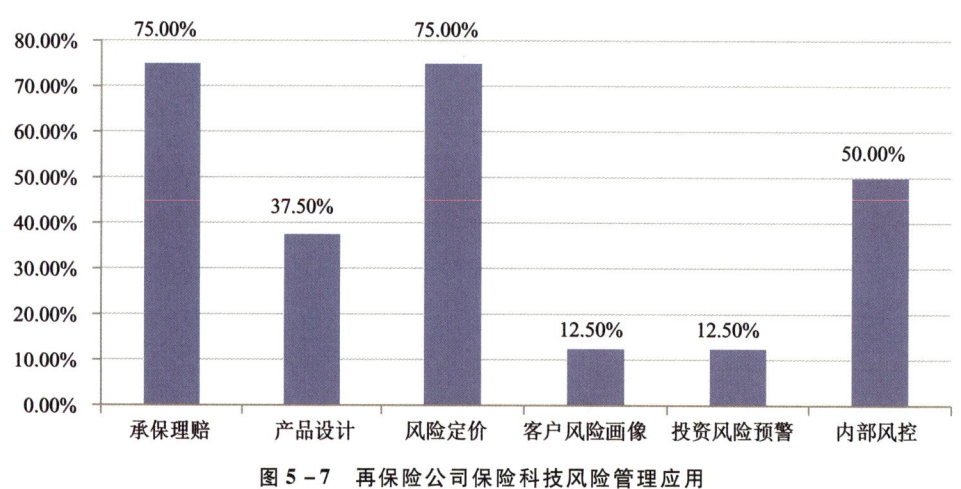

图 5-7 再保险公司保险科技风险管理应用

三、基础设施状况

(一)硬件设施,自建机房占 75.00%,租用机房占 25.00%

以生产环境的硬件设备为调研对象,8 家再保险公司中,6 家(占 75.00%)

选择自建机房、采购服务器等硬件设备，2 家（占 25.00%）选择租用机房、采购服务器等硬件基础设施（见图 5-8）。此外，还没有再保险公司完全实现云部署。

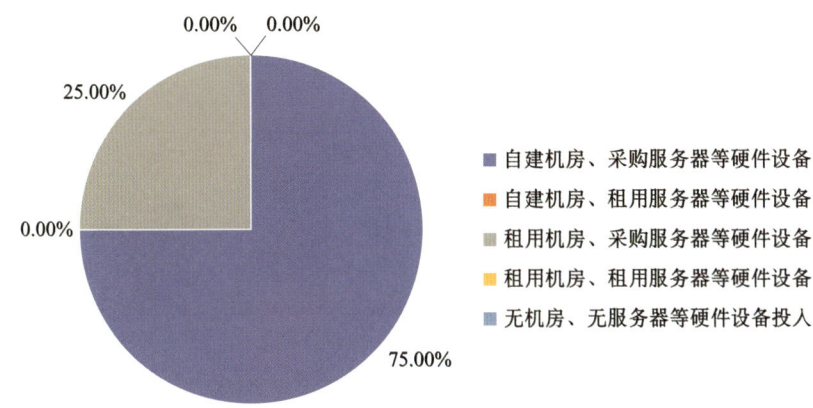

图 5-8 再保险公司保险科技硬件基础设施

（二）再保险公司采用云计算的比率为 75.00%，私有云占据主导地位

参与调研的 8 家再保险公司中，6 家企业已经采用云计算，占比达 75.00%，在已经采用云计算的企业中，使用公有云、私有云和混合云的企业在总体样本中分别占 12.50%、37.50% 和 25.00%，私有云占据主导地位（见图 5-9）。

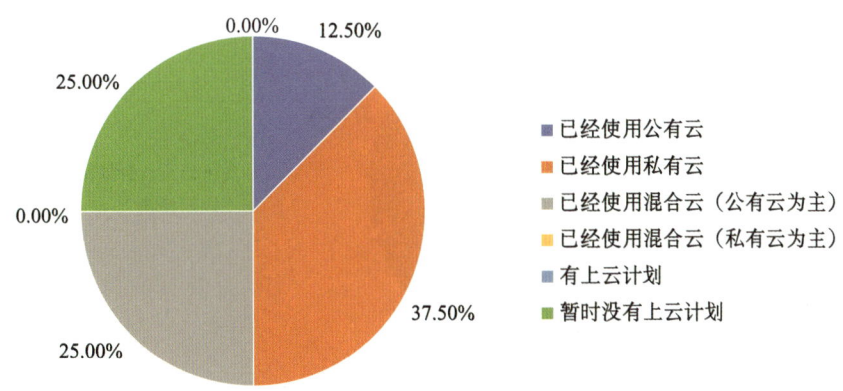

图 5-9 再保险公司采用云计算情况

（三）再保险公司采用云计算系统以"销售及服务"和"综合管理"占比最高

在 6 家已经采用云计算的再保险公司中，有 4 家（占 66.67%）将"销售

及服务"部署在云上,有 3 家(占 50.00%)将"综合管理"部署在云上,还分别有 1 家将"客户管理"和"财务管理"部署在云上(见图 5-10)。

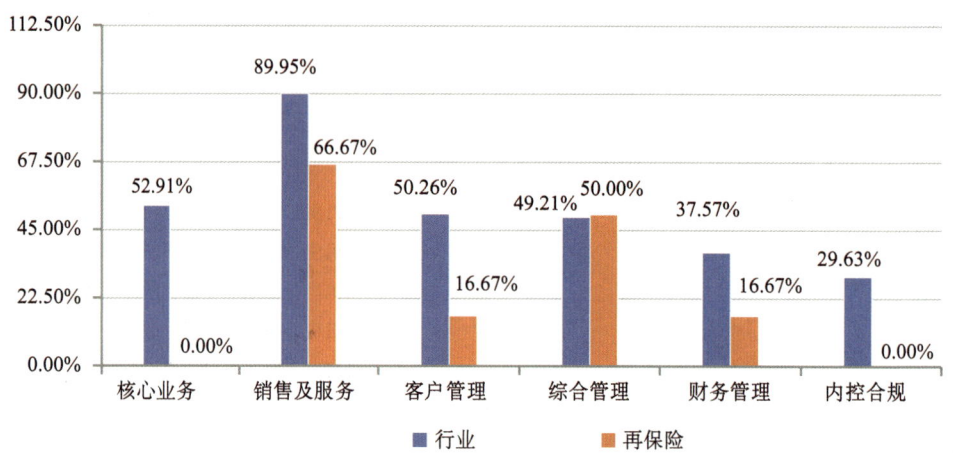

图 5-10　再保险公司采用云计算系统分类

(四) 37.5%再保险公司使用云灾备,使用率低于行业平均水平

8 家再保险公司中,使用云灾备的公司有 3 家,在所有样本企业中占比达 37.50%(见图 5-11)。此外,还有 2 家公司尚未使用,但已计划使用;明确不计划使用云灾备系统的公司有 3 家。

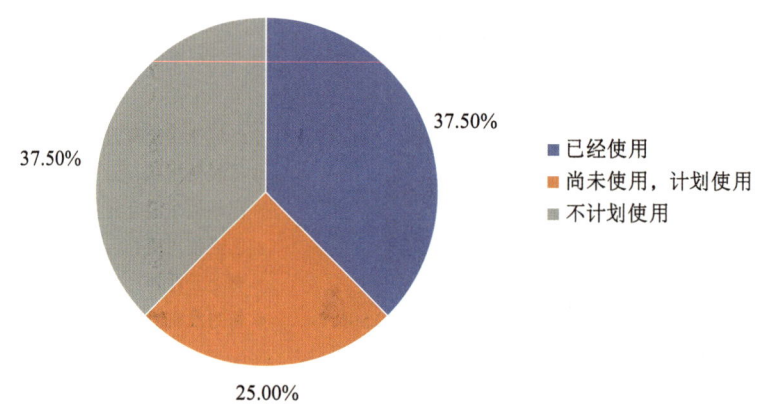

图 5-11　再保险公司云灾备使用情况

(五) 75%再保险公司具备基础设施灾备系统,"一主一备"占近四成

参与调研机构中,2 家再保险公司未使用基础设施灾备系统,占比为

25.00%；3家公司采用"一主一备"的方案，占比达37.50%；还有1家机构（占12.50%）采用"一主多备"的方式（见图5-12）。

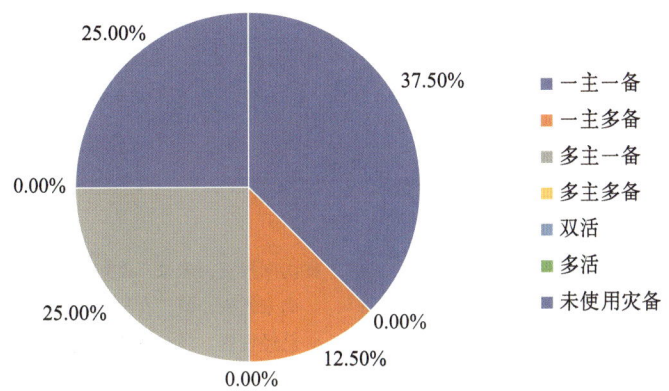

图5-12 再保险公司基础设施灾备情况

（六）"第三方采购"占比最高，"自建/自研"比例超行业平均水平

8家再保险公司中，7家公司（占87.5%）保险科技来源采用"第三方采购"的方式，6家公司（占75%）采用了"自建/自研"的方式，没有机构对外进行"战略性投资"（见图5-13）。

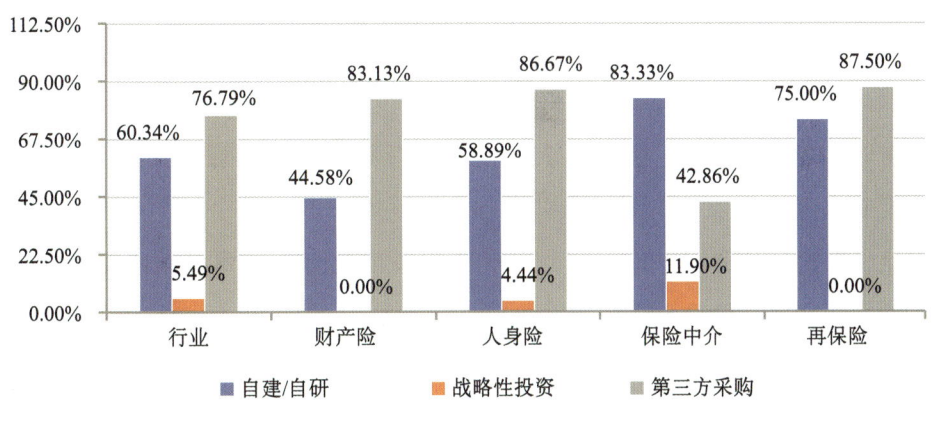

图5-13 再保险公司保险科技供给来源

（七）1家再保险公司已成立保险科技子公司，2家公司计划成立

8家再保险公司中有1家已成立保险科技子公司；有2家正在申请或计划中；2家尚未成立，且未来不确定；3家明确不打算成立。

（八）2家再保险公司已对外投资，2家正在寻找投资标的

8家再保险公司中有2家已经投资保险科技公司，2家尚未投资但正在寻找合适标的，另外4家尚未投资且未来也没有明确是否投资（见图5-14）。

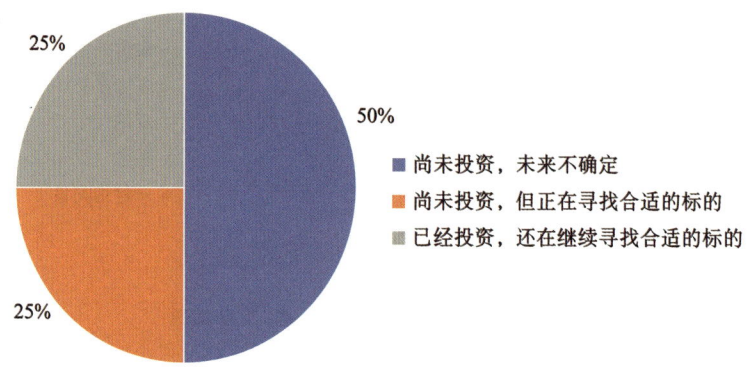

图5-14 再保险公司对外投资情况

四、发展认知水平

（一）保险科技5大应用趋势认知度高，平均认知度高于行业平均水平

再保险公司对于未来1—3年保险科技5大应用趋势具有高度一致的认知，对于"内部运营自动化和智能化""客户画像成为基本业务流程""风险模型的预测功能对实际业务产生重大指导作用""数字经济的发展导致保险产业形态发生重大变化"和"保险产业链重构，保险公司部分核心业务外包"5大趋势的确定性认知平均值达90.00%以上，不仅高于行业全体样本，同时也高于人身险、财产险公司和保险中介机构。

8家再保险公司中，全部认为保险科技将在"内部运营自动化和智能化""客户画像成为基本业务流程"和"风险模型的预测功能对实际业务产生重大指导作用"方面产生应用，7家公司认为在"数字经济的发展导致保险产业形态发生重大变化"得到应用，5家公司认为在"保险产业链重构，保险公司部分核心业务外包"得到应用（见图5-15）。

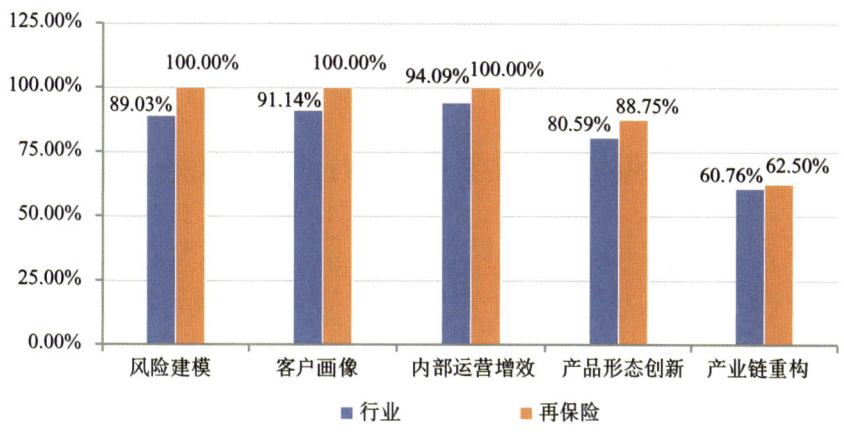

图 5-15　再保险公司保险科技 5 大应用趋势确定性认知概率分布

（二）大数据、云计算、人工智能领域最可能实现突破，区块链领域突破概率超行业平均水平

按照每项技术获得投票数在每项总票数上限（8 票）中的占比计算，大数据、云计算、人工智能分列最可能实现突破技术领域前三位（见图 5-16）。其中，8 家机构全部认为"大数据，跨界数据获取变得更加便利"领域最可能实现突破，各有 5 家机构（占 62.50%）认为"云计算，安全和稳定运营水平进一步提升"和"人工智能，从计算向感知和认知的高阶演进"，3 家机构（占 37.50%）认为是"区块链，从先导概念走向实际产品"，1 家机构（占 12.50%）认为是"物联网，应用于自动驾驶等领域并推动产生新的保险产品形态"，再保险公司认为"基因诊疗"和"隐私计算"实现突破的概率很低。此外，再保险公司认为区块链实现突破的概率远超行业平均水平。

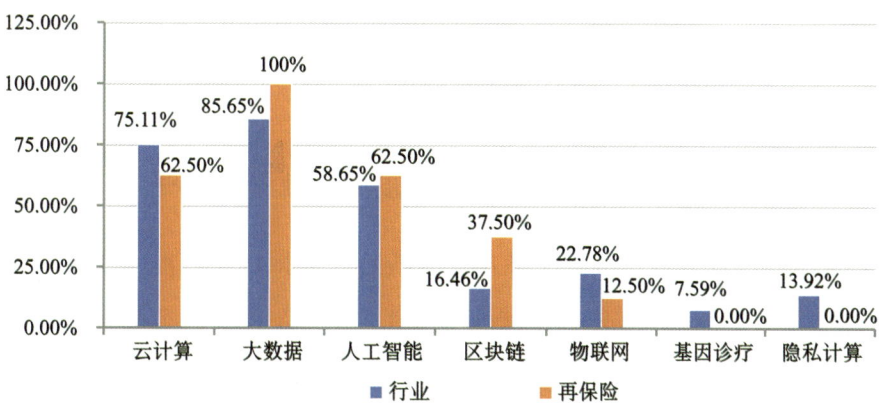

图 5-16　再保险公司保险科技最可能实现突破的领域

五、组织与机制建设

(一) 保险科技领导架构完整度低于行业平均水平

8家再保险公司中,5家公司设立了实施保险科技战略各种形式的领导架构。其中,有3家公司设置了"名义领导架构",2家公司设置了"实际领导架构"(见图5-17)。再保险公司保险科技领导架构名义完整度(62.50%)和实际完整度(37.50%)均低于行业平均水平(68.78%和40.93%)。

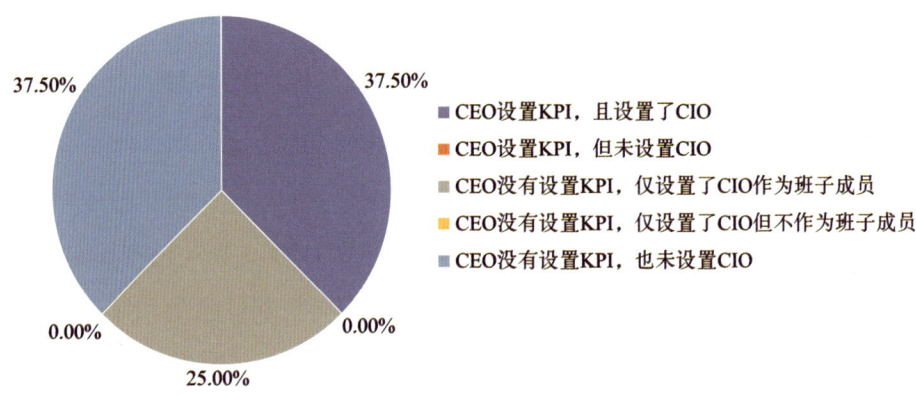

图 5-17 再保险公司保险科技领导架构

(二) 保险科技组织架构明确度高于行业平均水平

8家再保险公司中,有7家设置了各种形式的组织架构实施保险科技战略,其中,各有1家设置了"专门部门,且独立于IT部门"和"无专门部门,但职责归属于具体部门",有5家设置了"专门部门,且和IT同属一个部门"(见图5-18)。再保险公司保险科技组织架构明确度(75%)高于行业平均水平(63.02%)。

(三) 保险科技绩效自我评价满意度超行业平均水平

再保险公司对于本公司保险科技发展绩效总体持肯定态度。在8家再保险公司CEO针对本公司的保险科技发展绩效评价中,2家认为"非常满意",5家认为"基本满意",仅1家认为"尚待提升"(见图5-19)。再保险公司保险科技绩效满意度达87.50%,超过行业平均水平(83%)。

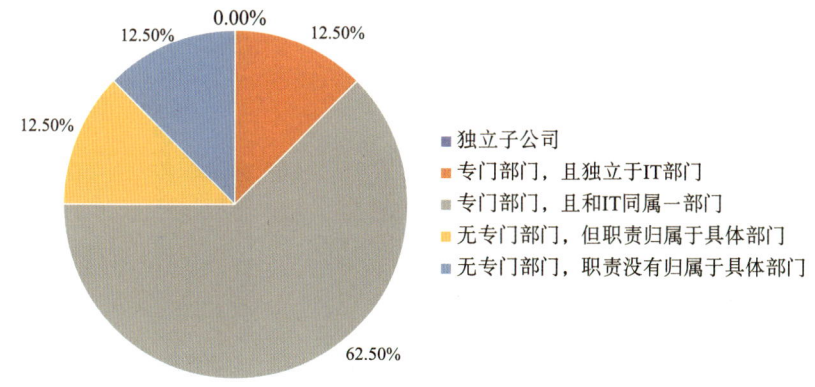

图 5-18 再保险公司保险科技组织架构

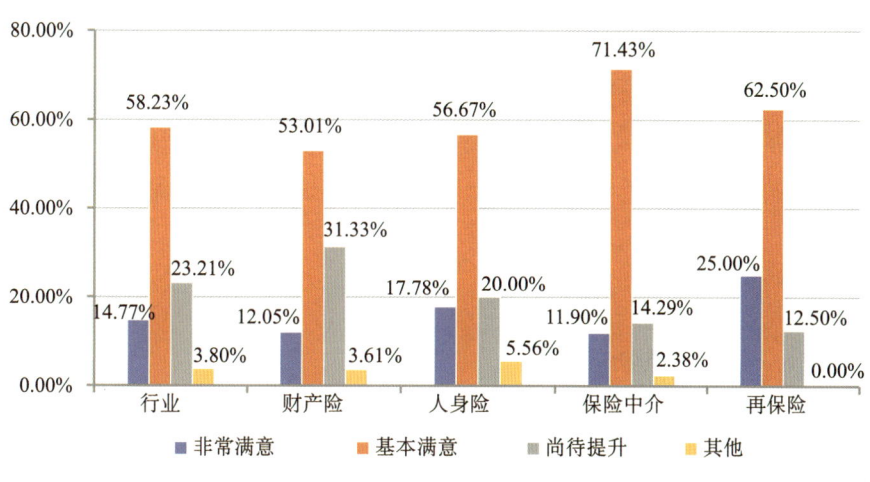

图 5-19 再保险公司保险科技绩效自我评价

六、疫情应对及影响

（一）疫情期间保险科技在"运营管理"和"团队管理"方面作用最显著

"抗疫复工"期间，保险科技对再保险的作用主要体现在"运营管理"和"团队管理"方面，各有 6 家机构认为保险科技的作用主要体现在"运营管理"和"团队管理"，各有 3 家机构认为作用主要体现在"客户触达"和"产品开发"，有 1 家机构认为影响主要体现在"渠道拓展"（见图 5-20）。

（二）3 大工具作用显著，生物识别也对再保险发挥重要作用

新冠肺炎疫情期间，针对再保险公司突出发挥作用的保险科技主要包括远

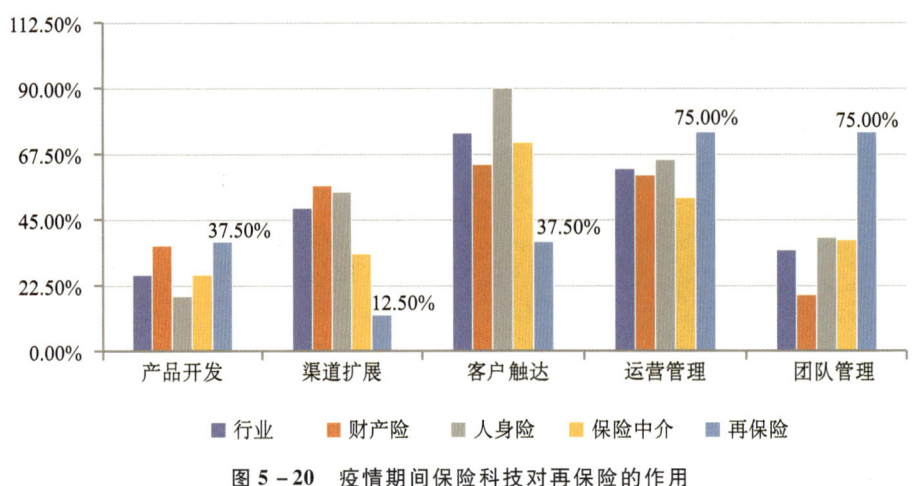

图 5-20 疫情期间保险科技对再保险的作用

程会议工具、App 客户端和远程办公平台等。其中，6 家认为远程会议工具（如 Zoom 等）发挥重要作用，各有 5 家认为 App 客户端和远程办公平台（如钉钉、飞书等）发挥重要作用，还有 2 家公司认为生物识别对于再保险发挥了重要作用（见图 5-21）。

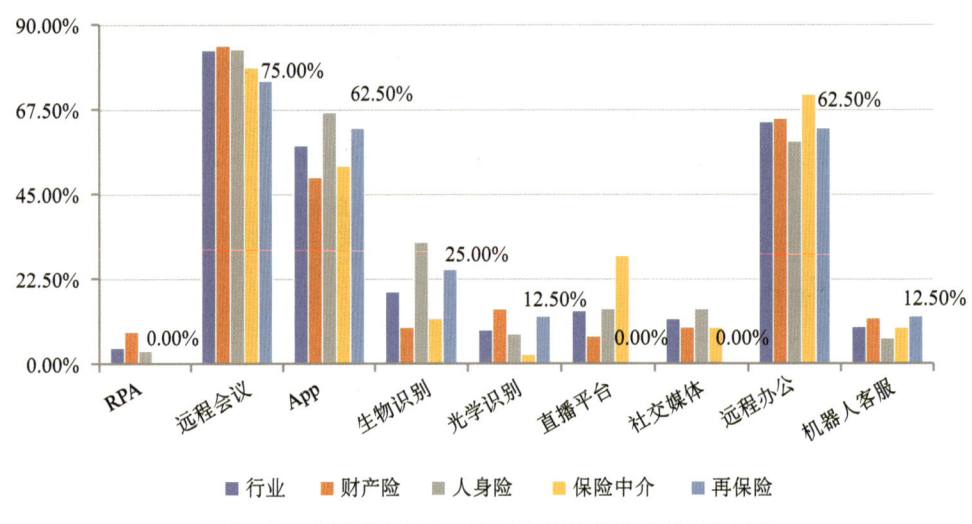

图 5-21 疫情期间针对再保险突出发挥作用的保险科技

（三）"后疫情时代"，机器人客服、App、远程办公和直播平台成为再保险科技重点关注领域

"后疫情时代"，再保险公司保险科技重点发展领域中，有 5 家公司关注生物识别，各有 4 家公司关注 RPA、远程会议和机器人客服，3 家公司关注 App，2 家公司关注光学识别，1 家公司关注直播平台（见图 5-22）。

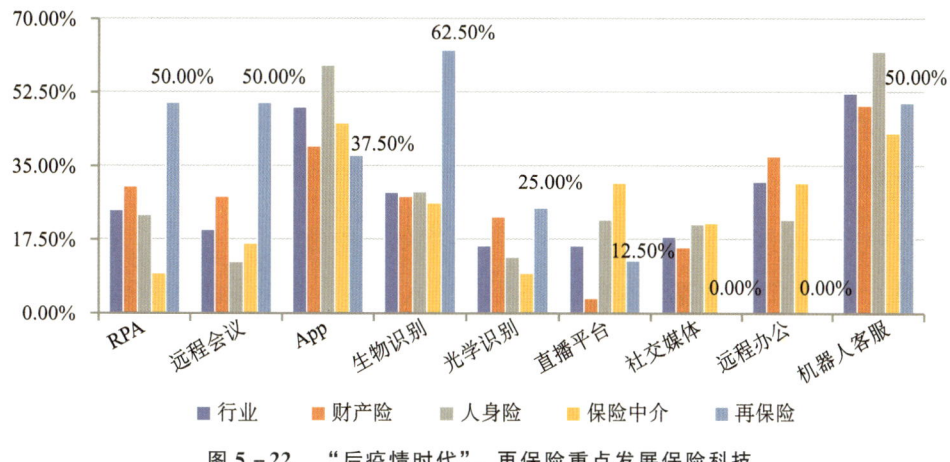

图 5-22 "后疫情时代",再保险重点发展保险科技

第三节 应用实践

随着科学技术的迅猛发展,以人工智能、区块链、云计算和大数据为代表的新技术在中国再保险公司得到广泛应用。2020 年各项新技术的应用主要包括以下 4 个方面。

一、人工智能技术显著提升再保效率

2020 年,再保险公司广泛应用人工智能技术,特别是在 RPA 技术领域取得了丰硕成果。

中国再保险(集团)股份有限公司运用多方数据融合计算技术(Security Multi-Party Computation)构建了中再医疗影像件结构化智慧处理平台——天玑平台,解决了直保公司核保和核赔工作效率较低、人工处理时间较长的问题,改善了直保公司的"两核"效率与客户体验。天玑平台综合利用多种先进的人工智能算法,针对各类核保资料,提供完整案件全流程中的单证智能识别、智能核保等核心功能,同时提供规则处理、费用预测、风险控制等多种辅助功能。此外,天玑平台亦可根据直保公司的需求定制化开发,实现与直保公司系统无缝衔接,提供"端到端"的 SaaS 服务,直保公司可根据其实际业务情况灵活使用。天玑平台已在 1 家直保公司上线运营,完成 6 家直保公司 POC 验证,与 9

家直保/保险经纪公司签署保密协议。

中国财产再保险有限责任公司将 RPA 技术运用于再保险业务账单，已实现 12 家公司比例合同账单自动录入，约占公司国内业务比例合同账单数量的 33%，RPA 录单量高于人工录入约 70%。

人保再保险股份有限公司围绕"降本增效、服务优化"目标，推进信息、数据相关工作。针对数据集中使用、业务录入支持、账单识别、发票开具、费用报销等重复性工作流程，通过数字化方案如 OCR 识别、数据平台建设等解决人工的重复劳动，替代手工操作、提升工作效率。

太平再保险（中国）有限公司在再保险账单录入流程中运用了 RPA 技术，取得的效果如下：已实现 27 家比例账单自动化录入，占公司处理比例账单总量的 70%，较手工录入效率提升 50%—70%。

前海再保险股份有限公司在财务领域，建设财务系统、费控系统、资金系统、RPA 系统等，加强了员工出差报销效率，同时 RPA 技术的应用减少了业务部门在审核发票时的人工成本。

二、区块链技术优化多方协同效应

2020 年，再保险公司尝试将区块链技术与保险、再保险领域相结合，并取得了一些突破性进展。

中国再保险（集团）股份有限公司在上海市 IDI 信息平台，广泛使用区块链技术存证，涵盖了施工单位/建筑单位填写投保单及投保信息审核、安全责任保险信息平台区块链存证，保险公司投保信息确认、住建监管平台的施工许可审批等全业务流程上链，显著增强了数据分析能力。

中国财产再保险有限责任公司近年一直探索区块链技术在保险行业的应用和发展，并已形成若干落地成果。在公司内部，核共体管理机构具有的联盟治理属性与区块链的技术特性高度契合，公司以核共体管理机构为突破口，为其打造了基于区块链技术的核心业务平台——核·星平台，系统覆盖洽谈、承保、理赔、账单和结算等关键业务环节，29 家成员公司共同使用。2020 年，核共体管理机构全部国内业务均已实现在线处理，核·星平台进一步向核共体国际业务拓展，并已于同年成功上线。未来，核·星平台将在国际化、跨链融合、数据自动对接等方面继续拓展，不断深化。

另外，中国财产再保险有限责任公司研发并投产使用的 Retrans 平台也是利用区块链技术打通直保公司与再保公司的账单、结算等业务数据，改变了传统的账单往来形式，提升了数据流转及工作效率。Retrans 平台将继续向纵向及横向两个方面延伸，在增加业务场景的同时与更多直保公司实现对接。

中国人寿再保险有限责任公司在承保方面，于 2020 年底上线了再保区块链临分交易平台。该项目直击传统直保和再保间交易主要依赖于邮件、传真等模式的"痛点"问题，通过搭建直保—再保区块链交易平台改变了传统交易方式导致的业务效率低，大量文本和传输处理造成交易成本高企的局面，通过区块链技术构建交易多方信任环境，从而提高直保与再保间交易效率，降低交易成本和复杂度，促进业务顺利拓展。

人保再保险股份有限公司拟在再保交易系统中尝试使用区块链相关技术，同时在数据管理如数据治理、数据质量管理、主数据建设方面投入，提升公司整体数字化水平和质量。

三、云计算技术打通多维计算资源

中国财产再保险有限责任公司参与建设了国际巨灾组合风险管理平台，该平台实现了国际业务巨灾风险的实时累积，为公司巨灾风险管理前置提供了重要基础。该平台采用云原生架构、微服务体系，消息驱动设计，平台计算资源实现动态按需分配。该平台支持复杂的再保险结构计算，实现公司整体业务组合转分保前后的风险累积计算，赋能公司巨灾风险实时管理。

中国人寿再保险有限责任公司于 2020 年建设了公司精算系统，该系统运用了 MaxCompute 和 RDS 进行数据存储，使用中再统一开发平台自主研发，并使用基于 K8S 的中再私有云部署系统，将精算预估工作相关数据进行云上存储，业务流程实现线上化和流程化。该系统与核心系统合同产品、账单数据的关联，将财务数据线上传递，降低手工操作风险，真正实现了整个业务流程的系统化串联。该系统细化业务数据管理颗粒度，提高公司精算业务数据预估与准备金评估等作业的自动化水平，同时提高业务统计分析的及时性和准确性，提高了工作效率和数据质量。

RGA 美国再保险公司上海分公司的保险科技应用情况以及计划应用情况多为公司内部管理，使用亚马逊云服务对公司邮件系统进行备份，从而确保了公司数据的安全性和可靠性。其计划未来将使用云计算及大数据来更好推进公司业务，更好地服务客户。

四、数据中台实现大数据高效融合

中国财产再保险有限责任公司在行业赋能方面利用自身在特殊标的、特殊险种方面的数据积累优势及精算定价优势，先后向行业发布中再产险水险曲线、高价车定价曲线及定价工具等，为行业在相关领域的发展提供了技术支撑，赋能行业发展。在数据整合和数据应用方面，公司于 2019 年启动数据中台项目，经过一年的建设，数据中台于 2019 年底上线。数据中台整合了公司核心业务系统、外围系统等多个业务系统的数据，并且建立了统一的数据模型及标准，实现了业务数据的集中管控和统一应用，形成丰富的数据主题，为上层数据应用提供支撑，实现了公司数据基础平台的建立；同时，借助多维分析商业智能（BI）平台实现企业数据的可视化，并支持用户自主查询和数据分析，最大化发挥数据价值。经过 2020 年的二期建设，横向上数据中台的对接数据更加广泛，纵向上数据中台建立了更多面向数据应用的数据主题，为进一步发挥数据的价值打下了坚实基础。

中国人寿再保险有限责任公司在 2020 年联合多家大数据和 AI 厂商，通过保险数据与互联网行为数据、社保数据、个人信用数据等多方面的高效融合，研发创新型健康风险控制与财务风险控制模型，将风险筛选与风险控制关口前提，实现对潜在客户群体的精准分类和业务深挖。在数据整合和数据应用方面，公司 2020 年底启动了数据中台项目建设，数据中台整合了业务、财务系统等各系统线上数据，建立了统一的数据模型及标准，形成丰富的数据主题，为上层数据应用提供支撑，实现了公司数据基础平台初步建立。同时，借助多维分析 BI 平台实现企业数据的可视化，并支持用户自主查询和数据分析，最大化发挥数据价值。在内部数据建设方面，建立基于 MaxCompute 大数据平台和微服务架构的保单数据平台，取得了以下成果：一是统一数据处理平台，提高数据处理质量和效率，实现处理自动化、操作流程化、过程可追踪、规则可复用，节省人力成本。二是统一数据库，统一数据存储和数据标准，实现保单数据标准化输出,提升数据质量。三是统一管理模式,打造保单数据管理的全新模式,实现数据采集、处理和应用的全生命周期管理,保障数据安全。四是实现"数出一门",资源共享,为公司风险控制提供数据基础,保证公司数据资产得到有效的运用,继而实现对内支持技术辅助业务创新,对外输出高质量的数据服务,最终实现数据资产的价值。

前海再保险股份有限公司在投资领域建设了恒生投资一体化系统,在节约了业务成本的前提下,明显降低了公司投资业务所需的时间。

第四节　挑战与机遇

国家"十四五"规划将数字化作为推动经济社会发展的重要战略手段,为再保险科技发展带来巨大的发展机遇。同时,新冠肺炎疫情给国民经济社会发展带来深远影响,给社会经济运行带来更大的不确定性,再保险科技发展也面临着巨大挑战。

一、主要挑战

再保险公司的科技发展面临着来自再保险业务、再保险公司外部竞争和再保险科技应用技术架构等方面的挑战。

(一) 业务发展挑战

再保险业务位于传统保险价值链的后端,信息在价值链上的传递相对滞后。与原保险公司业务相比,再保险业务模式仍处于"批处理"交易阶段。随着新技术的发展,对再保险公司的产品创新速度、客户服务效率和平台运营能力都提出了更高的要求。与这些业务要求相比,再保险公司的科技化水平尚未充分发展,亟待在产品创新、客户服务和平台运营3方面弥补差距,以支撑我国保险行业高质量发展。

(二) 外部竞争挑战

随着保险价值链中主体界限日渐模糊,保险公司、科技公司、再保险公司在保险价值链中的角色也发生着改变。跨行业科技公司通常运用保险科技手段不断加入保险价值链中，在一定程度上颠覆了传统保险价值链。一些跨行业的科技公司通过构建科技平台，面向保险公司的客户直接提供服务，承担了一部分原本是再保险公司帮助保险公司分散风险的职能，从而降低了一部分保险业务的再保险需求，这无疑对再保险公司的数字化发展带来了更多的竞争和挑战。

（三）技术架构挑战

IT技术架构体系是再保险公司业务发展的支撑和保障，对于提高产品创新速度、提升客户服务效率和增强平台运营能力发挥了核心作用。目前我国再保险科技应用处于由传统技术架构向新一代技术架构转型过程中，大部分再保险公司科技应用仍在使用传统企业架构模式，架构转型升级过程较为缓慢，难以适应保险行业高质量发展的要求。

（四）投入不足挑战

相较于保险行业其他类型机构，无论是在IT资金投入规模还是在IT专业人员的投入方面，再保险公司的科技投入都相对较少，导致再保险公司科技投入不能完全满足再保险业务增长的需要，也难以支撑保险行业的快速发展。

二、面临机遇

（一）服务国家战略拓展再保险新市场

国家"十四五"规划重点之一是推动国家治理体系和治理能力现代化，要求政府职能转变，引入市场化机制建设社会治理共同体，保险业需回归本源参与共治。"十四五"期间，产业互联网将迎来跨越式发展，消费互联网热度不减。再保险商业模式将发生根本变革。这一变革客观上要求处于市场中立地位的再保险公司通过搭建平台深度融入行业产业发展，服务国家战略。

1. 医疗健康领域

到2025年，医疗健康险市场规模将超过2万亿元人民币，为参保人积累6万亿元人民币养老保险责任准备金。《"健康中国2030"规划纲要》也为商业保险,"慢性病+保险"、DRGs支付提供了潜在发展机遇。银保监会《关于规范保险公司健康管理服务的通知》,提出保险公司可通过对客户健康危险因素的干预,预防疾病发生、控制疾病发展、促进疾病康复、提升健康水平,进而降低医疗费用。再保险公司应积极布局大健康产业链,整合医疗与健康服务资源,将再保险公司的服务职能前置,构建普惠开放的健康服务管理平台和新生态。

2. 农业领域

农业保险具有政策性属性,为再保险公司提供了广阔的发展空间。农业险保费收入预计在2025年接近2 000亿元人民币,市场规模每年以20%左右高速增长。经国务院同意,农业部与国家发展和改革委、财政部、商务部4部委共同印发了《关于实施"互联网+"农产品出村进城工程的指导意见》。之后,为落实相关工作,农业部决定开展"互联网+"农产品出村进城工程试点工作,并制定了《"互联网+"农产品出村进城工程试点工作方案》。各部委发文推进了"互联网+"农产品出村进城工程,同时需要再保险参与构建农业农村风险管理平台,为农业生产、农民收入、物流和销售等场景提供了广泛农业保险和服务。

3. 建筑业领域

保障新建住宅使用的数百亿元级别的工程质量潜在缺陷保险(IDI)、保障工程施工过程安全的建工安责险、保障存量住宅使用的维修金保险将迎来高速增长。面对建筑业保险蓝海市场,再保险应积极搭建建筑领域基础性风险管理平台,聚焦行业"痛点",深度融入住建体系,以平台聚合资源、构筑生态,促进建筑业保险业务持续健康发展。保险公司通过建设工程潜在质量缺陷保险平台、建设工程安责险平台等建筑保险平台,促进业务发展。同时,为保障建筑保险业务健康、可持续发展,实现保险事后理赔到事先预防、事中干预的转变,再保险公司与专业建筑业公司联合开发建设工程质量安全平台,深度融入建筑施工过程,助力住建部门提升工程质量,实现对建筑工程"看清""看全"。建筑业系列平台连接多方,将向开放繁荣的平台生态演进。

4. 交通领域

商业汽车费率改革将商业汽车保险从35%下降至25%,车险仍是再保第一大产险业务。以车为中心的大场景将涉及新型能源汽车、自动驾驶、道路感知、天气变化、物联网、驾驶行为UBI保险以及衍生出的网络风险保险等。再保险公司应提前布局,对接气象、交通、公安、物流等部门,以人工智能、大数据等技术手段为直保客户提供新产品、风险防控服务。

5. 生态环境领域

因各类气候灾害的突发性、并发性、异常性、难以预见性日显突出，构建协同应对气候变化、生态文明建设和综合防灾减灾"三位一体"的可持续发展战略，需要再保险公司推动包括地震、台风、洪水等巨灾保险和相关巨灾风险平台建设，构建韧性社会。我国提出2030年实现碳达峰，再保险应发挥特殊风险的技术平台优势，参与风电、水电、光伏发电等新能源产业资产的保险保障，为海上风电项目提供承保能力支持，承保区域覆盖海上风电建设的全部海域。

6. 智慧城市

到2025年，中国的智慧城市项目所需投资将达到22 345亿元，占全球基础设施市场投资总需求的16%。智慧城市融合更加复杂丰富的场景，灾害天气、地下管网、城市内涝、公共卫生等风险巨大的场景保险公司难于承担，需要再保险公司发挥技术平台的作用，提供更加及时、精准的风险识别和高频的风险防控服务。

7. 区域经济

上海自贸区、粤港澳大湾区、京津冀、长江经济带、海南自贸区、全国1 312个县域等地方经济区域，是保险的市场，也是多元化、差异化场景，再保险公司需要主动参与，支持国家战略布局、发展区域经济，重点关注关乎民生、对地方发展有助推作用的重点工程和项目，支持保险公司提供风险保障服务，发挥技术平台优势保障重点工程和项目落地实施。

8. "一带一路"建设

保险服务"国内大循环"同时可向"国内国际双循环"辐射，"一带一路"沿线国家成为保险场景创新的新市场。国内主要商业保险公司对中国海外利益财产险和工程险的供给占总需求的15%左右，覆盖率严重不足。同时，存在有效供给结构性失衡的现象。再保险公司应在保障空白和技术薄弱的履约、工程职业责任、延期完工责任、政治暴力、恐怖主义、疾病医疗等各种新型特殊风险领域，联合国家机构和大型央企，搭建"一带一路"平台，为"一带一路"沿线国家及驻外企业、华人提供风险保障服务。

再保险公司应做强做深大健康、建筑业领域的平台化建设，加快大健康、农业领域建设，关注现代农业服务平台、智慧交通平台、环责险平台以及"一带一路"平台等其他领域的政府服务平台建设，建立与政府、产业相关管理机构、服务机构、保险公司的合作生态，丰富数据和提升服务，解决产业"痛点"问题，同时反哺再保险公司发展。

（二）拓展技术应用，加速构建再保险新动能

随着以区块链、人工智能、安全技术、物联网、算力（以下简称 BASIC）为代表的新技术发展，风险所依附的环境、保险标的将全面实现数字化，深刻影响对风险来源的识别和预判。通过新科技手段，保险公司能够更加全面、更早地了解和掌握风险，保险产品定价将更加精准、更加个性化，保险服务能够前置，避免风险损失发生。保险业风险管理的基本逻辑将从事后理赔向事前风险预测和预防发展转变。未来保险业将持续这一根本性变革，推动保险业务的根本逻辑发生改变。

当前保险业尚处于数字化转型的初级阶段，新冠肺炎疫情暴发正在加速再保险公司数字化转型。数据要素化发展，国家鼓励在数据安全的前提下的流通和应用，数据资产化加速推进，推动保险业走向精准服务和高质量发展。人工智能应用能力范围大幅提升，实现从事后向事前预测、预防，全面提升用户体验，特定领域内代替人工，提高效率、效能。量子计算实现基于含噪声中等规模量子处理器和云平台探索具备实用化价值的应用算力。为计算困难问题提供高效解决方案，实现突破经典计算极限的算力飞跃，支持风险分析和风险管理能力根本改变。当前最关注的 BASIC 应用包括构建人工智能体系赋能业务运营和创新、区块链走向实用型、在中台上构建现代化数据和分析架构、超自动化支持未来办公新模式等。2020 年 9 月，"外滩大会"发布金融科技十大趋势，其中包括全栈可信、跨链、时序图计算、基于隐私保护的共享智能、持续智能、自动因子发现的机器学习、知识图谱与多模态学习等技术。

技术趋势对再保险公司的影响，再保险公司未来数字化转型应重点推动：一是应用新技术和新架构，建立敏捷灵活的技术架构，积极布局区块链、人工智能、物联网技术，将数据转化为资产。二是为保险从产品营销到服务运营建立整体解决方案，打破行业边界，营造行业生态。三是数字化转型不能仅仅是当前的业务优化，要引入新产品、新服务、新商业模式和新生态，从而实现业务变革。四是开放融合，加强合作和创新孵化。

三、发展建议

综合我国再保险公司面临的机遇和挑战,提出以下发展建议。

(一)延伸保险价值链,构建再保险新生态

再保险公司应主动作为,通过新科技手段(如感应装置、可穿戴设备、区块链网络、跨界数据融合计算平台等)在保险价值链上延伸职能。再保险公司通过科技平台建设,与各行业充分融合提供主动式服务,分散降低风险,服务国家战略,促进各行业健康发展。

(二)实施组织变革,提升再保险科技能力

面临外部科技公司的竞争,再保险公司应推动IT组织变革,通过成立专业化的科技组织(如保险科技公司、孵化器、科技创新部门等),提升再保险公司的科技输出能力,提升保险产品的创新速度和客户服务效能,赋能保险行业,助力再保险公司高质量发展。

(三)优化技术架构,实现应用敏捷化

再保险公司要升级IT技术架构,全面优化完善再保险公司的技术架构,构建敏捷、可扩展、安全可控的服务化技术体系架构,快速、敏捷地构建符合保险行业发展需要的科技应用。

(四)加大科技投入,增强再保险竞争力

再保险公司应进一步加大科技投入,加快引入新型科技人才、各行业专业化人才,并加强人才激励机制建设;加大科技资金投入,并将其纳入战略规划目标。通过培养科技人才和扩大科技资金投入,增强再保险公司的科技竞争力。

"十四五"时期是科技推动我国再保险公司蓬勃发展的黄金机遇期,再保险科技也必将成为推动我国再保险公司数字化转型,助力行业高质量发展的驱动力。

第六章 保险中介机构保险科技发展状况

第六章 保险中介机构保险科技发展状况

本章针对我国保险中介机构保险科技发展实践进行阐述和分析，主要内容既包括基于调研得出的关于保险中介机构在保险科技发展过程中认知、投入、应用、组织以及新冠肺炎疫情相关数据的分析，也包括对保险中介机构在保险科技方面的创新案例以及创新面临的挑战与机遇的分析，最后对保险中介机构发展保险科技提出相关建议。

第一节 情况概述

本节根据中国保险业协会调研内容完成编写。参与调研的保险中介机构共计42家，其中按照主营业务划分，有保险经纪机构26家、保险公估机构2家、保险代理机构14家。

一、科技投入

（一）信息科技投入规模和公司平均水平

2020年，保险中介机构信息科技投入约8.64亿元[①]，同比增长54.03%，增长幅度明显高于直保公司。

从公司平均信息科技经费指标来看，保险中介机构平均经费为0.24亿元，低于直保公司总体水平。

（二）保险科技投入方向、意愿和满意度

在软件、硬件和人力3个大类中，保险中介机构人力投入占比最高，平均投入比例约为61%；在软件投入6大领域中，"客户管理"和"综合管理"占比超过行业平均水平。

保险中介机构保险科技投入满意度[②]（76.19%）低于行业平均水平

[①] 信息科技经费及公司平均经费均只包括36家中介公司数据。
[②] 见第二章第一节相关分类标准。

（81.43%）；保险科技投入增加度①（90.48%）远超行业平均水平（67.93%）。未来3年，超八成保险中介机构计划投入年均增幅10%以上，投入增幅领先于行业，可见，保险中介机构对于保险科技已有投入满意度低，但对未来非常乐观。

二、技术应用

（一）总体情况

按照保险价值链划分，保险中介机构保险科技在"客户管理"领域应用度最高；按照技术划分，保险中介机构保险科技应用主要集中在通用型技术②方面，但应用水平略低于行业平均水平。

（二）线上化指标

2018—2020年，保险中介机构线上化客户、线上化产品占比逐年上升。

2020年，保险中介机构线上化产品比率为37.53%，保险中介机构客户线上化率和产品线上化率与直保公司基本持平。

2020年，保险中介机构承保自动化率为32.23%，核保自动化率为30.07%，理赔自动化率为12.11%，保险中介机构自动化率总体低于直保公司。

（三）重要领域应用

保险中介在微信小程序、远程展业平台、自有平台3大渠道使用比例（58.73%）略低于行业平均水平（59.35%），除3大渠道之外，同时关注私域流量和视频直播。

保险科技在保险中介机构风险管理应用中主要体现在"内部风控""客户风险画像"和"承保理赔"方面。

---

① 见第二章第一节相关分类标准。
② 见第二章第一节相关分类标准。

三、基础设施

（一）采用云计算情况

硬件设施，保险中介机构以租用机房和采购设备为主；采用云计算的比例（88.00%）高于行业平均水平（76.79%），云计算设备以公有云为主，采用云计算系统中"核心业务"和"销售及服务"占比最高；完全采用云计算的比例（11.9%）高于行业平均水平（6.75%）。

（二）灾备情况

保险中介机构云灾备使用率（61.90%）远高于行业平均水平（46.84%），但硬件基础设施灾备使用率（85.7%）低于行业平均水平（91.98%）。

（三）来源渠道

保险科技来源以"自建/自研"为主，"自建/自研"采用率（83.33%）远高于行业平均水平（60.34%）；31%的保险中介机构已成立保险科技子公司，14%的机构已对外进行投资。

四、发展认知

保险中介机构对保险科技5大应用趋势已形成共识，且共识度高于行业平均水平。其中，"产业链重构"认知共识度领先于行业其他各类机构。在诸多保险科技分支中，保险中介机构与全行业各类机构普遍认知相同，认为最可能实现突破的技术排名前三位的是大数据、云计算、人工智能。此外，保险中介机构认为隐私计算可能形成突破的概率超过行业其他类型机构。

在与科技公司合作面临的主要挑战方面，保险中介机构对"信息系统的安全性和兼容性"和"商业模式的差异"的重视程度居行业各类机构前列。

五、人才队伍

(一) 规模

2020年,保险中介机构信息科技从业人员[①]为1 127人(同比增加18.76%)[②],外包人员为296人(同比增加6.09%),信息科技工作人员[③]总计1 423人(同比增加15.88%)。相对于直保公司,保险中介机构对外包人员的依赖度更低。

(二) 公司平均

从公司平均信息科技工作人员数量来看,保险中介机构平均40人,与保险公司相比,保险中介机构信息科技工作人员规模差距比较显著。

(三) 能力要素

在保险科技从业人员核心技能方面,保险中介机构对"技术人员的金融机构从业经验""产品创意能力"和"合规意识"的重视程度居行业各类型机构的前列。

(四) 队伍建设关键因素

在队伍建设关键因素方面,保险中介机构对"期权"和"明确且广阔的业务前景"的重视程度显著高于行业其他类型机构。

六、组织架构

(一) 领导架构与组织架构

保险中介机构"名义领导架构完整度"(仅有职责划分,没有设立KPI考核制

---

① 见第二章第一节相关分类标准。
② 信息科技工作人员总量和公司平均数据均只包括36家中介公司数据。
③ 见第二章第一节相关分类标准。

度的公司数量占78.57%）高于行业平均水平（68.78%），"实际领导架构完整度"（既有职责划分，又设立KPI考核制度的公司数量占66.67%）高于行业平均水平（40.93%），"组织架构明确度"（设置专门负责保险科技战略实施的子公司或部门的公司数量占85.71%）高于行业平均水平（62.03%）；保险中介机构实施保险科技战略领导及组织架构建设显著领先于行业。

（二）绩效评价

保险中介机构保险科技绩效自我评价满意度（83.33%）高于行业平均水平（73.00%）。

第二节　数据分析

本节结合调研数据，针对保险中介机构在保险科技发展认知水平、投入方向和形式、应用方向和重点场景、人才队伍和组织情况以及新冠肺炎疫情相关情况进行具体分析，同时结合财产险和人身险公司相关数据进行比较分析。

一、科技投入指标

（一）保险科技投入满意度低于直保公司，未来1—3年持续增加投入，领先于行业

42家保险中介机构中有32家认为目前保险科技投入基本满足需求，即保险科技投入满意度达76.19%。保险中介机构保险科技投入满意度低于行业整体水平（81.43%）约5个百分点，且分别低于人身险（83.33%）和财产险（78.31%）约7个和2个百分点。

未来1—3年，42家保险中介机构中有38家将继续加大保险科技投入，即保险科技投入增加度达90.48%，不仅远超行业平均水平（67.93%）约22个百分点，也分别高于人身险（67.78%）和财产险（55.42%）约23个和35个百分点（见图6-1）。

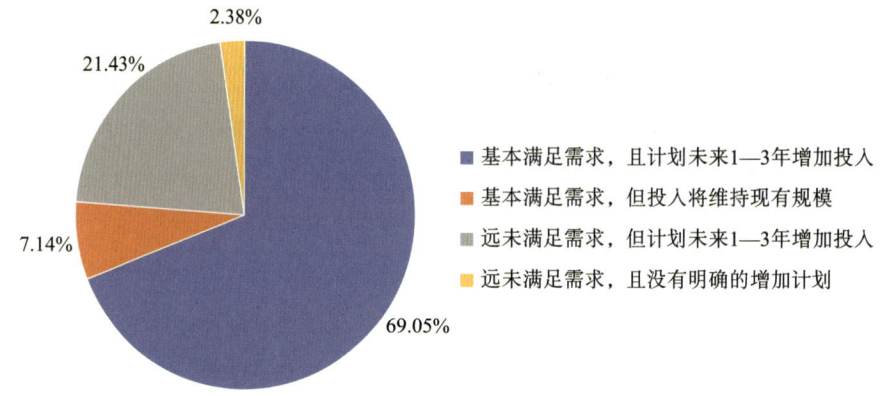

图 6-1 保险中介机构保险科技投入自我评价

（二）未来 3 年，超八成保险中介机构计划投入年均增幅 10% 以上

未来 3 年，42 家保险中介机构中有 24 家（占 57.14%）保险科技年均投入计划增长 10%—30%（含），6 家机构（占 14.29%）年均投入计划增长 30%—50%（含），5 家机构（占 11.90%）年均投入计划增长 50% 以上，7 家机构（占 16.67%）年均投入计划增长为 10%（含）以下（见图 6-2）。

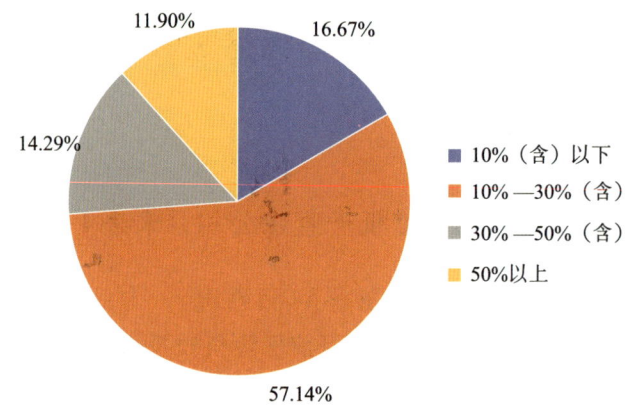

图 6-2 保险中介机构保险科技投入计划增长幅度

（三）人力投入占比最高，平均投入比例约为 61%

42 家保险中介机构中，分别有 2 家（占 4.76%）、11 家（占 26.19%）和 29 家（占 69.05%）保险科技投入在硬件、软件和人力（仅包括各类保险机构自有技术人员，不包括外部驻场人员）方面，人力投入占比最高（见图 6-3）。其中，硬件投入占比最高的公司硬件投入在保险科技投入中的平均占比为

40.00%，软件投入占比最高的公司软件投入在保险科技投入中的平均占比为75.00%，人力投入占比最高的公司人力投入在保险科技投入中的平均占比为61.00%。

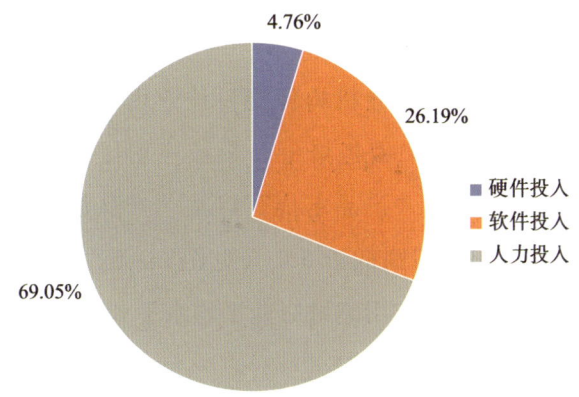

图6-3 保险中介机构保险科技投入占比

（四）软件投入6大领域中，"客户管理"和"综合管理"占比超行业平均水平

保险中介机构软件投入主要包括"核心业务""销售及服务""客户管理""综合管理""财务管理"以及"内控合规"6大领域。其中，41家（占97.62%）在"核心业务"投入，32家（占76.19%）在"销售及服务"投入，30家（占71.43%）在"客户管理"投入（见图6-4）。保险中介机构在"综合管理"投入比例高于财产险和人身险投入水平。

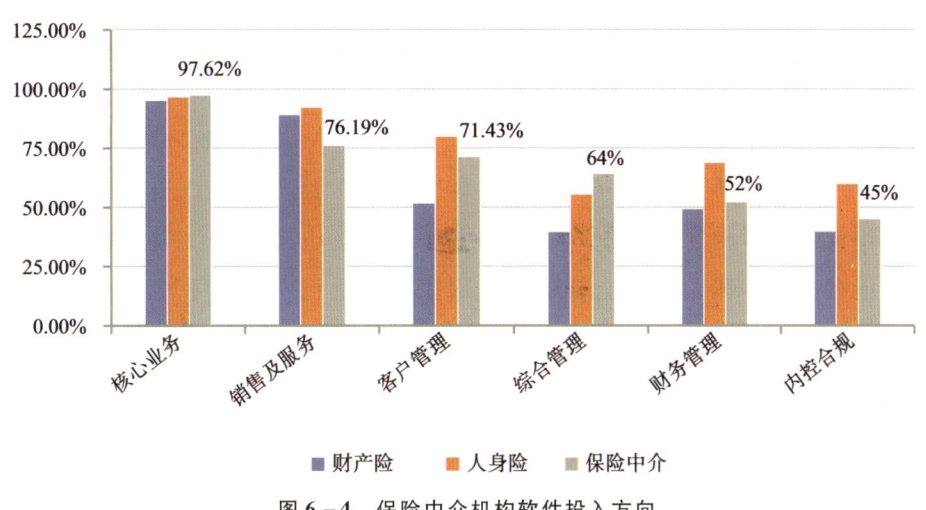

图6-4 保险中介机构软件投入方向

二、技术应用方向

（一）保险中介"客户管理"应用度最高，"风险管理"应用比例高于行业平均水平

按保险价值链划分，保险中介机构保险科技应用方向分布和总体样本基本相同，其中，"客户服务"和"销售渠道"领域应用比例超过10%，"核保理赔""风险管理""监管合规""产品定价"以及"产品设计"领域应用比例为5%—10%，其余领域应用比例则低于5%（见图6–5）。此外，保险中介机构保险科技在"风险管理"中的应用超过行业平均水平。

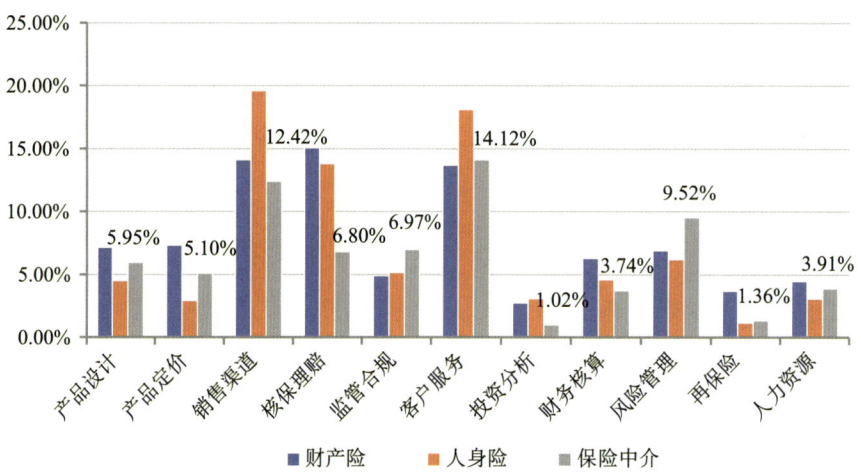

图6–5 保险中介机构保险科技应用情况（按保险价值链）

（二）主要应用集中在通用型技术，专业型技术应用水平低于行业平均水平

保险中介机构保险科技应用主要集中在通用型技术方面，其中，在大数据领域应用最多，保险中介在大数据、移动技术的应用比例和行业平均水平基本持平，但在云计算和人工智能领域的应用比例则远低于行业平均水平；保险中介机构在区块链和隐私计算领域的应用比例也接近于行业平均水平。专用型技术方面，保险中介机构在"二维码"方面有一定应用，在其他领域应用比例则较低。

（三）保险中介机构 3 大渠道使用比例略低，更加关注"私域流量"和"视频直播"

保险中介机构数字营销渠道中，"自有平台"使用比例最高，42 家保险中介机构中 29 家选择使用"自有平台"作为线上营销渠道，占比达 69.05%；另外，分别有 26 家、19 家和 17 家采用"微信小程序""远程展业平台"和"私域流量"，占比分别为 61.90%、45.24% 和 40.48%（见图 6-6）。保险中介 3 大渠道——"微信小程序""自有平台"和"远程展业平台"平均使用比例略低于行业平均水平；除 3 大渠道之外，保险中介"第三方平台"渠道的使用比例远低于行业平均水平，但"私域流量"和"视频直播"的使用比例远高于行业平均水平。

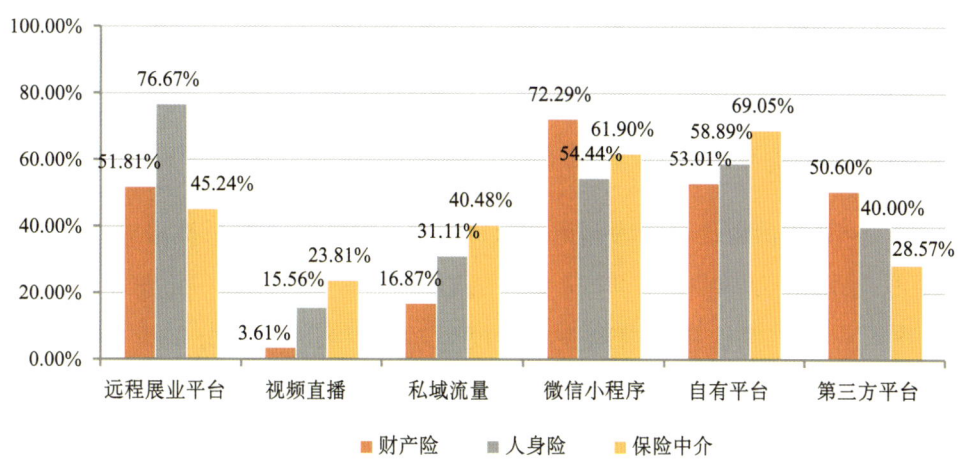

图 6-6 保险中介机构数字营销渠道

（四）"内部风控""客户风险画像"和"承保理赔"是保险中介风险管理的主要应用

保险中介机构中，"内部风控""客户风险画像"和"承保理赔"是风险管理的主要应用，42 家保险中介机构中分别有 26 家、23 家和 22 家机构在上述领域实现应用，占比分别为 61.90%、54.76% 和 52.38%（见图 6-7）。此外，保险中介在"客户风险画像"和"内部风控"方面的应用均超行业平均水平。

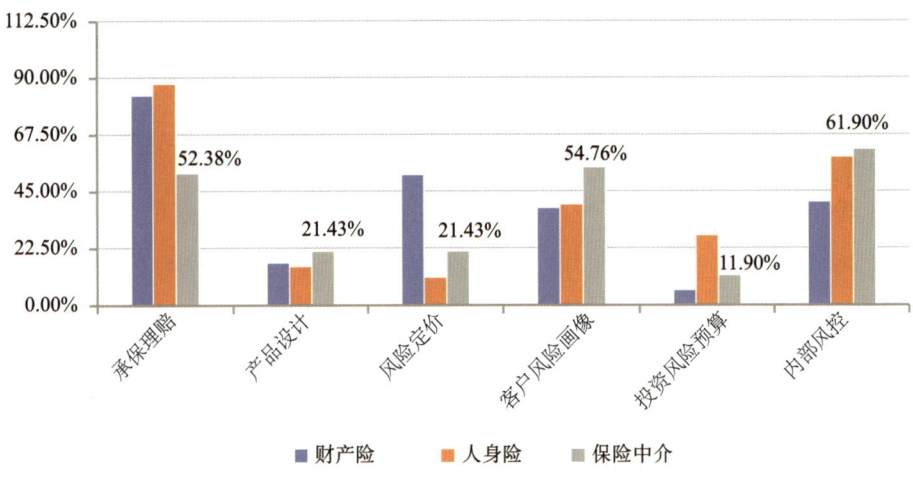

图 6-7 保险中介机构保险科技风险管理应用

三、基础设施状况

(一) 硬件设施以租用机房和采购设备为主，完全采用云计算的比率远超行业平均水平

以生产环境的硬件设备为调研对象，选择自建机房和租用机房的保险中介机构占比分别为 30.95% 和 57.14%，自建机房比例低于行业平均水平（36.28%）；选择采购和租用服务器等硬件设备的公司占比分别为 47.62% 和 40.47%，选择采购服务器的比例远低于行业平均水平（75.2%）（见图 6-8）。此外，约有 11.91% 的公司已经完全实现了云部署，完全云部署比例远高于行业平均水平（7%）。

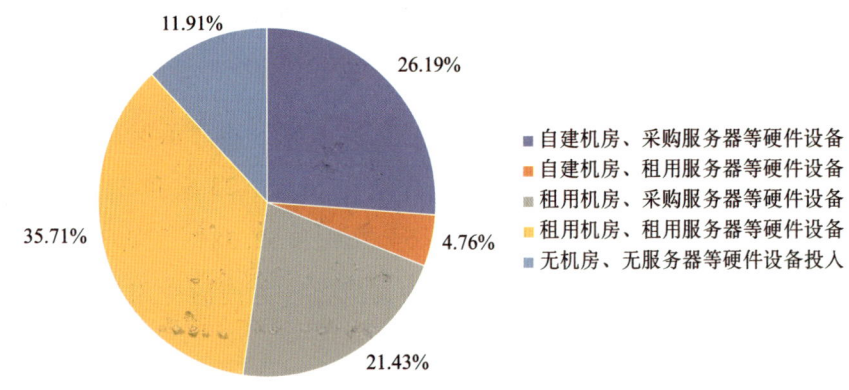

图 6-8 保险中介机构保险科技硬件基础设施

（二）采用云计算技术的比例为 88.09%，保险中介机构更倾向于公有云

42 家保险中介机构中，37 家已经采用云计算技术，仅有 11.91% 的企业暂时没有采用该技术的计划，保险中介机构采用云计算技术的比例达 88.09%。在已经采用该技术的企业中，使用公有云、私有云和混合云的企业在总体样本中的占比分别为 30.95%、23.81% 和 33.33%（见图 6-9）。在公有云和私有云方面，更多保险中介机构倾向于公有云，不仅使用公有云的占比超过私有云约 7 个百分点，而且在使用混合云的过程中，以公有云为主的机构也超过私有云 19 个百分点。

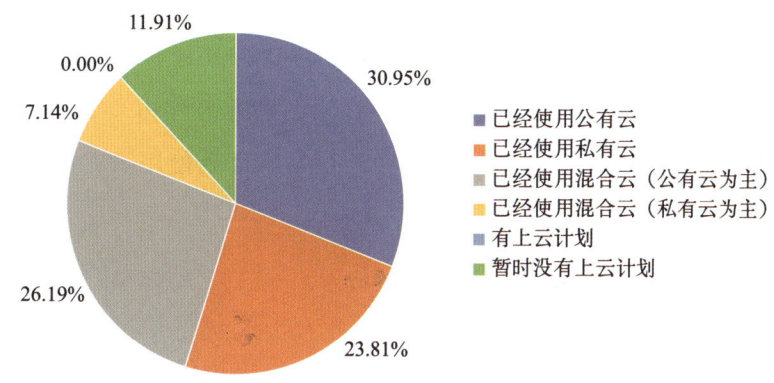

图 6-9 保险中介机构采用云计算情况

（三）保险中介机构采用云计算系统以"核心业务"和"销售及服务"占比最高

在 38 家已经采用云计算系统的保险中介机构中，有 33 家（占 86.84%）将"核心业务"部署采用云计算，有 32 家（占 84.21%）将"销售及服务"部署采用云计算，有 25 家（占 65.79%）和 22 家（占 57.89%）分别将"客户管理"和"综合管理"部署采用云计算，还有 18 家（占 47.37%）和 10 家（占 26.32%）分别将"财务管理"和"内控合规"部署采用云计算（见图 6-10）。此外，除"销售及服务"和"内控合规"外，保险中介机构采用云计算的比率均高于行业平均水平和直保公司。

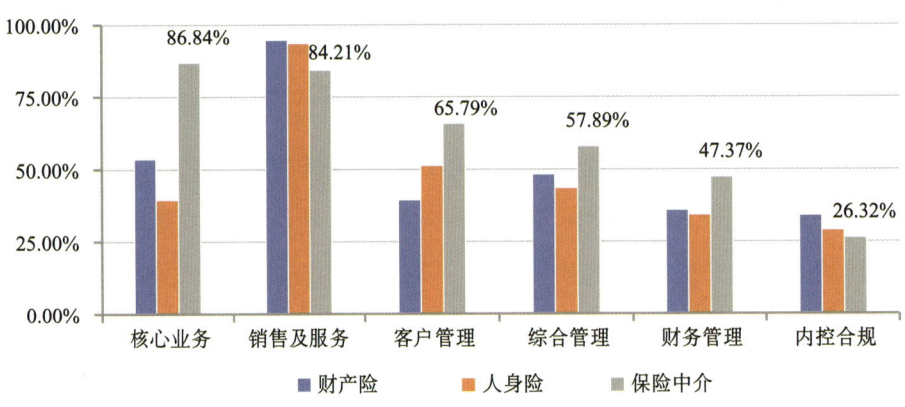

图 6-10　保险中介机构采用云计算系统分类

（四）63％的保险中介机构使用云灾备，使用率远超行业平均水平

41 家保险中介机构中（42 家参与调研的机构中有 1 家未反馈该项指标数据），26 家机构（占 63.41％）使用云灾备；10 家机构（占 24.39％）尚未使用，但已计划使用；5 家机构（占 12.20％）明确不计划使用云灾备系统（见图 6-11）。

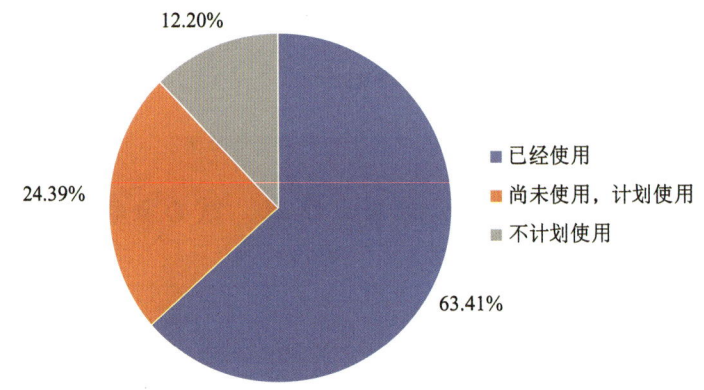

图 6-11　保险中介公司云灾备情况

（五）基础设施灾备系统使用率低于行业平均水平，"一主一备"占近四成

41 家保险中介机构中（42 家参与调研的机构中有 1 家未反馈该项指标数据），5 家机构（占 12.20％）未使用基础设施灾备系统，16 家机构（占 39.01％）采用"一主一备"的方案，还有 12 家机构（占 29.27％）采用"一主多备"的方式（见图 6-12）。

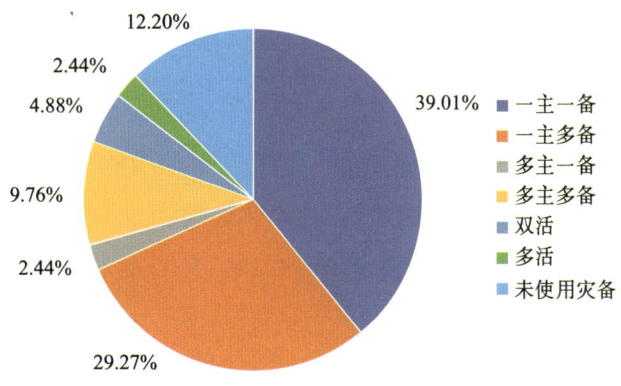

图 6-12 保险中介机构保险基础设施灾备使用情况

（六）保险科技来源以"自建/自研"为主，"自建/自研"占比超行业均值近 23 个百分点

42 家保险中介机构中，18 家采用了"第三方采购"的方式，占比为 42.86%，35 家采用了"自建/自研"的方式，占比为 83.33%，5 家对外进行"战略性投资"，占比仅为 11.90%。区别于行业整体以"第三方采购"为主的情况，保险中介机构以"自建/自研"为主，且"自建/自研"占比超行业平均水平（60.34%）近 23 个百分点（见图 6-13）。

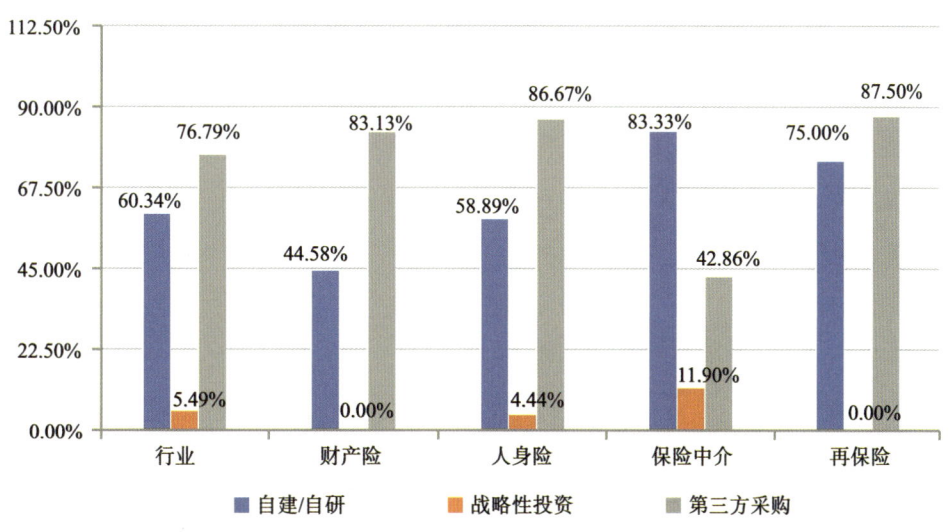

图 6-13 保险中介机构保险科技供给来源

(七) 近31%的保险中介机构已成立保险科技子公司，近20%的保险中介机构计划成立

42家保险中介机构中，目前已有13家（占30.96%）成立保险科技子公司；8家（占19.05%）尚未成立，但正在申请或计划中；15家（占35.71%）尚未成立，且未来不确定的；6家（占14.28%）目前明确不打算成立（见图6-14）。

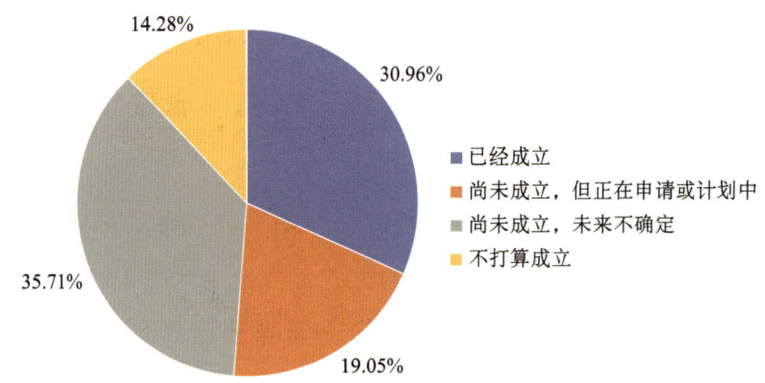

图6-14 保险中介机构保险科技子公司设立情况

(八) 6家保险中介机构已进行对外投资，7家正在寻找投资标的

41家保险中介机构中（42家参与调研的机构中有1家未反馈该项指标数据），6家（占14.64%）已经投资保险科技公司，7家（占17.07%）尚未投资但正在寻找合适标的，另外28家（占68.29%）尚未投资且未来也没有明确投资计划（见图6-15）。

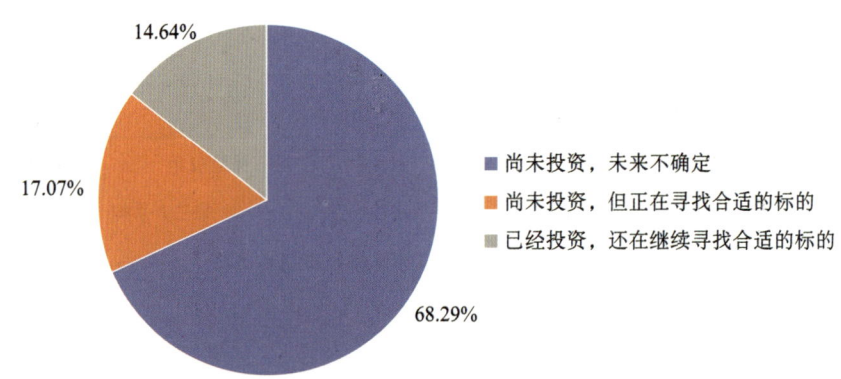

图6-15 保险中介机构保险科技对外投资情况

四、发展认知水平

(一) 保险科技 5 大应用趋势认知度高,"产业链重构"认知共识远超直保公司

保险中介机构对于未来 1—3 年保险科技 5 大应用趋势具有高度一致的认知,对于"内部运营自动化和智能化""客户画像成为基本业务流程""风险模型的预测功能对实际业务产生重大指导作用""数字经济的发展导致保险产品形态发生重大变化"和"保险产业链重构,保险公司部分核心业务外包"5 大趋势的确定性认知度达 88.10%,不仅超过行业平均水平 5 个百分点,同时也分别超过财产险(77.59%)10.51 个百分点、人身险(84.89%)3.21 个百分点(见图 6 – 16)。

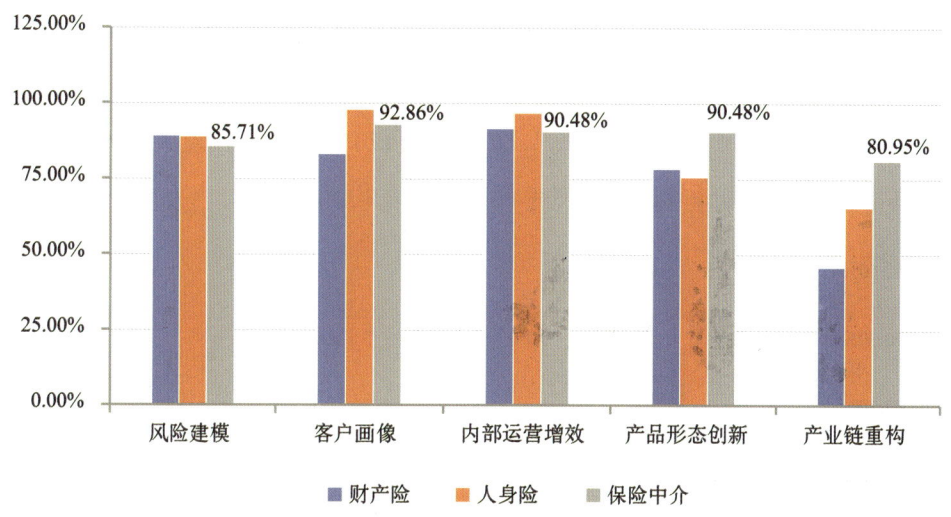

图 6 – 16 保险中介机构保险科技 5 大应用趋势确定性认知概率分布

42 家保险中介机构中,39 家公司(占比为 92.86%)认为"客户画像成为基本业务流程",分别有 38 家机构(占比为 90.48%)认为保险科技将在"内部运营自动化和智能化"和"数字经济的发展导致保险产品形态发生重大变化"方面得到应用,36 家公司(占比为 85.71%)认为将在"风险模型的预测功能对实际业务产生重大指导作用"方面,34 家公司(占比为 80.95%)认为将在"保险产业链重构,保险公司部分核心业务外包"方面。综上,"客户画像成为

基本业务流程"应用获得保险中介机构最高共识度,保险中介机构在"数字经济的发展导致保险产品形态发生重大变化"和"保险产业链重构,保险公司部分核心业务外包"方面共识度远高于直保公司。

(二)大数据、云计算、人工智能领域最可能实现突破,基因诊疗和隐私计算领域突破概率超行业平均水平

按照每项技术获得投票数在该项总票数上限(42票)中的占比计算,大数据、云计算、人工智能分列最可能实现突破技术领域前三位。42家保险中介机构中,33家机构(占78.57%)认为在"云计算,安全和稳定运营水平进一步提升"领域最可能实现突破,36家机构(占85.71%)认为是"大数据,跨界数据获取变得更加便利",19家机构(占45.24%)认为是"人工智能,从计算向感知和认知的高阶演进",6家机构(占14.29%)认为是"区块链,从先导概念走向实际产品",7家机构(占16.67%)认为是"物联网,应用于自动驾驶等领域并推动产生新的保险产品形态",6家机构(占14.29%)认为是"基因诊疗,广泛用于个体健康情况预测",10家机构(占23.81%)认为是"隐私计算:数据的共享和交易规则明确"(见图6-17)。此外,保险中介机构整体认为是基因诊疗和隐私计算的突破概率超过行业平均水平。

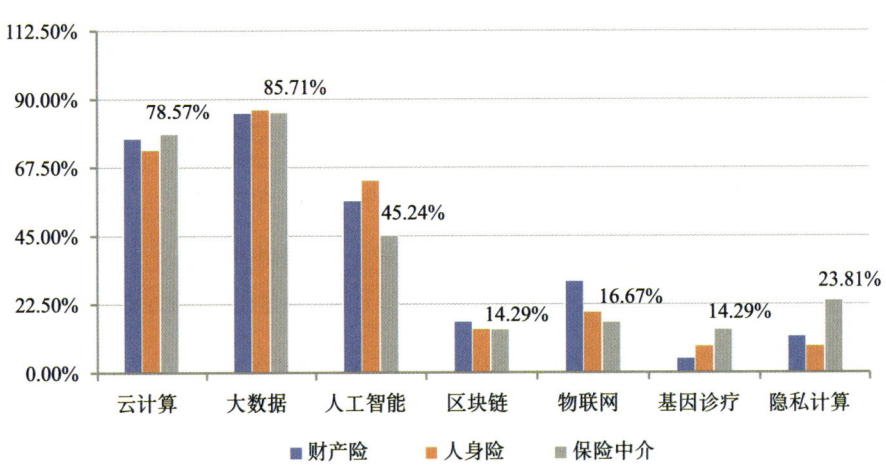

图6-17 保险科技层面最可能实现突破的领域

五、组织与机制建设

(一) 近九成机构具备明确领导架构,保险科技领导架构完整度优于行业平均水平

42家保险中介机构中,38家(占比90.47%)设立了实施保险科技战略的领导架构,其中,34家公司设置了CIO,"名义领导架构率"为80.95%;29家设置了KPI考核机制,"实际领导架构率"为69.04%(见图6-18)。保险中介机构的"名义领导架构率"和"实际领导架构率"均高于行业平均水平。

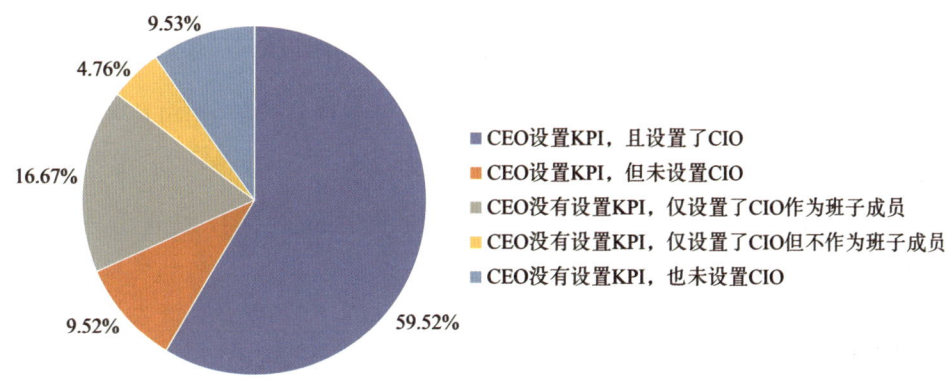

图6-18 保险中介机构保险科技领导架构

(二) 超九成公司设置保险科技组织架构,保险中介组织架构清晰度高

42家保险中介机构中,有10家(占23.81%)设置了"独立子公司",有14家(占33.33%)设置了"专门部门,为独立于IT部门的专设部门",有12家(占28.57%)设置了"专业部门,但和IT部门归属于同一部门",有5家(占11.91%)"无专门部门,且职责归属于具体部门",有1家(占2.38%)"无专门部门,且职责没有归属于具体部门"(见图6-19)。此外,保险中介机构具有"明确组织架构"的比例是85.71%,不仅高于行业平均水平,也高于财产险和人身险公司。

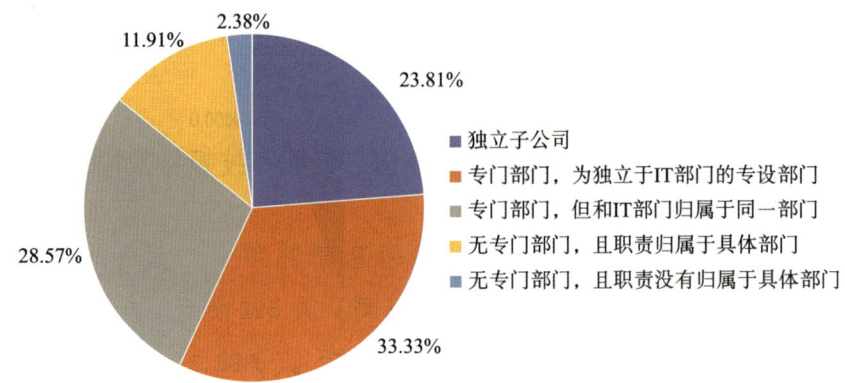

图 6-19 保险中介机构保险科技组织架构

(三) 保险科技绩效自我评价满意度超八成，保险中介总体满意度高于行业平均水平

保险中介机构对于本公司保险科技发展绩效总体持肯定态度。在 42 家保险中介机构 CEO 针对本公司的保险科技发展绩效评价中，5 家（占 11.90%）认为"非常满意"，30 家（占 71.43%）认为"基本满意"，仅 6 家（占 14.29%）认为"尚待提升"（见图 6-20）。保险中介机构保险科技绩效总体满意度（83.33%）高于行业平均水平（73.00%）。

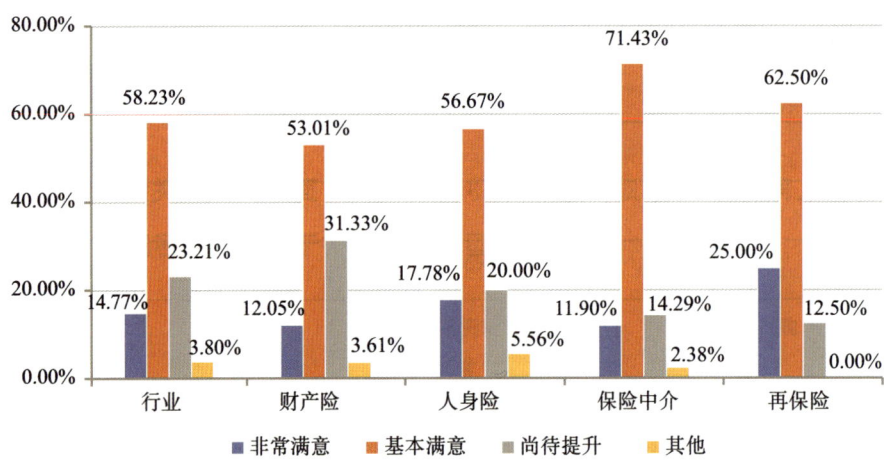

图 6-20 保险中介机构保险科技绩效自我评价

六、疫情应对及影响

(一) 疫情期间保险科技"客户触达"作用最显著,但对保险中介影响度低于行业平均水平

"抗疫复工"期间,保险科技对保险中介的影响主要体现在"客户触达"和"运营管理"两个方面。42家机构中有30家机构(占71.43%)认为保险科技的应用有助于新冠肺炎疫情期间实现"客户触达",22家机构(占52.38%)认为有助于"运营管理"效率的提升(见图6-21)。

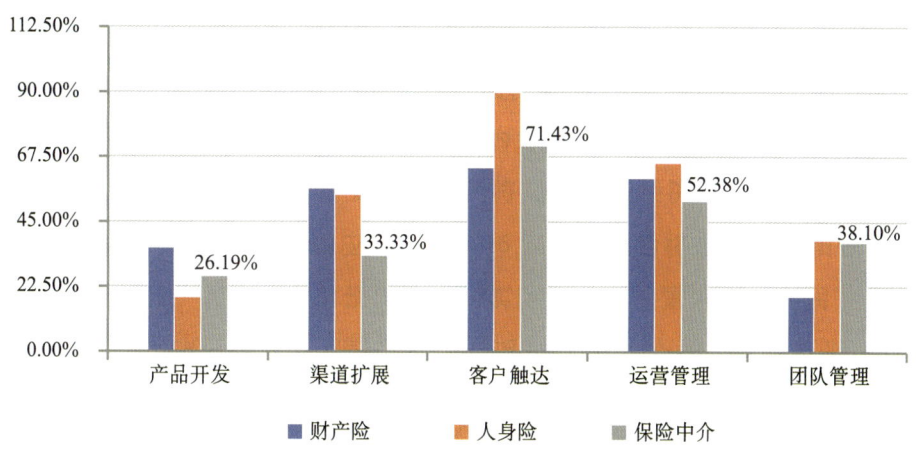

图6-21 疫情期间保险科技对保险中介的作用

此外,保险科技5项作用对于保险中介机构的平均影响度(44.29%)低于行业平均水平(49.37%),但"团队管理"对于保险中介公司的作用大于行业平均水平。

(二) 3大工具作用显著,流量型保险科技对人身保险发挥重要作用

新冠肺炎疫情期间,针对保险中介机构发挥突出作用的保险科技主要包括"远程会议""App"和"远程办公"等。42家保险中介机构中,33家(占78.57%)认为"远程会议"(如Zoom等)发挥了重要作用,22家(占52.38%)认为"App"发挥了重要作用,30家机构(占71.43%)认为"远程办公"(如钉钉、飞书等)发挥了突出作用(见图6-22)。此外,"远程办公"和"直播平台"在疫情期间对于保险中介的作用均大于行业平均水平。

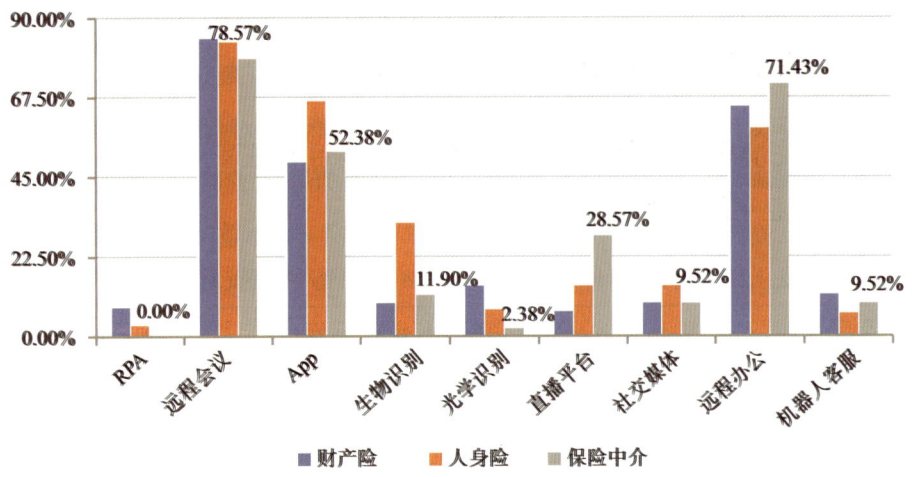

图 6-22 疫情期间针对保险中介突出发挥作用的保险科技

(三)"后疫情时代",机器人客服、App、远程办公和直播平台成为保险中介保险科技重点关注领域

"后疫情时代","机器人客服""App""远程办公"和"直播平台"成为保险中介机构保险科技重点发展领域。42 家保险中介机构中,18 家(占比为42.86%)认为"机器人客服"是重点发展领域,19 家(占比为 45.24%)认为"App"客户端是重点发展领域,另外,各有 13 家(占比 30.95%)认为"远程办公"和"直播平台"是重点发展领域(见图 6-23)。此外,保险中介公司对于社交媒体的关注度高于行业平均水平。

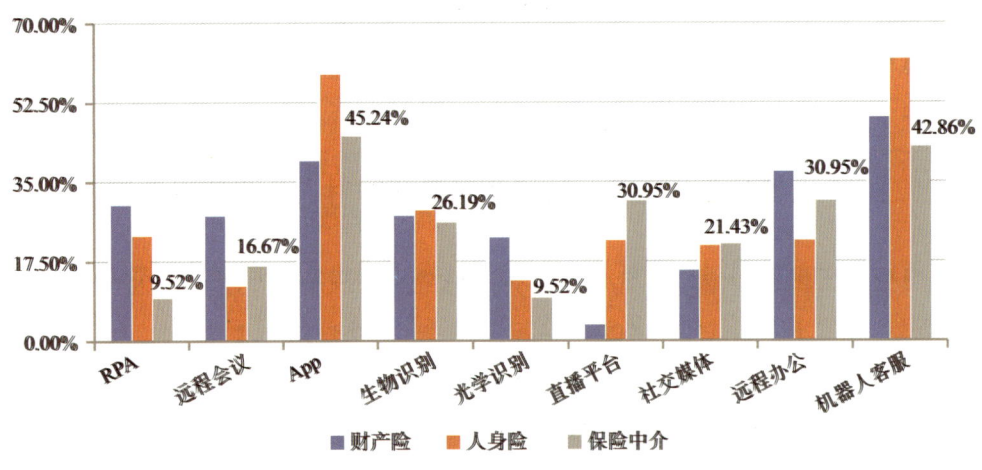

图 6-23 "后疫情时代",保险中介重点发展保险科技领域

第三节　应用实践

1984 年，中国人民保险公司正式从中国人民银行内部分离出来，大力开展银行兼业代理和农村代办业务，标志着保险中介行业开始萌芽。1992 年，美国友邦保险有限公司上海分公司成立，引入个人营销机制，带动个人代理人在中国市场的兴起，随之而来的是保险专业中介机构开始出现，中国保险中介市场开始进入多元化发展阶段，实现兼业代理与专业代理的同步发展。21 世纪初江泰、泛华、明亚、大童等保险专业中介公司先后成立，是保险中介发展的里程碑事件，行业专业主流人才与资本开始进入保险中介这一细分"赛道"。

人才和资本进入保险中介行业，恰逢互联网科技大发展的 20 年。相比传统保险公司，保险中介企业更加开放、创新、包容，依托新科技、新平台迎接重大发展机遇。这不仅仅体现在渠道拓展、客户服务、代理人赋能等方面，更体现在对传统商业模式所进行的全方位研究、探索、改造的积极实践上，以求在互联网、科技的助力之下，一种甚至多种既适合本公司发展，同时又适应市场需求的商业模式能够大大提升企业的经营效率、降低经营成本、提升企业效益。

一、模式创新应用

（一）流量运营型模式

随着移动互联智能终端的普及、社交线上化、短视频技术的发展，早在 2017 年就有一批保险中介企业关注到互联网平台巨大的线上流量为行业带来的发展机遇。彼时，小帮保险经纪、多保鱼保险经纪等一些公司开始探索：如何与互联网平台合作，如何从这些庞大的线上流量里获取保险意向客户，如何进一步将这些流量意向客户转化，如何持续为客户提供保险咨询服务等。

互联网流量平台打开了下沉流量及增量市场，为行业发展带来新的机会。但流量在手，真的能掌控所有吗？如何应对节节高升的流量费用？如何提升转化率？如何规模管理承接转化的服务顾问队伍？上述依然是保险企业需要克服并解决的主要难题。

（二）渠道分销型模式

渠道分销型保险业务企业，无论是慧择保险经纪、小雨伞保险经纪，还是梧桐树保险经纪等几乎都有一个共同点，即业务模式相对多样化。既有直接面对自然客户的保险电商交易，也有依托于代理人渠道的互联网业务，但其最主要的业务规模或收入还是来源面向渠道的分销业务。

依托旗下 B2B 互联网保险自营服务平台——齐欣云服，慧择保险经纪不但成为该"赛道"的头部企业，齐欣云服也成为首家输出基于保险交易全流程标准应用程序编程接口（API）的服务平台，通过该平台支持各类大、中、小企业客户端渠道的保险业务合作。齐欣云服整合上游各家保险公司接口，为下游保险持牌机构有针对性地提供标准数据接口和标准保险商品交易页面服务。与其合作的机构可根据自身经营资质，通过页面链接或数据对接，高效实现保险交易全链路流程。

齐欣云服提供的标准 API，为有销售能力但相对缺乏保险技术资源的企业提供系统性的科技赋能。合作机构无须与各家保司进行分别对接，仅通过标准 API 即可联网更多保险商品，既降低了企业的技术成本，也提升了行业资源整合、业务互联、数据对接的效率及便利化水平。

渠道分销型业务的开展，使得企业能够相对快速获得业务规模、提升渠道整合能力、获得客户行为偏好数据、促进产品创新。以慧择保险经纪为例，基于自身保险专业知识、精算能力和客户行为偏好研究的能力，选择与保险公司合作设计开发定制保险产品，自 2017 年慧择保险经纪第一款定制重疾险产品"慧馨安"上线以来，已经联合多家保险公司陆续打造了"达尔文""守卫者""芯爱"等多个"网红"重疾产品系列。再如，小雨伞保险经纪也在 2019 年联合保险公司推出"超级玛丽"系列明星保险产品。

（三）生态服务型模式

当前市场的各中介企业无论是传统的线下中介还是线上互联网中介，主要仍是作为保险公司和消费者间的桥梁，通过整合各家保险公司产品、匹配顾客需求，实现产销分离的专业化分工。然而，专业中介企业的能力不会止步于充当保险公司的分销渠道，中介的职能也不应仅仅只是居间撮合，下一步必定向内容更全面、细节更深入、领域更细分的客户保险服务发展，领先的专业中介平台也必定会逐步强化自身的综合服务能力，包括但不限于基于客户需求的保险咨询与方案定制、高净值客户个性化产品定制、医疗与健康服务接入、理赔服务、紧急救援、灾后重建等。通过服务内容的整合，形成的是一个开放的服务生态链，而这一生态链的构建基础是上下游产业链顺畅连通的大数据平台——不仅需要极具兼容性的数据对接系统承载海量的交易数据、行为数据、物联网信息，还需要各服务板块的数据具有多向的维度和可交换性，并形成智能化算法。

大童保险服务是市场上唯一一家正致力于客户保险服务生态链构建的企业。一方面，其通过自建、收购、整合、战略合作等多种途径为客户保险服务增加更多内涵、构建服务闭环；另一方面，其将全渠道客户服务能力支撑的数据中台建设作为公司核心信息化战略目标，来实现其内部已实施近4年的OMO（On-line - Merge - Offline）战略的迭代升级。

"中国保险不缺好产品，就缺好服务，无服务不中介"，大童保险服务强调以服务驱动销售，通过与客户建立服务关系，在售前、售中、售后、灾后各环节提供服务产品，通过服务转化销售机会。2019年8月1日，其向全社会首次发布了中国专业中介第一个服务产品——"童管家"，通过"科技+人"、线上线下融合的方式，为客户提供财富风险管理全生命周期的管家式服务。2020年、2021年，"童管家"再次进行了大规模升级，已实现方案咨询、方案定制、保单托管、好赔代办、健康医疗、全球救援、童益查、童享荟等服务内容。

二、渠道领域应用

（一）代理人

据银保监会数据，截至2020年底，保险中介行业有300万名从业代理人。如此大规模的队伍存在，无论是本身就主要依赖代理人渠道的传统保险中介，还是新型互联网保险中介，都对代理人渠道端给予持续的科技赋能投入，市场上面向代理人渠道的各类工具和创新应用层出不穷。经过对行业多家公司的App、小程序、公众号等代理人作业平台详细研究发现，代理人科技赋能主要集中在代理人的客户经营、学习成长、交易服务与组织发展4大作业场景。

1. 客户经营赋能

与传统的客户关系管理不同，中介行业众多企业在代理人和客户的互动与数据交互上投入了大力量，诞生了大量的创新应用。

微易保险经纪旗下App——"保险师"，长期深耕计划书领域的科技赋能，最新推出了计划书在线视频讲解功能。在代理人制作完成的电子计划书结果页上，可以便捷地一键建立在线视频会议室分享给客户，当双方都在线进入的时候，可以通过语音沟通保险方案，而生成的计划书则会以投屏的形式同步展示在双方的终端屏幕，并且支持双方互相标记、划重点、文字书写等，很好地应对了客户与代理人无法及时见面沟通的场景。

大童保险服务的"快小保"小程序则是率先推出了"小保听听"工具，"小保听听"的核心功能是有声文档制作，保险代理人可以通过"小保听听"来制作有声计划书，即将产品计划书、保障方案配上代理人的语音讲解，用清晰、高效、有温度的方式在线上帮助客户完成保险方案解读。保险产品、计划书、保单检视报告、海报图片、PDF文件、公众号文章等都可以被制作成有声文档，代理人可以用自己的声音或者AI合成语音来讲解文档，满足了一次讲解客户反复听、全家听的场景需求。无论是计划书的在线视频讲解，还是"小保听听"，等创新都推动了代理人与客户线上交流的模式从静默页面呈现时代向更有温度的音频和视频时代迈进。

大童保险服务的"快小保"小程序将其公司内代理人的展业工具平台"快保"App与微信生态圈打通，通过数据回流的方式帮助代理人获得所有分享内容客户的阅读时长、阅读次数等重要信息。该功能部分解决了代理人获客难题，也为代理人与客户的下一步交互提供了数据决策依据。

小雨伞保险经纪开发的"核保小智"，汇总了小雨伞平台在售的各家保险公司产品的核保规则，针对上百种常见疾病和体检异常情况，设置不同的问题，用户根据自身健康状况进行选择后，通过特定算法，在线实时且快速为其推荐可投保的保险产品。与"核保小智"相似，大童保险服务的"快核"在此基础上又向前迈进了一大步，建立线上化的"预核"系统。该系统的目标是制定"一个标准"（非标人群核保资料提交的统一规范标准）和"两个连接"（业务人员与保险公司核保师的连接、前置核保结论与实际投保过程中人工核保环节的连接)。无论是"核保小智"还是"快核"或者其他公司的智能核保工具,在帮助代理人提升非标客户投保体验的同时,降低了因未如实告知而带来的业务品质风险。

2. 专业成长赋能

2018年9月,大童保险服务旗下"快保"App上线面向行业所有保险从业者的线上学习平台——"学吧"。"学吧"对于代理人传统培训的改造,不是简单地将线下课程迁移到线上,而是致力于营造一个符合新媒体受众学习习惯的内容生产平台。

截至2020年末,"学吧"已上线各类视频课程5 000多节,知识领域从保险拓宽到投资、法律、财务、医学、心理学、人口学、管理学、婚姻法、劳动法、社交礼仪等,且绝大部分课程都来自大童保险服务的一线绩优营销代理人的讲授。同时,"学吧"推出的直播栏目邀请行业内外多位明星级专家定时直播,其中2020年共直播157场、观看人次超过300万。据"学吧"相关负责人反馈,在2020年新冠肺炎疫情最严重的三四月份,每次直播用户均能超过20万人次,而这些用户遍布于保险公司、中介机构等100多家企业,在帮助代理人群体提升个人专业素养的同时,创造了培训端的极致化人效比,真正实现保险垂直领域线上教育的产品化、系统化与品牌差异化。2020—2021年,"学吧"又持续推出"线上成长营""个人学习计划""人机对练"等专业生产内容(PGC)体系产品,以知识社区模式推动保险线上培训模式的进步。

3. 交易服务赋能

相对于主体保险公司,中介行业的保险产品交易基础设施一度非常落后,给代理人、客户在保险产品交易时带来极差的用户体验。为了出单,中介行业代理人需要下载安装各家保险公司的App或者关注众多的公众号、服务号,记住每家保险公司出单工具的登录账户与密码,而代理人在真正出单的时候,因为各家公司各类产品的交易界面、流程、规则的不同,经常会遇到各类疑难问题,部分代理人甚至产生了或多或少的交易恐惧,担心因为工具使用的原因导致客户投保失败。

在合作保险公司的支持下,众多中介企业依托移动互联技术的发展,推动中介行业交易基础设施持续改变,尤其是全国性保险中介企业如大童、泛华、明亚、永达里的交易基础设施已经完全做到了在线化、实时化、标准化。如,泛华的出单平台"懒掌柜"App可支持寿险、互联网险、车险等多险类实时出单；在保单进度上能随时查询当前投保单在保险公司的状态，以确保代理人能及时告知客户。

另外，永达里保险经纪的"E保"App还同步响应监管机构对部分省市的"双录"要求，将分散于各家保险公司出单工具内的"双录"系统做了统一集成与对接，进一步提升代理人的出单平台使用体验。

专注于车险领域的车车保险销售服务有限公司自主研发的"凌云""磐石""百川"3大系统直接连接保险公司和消费场景，解决了目前国内各财产险公司、各地承保政策变化频繁、定价/报价/核保/承保/查勘/定损系统差异等问题；同时，全方位覆盖众多互联网平台、汽车服务门店、保险从业者等生活场景和销售渠道，将交易和服务整合至云端，实现快速便捷的极致交易体验。

4. 组织发展赋能

近年来，许多保险公司、中介公司将吸引优质增员、培育高素质代理人团队作为核心策略，反映出寿险市场正从过去的粗放式扩张向提高准入门槛、差异分级管理过渡。

2020年5月19日，银保监会下发《关于落实保险公司主体责任加强保险销售人员管理的通知》《关于切实加强保险专业中介机构从业人员管理的通知》，旨在全面加强行业销售人员、中介从业人员个人管理与队伍管理，致力于推动个人营销渠道的持续深化转型及代理人的能力资质分级管理。可以说，建设高素质的新型营销团队已经成为监管部门与行业主体的共识。高素质人才能力提升与长期发展的成长环境，包括文化氛围、制度框架、平台流量，科技赋能是新兴营销团队建设的内在需求。

大童保险服务自主研发的DL（Data Light）项目将业务数据流、考核数据流、行为数据流实时传输到营销团队的各层级，使每一名代理人都能获取所需的业务数据，团队管理干部可通过移动终端实时调取个人收入、个人续期、考核及业务指标体检、荣誉活动、行为管理等经营作业流程信息，执行穿透式分析和实时管理。相对于传统的业务督导方式，DL项目不仅省去了数据提取、处理、分析的工作量，最大限度提升了管理效率，也强化了目标指向的准确性，使团队自主经营可以有效展开。

（二）线上门店

在线下获客难度越来越大，存量客户大量消耗的情况下，科技的发展为代理人将传统的线下拜访式营销转向线上门店式经营带来了更多可能。

明亚保险经纪的"700度"App上线了"个人门店"功能，与微信生态圈顺畅互通，从个人名片、团队风采、产品推荐、门店活动、访客数据等多维度，辅助代理人进行获客管理，对代理人所获取的客户信息，在获得客户授权的前提下，通过历史购买行为、人群特征、区域特征等，识别客户潜在保险需求及消费特征，并告知代理人辅助决策。

微易保险经纪通过推出"朋友圈""爆单名片""获客资讯"等组合功能来帮助代理人打造线上营销的个人阵地。

泛华保险自研的代理人智能行销系统将企业微信、公众号等实时聊天场景聚合于一体，帮助销售人员对多来源客户信息进行统一实时回复和管理，并能智能筛选出重要线索和信息，最大限度为销售人员提供展业依据，极大地减少了因消息冗余给销售人员带来的展业干扰和时间成本。此外，智能行销系统依托泛华保险的专业智能运营和优质内容创造团队，将微信生态的"1对1"聊天工具栏升级为数字化智能+聚合聊天工具栏，提供海量展业素材助力销售人员在行业获客难的背景下轻松获客，并提供多款需求分析和资产智能管理工具助力销售人员精准把控客户需求，一键分享在线完成客户转化。

（三）电网销

与传统拉网式强推销型不同，新型电网销业务打通网站、微信、App、短信、邮件、广告、小程序等营销触点，建立体系化的客户行为标签、来源标签、活跃度标签、内容标签等进而形成精准客户画像，借助客户画像后的多级分层、圈群分组进行意向客户筛选，从而更友好、更智能地进行个性化需求推荐。

新一站保险通过对海量用户保险数据的收集及整合，构建用户身份知识库和偏好知识库，并结合保险产品的消费者分析模型，捕捉消费者购买保险产品时的需求、认知偏好及习惯，实现对目标群体的精准识别和消费者行为的预测。针对锁定的目标用户，以多元化、多维度的产品展示帮助用户完成对产品的完整感知，保证保险营销的有效性与精准性。

元保保险经纪通过多套在线小工具进行用户基础信息、家庭状况、收入情况、健康状况、风险承受能力以及保险需求等数据的收集,并在此基础上构建了1 000多个用户标签,通过"千人千面"的分析为用户推荐适合的保险产品。在触达用户的方式上,元保保险经纪对于不同类型的用户,也能够针对"千人千面"使用短信、公众号等不同的手段进行触达,通过智能营销提升用户体验和转化效率。

三、服务领域应用

中介企业投入了大量的人力和物力,从售前、售中到售后围绕客户价值创造进行科技创新,具体包括服务内容的整合与创新、服务工具的智能化以及服务链条延伸等方面内容。

为解决传统理赔流程"痛点",让用户理赔更方便迅速,帮助保险公司核赔更准确,全面提升理赔效率,"腾讯微保"利用AI技术重新梳理了理赔服务环节,使核赔更智能。例如,理赔单证识别方面,在"腾讯微保"在线理赔流程中增加上传单证质量OCR识别功能,实现对模糊、不完整图片的识别,对理赔单证类型是否齐全的识别,提升上传单证质量,降低案件回退率,提升用户理赔体验。江泰保险经纪通过与保险公司进行系统对接、数据交换,实现了在线报案及转报案、在线理赔数据传输、结案数据传输等功能,大幅提升了理赔效率和客户满意度。在传统的续期、保全、理赔等客户服务之外,大童保险服务进一步延伸服务链条,其提供的旅行救援、医疗救援、道路救援等服务,直接将服务延伸到了客户"灾后重建"环节。

四、合规与风险应用

2021年1月,银保监会向行业印发《保险中介机构信息化工作监管办法》,在组织架构、信息系统建设、数据管理、安全防护、监督审查5大领域提出了中介机构信息化的具体要求,为保险中介行业整体提升信息化水平提供了政策依据和科学指导。

基于"信息化建设合规,不是压力,不是负担,而是绝佳的发展机遇"这一认知,中介行业在合规建设与风险管控方面做了大量的创新性尝试。

针对 2020 年银保监会发布《互联网保险业务监管办法》，要求非持牌保险机构不可以保险产品试算、对比等内容宣发。慧择保险经纪积极响应监管要求，利用自身科技优势，研发"智能内容审核系统"。该系统支持基于违规关键字的智能检索，并可实现风险等级预警、风险内容识别、一秒检索等合规风险智能提醒，保证合作企业内容宣发的合规性，切实维护保险消费者的合法权益。

英大长安保险经纪秉持对消费者负责的态度，利用技术优势，在"长安一家"电子商务平台上实现线上可追溯留痕，以合规、安全为前提，通过技术手段记录保险服务的关键环节，并长期存储在自有数据库内，确保服务可回溯留痕，让服务过程更加透明，维护消费者的合法权益。

"啄木鸟 PICUS 系统"是小雨伞保险经纪的智能风控模型，该模型结合业务目标驱动的从上而下流程和数据驱动的从下而上流程，从底层接入数据，通过评分卡的开发、评分机制给出策略监控意见。"啄木鸟 PICUS 系统"具有如下优势：第一，自定义策略流，作为互联网平台要与多家保险公司合作，每一家保险公司的规则都不同，自定义策略流可以部署在保险公司自己的线上核保前端，配上去就可以适配使用。第二，风控计划，包含两个决策：一是交叉决策集，其实质为规则引擎，通过规则引擎支持风险控制规则的复杂组合与计算，一个场景下的多套规则组合，称为一个决策集，结合线上用户多个交互场景，比较相应的决策集后给出一个用户风险评估分值，供使用方进行决策；二是给出可投保的额度建议。

第四节 挑战与机遇

一、主要挑战

（一）多方链接带来风险交叉传递

作为保险产业链上重要的一环，保险中介上接供应商，下连客户、代理人、车商、健康管理企业等，而保险科技的加持应用使产业融合，跨行业、跨领域、跨专业的交易更加活跃，业务通道的边界趋于模糊，任何一个环节的风险发生必然会带来交叉传递，给行业风险监管与应对带来重要挑战。

一是数据安全的风险。保险从最初的客户获取到交易和服务的提供是非常长的业务链条，往往涉及客户的家庭、户籍、财产、病例等众多重要敏感数据信息在多方之间的交互，而这种交互又常伴着参与各方的系统过度数据授权、过度获取、恶意截留，甚至篡改、盗卖等数据安全风险。整体来看，保险业目前数据安全性环境依然存在不足，无论是保险公司、中介还是第三方参与者，大多缺乏专门制度与有效规范，或即便有执行力也有限。

二是虚假宣传诱导销售的风险。移动互联技术、音视频、5G 等新技术新基建的发展，改变了传统保险纸质宣传方式，大量 H5 页面、短视频、直播等新事物以更便捷、更快速、更广泛、更有效的方式直抵客户，在有利于客户且有利于行业发展的同时，也不可避免带来了虚假宣传、"套路"营销、隐瞒关键信息、强制捆绑搭售等各种问题。如"首月 0 元""限时优惠"等现象在一些销售平台屡见不鲜，短时间内这些平台获得了保费或手续费收入，而客户被"套路"，主体公司则为潜在风险买单。

三是篡改甚至中断正常业务流程的风险。2013 年的"泛鑫事件"就是典型的篡改正常业务流程，私自截留保费，提供虚假投资协议。虽然该事件已经过去多年，也仅是个案，但对高速发展的中介行业带来了极其恶劣的影响。

（二）"保险＋科技"复合型人才匮乏

专业科技人才的引进与留存是保险中介行业科技创新面临的主要挑战之一。

相对整个保险行业来说，专业保险中介的发展极不平衡，有全国性的保险中介集团，也有大量偏安一隅的区域代理，在发展良莠不齐的环境下，优秀的人才很难进入行业，或者进入后也很难找到同路人，更多时候只能靠着初心与对未来的相信，孤独坚守。

保险中介机构天生是带着销售属性的，核心的盈利模式是代理费差，这就决定了绝大部分的中介进入市场初期，其战略资金投入基本都集中在前端销售和营销队伍的组建，较少关注售后服务、运营效率、科技创新。所以，资金投入的匮乏、公司战略的忽视，是科技创新型人才在中介企业经常会遇到的局面。

（三）基础科技应用落地能力欠缺

保险中介对云计算、大数据、人工智能、区块链等移动互联时代最前沿的新兴技术领域一直抱有很高的期待，期盼这4大新兴技术的应用落地能改善行业生态和创新服务模式。

相比其他几项新兴技术，云计算在整个中介行业的落地相对令人满意。主要体现在两个维度：一是有效降低了中介企业的IT成本；二是极大提升了技术架构的可靠性和高扩展性。以大童保险服务为例，其代理人的服务支持平台"快保"App服务全部部署在金融云上，大大降低了基础设施投入的初始成本，并且通过快速增加服务节点，很好地应对了2020年新冠肺炎疫情最严重时期的各种情况，"学吧"板块有完全超出预期的用户流量涌入。

大数据与人工智能在中介行业的落地目前主要集中在智能客服、客户营销、风险控制等少量业务场景。即便是在已落地的场景中，如智能客服，在多轮对话中对用户上下文的语义理解和通过深度学习自主产生的内容答案与用户实际期望还是存在较大偏差的。如何尽可能多地完成数据收集、结构化的存储分析、结合更多业务场景的算法智能化应用，依然有待全行业去更好地解答。

区块链是分布式数据存储、"点对点"传输、共识机制、加密算法等新型计算机技术的集合应用，具有"不可伪造""全程留痕""可以追溯""公开透明""集体维护"等特征，与保险行业基于合约的交易天然契合。但目前如何解决高耗能、高存储资源消耗、大规模交易处理效率低、公链私链的可信与互操作困难等依然是区块链技术层面需要攻克的主要难题，再加上中介行业本身区块链技术人才的匮乏，现象级区块链应用在中介行业的落地依然任重道远。

（四）长期投入对企业战略定力的挑战

从资本侧来看，与保险公司相较，绝大部分中介企业的资本实力弱、股东背景不强；从商业模式来看，中介核心盈利模式在于"费差"，而保险公司可以在"费差""死差""利差"间腾挪；从对技术的需求来看，中介作为产业链上的中间环节，需要通过连接各方的能力，直面用户体验的高标准需求；从技术应用落地的周期来看，一方面好的技术项目运营推广落地需要时间，另一方面技术落地后对业务、成本、效率的改善提升需要时间。所以，无论是资金侧，还是科技效能体现的长期滞后性，都会对企业的战略定力带来严重挑战。

二、面临机遇

（一）行业政策的正向引领

2020年12月14日，为规范互联网保险业务、有效防范风险，银保监会发布《互联网保险业务监管办法》，重点规范内容包括：一是厘清业务本质，明确制度适用范围；二是规定经营要求，强调持牌经营，互联网企业代理保险业务应获得经营保险代理业务许可；三是要求保险公司与中介机构做好服务衔接、数据同步和信息共享；四是在传统保险线上化转型过程中，要求压实保险公司的主体责任。《互联网保险业务监管办法》从业务层为中介行业科技创新指明了方向，即在合规的前提下，围绕线上化、数据化、服务、风险管理、健康管理、案件调查、防灾减损等方面进行创新，更为中介科技创新从顶层设计、技术基础上扫清了障碍，明确了困扰行业多年的中介机构与主体公司应数据互联互通、信息共享的问题。

2021年1月，为提高保险中介机构信息化工作与经营管理水平，构建新型保险中介市场，推动保险中介行业高质量发展，银保监会印发了《保险中介机构信息化工作监管办法》。

《保险中介机构信息化工作监管办法》共6章36条，对保险中介机构信息化工作提出了全面要求。一是规定保险中介机构的信息化工作机构职责、关联企业隔离要求、高管负责制度、信息化岗位要求、业务申请条件、分支机构管理、监管报送要求、突发事件报告等内容。二是提出信息系统建设要求，明确保险中介机构信息系统的基本功能、建设方式、外包管理、权限管理、数据录入、系统变更等要求。三是明确信息安全要求，对保险中介机构信息化工作的安全体系、等级保护、数据安全、个人信息保护、终端安全、教育培训等提出要求。四是规定保险中介机构信息化工作监督管理的有关内容，包括监管理念、监管分工、审查、现场检查、责任追究等，明确提出：不符合《保险中介机构信息化工作监管办法》要求的视为不满足《保险代理人监管规定》《保险经纪人监管规定》《保险公估人监管规定》对于信息化建设和管理的相关规定，不得经营保险中介业务。

《保险中介机构信息化工作监管办法》从科技创新的监管要求、工作制度、建设方式、安全要求等全方位为中介行业科技创新指明了发展方向，提供了有效的建设思路，明确了具体规范要求，将促使行业的科技创新发展走上正确的"快车道"。

（二）客户参与、交互意愿的提升

伴随着移动终端的普及、线上社交、知识社区的发展，国家政策的宣传引领，客户保险意识普及的时代已经基本结束，未来客户保单的选择将会由第一份转为第 N 份，同时将给客户带来从"有就行"到"更好更全"的选择变化。

保险主力消费者从"60 后""70 后"转为"80 后""90 后"，尤其是"90 后"作为伴随互联网成长的一代，他们的购买意愿将由被挖掘配合转为主动，保障诉求将由弱变强、由单一变为多元，决策路径将会由人脉转向多维（朋友圈、知识社区、自媒体等）。

客户需求的进一步释放、决策依据的多元、参与方式的改变、交易工具的在线化等，不但给中介行业的科技创新带来更多的机会，也将会带来更多的试错包容。

（三）资金与人才的丰富与能力提升

在当前保险业整体转型发展和进一步对外开放阶段，保险中介市场的结构、规模、功能将继续发生变化，消费者对保险产品的多元化需求及全面保障需求，是任何一家保险公司都难以独立满足的，这越发凸显保险中介行业在该方面的价值。

基于对保险业巨大发展空间和中介在产业链上的特殊价值，近几年大量社会资本和人才进入中介行业，让这一"赛道"的资金和人才数量与质量得到巨大提升。他们有的股东来自百度、阿里巴巴、腾讯、京东（BATJ）四大互联网公司，如微保、蚂蚁保险等；有的背靠传统保险系或金融集团，如太平洋保险代理、建信保险代理；有的从互联网保险公司走出来进入中介创业，如元保；有的是从传统保险企业走出来的创业者。正是这些来自于不同方向、不同"赛道"的资金与人才的进入，给中介行业带来了新的技术、新的思维碰撞、新的跨界与融合，将促使保险中介行业的发展发生质的改变。

三、趋势展望

（一）发展格局将深刻变革

在资本与人才的加持下，保险中介市场发展将提速，市场格局将发生深刻变化。无论是拥有先发优势的已有企业，还是后来进入者，科技赋能都能帮助其在品牌、业务运营、成本效率、用户体验等诸多维度建立竞争优势。

（二）市场主体将更趋专业化

在充分竞争的市场环境下，保险中介行业主体必将更好地厘清自身定位，围绕产品、渠道、客户、服务、生态链等各方面依托科技赋能进行创新，最终朝着专业化、集约化、精细化方向发展。

（三）代理人队伍将加快转型

保险中介行业将加快走出目前的保险销售及市场竞争较为封闭的状态，代理人将不断调整升级，向更专业化和职业化迈进，个人代理人可能加快向独立经纪人或专业保险规划师转型，其生产力将持续提升。因此，围绕代理人转型升级，代理人全工作场景的科技赋能将大有可为。

（四）销售渠道创新将更趋活跃

在互联网浪潮冲击下，在保险科技应用的推动下，保险中介机构将充分利用网络、大数据、基因检测、区块链、人工智能等技术手段，积极探索新型销售渠道，改革创新销售模式，使销售渠道向专属代理公司、电话销售、网络销售、直播销售、交叉销售等多元化发展，使销售模式更能贴近客户、更具灵活性、更为特色化，以创新增强销售能力。

（五）合作关系将进一步深化

保险中介势必将加强与保险公司的合作，探索更稳定的合作方式，共同制订合作的标准、目标，进而制订合作的长远规划、建立完善的系统连接、合作的约束机制，甚至可能酝酿出新的合作模式，共享行业成长成果。

四、发展建议

（一）发挥天然连接价值

作为连接客户、保险公司的第三方，围绕"连接"这一中介核心价值，科技可以帮助保险中介在"资源的连接""能力的连接""产品与渠道的连接""服务的连接"等多个链路上为客户提供更优的服务支持，为企业运营效率提升、成本控制提供更合理的解决方案。

例如，与保险公司相比，中介企业离客户、市场更近，更清晰客户个性化、多样性的需求，但其没有生产保险产品的资质与能力，而是通过与保险公司能力的连接，进行专属产品的定制，可以很好地匹配客户需求，并可以围绕客户需求收集、定制化产品的展示、更人性化的客户触达等场景进行创新。

（二）坚持专业化发展

专业化是保险中介的生存之本，关键是要建立什么样的专业化标准体系，走什么样的专业化道路，给予什么样的科技赋能，这是需要行业从业企业认真思考和探索的。

一是产品的专业。例如：帮客户货比三家，挑选更具性价比的产品；从家庭维度出发，通过产品、条款的灵活组合制订更具性价比的一揽子保障方案；基于对市场的熟悉、与用户的无距离接触、需求的洞察，协同保险公司一起进行产品创新的研究。

二是成本控制的专业。中介企业作为连接客户和保险公司的中间环节，如果这个中间环节只能带给客户价值，而不能减轻保险公司的负担，则其也是无法独立运作下去的。所以，中介企业必须以科技赋能来改善自己的营销、运营、培训、队伍管理等各环节的成本效率，以此降低保险公司的投入成本。

三是客户附加值创造的专业。中介企业在客户面前不能沦为简单的保险公司产品、服务的挑选者和搬运工，只有在整个售前、售中、售后服务、灾后重建等各环节，充分发挥自身能力为客户创造新的附加价值，才能赢得客户，跳开简单的费率竞争、比价竞争。

在行业持续树立专业第三方价值的时候，科技是当仁不让的选择，甚至在某些环节、某些场景，科技是唯一的选择。

（三）打造保险服务新基建

对于保险行业来说，保险产业链已经出现生产、销售、服务的新格局，其中保险服务作为全新领域和必要环节，必然会在其中发挥独特作用，以客户为服务对象，承接保险产品背后的长期服务功能，从而打造保险服务的新生态。

在科技驱动经营的当下，有远见的中介企业正逐步从保险产品分销商和渠道平台逐步转型成保险服务提供者，坚守客户主张和行业定位，围绕优化改善客户的体验，打造保险科技服务新基建和行业未来价值增长新引擎。

（四）实施差异化特色化战略

保险和科技的融合对保险业发展动能转换、产业升级起到了极大的推动作用。作为数字经济的重要载体，保险科技应用呈现颠覆性、跨界性、强关联性创新特征，真正振兴了整个保险业，使保险行业发展更具活力、可持续性和灵活性。

保险中介作为保险行业重要组成部分，在拥抱科技创新的同时，一定要结合自身股东资源、人才储备、资金投入、主营业务模式，清晰定位自身当前阶段的科技发展是以"改善型"为主还是"创新型"为主。对于"改善型"，应优先找到最佳契合点，集中精力干实事，匹配合适的业务场景用例，提升关键业务绩效；对于"创新型"，在开始投资和规模化扩展之前，必须先切实论证该创新用例的价值。很多情况下应强调的是微创新、微变异，而不是颠覆性的商业模式转型。

明确当前科技发展的方向选择之后，在具体执行路径上，多借势少对抗、多交流少闭塞、多尝试少拒绝、多参与少控制、多租少买、共生发展才是中介企业科技发展与投入的正确决策依据。

第七章
保险资管机构保险科技发展状况

本章针对我国保险资管机构保险科技发展实践进行阐述和分析,主要内容既包括对基于调研得出的关于保险资管机构在保险科技发展过程中认知、投入、应用、组织以及新冠肺炎疫情相关数据的分析,也包括对保险资管机构在保险科技方面的创新案例以及创新面临的挑战与机遇的分析,最后对保险资管机构发展保险科技提出相关建议。

第一节 情况概述

本节根据中国保险业协会调研内容完成编写,参与调研的保险资管机构共计18家。

一、科技投入

(一)信息科技投入规模和平均水平

2020年保险资管机构信息科技投入约12.67亿元[①],同比增长11.24%,增长幅度略低于直保公司。

从公司平均信息科技经费指标来看,保险资管机构平均经费为0.70亿元,低于直保公司平均水平,但高于小微型财产险和人身险公司。

(二)保险科技投入方向、意愿和满意度

在软件、硬件和人力3个大类中,保险资管机构软件投入占比最高,软件投入占比约51%;软件投入6大领域中,"核心业务"和"内控合规"集中度高。

保险资管机构保险科技投入满意度[②](88.89%)高于保险行业整体水平(81.43%);保险科技投入增加度[③](77.78%)高于保险行业平均水平(67.93%);未来3年保险科技投入年均增幅中位数高于行业平均水平。由此可

---

① 信息科技投入总量及公司平均数据均指18家保险资管机构。
② 见第二章第一节相关分类标准。
③ 见第二章第一节相关分类标准。

见，保险资管机构对保险科技已有投入满意度高，对未来投入意愿也高。

二、技术应用

（一）总体情况

按照保险资管价值链划分，保险资管机构保险科技已有14个应用方向，其中，"风险控制""投资运营""投资决策"和"综合管理"应用比例高。

按照技术方向划分，保险资管机构保险科技应用主要集中在通用型技术[①]方面；在专用型技术方面，保险资管机构仅在RPA方面有较高应用。

（二）重要领域应用

保险资管机构数字营销渠道以自有平台为主；"投资风险预警"和"信用评级及信用风险分析"是保险科技在保险资管机构风险管理领域的主要应用。

三、基础设施

（一）采用云计算情况

硬件方面，保险资管机构以自建机房和采购设备为主；采用云计算的比率（83.33%）高于行业平均水平（76.79%），云计算系统以私有云为主，采用云计算系统以"综合管理"占比最高；目前还没有保险资管机构完全实现云部署。

（二）灾备情况

保险资管机构云灾备使用率（27.78%）低于行业平均水平（46.84%）；基础设施灾备系统使用率（94.44%）高于行业平均水平（91.89%）。

（三）来源渠道

保险资管机构保险科技供给渠道中18家全部采用了第三方采购，其中有13

---

① 见第二章第一节相关分类标准。

家（72.22%）同时采用自建/自主研发，比例超行业平均水平（60.34%）；尚未成立保险科技子公司，仅 1 家机构对外投资。

四、发展认知

保险资管机构对于保险科技 5 大应用趋势共识度略高于保险行业整体水平，在产品形态变革方面的强烈预期是保险资管机构在保险科技应用趋势方面区别于保险行业其他类机构的主要特征。

由于业务类型的独特性，保险资管机构尚未在基因诊疗和物联网技术领域形成需求。但是，保险资管机构被认为在云计算、人工智能、隐私计算技术领域可能形成突破的概率居行业各类型机构前列。在与科技公司合作面临的主要挑战方面，保险资管机构对"信息系统的安全性和兼容性"的重视程度显著高于行业其他类机构。

五、人才队伍

（一）规模

2020 年，保险资管机构信息科技从业人员[①]为 624 人（同比增加 19.77%），外包人员为 1 207 人（同比增加 16.82%），信息科技工作人员[②]总计 1 831 人（同比增加 17.75%）；相对直保公司，保险资管机构在信息科技人才方面自有工作人员更多。

（二）平均情况

从公司平均信息科技工作人员数量来看，保险资管机构平均为 102 人，与保险公司信息科技工作人员规模差距比较明显。

（三）能力要素

在保险科技从业人员核心技能方面，保险资管机构对"技术人员的金融机

---

① 见第二章第一节相关分类标准。
② 见第二章第一节相关分类标准。

构从业经验"和"不断迭代的创新能力"的重视程度显著高于行业其他类机构。

(四) 队伍建设关键因素

在队伍建设关键因素方面,保险资管机构对"良好的公司文化"和"充分的授权和容错机制"的重视程度显著高于行业其他类机构。

六、组织架构

(一) 领导架构与组织架构

保险资管机构保险科技领导架构完整度基本和行业持平,组织架构明确度高于行业平均水平,由此可见,保险资管机构实施保险科技战略也在一定程度上存在"头轻脚重"的现象。

(二) 绩效评价

保险资管机构保险科技绩效自我评价满意度(77.78%)高于行业平均水平(73.00%)。

第二节 数据分析

一、科技投入指标

(一) 保险科技投入满意度为88.89%,投入增加度高于保险行业平均水平

18家保险资管机构中,13家机构(占72.22%)认为目前保险科技投入基本满足需求,且计划未来1—3年增加投入;3家机构认为目前保险科技投入基本满足需求,但投入将维持现有规模。两项合计保险资管机构保险科技投入满意度达88.89%,这一水平略高于行业平均水平(81.43%)。18家保险资管机

构中，14 家会持续增加保险科技投入，投入增加度约为 77.77%，高于行业平均水平（67.93%）。

（二）未来 3 年，保险资管机构投入增幅高于行业平均水平

未来 3 年，18 家保险资管机构中有 13 家机构（占 72.22%）保险科技投入年均计划增长 10%—30%（含），4 家机构（占 22.22%）年均投入计划增长 10%（含）以下，1 家机构（占 5.56%）年均投入计划增长 30%—50%（含）（见图 7-1）。保险资管机构未来 3 年保险科技投入年均增幅中位数高于行业平均水平。

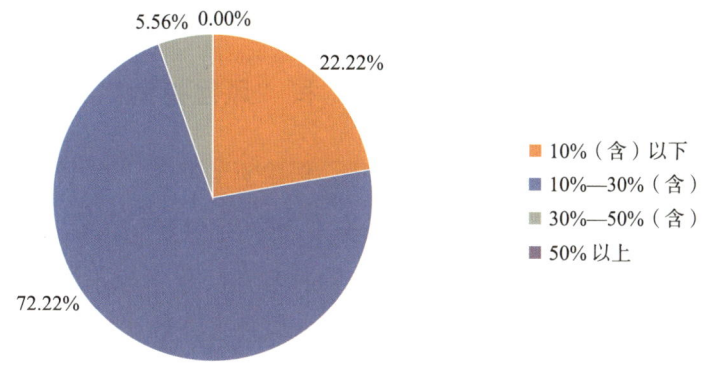

图 7-1　保险资管机构保险科技投入计划增长幅度

（三）软件投入比例最高，平均投入比例约为 51%

18 家保险资管机构中，16 家机构（占 88.88%）软件投入占比最高，各有 1 家机构在硬件和人力投入中占比最高，其中，软件投入占比最高的公司平均软件投入在保险科技投入中的占比为 51.00%（见图 7-2）。

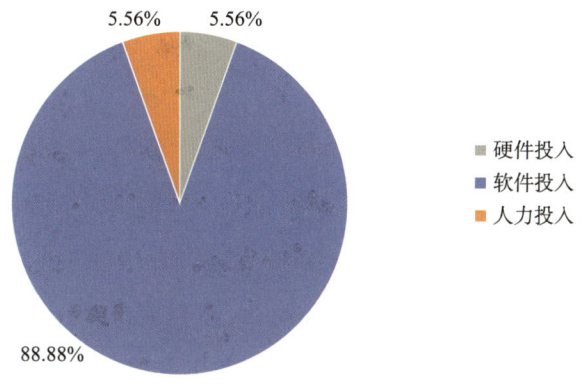

图 7-2　保险资管机构保险科技投入占比

（四）软件投入 6 大领域中，"核心业务"和"内控合规"集中度高

保险资管机构软件投入主要包括"核心业务"[①]"销售及服务""客户管理""综合管理""财务管理"以及"内控合规"6 大领域。其中，18 家机构都在"核心业务"有投入，15 家机构（占 83.33%）在"内控合规"有投入，各有 13 家机构（占 72.22%）在"销售及服务"和"综合管理"有投入，有 12 家机构在"财务管理"有投入，还有 10 家机构在"客户管理"有投入。保险资管机构在"综合管理""财务管理"和"内控合规"方面的投入比例超过行业平均水平。

（五）保险科技投入"投资决策"和"风险控制"领域占比最高

按照保险资管价值链划分，未来 1 年，保险资管机构共计划投入 13 个领域（见图 7-3）。其中，第一类是共识度不低于 50% 的领域，包括"投资决策"和"风险控制"，共有 11 家机构（占 61.11%）计划在"投资决策"领域重点投入，有 9 家机构（占 50%）计划在"风险控制"领域投入；第二类是共识度在 20%—50%（不含）的领域，包括"投资运营""另类投资"和"销售渠道"，有 7 家机构（占 38.89%）计划在"投资运营"领域投入，有 6 家机构（占 33.33%）计划在"另类投资"领域投入，有 4 家机构（占 22.22%）计划在"销售渠道"领域投入；第三类是共识度低于 20% 的 8 个领域，各有 3 家机构（分别占 16.67%）计划在"产品设计"和"监管合规"领域投入，各有 4 家机构（分别占 11.11%）计划在"交易执行""资产配置""经营分析"和"综合管理"领域投入，各有 1 家机构（分别占 5.56%）计划在"精准营销"和"投顾服务"领域投入。

二、技术应用方向

（一）保险科技应用达 14 个领域中，"风险控制""投资运营"和"投资决策"应用比例高

按照保险资管价值链划分，保险资管机构保险科技已有 14 个应用方向（见

[①] 保险资管机构核心业务系统指投资管理系统。

图 7-4）。其中，"风险控制""投资运营""投资决策""综合管理"和"另类投资"应用比例超过 10%，"销售渠道""监管合规"以及"经营分析"领域应用比例介于 5%—10%，其余领域应用比例则低于 5%。

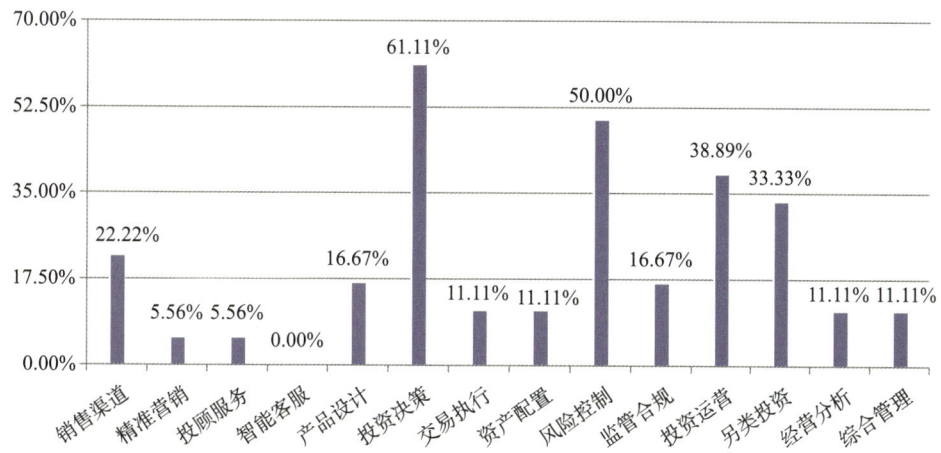

图 7-3 保险资管机构保险科技计划投入方向（按保险资管价值链）

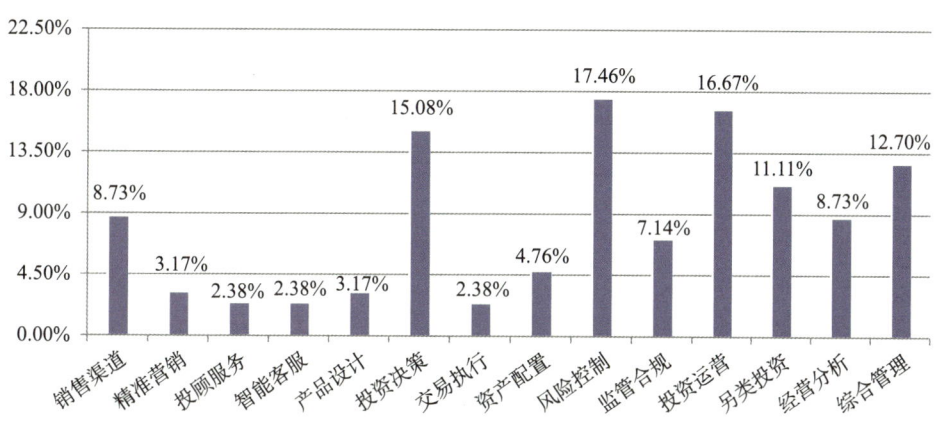

图 7-4 保险资管机构保险科技应用方向（按保险资管价值链）

（二）主要应用集中在通用型技术方面

保险资管机构保险科技应用主要集中在通用型技术方面，其中，在大数据技术应用最多，云计算、人工智能和移动技术应用比例次之。专用型技术方面，保险资管机构仅在 RPA 方面有较高应用。

(三) 数字营销渠道以自有平台为主

18家保险资管机构中,15家机构(占83.33%)使用了"自有平台"作为数字营销渠道,有6家机构(占33.33%)使用了"第三方平台",5家机构(占27.78%)使用了"微信小程序",4家机构(占22.22%)使用了"远程展业平台",各有2家机构(分别占11.11%)使用了"视频直播和私域流量"作为数字渠道(见图7-5)。保险资管机构对于"自有平台"的依赖程度远超保险行业平均水平。

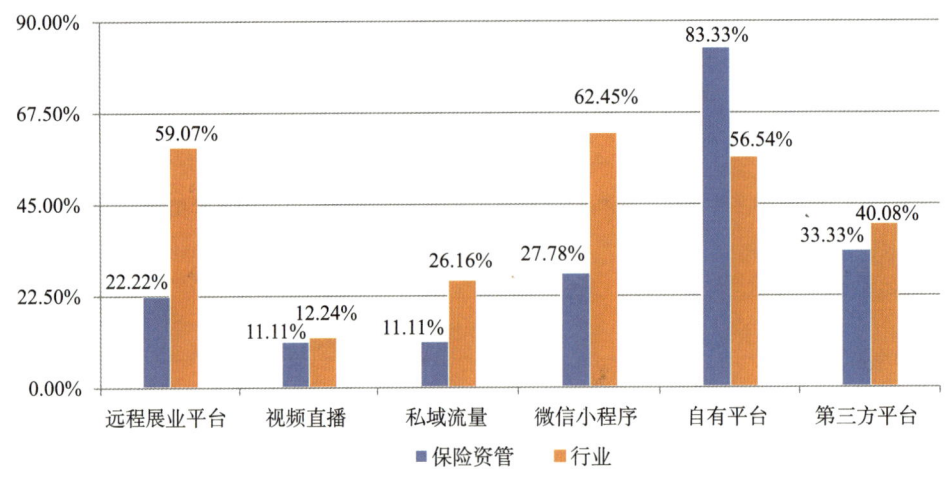

图7-5 保险资管机构数字营销渠道

(四) "投资风险预警"和"信用评级及信用风险分析"是保险资管风险管理的主要应用

18家保险机构中,"投资风险预警""信用评级及信用风险分析"和"投资组合分析"是风险管理的主要应用,分别有17家机构(占94.44%)、14家机构(占77.78%)和10家机构(占55.56%)在上述领域实现应用,此外,还有6家机构在"内部风控"方面应用,2家在"市场风险分析"方面实现应用(见图7-6)。

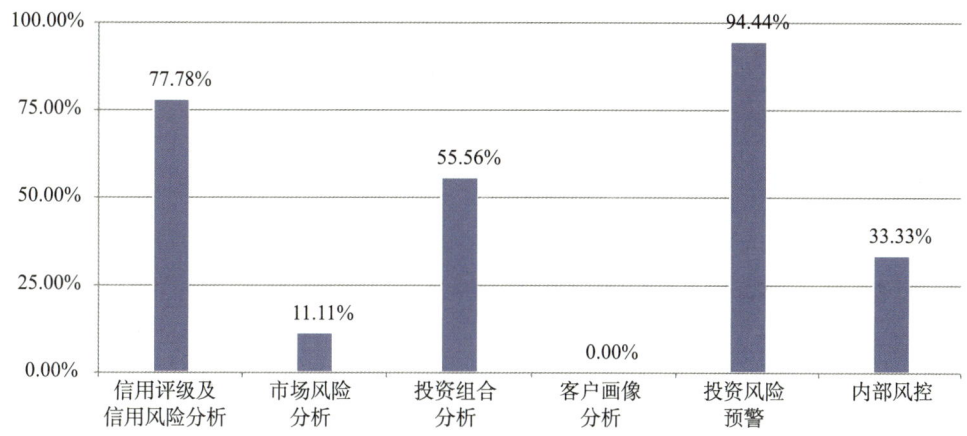

图 7-6 保险资管机构保险科技风险管理应用

三、基础设施状况

(一) 硬件设施,自建机房占 55.54%,采购设备占 100.00%

以生产环境的硬件设备为调研对象,18 家保险资管机构中,10 家机构(占 55.56%)选择"自建机房、采购服务器等硬件设备",8 家机构(占 44.44%)选择"租用机房、采购服务器等硬件设备"(见图 7-7)。此外,还没有保险资管机构完全实现云部署。

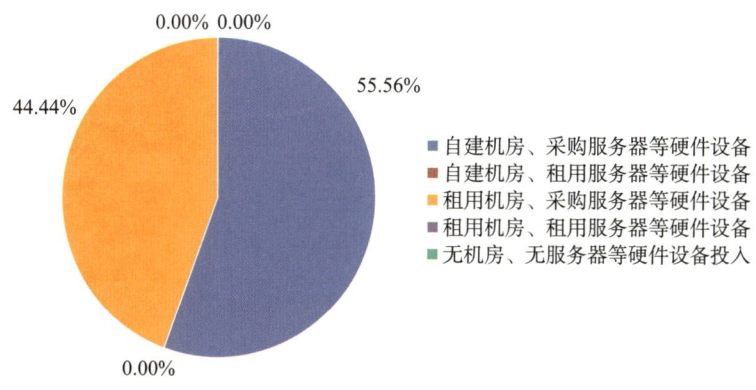

图 7-7 保险资管机构保险科技硬件基础设施

（二）保险资管机构采用云计算的比率为 83.33%，高于行业平均水平

参与调研的 18 家保险资管机构中，15 家已经采用云计算，采用云计算的比例为 83.33%，高于行业平均水平（76.79%）。在已经采用云计算的企业中，使用"公有云""私有云"和"混合云"的企业在总体样本中分别占 11.11%、44.44% 和 33.34%，"私有云"占据主导地位（见图 7-8）。在没有采用云计算的 3 家机构中，全部认为"安全因素"和"缺乏指引"是影响其采用云计算的主要因素，还有 1 家机构认为"缺乏适合的解决方案"是影响采用云计算的主要因素。

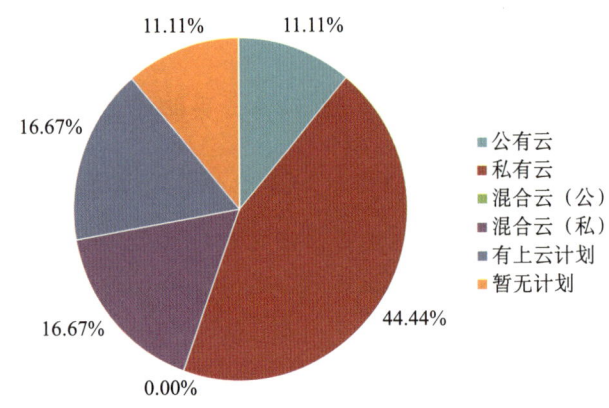

图 7-8 保险资管机构采用云计算情况

（三）保险资管机构采用云计算系统以"综合管理"占比最高

在 15 家已经采用云计算的保险资管机构中，有 10 家机构（占 66.67%）将"综合管理"部署在云上，有 5 家机构（占 33.33%）将"内控合规"部署在云上，有 4 家机构（占 26.67%）将"财务管理"部署在云上，各有 3 家机构（分别占 20%）将"客户管理"和"销售及服务"部署在云上，还有 2 家机构将"核心业务"部署在云上（见图 7-9）。保险资管机构"综合管理"云部署比例远高于行业平均水平。

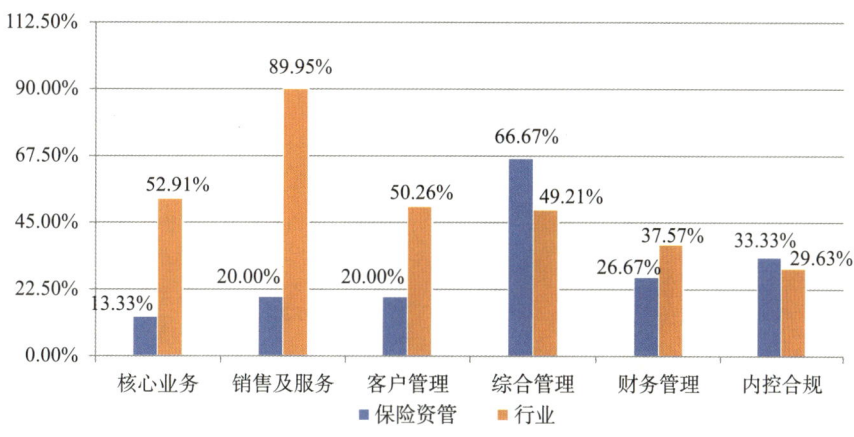

图 7-9 保险资管机构采用云计算系统分类

(四) 27.78% 的保险资管机构使用云灾备系统,使用率低于行业平均水平

18 家保险资管机构中,使用云灾备系统的机构仅有 5 家,在所有样本企业中占 27.78% (见图 7-10)。此外,各有 6 家机构"尚未使用,但已计划使用"或明确"不计划使用",还有 1 家机构云灾备方案由集团公司统一安排,保险资管机构云灾备系统使用率低于行业平均水平(46.84%)。

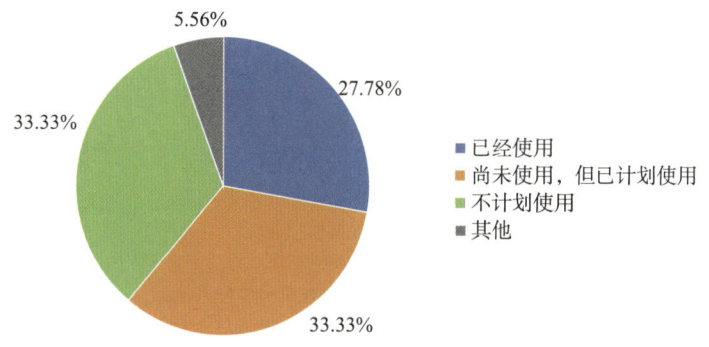

图 7-10 保险资管机构基础设施云灾备情况

(五) 95% 的保险资管机构具备基础设施灾备系统,半数机构采用"一主一备"

18 家保险资管机构中有 2 家未反馈该项数据在已经反馈数据的机构中仅有 1 家未使用基础设施灾备系统,有 9 家采用"一主一备"的方案(占 56.25%),各有 3

家机构（分别占 18.75%）采用"多主一备"或"双活"的方式（见图 7-11）。

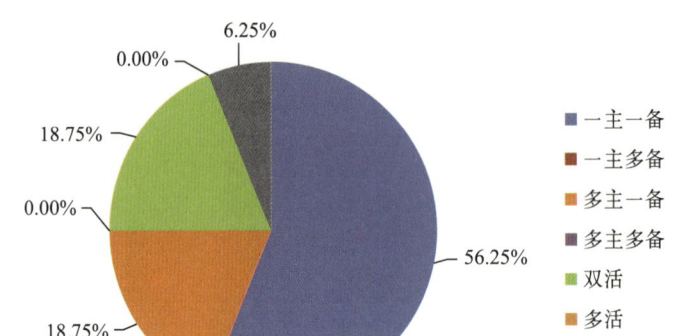

图 7-11 保险资管机构云灾备使用情况

（六）"第三方采购"占比最高，"自建/自研"比例超行业平均水平

18 家保险资管机构中，全部采用"第三方采购"的方式，其中 13 家（占 72.22%）也同时采用"自建/自研"的方式，1 家机构对外进行战略性投资（见图 7.12）。

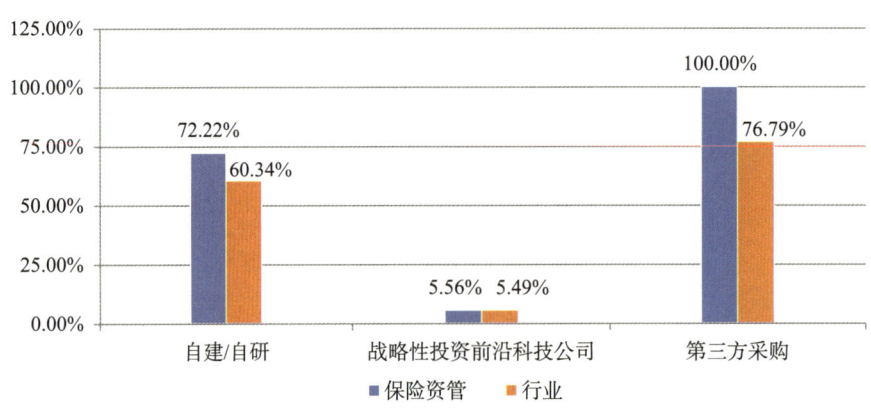

图 7-12 保险资管机构保险科技供给来源

（七）保险资管机构尚未成立保险科技子公司，仅 1 家机构进行对外投资

18 家保险资管机构均尚未成立保险科技子公司，也没有机构有明确的计划成立；18 家保险资管机构中，仅有 1 家机构进行对外保险投资，还有 2 家机构

虽尚未投资，但正在寻找合适的投资标的。

四、发展认知水平

（一）保险科技5大应用趋势认知度高，平均认知度略高于行业平均水平

保险资管机构对于未来1—3年保险科技5大应用趋势具有高度一致的认知，对于"内部运营自动化和智能化""数字经济的发展导致保险资管产品形态发生重大变化""客户画像成为基本业务流程""风险模型的预测功能对实际业务产生重大指导作用"和"保险产业链重构，保险公司部分核心业务外包"5大趋势的确定性认知平均值达85.56%，略高于行业全体样本（83.12%）。

18家保险资管机构中，全部机构都认为保险科技将在"内部运营自动化和智能化"方面产生应用，有17家机构认为将在"数字经济的发展导致保险资管产品形态发生重大变化"得到应用，各有16家机构认为将在"客户画像成为基本业务流程"和"风险模型的预测功能对实际业务产生重大指导作用"方面产生应用，有10家机构认为在"保险产业链重构，保险公司部分核心业务外包"得到应用，在产品形态变革方面的强烈预期是保险资管机构在保险科技应用趋势方面区别于保险行业其他类机构的主要特征（见图7-13）。

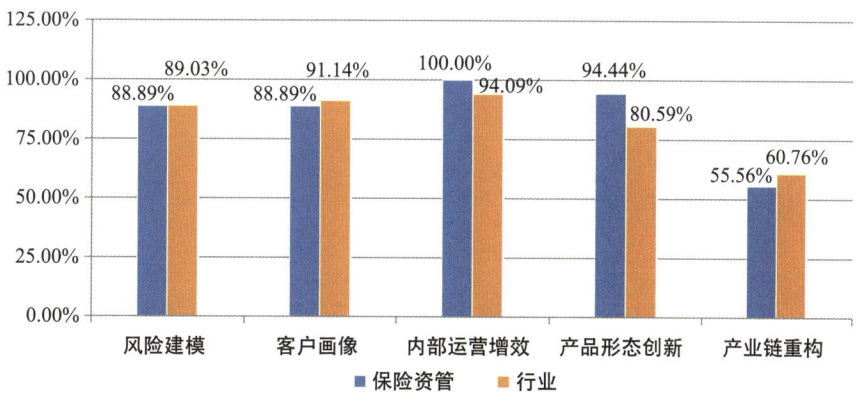

图7-13 保险资管机构保险科技5大应用趋势确定性认知概率分布

（二）大数据、云计算、人工智能领域最可能实现突破，区块链领域突破概率超行业平均水平

按照每项技术获得投票数在每项总票数上限（18 票）中的占比计算，大数据、云计算、人工智能分列保险资管机构保险科技最可能实现突破技术领域的前三位（见图 7－14）。其中，有 17 家机构（占 94.44%）认为最可能实现突破的是"大数据，跨界数据获取变得更加便利"，有 16 家机构（占 88.89%）认为是"云计算，安全和稳定运营水平进一步提升"，有 13 家机构（占 72.22%）认为是"人工智能，从计算向感知和认知的高阶演进"，1 家机构（占 5.56%）认为是"区块链，从先导概念走向实际产品"，4 家机构（占 22.22%）认为"隐私计算"应用有望获得突破。

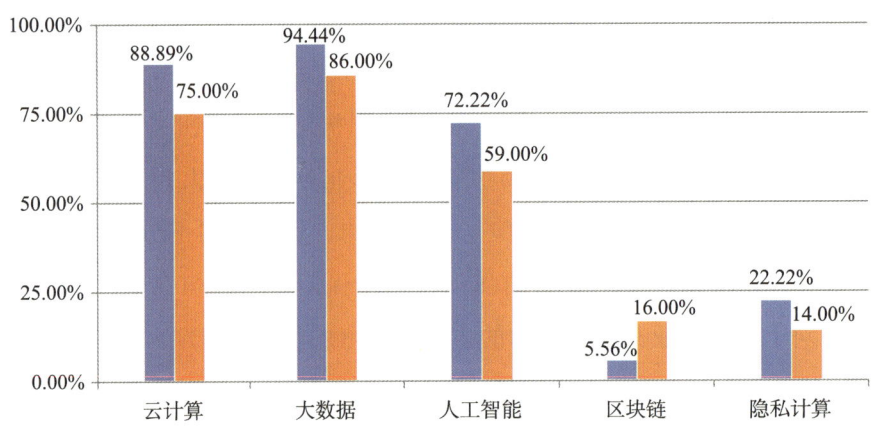

图 7－14　保险科技在保险资管最容易突破的领域

五、组织与机制建设

（一）近九成机构设置了保险科技领导架构，领导架构完整度基本和行业持平

18 家保险资管机构中，16 家机构（占 88.89%）设立了各种实施保险科技战略的领导架构，其中，有 9 家机构（占 50%）设置了"名义领导架构"，7 家机构（占 38.89%）设置了"实际领导架构"，低于行业平均水平（68.78% 和

40.93%)(见图7-15)。

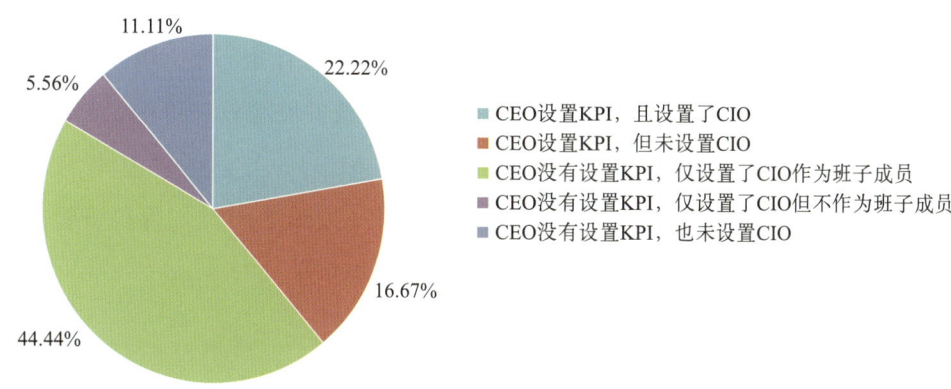

图7-15 保险资管机构保险科技领导架构

(二)超九成机构设置了保险科技组织架构,组织架构明确度高于行业平均水平

18家保险资管机构中,均没有成立保险科技子公司,有17家设置了各种形式的组织架构实施保险科技战略。其中,3家机构(占16.67%)设置了"专门部门,且独立于IT部门",10家机构(占55.56%)设置了"专门部门,且和IT同属一个部门",4家机构(占22.22%)"未设置专门部门,但职责归属于具体部门"(见图7-16)。保险资管机构保险科技组织架构明确度(72.22%)高于行业平均水平(62.03%)。

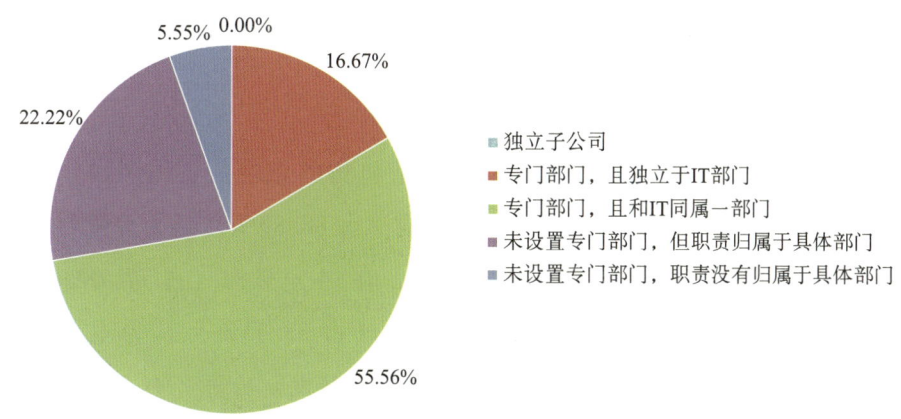

图7-16 保险资管机构保险科技组织架构

(三) 保险科技绩效自我评价满意度高于行业平均水平

保险资管机构对于本公司保险科技发展绩效总体持肯定态度。在 18 家保险资管机构首席执行官（CEO）针对本公司的保险科技发展绩效评价中，3 家机构（占 16.67%）认为"非常满意"，11 家机构（占 61.11%）认为"基本满意"，另外有 4 家机构（占 22.22%）认为"尚待提升"（见图 7-17）。保险资管机构保险科技绩效满意度（77.78%）高于保险行业平均水平（73%）。

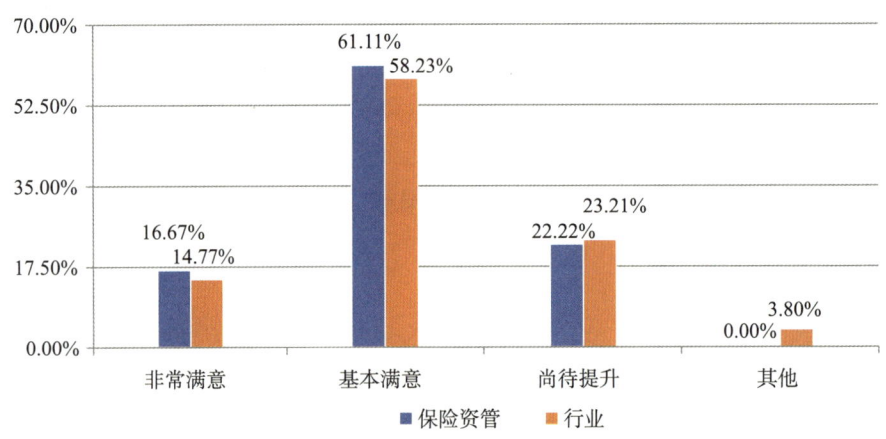

图 7-17　保险资管机构保险科技绩效自我评价

六、疫情应对及影响

(一) 疫情期间保险科技在"运营管理"和"团队管理"方面作用最显著

"抗疫复工"期间，保险科技对保险资管机构的影响主要体现在"运营管理"和"团队管理"方面，分别有 16 家机构（占 88.89%）认为保险科技对保险资管的影响主要体现在"运营管理"方面，有 14 家机构（占 77.78%）认为主要体现在"团队管理"方面，有 6 家机构（占 33.33%）认为主要体现在"客户触达"，有 3 家机构认为主要体现在"产品开发"方面，有 2 家机构认为主要体现在"渠道扩展"方面（见图 7-18）。

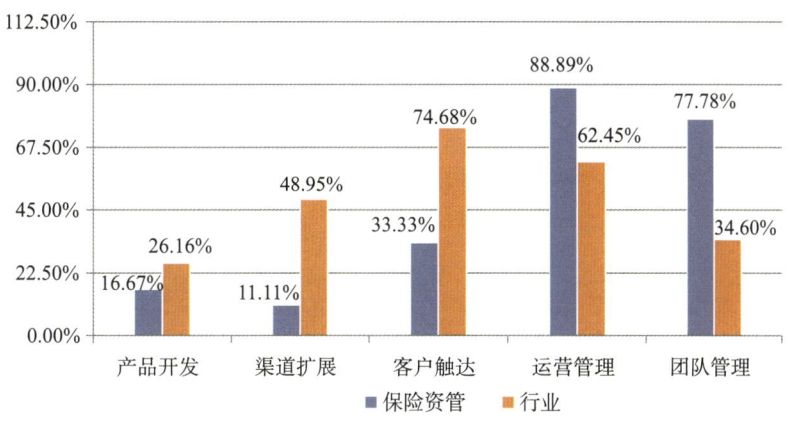

图 7-18 疫情期间对保险资管机构发挥突出作用的保险科技

(二)"远程会议"和"远程办公"在疫情期间发挥重要作用

新冠肺炎疫情期间,针对保险资管机构发挥突出作用的保险科技主要为"远程会议"工具和"远程办公"平台(见图 7-19)。其中,18 家机构全部认为"远程会议"工具(如 Zoom 等)在疫情期间发挥了重要作用,12 家机构(占 66.67%)认为"远程办公"平台(如"钉钉""飞书"等)发挥了重要作用。此外,有 6 家机构(占 33.33%)认为各种"App"对于发挥重要作用,4 家机构(占 22.22%)认为"生物识别"发挥了重要作用,各有 1—2 家机构认为"RPA""光学识别""直播平台"和"社交媒体"也发挥了一定作用。

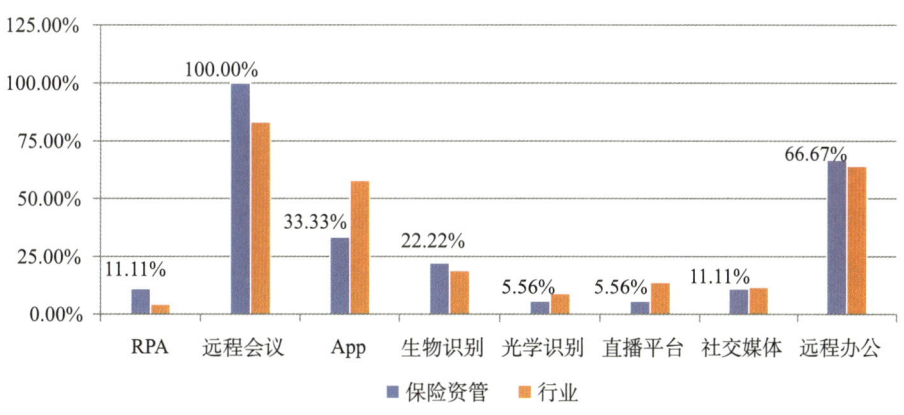

图 7-19 疫情期间保险科技对保险资管的作用

（三）"后疫情时代"，"远程办公"和"RPA"成为重点关注领域

"后疫情时代"，保险资管机构保险科技重点发展领域中，有13家机构（占72.22%）关注"RPA"，有12家机构（占66.67%）关注"远程办公"，7家机构（占38.89%）关注"远程会议"，5家机构（占27.78%）关注"光学识别"，4家机构（占22.22%）关注"生物识别"，有3家机构和1家机构分别关注"App"和"社交媒体"（见图7-20）。

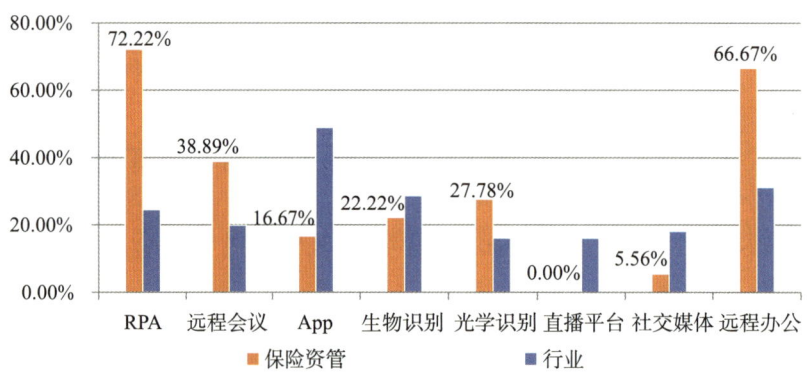

图7-20 "后疫情时代"，保险资管重点发展保险科技领域

第三节 应用实践

保险资管机构的科技创新主要体现在系统建设和服务输出两方面。其中，系统建设指的是针对保险资管各个业务环节通过针对性开发系统的方式为业务赋能，服务输出则指的是信息科技部门针对保险资管其他业务流程提供技术服务的活动。

一、管理平台建设

现阶段，诸多保险资管机构大力推动金融科技变革，为实现转型的价值目标，挖掘科技与人、机器与人相互交互、相互融合的能力体系建设，通过专用系统开发持续发力，主要体现在以下5个应用场景。

（一）全流程的投资管理

保险资管机构在发展的过程中，诸多机构已经先行尝试建立了业务管理平台，支持业务快速发展，但受制于资源投入有限、厂商垄断等因素，此前存在系统"烟囱式"建设现象。随着保险资管行业规模持续增大、业务日趋复杂，由于系统间流程不通、数据割裂等诸多问题导致的管理难度提升的现象逐渐显现。部分大型保险资管机构在统一数据、统一流程、统一界面等层面先行尝试，致力于打造覆盖全资产、打通全流程的一体化投资管理平台，助力业务高速发展。

案例 7-1

国寿资产打造覆盖投资全流程，统一数据、统一流程、统一界面的一体化投资管理平台

（1）建设背景

为落实中国人寿"重振国寿"战略部署，中国人寿资产管理有限公司（以下简称国寿资产）明确了"全面提升面向市场的核心能力，建成中国领先、国际一流的资产管理机构"的战略目标，并于2018年3月正式启动CLIMB（China Life Investment Management workBench）平台建设。

CLIMB平台是一个统一数据、统一流程、统一界面的一体化投资管理平台，包含运营管理、组合管理、流动性管理、风险管理、信用管理、另类投资管理等业务领域的40余个专业子系统，管理资产规模超过4.2万亿元，用户覆盖中国人寿系统内600余人。CLIMB平台为国寿资产的发展提供了功能全面、技术领先，与业务紧密融合的数字化平台，支撑和促进公司业务发展，为各类客户提供综合全面的资产管理服务。

（2）技术架构

为解决传统系统建设模式存在的问题，国寿资产自主设计并实现了一套以数据为中心，统一环境、统一标准、统一质量、统一数据、统一流程、统一权限、统一界面的开放技术框架，推动供应商打破以产品为中心的建设方式，实施开放战略，由多家供应商在CLIMB平台的技术框架和研发规范上，以微服务

的模式完成平台各子系统建设，形成一体化的投资管理平台（见图7-21），实现了国寿资产与科技供应商资源的有效整合利用。

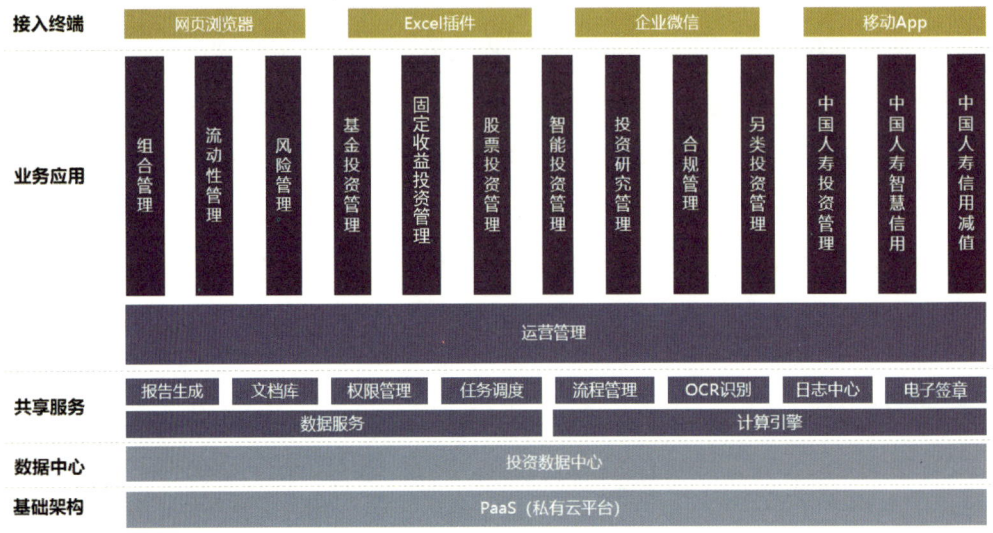

图7-21 CLIMB平台系统架构

（3）建设内容

CLIMB平台集中了国寿资产85%以上的投资数据，为公司投资管理过程中的不同角色的用户提供"一站式"、全流程的系统支持；为投资经理提供受托资产分析、流动性管理、委托管理、账户分析、组合分析以及收益测算等功能；为运营人员提供系统化的日常运营管理自动化工具，提升运营效率，降低操作风险；为风险管理人员提供风险评估、合规管理、信用管理等功能，提升主动风险管理能力；为另类投资人员实现另类投资投前、投中、投后全流程一体化管理。

A. 组合管理。组合管理系统初步实现了以账户为核心，以自上而下组合管理为枢纽的，涵盖委托管理、资产配置、收益预算、流动性管理、账户管理、投资组合管理、收益归因的全价值链、全流程、全业务、全视角、全直通的资产管理系统，为投资管理体系提供了标准化、流程化和智能化的系统支持（见图7-22）。

B. 运营管理。运营管理平台是CLIMB平台上首个建成并投入应用的业务系统，涵盖资金清算、资产核算、数据管理、统计信息服务等运营管理各环节共31个功能模块（见图7-23）。运营管理平台同时也是运营数据流转体系的中继器，推动了内部管理、客户服务、监管报送等方面运营服务能力的提升，提高了日常运营工作效率，承担了数据质量保障、运营风险管控的职责，已经成为运营工作的操作和服务中心。

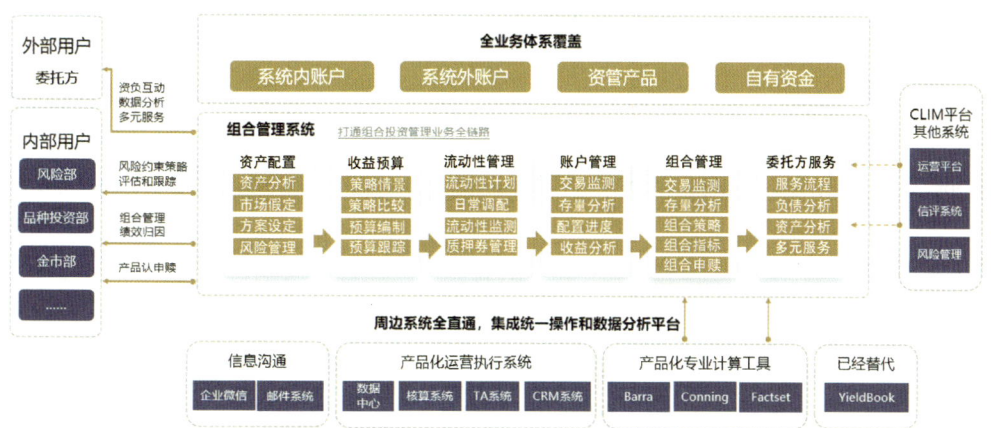

图 7-22　CLIMB 平台组合管理功能架构

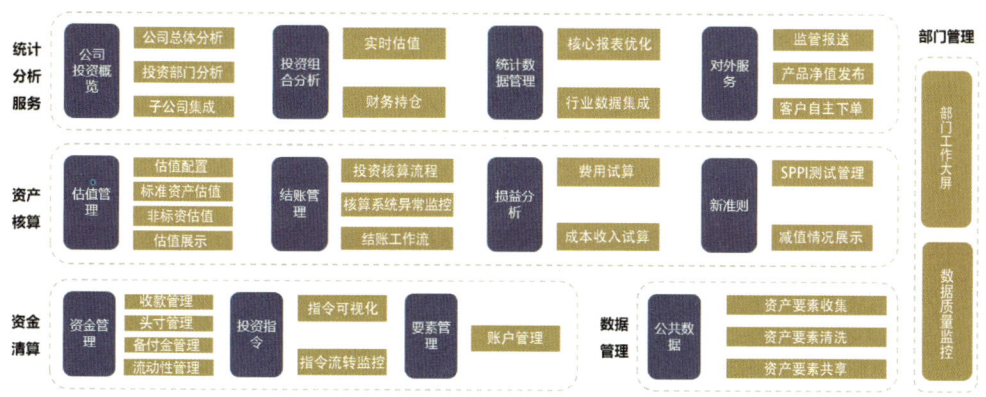

图 7-23　CLIMB 平台运营管理功能架构

C. 信用管理。中国人寿智慧信用系统（以下简称国寿智信）整合完善了国寿资产原有的信用评级、信用分析、ABS 评级、限额管理等系统，服务中国人寿集团、寿险、资产、财险、养老险、国寿投资 6 家中国人寿系统内单位，为全集团提供了统一的覆盖评、管、控、研的信用管理系统，打造了全集团统一的信评体系（见图 7-24）。

D. 风险管理。CLIMB 平台先后建成风险指标分析、RPS（Risk Pyramid System）模型分析及投资合规管理等系统，通过运用现代化信息技术，可以及时追踪风险变化、精准定位风险来源、全面了解公司风险情况，为公司制定调整风险政策、投资决策提供了重要依据，有效支持了国寿资产全面风险管理工作（见图7-25）。

图7-24 CLIMB平台信用管理功能架构

图7-25 CLIMB平台风险管理功能架构

E. 另类投资管理。另类投资管理系统实现了国寿资产全投资品种的投前、投中环节集中化管理,包括项目储备、项目立项、尽职调查、项目评审、项目决策、合同签署、募集缴款等关键业务流程(见图 7-26)。

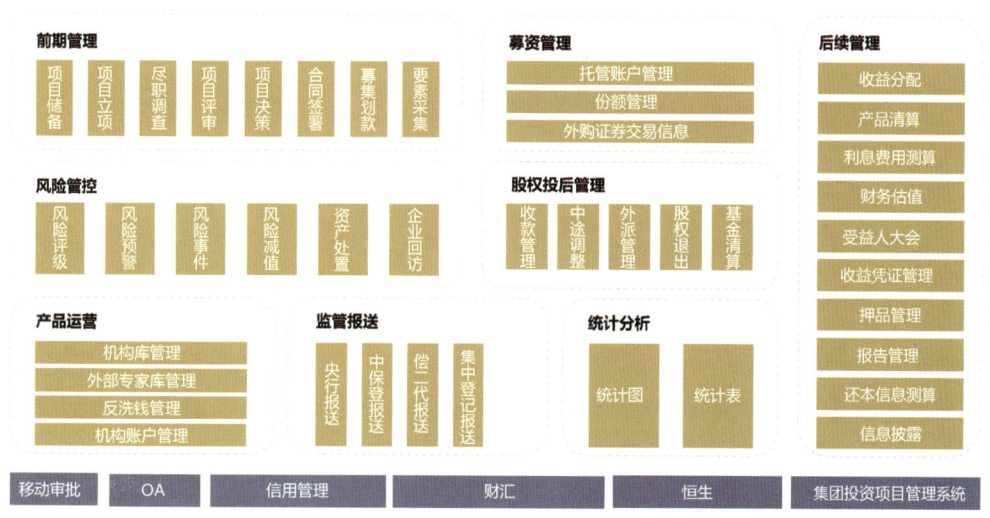

图 7-26 CLIMB 平台另类投资管理功能架构

(4) 技术亮点

A. 推动资管行业系统建设从封闭走向开放。CLIMB 平台是国内资管行业系统建设模式变革的推动者,推动行业内 IT 厂商从以产品为中心转向基于微服务的开放架构战略,解决系统封闭、耦合性高、无法提供一体化解决方案的行业问题,使用户在一个平台上完成投资管理操作,适应资管行业科技建设需求。

B. 建成统一投资数据中心和数据服务。CLIMB 平台建设了统一的投资数据中心,在数据中心之上,自主研发了数据服务,通过业务模型和数据接口隔离业务系统和数据中心,支持数据中心持续演进。基于数据服务,自主研发了 Excel 分析插件,推动数据分析前移,大幅提升业务人员日常数据分析的自主性、灵活性和工作效率。

C. 探索和建立资管领域数据治理体系。资管行业数据治理水平整体落后于银行业,尚未出现成熟的数据治理体系。CLIMB 平台配套建设公司级数据治理体系,制定了中国人寿投资数据规范,将数据治理融入公司经营管理全过程,形成长效机制和良性运转闭环。

D. 利用金融科技关键技术提升平台建设效果。建成国寿智信,提升信用风险主动管理能力；建成智能文本分析系统，实现合同、单据数据要素的智能抽取和合同文本的智能比对；建成基于容器的私有云平台，提升 CLIMB 平台研发效率。

案例 7-2

国寿投资全生命周期非标投资管理实现系统化、规范化、智能化

（1）建设背景

国寿投资保险资产管理有限公司（以下简称国寿投资）是中国人寿旗下专业另类投资平台，专注另类投资，投资领域涵盖股权投资、不动产投资、基础设施投资、特殊机会投资、普惠金融等。公司业务范围包括受托管理资金开展另类投资业务、保险资管产品业务、资产管理相关咨询业务及监管机构批准的其他业务等。为了更好地践行"科技国寿"集团战略，支持公司高质量发展，公司聚焦另类投资这条业务主线，对信息化进行总体规划布局，推出另类投资业务生态管理平台（以下简称另类投管平台）解决方案。

（2）面临挑战

一是另类投资不同于场内交易，涉及的系统均呈现非标准化的特点，无法用统一的流程、统一的数据维度和口径进行管理，给系统建设带来很大压力。

二是投资业务链条包括投资研究、客户服务、内部决策、投资运营、投后管理、退出清算等，项目生命周期较长，很难有一个系统能够完全覆盖投资业务的全部活动。

（3）建设内容

一是规划先行。国寿投资通过对另类投资业务从投前、投中及投后全流程的所有业务动作进行高度归纳，从更上一层的维度抽取出大类别的业务需求模块。根据各需求模块的特性，从业务、技术、数据流等方面综合考虑，设计相应系统与架构，推出另类投管解决方案，围绕另类投管平台制定"1+N"的系统架构，提出"一平台两中心三能力"的设计理念（"一平台"是另类投管平台，"两中心"分别是以客户为中心和以数据为中心的设计理念，"三能力"分别是投研能力、投资能力、风控能力）。

二是打造一体化投资管理平台。另类投管平台是国寿投资最核心的投资业

务系统，公司以投资业务流程梳理为突破口，为公司项目投资、产品发行、投资顾问类、自有资金等主要业务，分别制定制度文件和投资业务流程，覆盖投资业务的投前、投中、投后各个环节，每个流程都固化审批节点和层级，从制度层面将投资活动规范化。

另类投管平台将投资业务流程系统化，并提供文档管理、会议管理、资金管理、账户管理、投后管理、移动端审批、流程引擎等核心功能，建成一体化的投资管理平台，组织完成公司存量项目的结构化要素和非结构化文档的补录，积累公司投资数据财富。同时，另类投管平台与用户角色管理系统、客户关系管理（CRM）系统、公文系统、内网系统、另类数据平台中间库、报表展示系统、企业微信等实现系统集成，打破系统间的流程"孤岛"，提升业务效率和用户体验，全面践行投资业务的系统化、规范化，提升公司投资管理能力。

三是以客户为中心。CRM系统作为客户营销服务全流程管理平台，是另类投管平台向前的延伸，通过与投管平台权限级别的集成，实现客户信息的统一集中管理。系统针对拜访数据丢失、成果分散、考核难以量化、统计数据不准确且时效慢等问题，提供覆盖公司市场营销工作的全流程管理，收集、统计和分析业务数据，建设统一的客户管理、营销流程等模块，为公司业务开展和决策提供强有力的系统支持。

四是以数据为中心。为提升国寿投资数据的互联互通，挖掘投资数据价值，对比阿里巴巴五层数据模型，引入数据建模、调度、监控、指标管理、填报等数据工具，自主进行技术集成。搭建另类金融数据模型，对接另类投管平台、全面风险、信用评级等系统数据，最大程度保证数据在一处录入、多系统联动使用，推出驾驶舱、项目卡片、全景图、报表等数据应用，快速满足数据需求，极大地缓解了公司前台和中后台部门之间的数据共享问题，并提供与监管、集团、委托方的数据报送服务。

五是提高系统智能化体验。"另类投资业务生态管理平台"从规划开始就非常重视用户使用体验，建设过程中全面支持移动端，提供移动端审批、移动端查询工商信息、移动驾驶舱等丰富功能。此外，通过引入RPA机器人，提供线上开会等实用功能，优化用户对系统的智能化体验。

（4）技术"亮点"

一是另类投管平台涉及系统较多，在做技术选型的时候，统一选取主流的开发技术，尽可能减少系统间的异构，降低系统间集成的难度，实现轻量级的系统集成矩阵。

二是通过用户角色管理中心打通各应用系统间的用户，实现角色不相容权限的控制，基于企业微信和公司内网整合移动端和PC端，做到多终端、多渠道即时推送和工作协同，用科技改变传统的工作方式，提高工作效率。

三是通过自然语言处理等创新技术，从海量的新闻数据中识别出负面舆情新闻、机构主题等信息，并将负面舆情关联到公司已投项目的机构上，为投资经理提供及时的舆情分析和风险预警。

四是通过运用RPA机器人技术，将在另类投管平台中完成审批的议题，自动在企业网盘上建立文件目录，自动同步会议材料，供会议委员线上查看，同时完成资料归档，减轻会议秘书的工作量，提升会议体验。

(5) 取得成果

另类投管平台在国寿投资已成功落地，"1+N"的系统格局已经成型。目前，已实现管理公司所有投资项目的审批流程、管理所有投资上会事宜、管理所有投资项目文档，覆盖公司80%以上的数据共享、提取和报送需求。此外，平台核心系统采取快速迭代的方式进行开发，截至2021年8月已迭代86次版本，快速响应用户反馈和需求。

（二）多样化的客户服务

数字化时代的重要影响之一是客户行为及偏好发生根本性转变，客户对极致体验的诉求不断提高。对保险资管机构而言，基于数字化理念，构建以客户为中心的生态显得越发重要。

客户服务的标准已发生了颠覆性改变，客户的期望不仅停留在业绩回报，还对服务体验数字化、产品配置多元化等方面提出了更高的要求。机构客户在与保险资管机构的合作中，也更加关注投资产品的流动性、数字化资产管理能力、资产信息的披露监控等方面的专业能力。这些客户需求，已成为保险资管机构实践的重要方向。

案例 7-3

太平洋资产以客户为中心,"千人千面"精准营销,助力客户无忧服务

(1) 建设背景

客户商务智能项目(CBI)通过独创的线上化、移动化、协同化展业模式,支持跨部门的金融产品营销场景应用的数字化转型,解决了展业任务分散、跨部门协作成本高等问题,提高了营销流程效率和客户服务质量;提炼和应用标准化展业模板和产品材料,覆盖多种类营销场景,采集多维度营销数据,解决了展业材料不统一、营销数据不集中等问题,规范了展业流程和提高了营销专业度;结合大数据、光学字符识别(OCR)等技术,反哺客户的内外部信息,解决了客户信息零散、不完整等问题,丰富展现客户360度画像,大幅提高营销精准度,赋能提升营销成功率(见图7-27)。

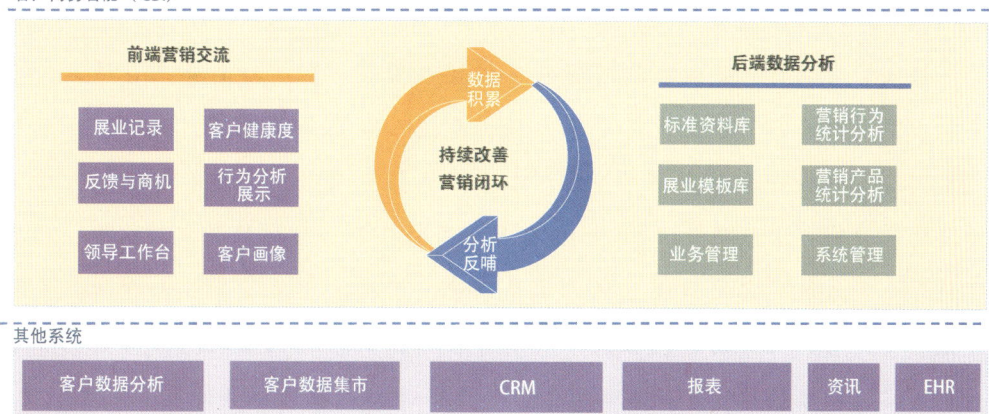

图 7-27 CBI 平台应用架构

(2) 取得成果

客户商务智能项目(CBI)是资产管理公司金融科技与营销管理的首次深度融合,从0到1创建了高效协同营销平台,大幅提高营销工作效率和营销战斗力,获得公司营销团队的高赞扬度和高依赖度。项目助力公司2020年投资规模突破万亿元,管理费收入增幅、客户量增幅等均创新高。

(3) 技术"亮点"

一是客户关系健康评价体系:洞察资管营销场景和客户特点,在行业内原创了客户交流健康度、经办人触达度、行为指数等评价体系，定制化设置了可配置的评分规则，如重要经办人的交流频率、信息完整度等，可衡量客户关系健康度的维护状况，为营销团队提供有针对性的客户服务策略，充分挖掘客户需求。

二是线上协同标准化流程：构建了线上化协同展业流程，再结合标准化展业模板，为营销新手推选可复制的优秀营销方法，迅速积累有分析价值的营销经验，也可个性化定制展业流程，逐步打磨为优秀的标准化营销模板，供他人参考和借鉴。

三是多维度驾驶舱管理视角：依托领导驾驶舱管理视角，从机构维度和客户经理维度为公司高层呈现全面的营销"作战图"，智能引导和管理营销工作。

最终实现了由外而内对客户信息的可测，由内而外对员工商务行为的可控，探索和推广优秀员工行为特征，全面提升为客户服务的能力，主动适应新冠肺炎疫情下营销场景的转变，推动营销场景服务的高质量发展。

（4）行业借鉴意义

保险资管的特点是以长期稳健的目标收益为主，有明确的资产负债匹配要求；客户集中度高、专业度高，有明显的委托人要求和画像等。所以，资管科技需围绕客户投资需求、客户关系、客户画像等方面进行分析和探索。太平洋资产的客户商务智能项目（CBI）从自身公司的业务和科技结合实践出发，建立了适合自身发展的客户健康度评价体系，统一了标准化展业流程和模板，全面覆盖和支持营销业务场景，协同增效助力营销团队精细化管理，推动数据驱动营销策略，积极拥抱资管业务新变化，全面提升公司投资业务发展和服务能力，也为资管科技业带来了客户营销和客户服务领域的新探索、新理念、新价值。

案例 7-4

太平资产建设 CRM 系统，推动保险资管客户管理变革

（1）建设背景

从太平资产内部来看，近几年公司管理的资产规模快速增长，客户数量不断增加。为了进一步加强客户服务的过程管理，增强数据分析，实现营销、销售、服务的一体化，适应机构业务部与其他各业务部门的客户管理和综合拓展

需求,帮助业务人员对公司核心战略和客户进行有序的管理和开发,沉淀客户交互信息,建立客户的完备档案并企业化留存,不断提高机构客户服务能力,建立面向业务人员提供的机构客户和机构业务管理的客户关系管理系统(以下简称 CRM 系统)。

从保险资管行业来看,保险资管行业近年来发展很快,行业人才紧缺以及人均管理资产规模过高使保险资管行业的客户管理工作压力越来越大。CRM 系统在其他行业已经得到有效运用,已成为某些行业客户管理工作必备及有效的工具。但是经过调研,保险资管行业还没有公司开发出一套完整覆盖资金端客户与资产端客户的 CRM 系统。所以,能够开发出一款符合行业发展需求并有效运转的 CRM 系统,对推动保险资管行业客户管理的变革以及整个保险资管行业的持续发展具有重大意义。

(2) 面临挑战

从 CRM 系统建设的路径来看,往往面临两个挑战:一是无法做到"毕其功于一役",一次完成系统的建设,它往往是一个长期的不断迭代升级的过程,包括数据整合、数据治理、业务赋能,是一场持久战;二是需要时刻配合企业业务发展关注业务价值,需要管理赋能、服务赋能,灵活性要求极高。根据所有 CRM 系统中项目的实施情况来看,满足用户对客户基础信息、客户业务合作信息的查询需求不难,满足用户操作的便利性也不难,其难度在于客户内外部数据整合、统一信息查询,需要客户经理进行信息录入的持续优化升级。

(3) 建设内容

A. 兼顾资产端与资金端的 CRM 系统。保险资管机构既是投资方又是销售方的特点使行业对于 CRM 系统提出了更高的要求。太平资产客户关系管理系统在开发伊始就提出要兼顾资产端和资金端,在系统开发过程中重视使用界面的美观及友好,整理划分不同端口数据以及最后的大数据分析、密级设定等都将成为整个保险资管行业客户管理系统的创新点。

B. CRM 系统将充分、及时收集客户信息,分析客户行为,最终尝试实现对客户与产品进行智能匹配,实现 5 大功能模块:

一是客户统一化整合:建立形成公司级机构客户的资料库,针对银行、保险、社保、养老、基金、私募、信托及其他各种客户类型建立个性化档案,整合公司内部各个部门的现有客户信息。

二是客户集中化管理：实现机构客户信息管理及维护工作，并为机构客户提供包括产品销售、投融资等的各类服务，同时对机构客户投资及投资行为进行数据分析。

三是渠道流程化服务：通过系统建立对公司级各类机构客户渠道的服务流程，如银行、保险、信托及其他各种类型的客户，建立针对性服务流程。

四是需求价值化转变：客户需求能够进行产品化转换，能够对客户投融资需求实现汇总，对接各业务职能部门，能够实现客户需求的匹配转化，将需求引向资产管理产品的运作，直至落地。

五是绩效指标化考核：通过业务行为的系统留痕，使工作全程留痕可查，为绩效考核提供依据。

(4) 技术"亮点"

A. 业务数据的清洗、转换和入库用 Kettle 流水线处理任务，由 Airflow 进行统一调度和监控。

B. CRM 系统采用 Spring 开源"全家桶"框架构建，基于 Spring-boot 开发，且支持分布式部署，不停机升级系统、动态横向扩容，系统架构如图 7-28 所示。

一是系统使用前后端分离的架构，前端由 Vue.js 动态渲染，后端基于 MVC 模式提供 RESTful 规范的接口；前端通过 Ajax 请求后端接口，前后端通过 JSON 格式的数据完成数据交互。

二是系统后端由微服务架构实现，通过模块和服务的拆分，进行解耦操作，使每块服务的业务清晰。服务拆分后，每块服务可多节点部署，形成集群，大大提升系统的稳定性、高效性；当系统因为访问压力导致吞吐能力不足时，可方便增加服务节点，实现服务的扩容，增加系统的吞吐能力。

三是系统数据库使用 MySQL。初期将搭建两台数据库服务器作为集群，并支持后期的扩展。系统在数据库设计上将符合设计规范，合理使用范式规则；对于数据量较大的表，将合理创建索引，提高查询效率；后期当数据量持续增长时会通过分库分表技术对数据库进行拆分，提升系统整体效率。系统移动端支持嵌套到现有业务 App 中。本系统移动端页面采用 Vue.js 进行开发，通过 Native 方式与原生 App 进行交互，按开发规范实施，确保系统对接的可用性。

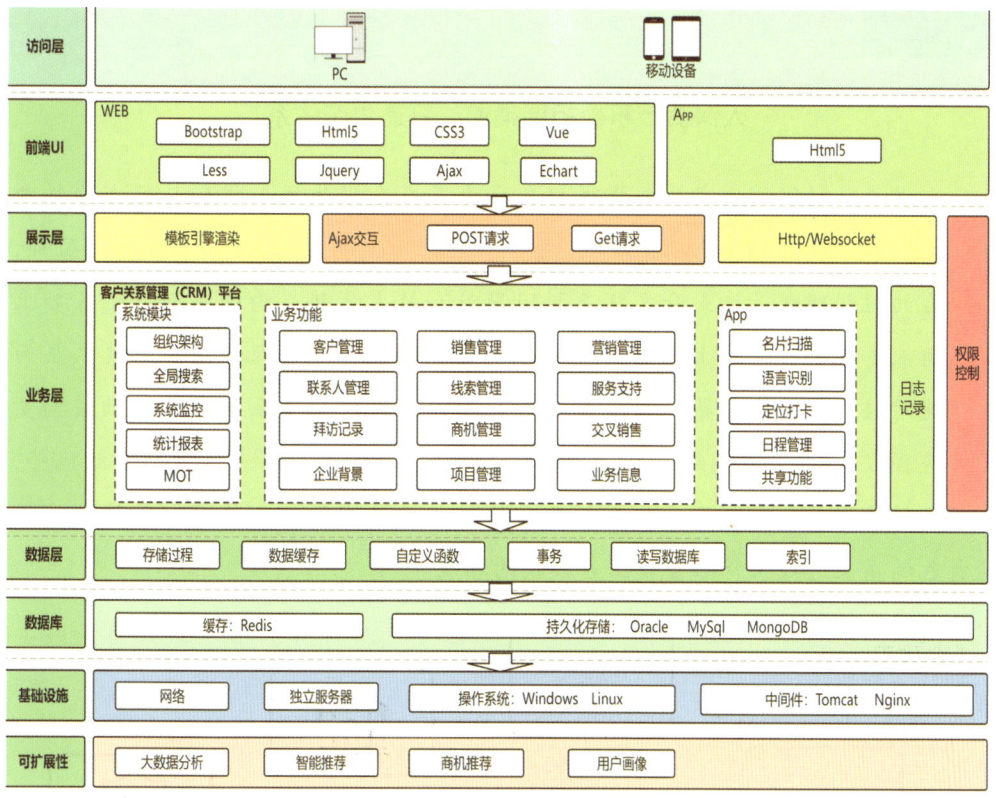

图 7-28 系统架构

C. 移动端集成集团"易享太平"App，对接集团统一身份认证，实现公司内部一个 App 办公环境，调用 App 原生的特有的技术以实现：地图定位，拜访打卡签到；名片识别，方便联系人录入；语言转换文字，提高服务记录录入效率；页面增加水印和截屏控制跟踪，追踪数据泄露源头；MOT 消息通知，及时精准推送消息。

（5）取得成果

太平资产 CRM 系统，是保险资管行业内首个集合了项目产品端、客户端、市场端的所有信息的系统，并植入营销管理功能，业务部门在统一的系统平台上发布产品信息，浏览及筛选目标客户，行政部门通过该系统进行营销绩效考核管理，整个系统成为一个联系各部门的枢纽，减少了沟通环节，为精准营销创造了条件，提高了整体工作效率。

案例 7-5

人保资产积极拓展渠道，打造生态体系

人保资产超级现金宝业务资源整合平台是在人保集团一体化与数字化转型战略大背景下产生的一项促进资源整合及业务模式创新的数字化平台建设项目，该平台的规划理念是：充分发挥互联网思维和技术优势，构建在标准化基础上灵活适应不同场景的线上客户渠道整合平台，实现业务资源和场景在技术层面的快速对接，为构建跨界、多赢的创新业务模式提供信息系统业务基础架构支持（见图7-29）。依托该平台，立足人保资产金融投资与资产管理的专业优势，发挥人保集团整体客户资源优势，及其他第三方渠道的线上资源，促进具有保险特色的多渠道线上资源整合业务模式的拓展。

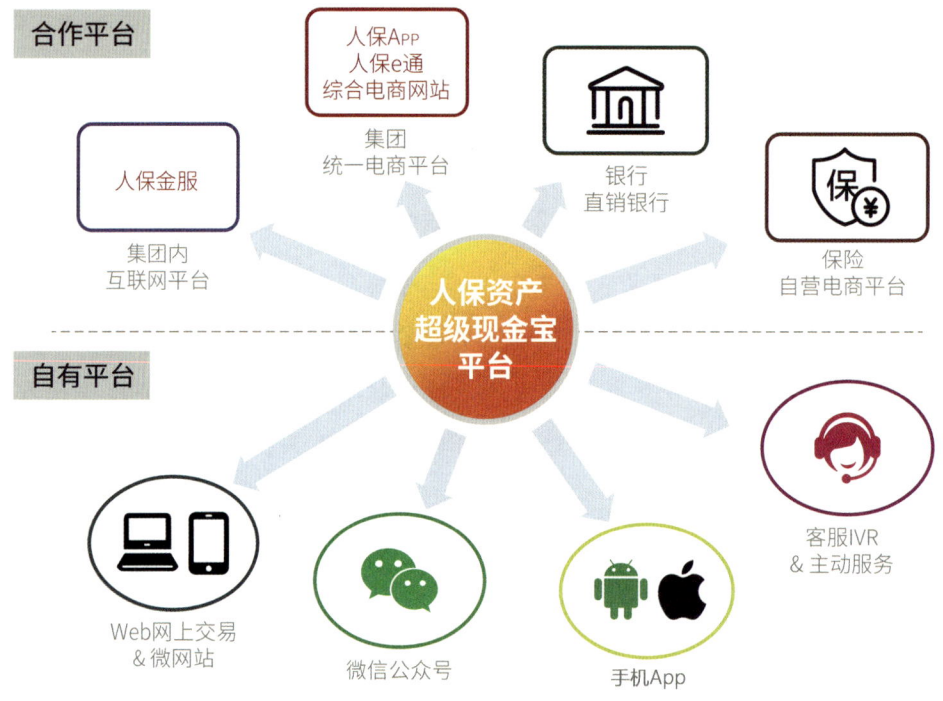

图 7-29 生态体系全景

该平台的总体目标旨在为各个对接平台上的终端用户提供即充即用、随存随取、便捷高效的余额理财账户或零钱理财产品的两方面核心体验。在"大资管"背景下，利用产品、业务、技术上的创新，在为客户提供保险保障服务的

同时，满足客户不同风险偏好的理财需求，实现中国人保（PICC）的"保险+理财"功能的总设计理念。

该平台规划、搭建的系统接入层，将后台系统的账户、资金、交易订单、信息查询等完整业务逻辑处理功能，封装为公募基金直销全业务接口统一网关服务，并针对主流的第三方应用架构构建了不同的"用户触面"集成模式，支持与外部各种结构互联网平台的对接，实现人保资产核心业务服务在渠道上的快速扩展和业务资源聚集，同时也为第三方平台用户拓展人保资产投资理财业务场景及服务，形成双赢业务模式（见图7-30）。

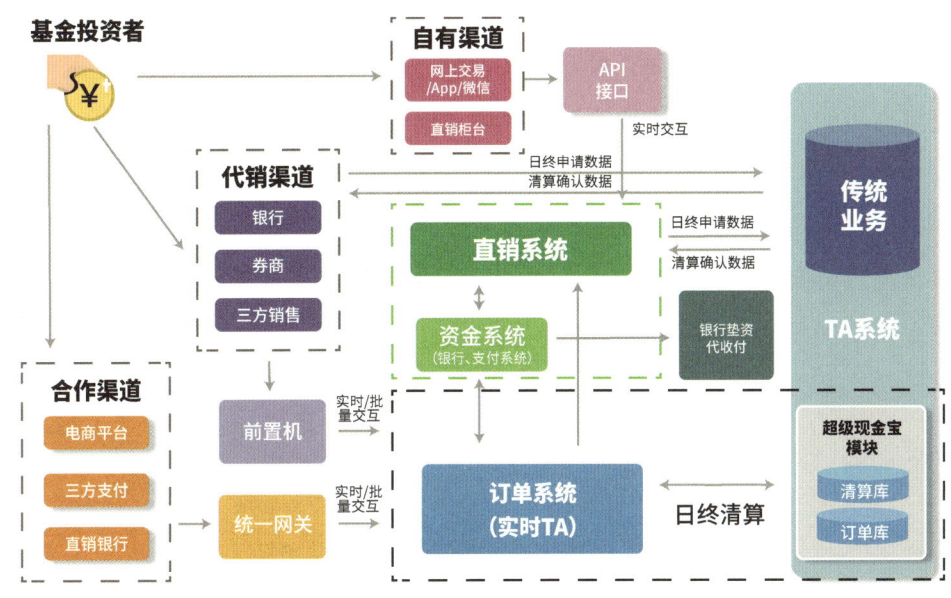

图7-30 平台集成架构

人保资产公募基金业务，已通过该平台实现与人保系统内外多个线上客户资源渠道的对接，渠道资源整合在业务驱动下不断扩充，构造了多种模式的客户应用场景和服务模式。2018年以来，通过该平台拓展了超过300万个注册用户，促进了公司公募基金业务的发展。该项目的创新点主要包括以下3方面：

一是顺应人保集团数字化创新战略，调动与促进集团保险业务条线优势资源的整合与利用，赋能公司金融产品业务的渠道发展。

二是支撑开放共享、跨界多赢的业务模式创新。依托集团内线上渠道客户的规模优势，结合人保资产金融投资能力与专业优势，提升保险客户线上体验及使用黏性。

三是架构标准统一的互联网接口网关服务，将基金业务本身的复杂逻辑透明化、服务化，包括公司超级现金宝账户功能以服务方式直接开放给外部整合平台，为平台终端用户提供即充即用、随存随取的余额理财体验。在支持快速扩充对接平台的同时，也能针对不同平台应用场景的需要，分别配置余额理财账户的资金支取方式、使用额度等。

（三）精细化的投资研究

国内市场上，传统固定收益投资中通过拉长久期、加大杠杆、信用刚兑等手段获益的空间逐渐收窄，市场化的趋势使得通过科学的投资方法攫取阿尔法（Alpha）收益的重要性凸显；另外，自2018年4月，央行、银保监会、证监会、外汇管理局联合发布《关于金融机构资产管理业务的指导意见》（以下简称"资管新规"）以来，在产品净值化转型要求下，降低波动率，严控回撤成为投资经理面临的新课题。事实上，国际成熟市场上的投资管理机构在运用量化和系统的方法进行精细化管理方面走在前列，已具备成熟的工具平台和方法体系，国内本土化的实践也已逐步开始在智能投研、智能策略、智能选基等方面积极尝试。

案例 7-6

中再资产构建量化投资模型，提升投资能力

（1）建设背景

中再集团提出了"一三五"战略部署，重点要求"平台化、科技化、全球化"的"三化战略"。中再资产以此战略为支点，在科技赋能、信息技术提升业务发展方面提出了探索量化投资技术的需求。

就金融市场的发展趋势来看，金融科技（FinTech）主导资管行业的变革，重塑行业生态和格局。大数据和人工智能蓬勃发展，金融和信息技术高度融合。资产管理行业中最重要的高地是科技对资产管理行业的影响。量化投资已经成为全球资产管理公司最重要的一种投资手段。中国的量化交易发展很快，呈现稳定增长的态势，中国量化投资规模已达数千亿元。近年来，大数据、机器学习等新科技促使量化投资向高维化发展，已运用高维量化策略的机构，未来可

能对其他机构形成降维打击。

（2）面临挑战

从投资业务角度看，随着国内金融投资市场的高速发展，公司自身投资业务面临高质量发展和新业务突破的挑战，公司需要新动能和新的增长点，需要具备对量化投资理论和统计学的深刻理解和应用能力。

从技术实现角度看，用于量化研究的金融类数据，包括基本面、行情、宏观、中观、一致预期等类型，种类多、来源杂，数据的清洗、挖掘和整合的难度较大。另外，量化模型的历史模拟、参数拟合过程复杂、计算量巨大，且面临随机效应、最优化矛盾、过度拟合等陷阱，需要清晰的思路、高速的程序和反复的检查来认真应对。

（3）建设内容

中再资产把充分的计算能力和高质量的数据作为科技创新的两个前提条件，把计算能力、数据、算法模型、金融业务实践集合成"四位一体"的模式，挖掘出有价值的数据、知识或规律，集中力量开展量化投资技术研究。主要包括以下建设内容（见图7-31）。

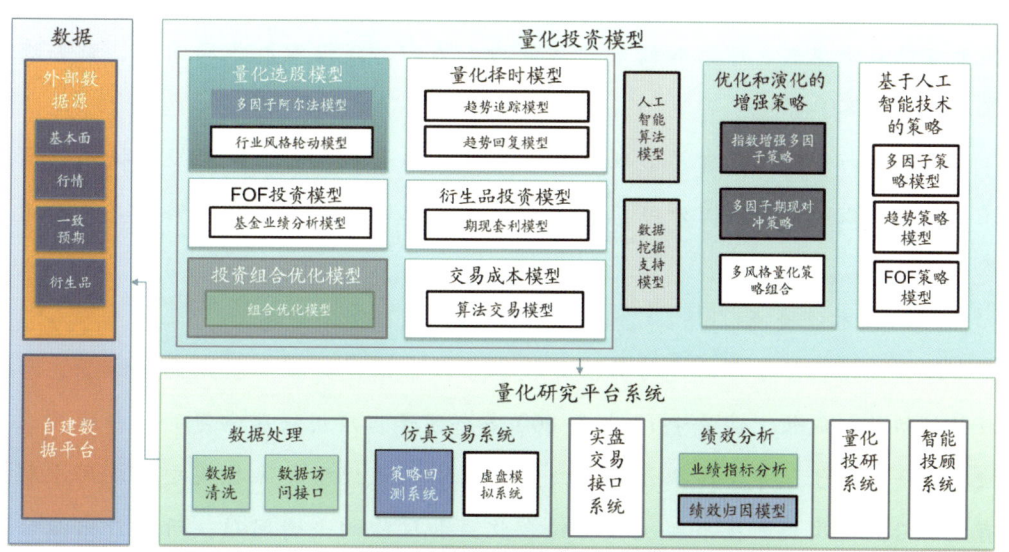

图7-31 量化投资研究平台的实践、进展和规划

A. 课题研究。积极开展量化相关课题研究，形成多项课题研究成果。形成以课题研究带动系统研发，以理论建设引领系统实践的良性迭代模式。

B. 量化研究平台。基于IT技术，把数据挖掘理论、计算能力和大数据充分整合，对公司数据库中存储的数据进行充分挖掘、有效利用和仿真建模，自主研发了量化研究平台系统，支持数据高效访问、精准仿真回测、实时虚盘模拟等功能。

C. 量化投资策略模型。基于信息技术对市场金融数据进行跟踪、挖掘和分析，通过计算机算法尝试建立量化投资模型寻找最佳投资机会，借助数据检验投资模型的有效性设计和创建出收益稳健、风险可控的可验证、可实践的多因子量化指数增强投资策略，公司的投资方法得以丰富，促使投资能力提升。

D. 绩效评估系统。绩效评估系统是基于金融数据量化分析研发的量化风险模型研究成果的落地实践。基于绩效评估算法模型和数据平台报表，中再资产研发和上线了包括投资组合业绩分析、布林森模型绩效归因、多因子模型绩效归因、资产和行业分析4个主题的绩效评估系统。

通过以上量化投资建设的探索过程，公司积累了宝贵经验，也形成了未来进一步建设的思路。未来建设的内容包括：第一，把量化投资业务，作为主动投资的有益补充，孵化新产品和新动能。第二，建设智能投研平台，实现智能搜索、知识图谱、自动研报功能。第三，完善智能风险管理和绩效评估系统，提升智能风险识别、评级和绩效评估能力。第四，建设智能投顾系统，服务委托人和产品客户。

科技化与智能化是资产管理行业未来发展的基本趋势，量化投资技术的研究和系统建设契合了集团公司"三化"和"科技赋能"的发展战略，具有前瞻性和战略性。

（4）技术"亮点"

综合应用机器学习的遗传算法等技术手段来深度挖掘和扩充因子数据，形成包括估值、成长、动量等13大类800多个因子。应用机器学习的回归模型来检验、筛选因子，并最终拟合出多因子阿尔法收益模型和风控模型。应用求解有效前沿的二次规划技术解决投资组合收益和风险的平衡问题，研发产出组合优化模型。应用先进的非结构化和内存数据库来取代传统的关系型数据库，提升读取速度，扩展存储能力。基于国外开源量化回测工具进行本土化改造、性能优化和功能扩展，研发出适合国内证券市场的量化研究平台系统，支持境内A股、期货和基金市场的历史复盘回测。自主研发并实践了国际通行的风险预算方法论，产出对应于境内 A 股市场的风险因子模型，支持风险预算和绩效归因业务。

（5）取得成果

课题《基于中国市场的风险因子模型构建》入选 2018 年度中再集团系统"星火"计划研究成果精华集，并荣获 2018 年度中再资产青年研究小组课题研究优秀成果评选一等奖。课题《多因子量化投资体系构建》获评 2019 年度中再集团系统"星火"计划优秀课题，并获评 2019 年度中再资产青年研究小组课题研究优秀成果第一名。

量化研究平台系统提供了市场行情、财务和衍生等数据的接口，并提供了精准、高效的投资策略仿真回测模型和虚盘模拟模型，广泛支持中再资产量化投资策略的后续研究。

量化策略研究实现了"沪深 300"指数增强策略和"中证 500"指数增强策略，在跟踪误差不超过 6% 的情况下，达到年化超额收益率超过 10% 的历史回测结果（见图 7-32）。多因子量化指数增强策略可以获取稳定而显著的 Alpha 超额收益，具备精准的风险控制能力，追求高信息比率，能够提供持续的高于标的指数回报水平的投资业绩，具有以下优势：

①以"沪深 300"指数或"中证 500"指数为基准，获取 beta 收益。

②通过量化选股，获取显著且稳健的 Alpha 收益。

③策略容量足够大，能支持到 250 亿元左右的规模。

④通过量化手段对市场风险进行精准控制。

⑤策略回测复盘验证，该策略具有相当稳定的超额 Alpha 收益。

⑥通过对收益来源的控制优化，可形成多样性的策略以适应不同投资需求。

⑦与市场同类型的基金相比表现优秀。

自主研发的风险因子模型可支持风险预测、组合管理优化和业绩分析。通过实例验证和比较，自建模型的能力已经达到国际主流商业风险模型的同等水平。基于风险因子模型开发的绩效评估系统实现了境内股票投资业务的日度自动化绩效评估，有力地支持了中再资产从 2018 年到 2021 年的半年、全年的境内权益投资业务绩效评估工作（见图 7-33）。

2010—2018年自建量化沪深300指数增强策略回测表现

策略	时段	初始资金(亿元)	期末净值(亿元)	基准	特征约束	组合持有股票只数	信息比率	超额收益卡尔玛比率	超额年化收益(%)	跟踪误差(%)	超额收益最大回撤(%)	詹森阿尔法	月胜率(%)	年均收益(%)
沪深300指数增强A	2010年1月至2018年12月	20	46.85	沪深300指数	行业中性、风格中性	250	2.87	3.26	11.1	3.86	-3.4	0.11	78.7	10.3
沪深300指数增强IA	2010年1月至2018年12月	20	46.17	沪深300指数	风格中性	200	2.58	1.90	10.9	4.22	-5.7	0.11	75.0	10.1
沪深300指数增强RA	2010年1月至2018年12月	20	48.84	沪深300指数	行业中性	250	2.78	2.90	11.6	4.18	-4.0	0.12	76.9	10.8
沪深300指数增强M	2010年1月至2018年12月	60	141.86	沪深300指数	合并组合	250	2.98	2.62	11.2	3.76	-4.3	0.11	78.7	10.4
沪深300指数增强A	2010年1月至2018年12月	2	4.87	沪深300指数	行业中性、风格中性	250	2.98	3.57	11.6	3.89	-3.2	0.12	78.7	10.8
沪深300指数增强IA	2010年1月至2018年12月	2	4.83	沪深300指数	风格中性	200	2.71	1.94	11.5	4.24	-5.9	0.11	75.0	10.7
沪深300指数增强RA	2010年1月至2018年12月	2	5.09	沪深300指数	行业中性	250	2.86	3.19	12.1	4.24	-3.8	0.12	79.6	11.4
沪深300指数增强M	2010年1月至2018年12月	6	14.78	沪深300指数	合并组合	250	3.09	2.76	11.7	3.80	-4.2	0.12	81.5	11.0

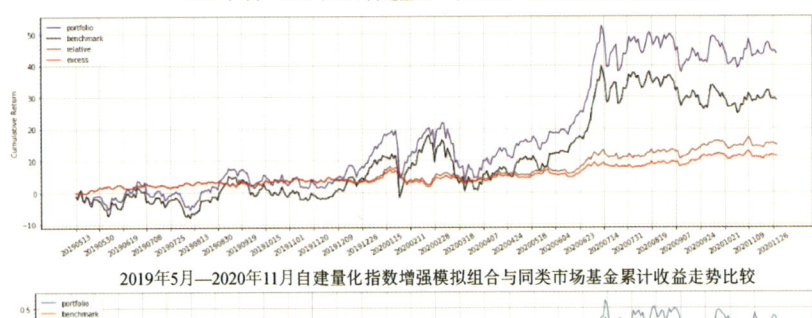

2019年5月—2020年11月自建量化"中证500"指数增强策略模拟盘表现

2019年5月—2020年11月自建量化指数增强模拟组合与同类市场基金累计收益走势比较

图7-32 多因子量化指数增强策略表现

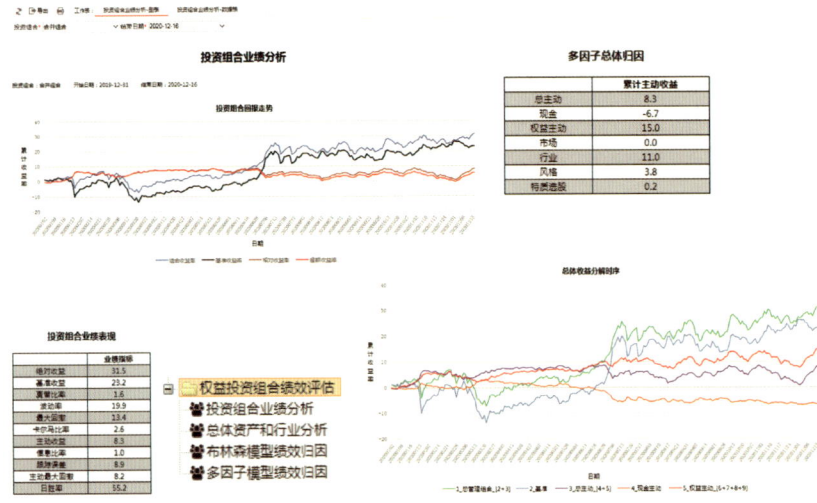

图7-33 绩效评估系统模拟组合报表样式展示

案例 7-7

泰康资产利用大数据技术结合传统投资数据，提升投研效率

（1）建设背景

①行业竞争加剧，推动企业数字化转型。近年来，资管行业竞争格局正在发生变化，新的竞争对手不断涌现。自2019年，中国进一步推动金融市场有序开放，从多维度支持外资资管机构来华发展。在科技方面，外资资管机构凭借过去几十年持续的科技投入和生态布局，已经在数字化投研等新兴技术应用方面遥遥领先。中国资管机构需要加速转型以提高竞争力。2020年新冠肺炎疫情加速了资产管理行业走向数据密集范式的进程，所有行业都在加速实现商业模式的线上化与数字化，社会的线上化趋势意味着可以被分析的信息持续增加和极大丰富。

2021年是中国"新资管元年"，稳步推进的"资管新规"在年底结束过渡期，"双碳"目标周期业已明确。"后疫情时代"全球经济复苏速度将越来越快，对于站在经济"桥头堡"的资管行业来说，看清经济形势的风险和机遇尤为重要。对于投研工作来说，适时运用大数据分析与人工智能技术，可以更加充分地利用信息红利，及时挖掘投资机会。

②企业发展迅速，驱动投研智能化建设。在2019年中国资产管理年会上，中国保险资产管理业协会会长，泰康保险集团执行副总裁、首席投资官，兼泰康资产CEO段国圣先生引用"中等规模陷阱"描述了资产管理公司随着管理规模扩大，受规模效应影响面临的挑战。随着内外部格局的变化，想要获得更强更可持续的竞争能力，需要进行更加深入、细致的精细化研究，从精英人才驱动进化向体系化平台方向发展，重视数据和数据应用的重要性。建设智能投研平台是来自企业内部的迫切的业务需求驱动。

通过对泰康资产内部各个投研部门的访谈，剖析投研过程，结合国内外行业最佳实践成果，运用人工智能和大数据等最新技术，完成了智能投研平台项目的一期建设，实现"端到端"的投研线上化工作闭环。

（2）面临挑战

建设统一投研平台，需要完善跨部门协同机制，建立全局视野，提高业务部门参与度；平衡研究个性化与框架拓展性的关系；平衡短期业务需求与长期

业务战略的关系,提升平台设计前瞻性。

(3) 建设内容

通过认真分析投研工作过程及场景,智能投研平台上开发了6大系列投研应用,使研究员的研究工作在平台上形成在线闭环。

A. 智能搜索,"一站式"智能化信息搜索。智能投研平台融合多方数据来源,为用户提供海量信息的"一站式"智能搜索,包括数据、图表、新闻、公告、讲话、研报等,打造投研领域垂直搜索空间(见图7-34)。

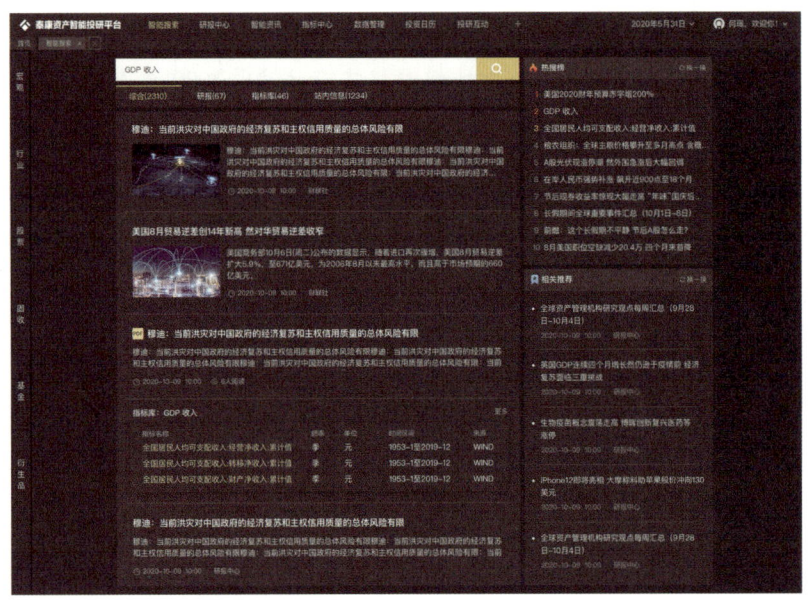

图7-34 智能投研平台智能搜索页面

基于人工智能算法和知识图谱,平台能够智能理解用户意图,实现搜索结果个性化和精准化。

B. 动态监控,信息流全智能实时推送。智能投研平台打通内外部各系统平台,整合多信息源,解决了历史上信息来源分散和人工处理容易遗漏有效信息的问题。对于平台中沉淀的投研模型,进行智能监控和实时跟踪,高效捕捉有价值的投资线索并第一时间推送至用户。

C. 指标中心,用户便捷直达数据中台。平台支持内外部多源、异构、海量数据集聚合,并提供可视化的数据处理日志,明晰平台信息空间范围及数据状态(见图7-35)。平台数据服务功能支持海量数据实时查询和高速下载,在研究过程中，为用户提供多种呈现方式，让数据"金矿"触手可及。

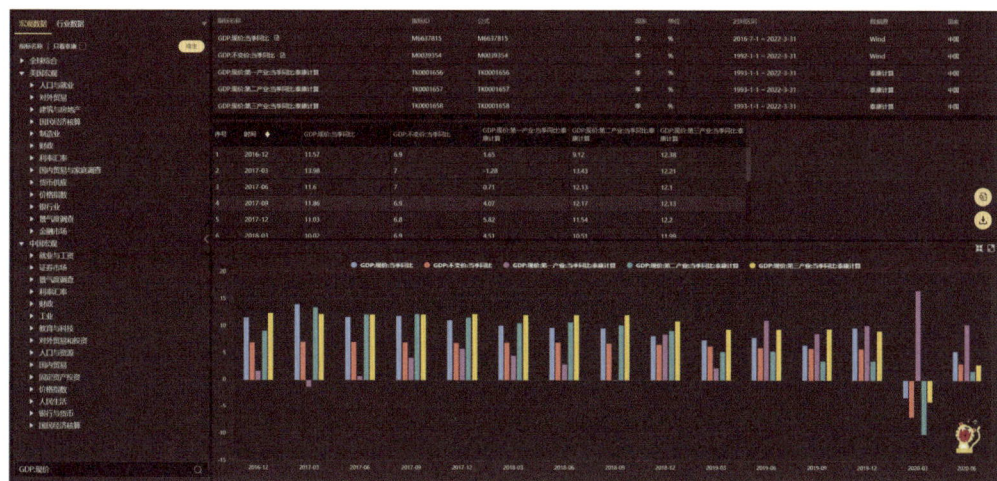

图 7-35 智能投研平台指标中心页面

D. 算法建模，提高投研模型研发效率。以动态算法建模工具为核心，构建符合研究员思维逻辑的"人机智能融合"（AI + HI）接口。经过充分调研，平台设计了基于逻辑树结构的动态建模工具，以及基于深度学习计算图模式的高效模型训练机制，实现"端到端"模型构建过程完全透明化，提高模型沉淀和持续迭代优化的效率（见图 7-36）。

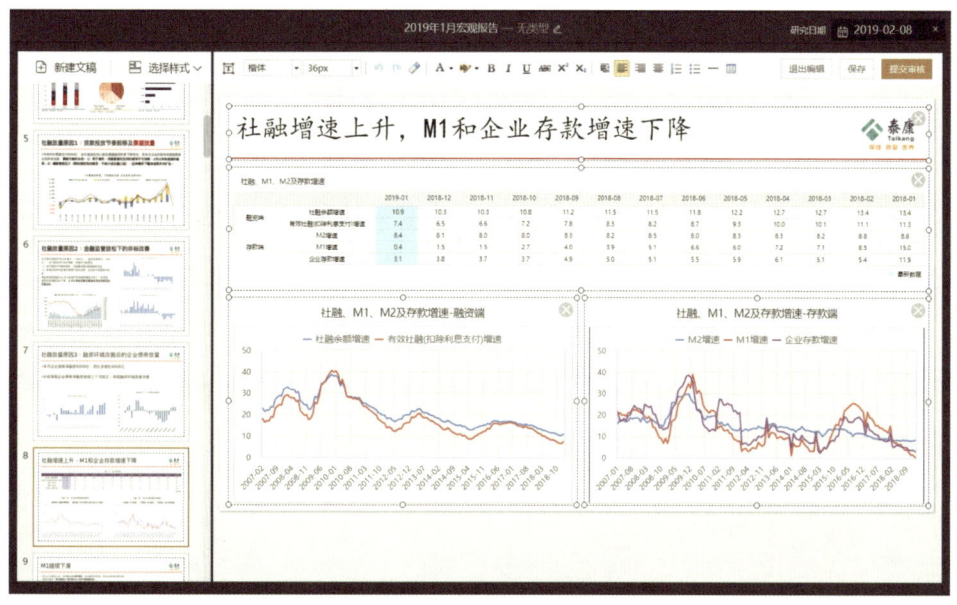

图 7-36 智能投研平台算法建模工具

E. 研报中心，智能处理各类研究报告。智能投研平台运用人工智能技术，实现研报智能化解析，帮助研究员快速从 PDF、Word 等格式的非结构化数据中提取结构化信息，通过 Entity Disambiguation 和 Coreference Resolution 等 NLP 技术，实现知识融合，逐步构建高质量的知识图谱（见图 7-37）。

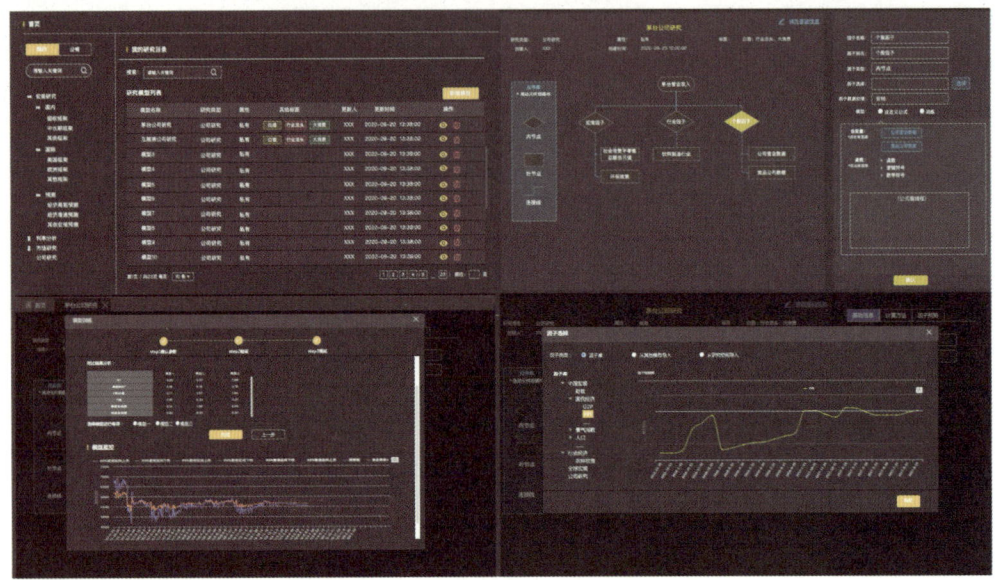

图 7-37　智能投研平台研报生成页面①

研报中心横向打通了数据服务与投研框架，为研究员提供研究报告的在线智能化、自动化生成，大幅降低研究中的机械式整理工作，同时提供数据在线动态演示功能，显著提升研究报告阅读体验。

F. 投研互动，强效提升协同工作能力。平台横向打通即时通信（IM）沟通、留言板、邮箱等多种模式发言体系，鼓励用户交流，将研究过程中积累的各类信息、研究观点等汇聚到统一平台中，成为全工作流程管理的有效补充。

系统后台通过抓取离散的观点、点评、引用，与信息发布时刻的研究对象快照相结合，运用基于人工智能算法的观点挖掘技术，归纳出用户群体的观点分布及趋势变化，形成非结构化知识系统化积累和分析（见图 7-38）。

---

① 原文见 2020 年 9 月 26 日泰康资产微信公众号文章"泰观点｜经济复苏更具可持续性"。

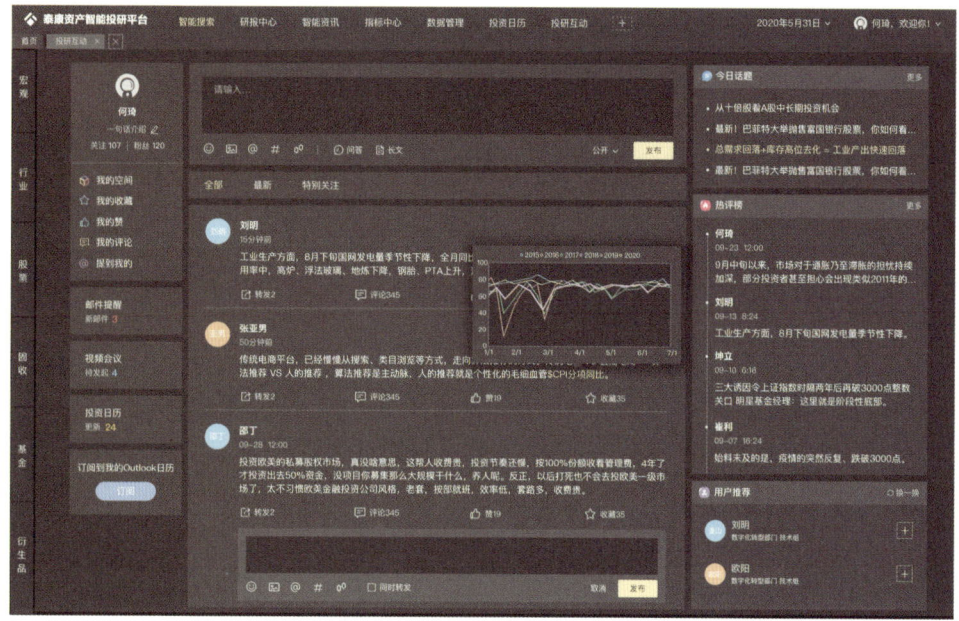

图 7-38 智能投研平台投研互动页面

G. 知识图谱,构建企业级"一站式"平台。通过一系列技术赋能,持续研发企业级知识图谱,将智能投研平台打造成以知识图谱为核心的公司投研知识"一站式"管理平台(见图 7-39)。

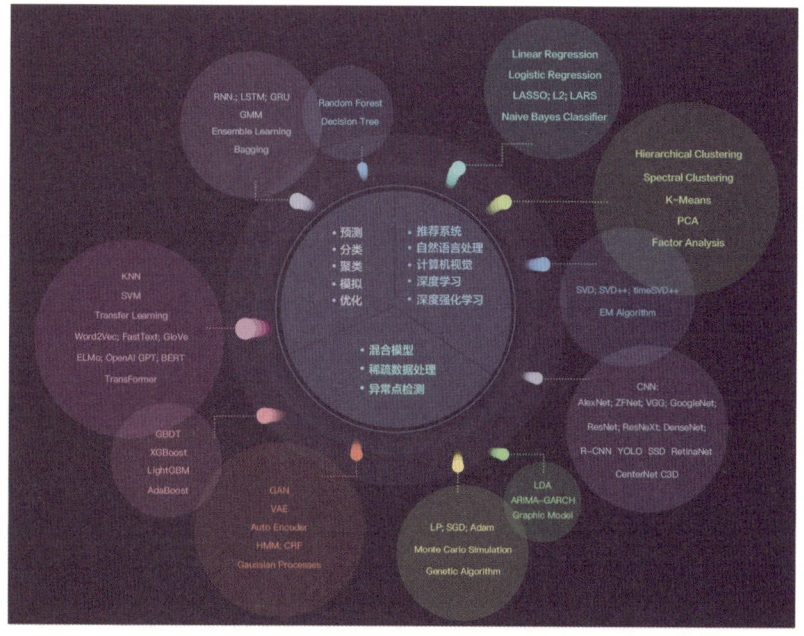

图 7-39 智能投研平台可视化示意

在数据和模型层面，智能投研平台上沉淀有公司内部投研人员量化基本面投资逻辑和研究模型、公司外部行业优秀分析师和领域专家投研逻辑和框架、公司内部数据科学家基于人工智能和大数据等新技术构建的量化投研模型，以及公司外部优秀的第三方构建的投研知识图谱。

在系统层面，通过直观的结构化放射性的可视化图像，以人脑最自然的思考方式模拟出专业投研逻辑的思考过程，对单一研究对象实现不同多源模型的融合，全面提升模型预测能力和投资决策的准确性，对投研模型进行全天候、全景式扫描和动态监控，不错过一条潜在的投资机会和风险预警，将平台建设效果真正落在业务价值的实际提升上，最终取得投资"皇冠"上的"明珠"。

(4) 技术"亮点"

泰康资产在投研平台的建设过程中，通过严谨的模型研究和开发流程，针对金融资管领域的各类典型需求场景，做了大量的算法建模尝试。

在海量文本的信息挖掘方面，平台采用基于深度学习的自然语言处理算法，利用 BERT Pre – trained Language Model 等最新技术，构建"端到端"的文本分析和语义分析系统，可以用于完成金融报告结构化信息抽取、报告文本摘要和比对、行业分析等任务。

在智能搜索方面，平台结合 Elastic Search、Recommender System 和 NLP 技术，更准确地理解投研人员的搜索意图，并根据用户画像，推送更精准、更个性化的搜索结果。

另外，平台还利用知识图谱把各个研究领域的投研知识沉淀下来，并从中进行推理和分析，形成具有指导意义的投研信息，供各类下游任务使用。

(5) 取得成果

智能投研平台是泰康资产在数字化转型的过程中对投研工作数字化的一项锐意创新。它不是一个狭义的系统平台，而是一种新型的工作模式，强调核心能力的固化和系统对人的赋能。智能投研平台，以在线化、数字化、智能化为目标，打造以知识图谱为核心的公司投研知识"一站式"管理平台，将投研方法论与流程体系化沉淀到机构内部，打造体系化投研能力，释放人才与数据潜能；通过融合通用投研应用功能如算法建模、指标中心、智能研报、智能监控、智能搜索等，逐步强化一体化平台建设；通过高效的投研互动，实现研究到投资"端到端"的转化提速；以数字化驱动智慧投研，将数字基因植入投研体系，实现投研管理体系的整体转变。

通过平台化体系的建设，为研究员提供新型的"一站式"的工作模式，提高工作效率，实现个人资源发挥最大价值，鼓励研究员基于行业最佳实践，自主研发新的投研模型，在同等投入下，使组织获得更高的产出。

（四）前瞻性的风险管理

在复杂、多变的国内外大环境下，保险资管行业的风险管理压力急剧加大，对风险评估预警的全面性、及时性、前瞻性要求更高，这就需要投资、风控、合规等团队依托统一的工具平台，紧密合作，快速获取一致且准确的信息，进行多维分析，做出决策判断。近年来，国内诸多保险资管机构加大了金融科技投入，在资产配置、组合管理、信用风险分析、舆情分析、智能合规等方面积极尝试。

案例 7-8

平安资产"人机"结合，多角度识别企业信用风险

（1）建设背景

2014年3月7日，"11超日债"因本息无法全额支付成为国内首例违约的公募债券，打破了国内债券市场刚兑预期。截至2021年，信用债主体违约金额累计约9 000亿元，累计违约主体约239家。违约主体逐年递增且有井喷趋势，提早预警信用债主体风险有利于投资者规避风险减少损失，因此对这类信用违约风险预警系统的需求应运而生。

（2）面临挑战

信用违约风险预警系统面临的挑战有：违约样本稀疏；违约事件受到主观因素影响较大；信用评级参考价值有限；数据来源多样。

（3）建设内容

A. 基本假设和分析框架。企业的信用状况是一个难以直接观察的隐变量，该隐变量会受到一些可观察的外部变量状态的影响，同时也会影响外部可观察的变量状态。我们据此构建风险预警模型以及时识别企业信用细微变化，并对判断企业信用状况的演化和展望起到积极的前瞻性作用。具体建模时只需考虑

基于观察变量 X 所能推断的企业所处的信用状况 y，即估计 $y^* = argmax_y p(y|x)$。因此，通过估计 y^* 和 Δy^*，可以对企业未来一段时间的信用风险级别和风险演化趋势做出评估和预判。

B. 预警系统模型架构。通过分解和分析影响信用风险的因子，我们从 4 个方面来决定建模方向：一是特征类型需要满足数据的可得性、可用性和可靠性；二是特征类型需要结构化数据和非结构化数据相结合；三是特征类型需要同时覆盖长周期稳定指标和短频率甚至是实时数据；四是特征类型尽可能使得主观和客观数据相辅相成。基于以上还原投资经理日常研究和信息提取的考量，预警系统设计架构分为一个集成模块和多个子模块，子模块包括了查看企业长期趋势的企业基本面情况（财务及基本信息），及时反映企业短期冲击的市场面（股市、债市）和舆情信息（涵盖所有新闻、公告等信息）、财务粉饰情况（关注企业基本面可信度）、风险传导情况（相关企业及个人对主体的影响）。

C. 预警系统集成模块设计。集成模型输出的结果为企业在未来一段时间的信用风险等级和信用风险趋势，代表了企业整体的信用风险表现。集成模块从预警企业的内部风险和外部风险两个角度考量，针对基本面、市场面、舆情面、财务粉饰、关联风险传导 5 个方面分别设立对应的辅助目标来监控预警企业全方位的信用风险表现。5 大子模块是相互独立而又相互补充的有机体。

D. 预警系统子模块设计。基本面子模块关注企业的外部融资环境和企业长期经营状况及发展趋势。基本面因子是一组结构化的、用以刻画企业基本面情况的、相对较为低频的数据，包括外部融资环境因子、行业特色因子、公司财务指标等。

市场面子模块关注发债主体在股市和债市上的交易及波动情况。从发债主体债券或者股票的可流通性、长期波动趋势、短期异常情况、债券和股票的估值情况来全面考量发债主体的市场风险。市场面因子主要来源于发债主体所发债券的报价数据、交易数据、股票市场行情等。

舆情面子模块收集了来自 10 000 多个新闻、公告、社群的信息源。根据债券市场特性，设计了 293 个舆情标签，通过回顾过去 365 天的舆情信息，建立每个企业的历史故事序列，形成一条故事线，并根据舆情事件对企业信用风险的影响程度，在故事线上标注出影响最大的 10 天的舆情事件。

财务粉饰子模块主要用于揭示发债主体的财报是否真实有效及矫正作假企业的基本面影响。基于舞弊三要素理论，我们将企业财务造假的链条分解为：

首先，伪造或调节收入，从报表上体现出应收账款激增；接着，伪造关联方收入或投资收益等；然后，确认虚假应收款从而伪造利润和收入。模型构建过程中，通过结合专家规则沉淀和机器学习泛化，构成了一个正循环的自增长（Bootstrap）过程，并以此研发较为精准的财务粉饰监测模型。

风险传导子模块基于较为成熟的企业知识图谱，研究信用风险在全市场的传染效应。风险传导模型的构建重点在于对专家经验的沉淀，并通过一定的机器学习模型对经过沉淀的专家经验进行泛化。

（4）技术"亮点"

技术"亮点"包括：迁移学习、基于梯度提升机的 XGBoost 模型、文档解析和文本提取 NLP 技术、实体识别和实体链接、基于 Transformer 的序列模型、极值分布拟合、知识图谱。

（5）取得成果

平安金融债券风险防范大数据智慧中台（以下简称 KYZ）预警系统覆盖了所有含存续债的境内发债主体。在数据准备方面，KYZ 预警系统含全量公开发行股票、债券的企业数据及相关信息。该系统已接入 45 个内外部数据源，包含 10 000 家发债或上市主体数据、600 万家发债主体关联企业、20 万只市场债券信息、32 000 个因子标签。KYZ 预警系统通过捕捉信用恶化先验信号，输出企业风险趋势和风险等级预测值，并结合风险传导，推演全市场风险演化路径。

此外，KYZ 预警系统深入挖掘形成企业当前信用风险水平的原因，从业务的角度，梳理出原因大类（市场面、基本面、舆情、财务造假、风险传导），并在实际应用中下沉到具体引起变化的业务指标。

案例 7-9

新华资产评级系统助力内部评级效率提升

（1）建设背景

随着我国经济从依赖直接融资向间接融资转移，越来越多的企业转向债券市场进行融资。信用债发行条件和审批程序逐渐放宽，低评级债券增多，债券市场发生实质性违约事件的概率明显增加，风险定价能力成为投资能力提升的关键，鉴于外部评级机构的评级结果难以直接使用，新华资产自 2010 年开始着手建立内部信用评级（以下简称信评）系统进行信用风险控制，目前已完成 4 期项目的建设。

（2）面临的挑战

评级系统面临的挑战主要有：信评工作前端数据处理工作量大；随着发债主体的增多，批量评级的性能亟待提高；随着《国际财务报告准则第 9 号——金融工具》（IFRS9）的实施，主体和债项的相关信息需要不断完善，财务科目需要更新；发债主体多元化后，评级模型、财务指标也应该随之调整。

（3）建设内容

A. 评级管理：包括新增评级、跟踪评级、批量评级等。支持单一主体评级、单一债项评级，以及一个主体和多个债项同时评级。评级过程可按照内置的评级模型自动得出模型评级等级，支持分析师手工调整，得出最终评级。

B. 财务分析：包括财务报表、财务比率、趋势分析、财务预测、报表可信度、情景分析、同业比较等。内置财务虚假模型，可自动对财务报表进行甄别。多角度展示主体本身在时间维度上的财务信息，以及多主体的财务对比情况。同时，按照预设的指标公式，自动计算出核心财务指标，并支撑分析师对财务数据进行预测和情景分析。

C. 重点风险主体库：提供公司禁投库和限投库维护。支持按照一定规则自动出入库，也能供分析师进行手工调库操作。

D. 多源数据处理：信评系统先后引入企业数据、债项数据、持仓数据、财务数据、授信数据、舆情数据、房地产数据、城投数据等。通过技术手段对数据进行自动导入、清洗、预处理、映射等操作，以数据可视化的方式支撑分析师的信评工作前端。

E. 模型配置和指标计算：信评系统提供可视化的模板配置方式，可供分析师友好地调整评级模型、财务虚假模型、财务指标计算公式等。引入计算引擎，提高指标计算的灵活性和效率。

（4）技术"亮点"

信评系统采用前后端分离架构。前端采用基于 MVVM（Model – View – View Model）框架的 Vue.js，可动态生成文档对象模型（DOM），并且自动绑定数据。后端按约定的数据格式向前端提供可调用的 RESTful API 服务，前后端之间通过 HTTP 请求进行交互，前端获取数据后进行页面的组装和渲染，最终返回浏览器进行页面展示，如图7-40所示。

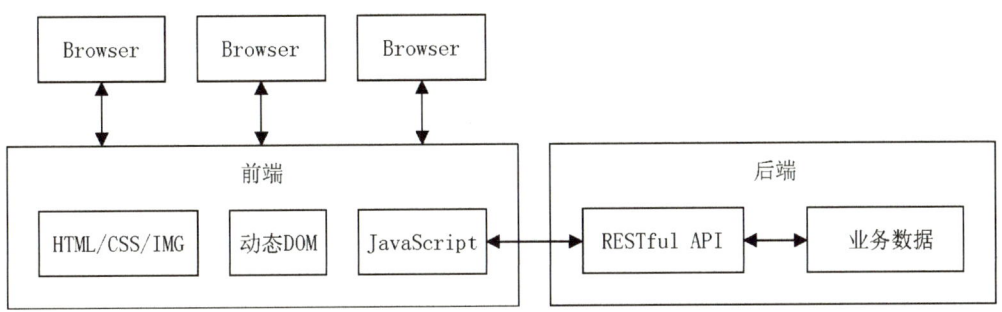

图7-40　系统交互示意

服务层基于Spring Boot框架，采用Spring架构实现系统功能的组件化，并采用Spring Cloud架构将原生组件进行封装为微服务，建立高内聚、低耦合的多个业务集群，并且按约定的数据格式向前端提供可调用的RESTful接口服务。数据的清洗、转换和入库用Kettle流水线处理任务。

系统架构如图7-41所示。

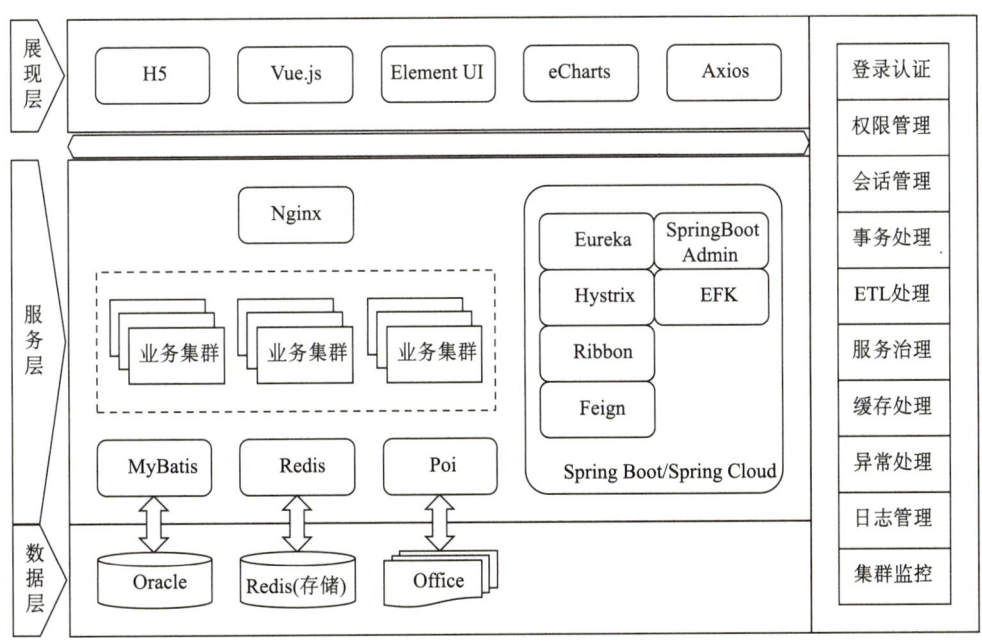

图7-41　系统架构

（5）取得成果

基于信评系统建立了一套完善的内部信用评级体系，利用系统工具帮助分析师完成大量数据分析和处理工作，提高了分析师的工作效率。引入新技术，通过系统建设不断迭代，信评系统对业务工作的支撑也得到了持续优化。

（五）高效率的投资运营

保险资管机构的运营体系经历了电子化、无纸化的发展，已开始向自动化、无人化深入。RPA、OCR、电子传真等技术越来越成为提升公司运营效率的重要手段。一些领先的保险资管机构，在软件厂商提供的标准化软件的基础上，开发了很多 STP 的系统，连接了不同的内部系统和外部系统。对于无法系统对接的场景，引入了流程自动化工具平台，利用软件模拟人工作业，进行了众多重复、量大、枯燥的日常操作处理。虽然每天的交易量、交易笔数大幅增加，但是通过新的技术手段，在人员几乎不增加的情况下，依然可以从容应对。

案例 7－10

阳光资产机器人流程自动化开发助力投资运营效率提升

（1）建设背景

随着公司业务发展，日常业务处理中存在着大量重复性的业务操作，如交易开闭市、日终清算、数据比对、账户估值、文件交互、业务提醒等。此类工作重复性强、时效性高、费时费力，导致部分公司高素质的人才需要耗费很大一部分精力处理此类机械式的业务操作，在浪费公司宝贵的人力资源的同时，也给公司带来了潜在的操作风险。

为了有效减少公司员工的手工化操作，提高运维工作效率、降低成本、规避人工操作风险，阳光资产引进建设了机器人流程自动化（RPA）机器人平台，通过 RPA 技术改变以手工运维为主的运维模式，把员工从不断增加的工作压力中解放出来，充分实现自我价值，提高公司竞争力。

（2）面临挑战

业务种类多样，需要深入细化到业务操作的每一个环节；部分操作需要新型技术支持，如 OCR 识别、AI 识别等；业务不断调整优化，RPA 机器人需要不断更新迭代。

（3）建设内容

①业务梳理：与业务部门深入沟通，深入业务操作场景，分析业务流程中

存在哪些业务操作环节可由 RPA 来支持，梳理出交易系统开闭市自动化；交易清算自动化；交易系统生产灾备应急切换自动化；资金核对自动化；"T+0"与"T+1"估值自动化；TA 清算自动化；各类报备自动化；各类文件发送、检查、复制、移动、上传自动化；外部数据提取自动化；日常业务数据变动提醒；日常业务监控自动化等。如，"T+0"估值财务数据核对，最终实现自动化流程如图 7-42 所示。

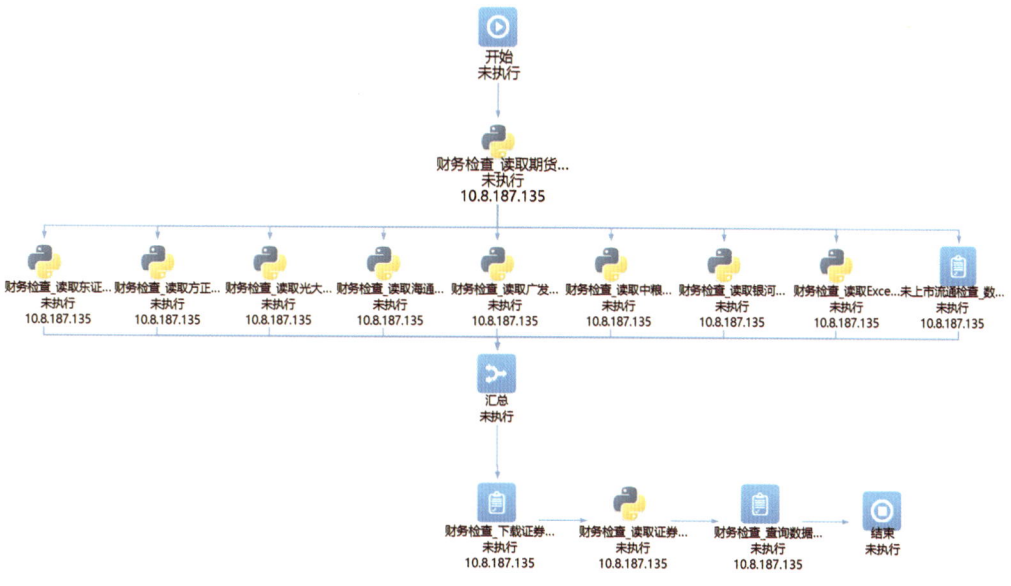

图 7-42　业务流程示意

②RPA 系统框架部署：RPA 系统建立在各个业务系统之上，需要对 RPA 的平台部署进行充分考虑，才能保证安全、高效。

③规范建设：考虑公司快速发展，未来 RPA 机器人会越来越多，如何运维这些机器人，以保证每个机器人有着更长的生命周期尤为重要，因此需要一个标准的开发规范，降低后期运维成本与缩短后期新的 RPA 机器人开发周期。

针对要实现的目标，建立一套高效能的 RPA 系统平台，实现风险可控，能够快速迭代，与新技术更好地结合，使 RPA 机器人能够支持更多应用场景。

（4）技术"亮点"

在数据处理上，通过 Python 脚本与数据库结合，大大提高数据处理的效率；在内容识别上，通过 AI 识别，大大提高内容识别的精度；通过定时任务，实现无人看守模式，使部分流程在服务器后台自动执行，并将结果通过企业微信或者邮件通知到相应业务人员。

（5）取得成果

RPA 机器人平台建立了一系列自动化流程，约有 100 多个 RPA 机器人。如，交易系统闭市自动化；交易清算自动化；交易系统生产灾备应急切换自动化；资金核对自动化；"T+0"与"T+1"估值自动化；TA 清算自动化；各类报备自动化；各类文件发送、检查、复制、移动、上传自动化；外部数据提取自动化；日常业务数据变动提醒；日常业务监控自动化等。

（6）应用与推广价值

机器人的时代已经来临，越早发挥它的潜能，就能越早地为企业创造竞争优势。RPA 在提高工作准确性的同时，还能够带来直接的经济效益。使用 RPA 来处理流程不仅可以转变、简化组织的工作流程，还会为企业带来极佳的灵活性，使企业更加灵活地面对机遇和挑战。RPA 机器人能与很多系统进行衔接，随着工作的推进，机器人会越来越多；它们不断报告工作进度，降低运营和业务的不确定性，不断调整战略，将企业做大做强。同时，RPA 在如下方面的意义更为明显。

一是准确度高：RPA 机器人严格遵循设定程序，不知疲倦，不易犯错，操作规范，始终如一。

二是合规性强：一旦收到指示，RPA 机器人将立即执行，可靠性高，风险小。整个过程在监控下进行，可完全控制其按照现行法规和标准进行操作。

三是快速节约成本：RPA 可使流程处理时间成本、人力成本降低。

四是速度更快，产能更强：RPA 消除了那些没有增值潜力的业务操作，把员工从不断增加的工作压力中解放出来。

二、服务领域应用

如今，保险资管机构积极推动数字化创新进程，不仅在应用层面进行积极的创新尝试，在服务方面，各家保险资管机构也努力打造服务创新的新模式，积极对内、对外进行科技赋能，优化技术，夯实数据基础。保险资管机构服务创新主要体现在以下 3 个方面。

(一)"一方"服务[①]

随着科学技术的蓬勃发展,传统头部保险资管机构在以更加开放、共享的心态,加速自身以及行业的数字化转型的同时,积极探索为上游保险集团提供服务的新模式,通过企业先天禀赋借助科技服务手段,输出自身优势能力,从而对外赋能,延伸服务价值链,引领打造开放、合作、共赢的合作新生态。

案例 7-11

平安资产打通上下游数据,全面提升数据服务水平

(1) 建设背景

平安资管为多家子公司提供资产委托管理服务,主要服务内容包括投资管理服务、金融咨询服务、主运营管理服务等,并为委托人提供日常投资管理范围内的数据对接、管理报表支持、监管报送支持等。

(2) 面临挑战

随着监管对保险资金运用的要求不断细化,监管机构由此产生全面、穿透、实时、自动监管的需求,监管机构对数据质量问题的重视程度也日益提升,并采用现场督导加罚款的方式,督促各保险公司提高自身数据管理水平。这都对保险公司的数据管理能力带来了挑战,新的挑战主要体现在颗粒度更细、报送时效更高两个方面。

(3) 建设内容

资管公司作为数据的生产者和数据链路中重要管理者,从事帮助委托方进行口径的解释、数据链路的梳理、系统平台建设的支持等工作。支持集团内保险机构的偿二代、EAST 报送序列、I9 准则落地、数据治理等服务;针对外部采购、内部的数据,从受托管理资产持仓数据、评级数据、风控数据方面支持委托人进行日常业务管理需要。

(4) 技术"亮点"

一是元数据血缘分析。梳理系统、表、视图、字段等之间的关系,并采用

[①] "一方"服务是指保险资产管理公司为直属上级保险、保险集团公司在监管报送、投资运营、数据治理等层面提供金融科技服务。

有向无环图（DAG）的模式进行可视化展现。按血缘对象来分，分为系统级血缘、表级血缘、字段（列）级血缘，集成了 Redis 及图数据库技术。

二是元数据影响分析。影响分析的起点是当前分析对象，终点是受其影响的最末端子代，按照影响关系逐层扩展。影响分析图反映了当前对象在统一数据集成平台中，参与了哪些元数据的形成。用户可以借助影响分析观察该对象的影响能力，即对于当前元数据修改，会对哪些后代元数据造成影响。综合而言，血缘关系和影响分析两个关键特性为用户重建了整个元数据家族的构建过程，刻画了家族成员彼此连接的脉络和途径。当某数据出现错误或者异常时，我们可通过血缘关系图向上分析锁定问题产生的源头；当对某些数据进行修改时，可通过影响关系图向下分析，得到哪些数据实体中的数据会受到影响。

三是精准测试。随着系统规模不断增大，业务逻辑变得愈加复杂，在时间越来越宝贵的情况下，传统的基于需求的"黑盒测试"已不能完全有效应对。开发团队从接口层作为切入点，通过对比两个版本分支的代码，溯源找到受影响的上层 API，测试人员根据推荐的 API 进行回归测试，保障功能测试人员可以更高效地进行回归测试。

（5）取得成果

通过盘点数仓内部的数据分布流转、数据结构、数据计算规则、相关关系，明确数据库运算逻辑，通过梳理和制定数据标准，保障数据使用过程中的一致性和准确性，加强了资金、持仓、交易等主体数据的勾稽核对，加强了资管和寿险、产险之间的业务信息交流，推动数据服务进入长效运行阶段，提升了资管对保险系委托人数据服务的整体服务水平。

（二）技术服务

技术和业务融合一直是困扰保险资管机构的一个难题。尽管新技术创新赋能的浪潮越发强劲，但科技落地到业务真实场景一直以来都存在着巨大的鸿沟。技术用到哪里，技术如何去用，成为企业在科技赋能过程中经常提及的问题。技术生硬贴合业务的现象也常常发生，"技术"与"业务""两张皮"的现象比较普遍。如今，传统公司老的架构与工作模式已无法很好地支持技术业务的有效协同从而到达赋能目的。企业也意识到打破技术和业务间的壁垒，将技术基因深深植入业务，需要重组资源、重造架构、重构流程进行技术服务创新。

案例 7-12

生命资管运用"互联网思维"推广科技创新产品

（1）推广背景

在市场竞争加剧、数据驱动管理的需求以及未来数据人才竞争激烈的背景下，BI 工具推广可培养数据思维和数据素养，提升数据分析能力，在公司内部营造数据分析文化，培育数据人才，发挥数据价值，提高公司竞争力。

（2）推广方式

A. 培训推广。2019 年，公司成立 BI 可视化工具推广小组，采取了宣传导入、集中培训、外出调研和文化活动的方式进行工具推广。

一是在全集团内开展工具宣传活动，通过精品案例展示工具效果；二是集中开展多批种子学员基础技能培训，让学员了解工具基础使用方法，并引导和鼓励学员在工作中探索使用；三是"走出去""引进来"，了解其他成熟使用 BI 公司的推广方式，汲取经验；四是组织文化活动，增强学员凝聚力，分享数据分析经验。

B. 案例开发。2020 年，公司进一步扩大培训，并致力于将数据分析知识转化为实际价值，通过直播培训和举办案例挑战赛的方式进行升级推广。

一是全集团开展直播培训，利用线上培训优势，扩大培训人群覆盖面；二是策划并组织数据分析案例挑战赛，结合工作场景制作分析案例，挖掘数据价值；三是组织学员活动，提高凝聚力，交流数据分析思路。

在一年半的推广历程中，共计开展了 6 批培训，培训人数突破 500 人，完成实际工作案例数超 30 个。理论学习与实际工作场景相结合的运用，将知识转化为价值，既提升了学员技能，也逐步形成了数据分析思维。

（3）推广"亮点"

项目组的推广方式，与互联网公司的做法类似，采取地面推广、补贴、"爆款"、收获的流程。

第一，项目组在推广前期，进行了"一对一"、大范围的地面推广活动，开展 20 多场线下宣传导入活动，增强各部门对工具的认识，为后续活动做好基础。

第二，项目组提供大量补贴支持，在推广的过程中提供全方位服务，提供账号、设备、书籍、文化礼品、技术服务等支持，降低学习门槛，提高培训体验。

第三，做"爆款"，通过案例挑战赛打造精品案例。项目组组织案例挑战赛，最终形成多个精品案例，一方面可以产生实际价值，另一方面可以让更多人看到与工作紧密相关的数据分析成果，通过包装宣传推广等方式，从而起到"爆款"效应，吸引更多成员加入数据分析队伍。

第四，收获，案例带来了实际的价值，为公司提供管理建议。同时，案例开发过程也是学习的过程，案例团队数据分析技术、思维都有极大提升，随着更多成员数据分析技术和思维的不断成长，公司数据素养逐步建立，形成公司数字化转型的重要条件。

案例 7-13

光大永明资产低代码、组合化开发，助力保险资管企业信息化

（1）建设背景

在保险资管传统领域，以投资、估值、TA 为"铁三角"的核心地带及周边，被恒生等厂商牢牢把控，保险资管机构的技术人员主要从事系统运维的单调工作，在关键业务保障和支持上往往仅能起到"传话筒"和协调员的作用，员工发展受限，价值体现困难。

在保险资管业务创新领域，科技工作是一片蓝海，但是创新业务存在未知性、不确定性和时间紧迫性等特点，无论采用厂商系统采购还是传统开发自主研发，都很难取得预期的效果，给人一种技术追着业务尾巴跑的感觉。

在保险资管科技创新领域，基于数据价值被发现、被重视和围绕数据进行应用开发的业务场景需求不断涌现，其中，以监管数据报送和数据决策驱动为主。传统依赖厂商的数据中心建设方案，存在投入大、见效慢、可控性差、持续运维困难等诸多问题。自主可控的数据平台建设迫在眉睫，数据应用的敏捷实现能力也亟待构建。因此，需要有一种技术服务业务的模式或平台，其既可以提供良好的敏捷、迭代特性，又能灵活地支撑以数据为核心的应用快速开发。

（2）技术架构

基于低代码的工具组合化开发平台，利用 BI 工具强大的数据展示能力、数

据库工具的数据处理能力、企业办公自动化系统的流程黏性，充分发挥和最大化低代码工具的信息化能力，使其同时具有敏捷、迭代、可控等核心能力，可在保险资管业务信息化服务上提供与传统研发形成互相补位的多元化自主研发能力（见图7-43）。

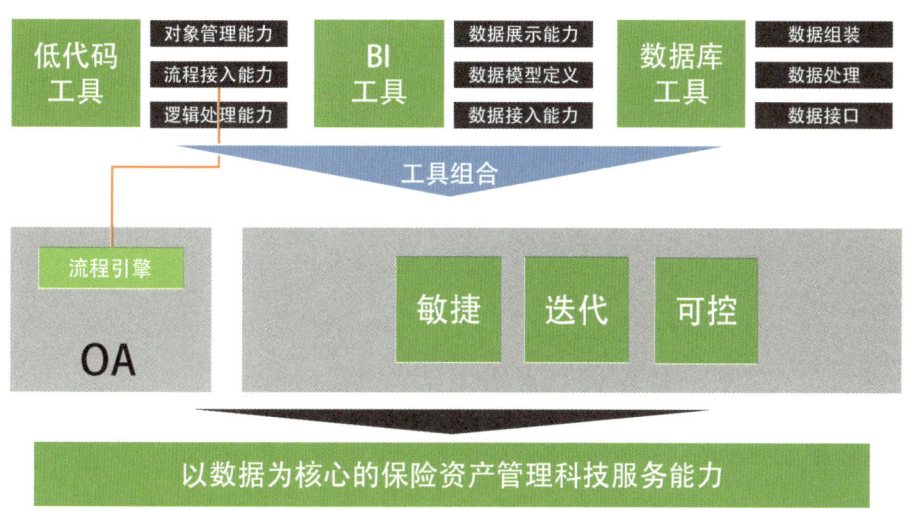

图7-43 基于低代码的工具组合化开发平台架构

该平台提供了从数据到流程、业务到决策的全方位业务支持功能。

（3）取得成果

借助平台能力，通过数字化为企业赋能。在主数据相关应用上，对产品、客户、员工等信息的管理，具有显著的台账管理和流程管控特征，可通过低代码平台予以实现。在业务应用上，资管、投行的客户关系管理、营销人员绩效管理、关联交易管理等应用，兼具台账管理、流程管控和数据分析特性，总体上可以通过"低代码+BI"的组合方式给予支持。在数据分析应用上，业务驾驶舱、监管报送，对前端数据展示的复杂性、美观性要求较高，适用"BI+数据库开发"的组合方式来实现（见图7-44）。

在整体成效方面，项目交付周期提前、迭代支持能力明显高于外部厂商所能提供的服务，用户满意度较高。

```
┌─────────────────────────────────────┐
│      基于低代码的工具组合化开发平台       │
└─────────────────────────────────────┘
                   ▼
```

主数据应用	产品	客户	员工
业务应用	CRM	营销绩效	关联交易
数据分析应用	投行驾驶舱	资管驾驶舱	中保登报送	人行报送

图 7-44　工具组合化开发平台的应用情况

通过建设"资管+投行"驾驶舱，光大永明资产管理层可以实时掌握条线业务运营情况，同时支持投行业务静态预测，为管理决策提供有效支撑。通过建设"资管+投行"营销绩效中心，隔日量化一线营销业务人员的绩效考核数据信息，并提供业绩排名，为公司市场化绩效改革和资产规模增大提供了有力支持。公司近两年年均资产管理规模增长率突破40%，截至2021年中期，公司资产管理规模已突破3 100亿元。在监管报送方面，快速规范和实现了部分线下数据的流程数字化，通过业务流程嵌入式审核为监管报送数据的准确性提供保障，也减少了人工工作量。在平台提供业务服务的过程中，以迭代、渐进的方式实现了OA系统事务性流程到数据化流程的改造。通过这样一个过程，既能将大量OA流程数据进行结构化落地，又提升了用户填写流程数据的体验效果。

（4）技术"亮点"

从业务来看，其一，根据业务特点和公司特色，形成了"资管+投行"业务的经营情况、规模和收入分析、绩效分析等内容的数据驾驶舱。其二，量化一线营销人员的绩效数据，通过绩效奖金挂钩和竞争排名来释放、激活营销人员的潜力和活力。

从技术来看：其一，充分利用低代码、BI、流程引擎等工具的能力，研究和探索它们的组合方式，并引入数据库开发技术，提高技术人员在工具组合中的整体掌控和自主可控能力。其二，构建企业"敏捷+迭代"开发模式，结合传统研发，形成多元化的科技赋能体系。

（5）行业借鉴意义

同为资产管理行业，保险资产管理（尤其是中小企业）不同于基金、证券、银行等，在资源投入、人员规模上都不在一个量级，如何在有限投入下，既保障业务的持续稳定运行，又做到有效的创新支持？本案例所采用的开发模式，具有成本低、周期短、迭代友好、可控性较好、流程黏性高、支持场景全等优点，适用于中小保险资产管理企业的信息化全面铺开、创新业务支持、以数据为核心的应用等场景。

（三）数据服务

随着保险资管机构业务近几年的高速发展，不论是企业内部数据的积累，还是为支持业务发展而产生的内外部数据需求都呈几何倍数的增长。多源数据及不同结构数据的整合，都是现阶段企业面临的棘手问题。将数据资源变成自身的数据资产，需要企业通过数据服务创新来达成。

案例7-14

中信保诚引入微服务框架，建立高效、统一数据平台

中信保诚资产管理有限责任公司（以下简称中信保诚）2021年启动了数据中心建设项目。通过对业务数据进行摸排梳理、标准定义、分层建模，以大数据平台为基础，引入微服务技术框架，建立了公司高效、统一的数据平台。作为公司的数据管理平台，其有效地支撑了公司数据治理；作为公司高质量业务数据的统一出口，其大幅提升了公司数据流转效率，拓展了数据服务能力，有效地支撑了公司业务发展。

（1）建设背景

中信保诚资产管理业务每天产生的交易、估值等重要业务数据会以结构化、半结构化、非结构化的形式分散在各业务系统、文件、电子邮件、网页中。在日常管理中，缺乏实时的数据治理体系和数据应用服务管理体系，产生了诸多问题，如数据分散，集成困难且效率低，形成数据"孤岛"；缺少统一标准，数据质量偏低，给应用带来挑战；数据集成手段不丰富，时效性低，无实时数据处理体系；数据安全性差，管控不足；数据没有统一标准服务，报表仍需手工制作等。

针对以上问题，需要通过新一代资管数据中心建设进行数据集成、数据治理及数据服务，消除数据物理和逻辑"孤岛"，降低运营成本，提升数据价值，将数据转换为资产的同时提升数据的服务能力和创新能力。同时，丰富数据服务的多样化方式，让数据能够轻松地被用户定义及扩展使用。

（2）整体架构

系统整体架构从数据存储角度设计为多层、可扩展框架结构。层次分为数据集成、数据存储加工、数据指标化、数据服务化、数据管控体系、应用分析、数据管理办法和面向用户等，具体如图7-45所示。

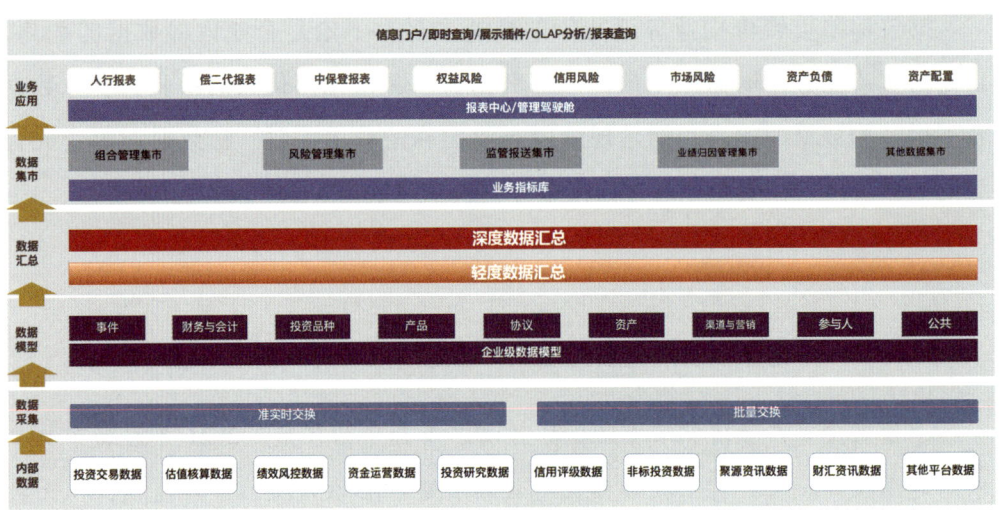

图7-45 系统整体架构

平台技术架构由下至上由数据源、数据网关层、数据中台、数据服务层和数据应用层组成，具体如图7-46所示。图中的浅蓝色部分为产品相关的功能，深蓝色部分为大数据相关的技术组件。项目是基于CDH大数据平台相关组件开发的。

（3）取得成果

通过数据中心项目建设，建立了统一的中信保诚数据管理平台。通过对生产和管理数据的集中、清理、整合、分发、分析等，实现数据资产化；通过封装统一标准的数据服务，建立数据与应用两个层次的服务体系，实现数据资产服务化;通过组合分析、绩效分析、风险分析、监管报送等一系列数据应用的建立,将数据服务化,最终通过科技创新再次将业务数据化,形成公司整体的数据闭环。具体而言体现在以下5个方面:

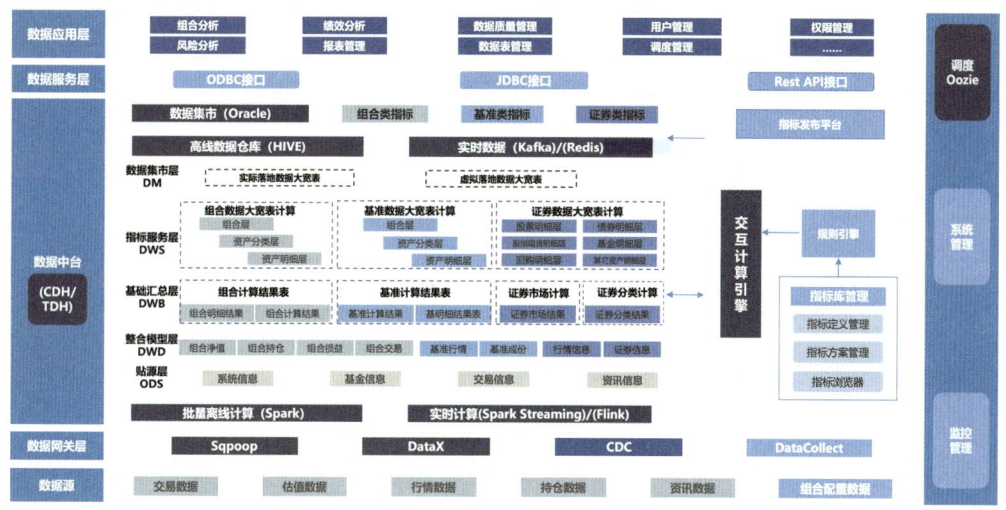

图 7-46 系统技术架构

一是完成数据资产摸排清理,形成了公司数据资产目录和全域数据资产地图,实现元数据统一管理和数据血缘关系追踪。

二是建立了较为先进的数据模型。对资管行业数据深入分析,在符合行业标准的基础上形成了较为先进的数据模型,实现高内聚和低耦合、核心模型和扩展模型分离、成本与性能平衡,保证字段一致性,命名清晰易理解。

三是建立了统一指标体系,覆盖常用的组合、证券、持仓、交易、收益、风险等指标。同时,针对具体应用场景构建出不同的数据集市,实现了数据中心作为公司的一个完整、准确、可信赖的数据源。

四是实现了数据服务多元化。通过数据分层,可以为下游提供不同粒度的数据;通过多样的数据服务能力,可以为下游提供数据库接口、API Service、文件等多种形式数据支持。

五是建立了完善的报表开发平台,支持固定报表、动态查询报表、用户自助分析等功能。

(4) 技术"亮点"

A. 解耦。在建设数据中心的统一管理平台时采用了微服务架构,使用了

Spring Cloud 技术框架。根据系统功能拆分，将高度独立的功能簇划分为相应的微服务。微服务化极大地简化了整体系统功能的复杂度，服务之间松耦合，每个服务专注自身的业务能力，每个微服务独立部署、独立开发迭代，加快了服务功能迭代速度，提升了系统整体业务处理能力，在微服务框架层为系统提供了整体稳定性。

B. 高效。系统同时支持批量离线计算（批处理）和实时计算（流处理）。离线数据仓库部分使用 CDH 产品，实现数据的统一存储、管理以及系统资源的统一监控管理。实时计算部分使用 Redis/Kafka 存储，采用 Spark/Flink 执行运算。

系统数据计算框架能够同时支持事件驱动和微批处理。在数据运算时，拥有微秒级的时滞和每秒处理 TB 级数据量的能力。

C. 灵活。系统的数据网关层采用语言脚本方式设计，通过脚本的形式进行业务数据的转换，支持多种源/目标端的导入、导出，同时依托关于语言脚本本身接近 C 语言的性能，解决灵活与效率的问题。

D. 开放。系统对外提供多种对接方式，包括软件开发工具包（SDK）、消息订阅、API Service 等，支持下游根据业务需求深度开发数据应用。同时，也为公司打造 OSP 微服务平台生态建设，为公司快速业务功能上线和快速服务集成打下坚实的技术基础。

（5）行业借鉴意义

一是数据治理。数据治理是公司在做数字化转型时的必备过程，不仅需要完善的规章制度、保障机制，还需要理解具体的治理内容。听起来很"高大上"、很宏观，但是落到具体行动时，尤其是在新建数据中心时，有两点需要注意：第一，数据治理的本质是管理数据，因此需要加强元数据管理和主数据管理，推动从源头治理数据，补齐数据的相关属性和信息；第二，要结合数据规范、数据质量、数据安全等最基础且最实际、最复杂的问题通盘设计规划。规范化的模型管理是保障数据可以被治理的前提条件，高质量的数据是数据可用的前提条件，数据的安全管控是数据共享交换的前提条件。

二是系统可扩展性。随着我国金融市场的快速发展，金融创新产品层出不穷，公司的新业务也日益增多。数据中心如何快速响应公司的数据需求，需要我们在系统建设时考虑其可扩展性与适应性。底层数据存储可以考虑分布式存储,以便数据量在突然爆发式增长时能够及时扩容;数据模型在设计时考虑分层设计、核心模型和扩展模型分离,实现高内聚和低耦合;数据处理时考虑到批处理与实时处理两种业务需求,在架构上可以采用微服务架构,以便降低整体系统功能的复杂度,更灵活支持业务需求。

案例 7-15

大家资产基于 JupyterHub 的量化分析服务,
助力保险资管提升数据分析效率

（1）建设背景

业务人员对于数据处理速度、容量、维度需求持续提升,传统的业务与 IT 合作模式难以适应。同时,越来越多的业务人员掌握了数据分析的工具、编程语言、模型等,迫切需要一种新的数据处理方式进行快速分析与决策,因此基于 Jupyter 的量化分析服务在大家资产应运而生。

（2）技术架构

当前,Jupyter 已经成为数据科学和机器学习最知名也是使用最广泛的开源方案,我们在各种各样的数据科学和机器学习平台中都会看到它的影子。Jupyter 本身包含很多组件,对于个人用户,使用 JupyterLab + Notebook 就足够了。但是,如果把 Jupyter 当成一个企业级的平台来看待的话则远远不够,需要将多用户、资源分配、数据持久化、数据隔离、高可用、权限控制等纳入架构设计。JupyterHub 是一个多用户的 Jupyter 门户,在设计之初就把多用户创建、资源分配、数据持久化等功能以插件模式提供,为系统提供了扩展的可能性。

系统整体架构如图 7-47 所示。

（3）取得成果

平台注册用户 60 余人,占整个公司员工数量近 1/3,积累策略模型 330 余个。接入数据源包括数据中心、资讯商数据、爬虫数据,基础模型涵盖基础运算、统计、机器学习、人工智能等大类。

（4）技术"亮点"

量化平台先改变了原有的业务部门与 IT 部门的合作方式,传统方式下业务需求方向 IT 部门提出需求,由 IT 部门进行需求分析、设计、开发,最终投产将数据提供给需求方。这种方式效率低下,需要大量的沟通成本。这种问题在资管行业IT从业人员业务知识欠缺、对数据理解普遍不足的状况下显得尤为突出。通过量化平台，业务部门与IT部门分工协作，IT部门负责基础平台、基础数据、基础模型的提供，需求部门根据需要独立进行相关上层模型策略的开发，极大提高了工作效率。

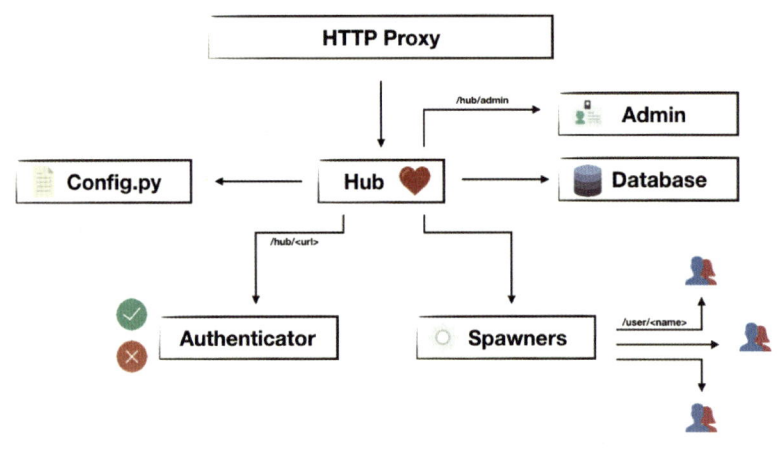

图 7-47 系统整体架构

量化平台同时改善了业务人员进行数据分析的模式，在原有模式下，数据获取、处理、输出均为手工操作，效率低、易出错、重复性劳动繁重（见图 7-48）。

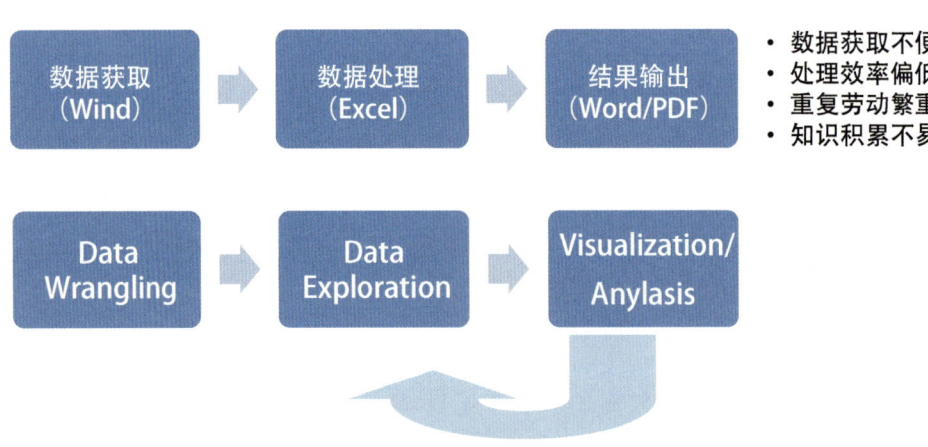

图 7-48 数据分析模式示意

新模式下，通过快速的数据清洗、探索式分析、数据可视化，能够将整个流程迅速迭代，这在面临快速变化的市场环境时尤其重要。

（5）行业借鉴意义

随着资管行业自身数字化进程的推进及外部技术环境的持续升级，作为资管机构的内部信息部门，也面临着角色的转变，除了以传统模式提供业务支持外，更应站在行业角度、公司角度、业务角度思考全新的服务模式，充分利用新技术、新方法为业务发展做出贡献。

第四节　挑战与机遇

一、主要挑战

金融科技与保险资管业务相结合，是保险资管业务数字化转型的前提，将极大提升业务的内在活力和创造力。金融科技究其本质是信息化的工具和手段，核心目的是帮助行业主体提升劳动生产率，提升工作质量水平，防范相关风险。同时，我们也应当意识到，金融科技与保险资管业务毕竟隶属不同领域，两者的整合落地仍面临诸多挑战：

（一）环境变化提出更高要求

随着我国社会经济的高速发展，保险资产管理行业保持了迅猛发展的势头，当前行业市场参与机构众多、竞争激烈。近年来，受市场、客户、监管、技术等多方面的影响，对保险资管机构金融科技的发展提出了更高要求，具体表现如下：

1. 客户偏好在变，利率费率下行

随着社会财富向年青一代，尤其是"千禧一代"转移，年青客户普遍具有更加明显的数字化特征，他们对线上渠道更敏感，对服务及时性、体验性要求更高；加之行业的产品费率长期处于下降通道，压缩了资管公司的盈利空间，对资管机构建立规模优势和控制运营成本提出了更高的要求。

2. 监管细则落地，合规标准提升

2018年"资管新规"出台，针对保险资管机构的规范细则也逐步落地，特别是加大了一些核心基础设施的建设、数据报送、监管检查和违规处罚的力度。因此，保险资管机构均需要应对金融监管的变化，根据监管要求及时做出相应的调整，保持对监管要求的敏捷性。由此，对金融科技在支持数据报送和合规管理层面提出了更高要求。

3. 科技更新迭代，创新竞争激烈

金融科技发展初期，资管领域的科技应用比较基础，而随着数据挖掘、机器学习等一批技术的不断成熟，在机构对公客户端的资产管理领域，如投资决策、风险控制等核心场景上也出现了越来越多的创新应用，用资管科技赋能整个资管链条中的各业务环节、各类参与者将成为行业常态。

市场的竞争、客户的需求、监管的要求、技术的影响，都在推动着中国保险资管业的发展进步，也促使各保险资管机构主动通过金融科技变革以应对外部竞争及新变化。

（二）规范创新还需加强完善

保险资管行业在拥抱金融科技过程中，已普遍认知到金融科技对行业及自身发展的重要性，具备了一定的金融科技意识，但其高度和深度不够，发展不均衡是当前面临的主要问题之一，具体表现如下：

1. 部分行业机构对金融科技的重视程度不够

体现为公司重大决策、业务规划金融科技要素参与度偏小，科技赋能业务创新思想偏弱，金融科技人员编制、预算占比偏低。

2. 部分行业机构对金融科技的思考深度不足，将金融科技等同于信息系统、流程系统，缺少业务的科技化转型意识

3. 部分从业者对金融科技的认知不够，能力不足

金融科技是金融业务与科技思想、技术的结合，部分技术从业者在金融科技认识上往往忽略金融主体，在过程中唯技术论，而部分金融工作者则固守传统，业务的技术创新动力不足。

由此，在金融科技促进业务创新发展的过程中，需要继续强化规范指导的完善性，提炼保险资管行业特有的金融科技发展范式，提升全行业整体金融科

技平均水平。

(三) 资源投入总体仍显不足

金融科技的应用与落地是一项战略任务,需要保持一定的战略定力和战略投入。现阶段,保险资管行业的金融科技建设存在着自身基础薄弱的特点,特别是在人才、资源投入方面,需要加强。呈现的问题如下:

1. 人员投入不足,科技人员占比偏低

在当前全国各行各业科技创新的大背景下,科技人才的绝对数量本来就相对偏低,而对应到金融科技的复合型人才,就更加稀缺。在此环境下,各保险资管机构在搭建自身金融科技团队过程中,普遍面临金融科技人才储备不足、人才引入竞争激烈、核心人才流失率高等挑战,导致行业内普遍采用自身金融专家与技术外包相结合的方式临时性解决人员问题,长期来看不利于核心能力沉淀与创新。

2. 金融科技发展意识有待提高

保险资管机构对科技支撑自身业务发展的价值贡献认识需提高,部分机构想创新,但实际上金融科技力量长期储备不足,最终陷入"业务有挑战想创新,实际准备不足难创新,业务发展遇到更多挑战"的怪圈。

3. 保险资管机构间投入差距较大,金融科技基础不均衡

金融科技投入较大的机构,科技人员已达数百人,进入数字化、智能化阶段,而金融科技投入较少的机构,科技人员数量仅为个位数,停留在信息系统建设初期阶段。科技基础发展的不均衡已影响到行业整体科技创新与相应业务的增质增效。

由此,金融科技促进金融业务创新,需要保证合理的、持续的金融科技战略投入,不断优化金融科技人才建设机制,解决好金融科技人才的选、用、任、留问题,构建出适合金融科技发展的文化体系。

(四) 同质化竞争依然普遍存在

技术是金融科技的载体。保险资管行业的金融科技推进本质上是学习先进科学技术的过程,包括学习技术思想、技术实现、技术创新等,而不是个别技术产品的应用过程。从围绕保险资管行业的技术范围看,低水平同质化竞争是

影响金融科技高质量发展的主要问题。具体包括：

1. 技术雷同且适用性、创新性不足

行业机构在技术应用上多数停留在流程化、功能化建设，对新技术的掌控与应用不足，创新型技术与业务的结合偏弱。科技公司的技术产品、技术平台停留于原生态技术的初级集成拼凑，缺少附加价值，缺少面向业务的平台化整合，未能有效降低面向业务单位的技术门槛，总体效果不佳。

2. 机构壁垒与局部垄断问题突出

因缺少行业级金融科技指引与规范，行业机构依据自身情况建立机构内部标准，不具有普适性。技术公司、供应商依托先发优势、站位优势，通过建立局部技术壁垒实现技术垄断，影响金融科技创新。

3. 重复投入造成资源浪费

因行业内对合规、安全的界定笼统，数据权属边际模糊，行业间技术信任薄弱等问题，导致行业内大量项目重复建设，成本居高不下，复用率低。

综上所述，面对技术问题与挑战，保险资管行业在整合现有资源、统筹行业金融科技发展规划、促进技术的自立自强、突破技术壁垒与垄断等方面需加大力度。

（五）数据体系建设相对薄弱

长期以来，行业机构在信息化建设过程中，普遍存在重功能流程建设、轻数据建设、缺乏数据标准，缺少统筹规划等现象，造成数据流转不畅，存在信息"孤岛"，合规性、安全性敏感度低等问题。随着数字化应用在金融科技中占比的逐步提升，解决数据体系建设中的共性问题已迫在眉睫，主要包括：

1. 明确数据权责界定规范，制定责权界定方法，加强数据合规约束，促进数据价值应用

数据权责不清晰是影响数据价值发挥，造成数据合规问题的首要因素。从行业角度，推进数据的确权与备案，规范数据合规运用，从制度层面保障数据的流转与使用，是数据价值应用的前提。

2. 进一步完善保险资管业数据标准

数据标准不应是造成数据交换、理解的主要技术障碍。在数据确权与合规指引基础上，完善数据标准（包含技术标准和业务标准），可有效降低数据流通

成本，提升数据复用性，最大限度发挥数据应有价值。

3. 规范高质量数据源，完善数据公共服务

同类数据的多源异构特性，易引起数据的合规性问题、解释性问题和质量问题，造成数据上游混乱。从数据服务于行业的角度考虑，对同类型数据应当进行正本溯源，统一规范，同时完善公共数据服务，减少重复建设。

二、面临机遇

（一）"碳中和"成全球热点，ESG 定义投资新理念

1992 年，联合国第一次在《21 世纪议程》中倡导促进经济发展的同时注重环境保护，即经济可持续发展。中国自 2016 年成为《巴黎协定》签署成员国起，就参与制定应对全球气候变化的相关准则，为实现平均气温较前工业化时期上升幅度控制在 2℃内的目标付出努力。2018 年，A 股正式纳入 MSCI 新兴市场指数和 MSCI 全球指数，自此中国开展了社会责任发展经济的政策管理（见表 7-1）。

表 7-1　　　　　　　　　　2018—2021 年重要文件汇总

年份	机构	文件名
2018	证监会	《上市公司治理准则》
2018	基金业协会	《中国上市公司 ESG 评价体系研究报告》和《绿色投资指引（试行）》
2019	基金业协会	《关于提交自评估报告的通知》
2019	国家发展和改革委员会，工业和信息化部、自然资源部、生态环境部、住房和城乡建设部、人民银行、国家能源局	《绿色产业指导目录（2019 年版）》
2021	人民银行、发改委、证监会	《绿色债券支持项目目录（2021 年版）》

自 2021 年开始，以环境、社会和企业治理（ESG）为导向的投资价值观的发展受到了前所未有的关注度。一是投资者开始更多关注气候变化，对其概念数据和解决方案的需求不断增长，越来越多的人工智能与大数据分析应用到了 ESG 分析研究中；二是受新冠肺炎疫情影响，企业和投资者开始尝试寻找新办

法来规避大型系统性风险，如员工福利、供应链管理和生产安全等社会责任性问题。长远来看，生物多样性的降低也会对人类的经济活动产生重大影响。

"十四五"时期是中国逐步走向高质量发展的转型期，ESG将为绿色投资、绿色金融注入新的动力，成为投资界的新发展理念。展望未来，保险资管机构将继续践行ESG理念，将ESG相关因素纳入投资研究和投资实践的全过程。在投资研究方面，一是积极推动可持续金融领域能力建设，进一步提升机构在环境风险管理、ESG投资等方面的能力和水平；二是将ESG理念纳入投资分析的核心策略之中，吸收借鉴国内外先进的ESG投资实践经验，结合保险资金的自身特点，研究保险资管行业的最佳ESG指标及投资策略，对企业非财务绩效与长期发展前景进行全面评估。一方面，将资金以多种形式投向环境友好型、治理完善型企业。另一方面，在产品供给端积极作为，推出以ESG为主题的保险资管产品，为绿色项目融资以及相关投资者提供更加多元化、多样性的金融服务。"双碳"目标背景下，机构投资者需要主动调整投资策略。一方面，特别关注控制碳排放行业企业的减排能力和履约表现，以避免投资无法履约的高碳行业企业陷入金融风险。同时，要支持控制碳排放行业企业的转型升级、减污降碳，转型项目将是非常好的投资机遇。另一方面，机构投资者要积极扩大对可再生能源行业、工业低碳、绿色建筑、清洁交通、环保创新科技等领域的投资，要创新投资产品的种类和市场交易模式，实时掌握投资组合的碳强度管理。

金融业既可为绿色项目提供融资，推动资本进入绿色产业领域，也可通过日常金融决策，有效配置金融资源。引导养老金、保险、社保进入ESG投资金融市场在弥补资金缺口上扮演着重要的角色。在管理养老金类资金的投资策略时，我们更在意的是风险收益的平衡，长期稳定的回报，也更注重可持续发展与回报的有效结合。因此，全面建设和强化绿色投资体系是中国保险资管业界的重要的长期目标，意义在于将ESG概念纳入资产组合配置策略、企业运营低碳转型和社会责任践行项目中。在金融科技上，创新ESG投资在各个交易和投研场景下的平台应用，打造更有利于绿色可持续发展的险资科技平台；同时，在当前ESG飞速发展阶段，利用各公司的大数据能力识别"漂社"风险，为全面实现绿色投资提供有效保障。

（二）个人客户市场兴起，开启"大资管"时代新篇章

根据安联研究发布的《2020年安联全球财富报告》，中国家庭私人金融资产总量已达到23万亿欧元，占全球总量的12.1%，位居全球第二。同时，瑞信集团发布的《2020年全球财富报告》统计显示，2020年，中国金融资产占总资产的44.2%，较2019年增加了33.89亿美元，同比增长10.2%。这些数据都显示中国财富管理行业正迎来黄金发展机遇。当下政府的"教育培训改革"和"房住不炒"的政策有效限制了居民子女教育过度支出，并控制了资金过度流入房地产行业。这些信号都给保险资管行业以启迪和号召，保险资管机构应该通过创新发展，在个人金融资产配置需求高速发展的背景下抓住高净值客户金融资产管理的时代机遇，跟上传统财富管理主流机构（银行、券商和互联网金融）的步伐，甚至并驾齐驱。

在中国财富管理行业里，保险资管机构缺乏银行或券商机构的渠道优势和员工数量优势，在"To C"高净值财富管理市场，由于监管机构2020年5月发布实施了《保险资产管理产品管理暂行办法》，对保险资管机构释放了针对符合条件的自然人销售保险资管产品的改革红利，并在2020年9月11日《保险资产管理产品管理暂行办法》的3个配套规则中明确了只允许符合条件的自然人参与组合类保险资管产品投资。这也充分说明服务好个人客户市场，对于长期深耕机构客户的保险资管机构来说，肯定是一块新奇的大陆，充满了挑战。事实上，行业中直到2020年11月12日才由华泰资产管理有限公司通过某股份制银行私人银行代销募集正式发行的第一个"To C"的保险资管产品。所以，从参与时间和实践经验来看，保险资管机构行业在个人财富管理业务上发展和探索都任重道远。

探索的路上充满挑战，同样也孕育着巨大的机遇。在2020年银保监会确立了"1+3"保险资管产品制度框架后，多家保险资管机构开始为开启个人理财业务未雨绸缪，积极学习互联网财富管理线上渠道经验。保险资管机构需要利用自身优势，例如擅长管理长期资金、强调稳健收益和控制收益率回撤等，找到自身市场定位和突破口，帮助客户进行财富资产的保值升值。

(三) 新技术深度应用，投研投顾获得新动能

在"金融+科技"的大浪潮下，以大数据、云计算、人工智能等为底层技术，结合保险资管在股权、债权和不动产资产投资等传统业务方面的应用，给整个保险资管行业带来许多新的场景，同时也对保险资管投研人员带来了新的要求，需要利用好以新技术为基础的投研工具，来提高投研产出效率和创造收益。

从保险资管战略资产配置（SAA）的宏观角度出发，通过数据科技，构建负债模型、资产模型、结合保险资管自身的投资目标，例如风险偏好、偿付能力等，可以一键形成最优大类资产战略配置。这样科学形成的分别符合各家保险资管机构情况的大类资产配置比例，可以帮助细化资产端和负债端的匹配管理，同时更好地指导战术资产配置（TAA）的执行。通过科技赋能，部分大型头部保险资管机构已经实现"资负联动"和大类资产组合细化管理的业务实践。

在中观层面，通过精细化行业分析和区域分析，例如构建行业景气度、区域模型评分等投研工具模块，保险资管的中宏观投研人员可以基于底层统一的大数据因子和模型输出成果，"人机合一"地挖掘行业阿尔法收益。在区域分析场景，通过区域经济概览数据展示、模型评分等，结合打通区域范围内的微观企业信息，可以很好地帮助和指导保险资管在具体投资品种，例如地方债及城投债方面的投资。

在微观层面，科技赋能在覆盖保险资管前台、中台、后台以及各类资产投资的不同场景应用可谓创新多样化。例如，在另类投资场景下，通过区块链技术的运用，可以在另类投资信息管理平台上同步更新各类标的或者上下游相关方的信息，使前台、中台、后台业务人员可以同步知悉数据更新，极大降低了沟通成本；在微观投后管理层面，各类资产的业绩归因可以精细化到各资产层面，股票用股票Brinson或Barra归因、债券用多因子或Campsi归因、FOF和MOM用相关定制化归因等。在针对信用评级风控人员的评级和持仓监控工作环节，通过引入机器学习的量化评级结果，极大提升了信用评级人员的工作效率，在全量覆盖的机器评级结果中，信用评级人员只需要花费精力评估解析机器评级结果和人工评级结果差别大的发债主体。保险资管机构不再需要通过增加人工的方式解决巨量债券主体评级的问题。对于风控人员，通过预警模型形成的

预警企业名单，风控人员可以基于同一个数据列表，清晰梳理每个高风险主体的风险等级、风险趋势和风险原因，根据机器模型的结果，再结合人工分析判断，最后形成投资决策建议和意见。这样形成的风控结果更加有理有据，提高了资管机构中台风控人员和前台投资人员的工作效率和一致性。

随着科技赋能不断深化到保险资管机构投研决策的各个环节，未来可以看到行业内部传统业务职能与科技创新的多样融合，从而推进机构在线上化、数据化和智能化道路上推陈出新，开拓更多"人机合一"的高效业务场景。

三、发展建议

（一）明确科技应用定位，聚焦行业价值创造

行业快速发展的时期，也是科技发展尤其是互联网和信息技术大爆炸的"黄金十年"。大数据、区块链、云计算、人工智能等技术迅速破茧而出，从实验室走进人们生活。在保险资管业，科技已全面渗透到核心业务价值链中，进而推动机构在业务模式、风险管理、渠道拓展等方面持续优化。金融科技的价值也逐渐显现，未来的提升建议聚焦在以下4个价值目标上。

一是满足刚需。科技平台建设的第一任务是满足刚需。资产管理机构的日常经营所依托的基础性作业平台，是实现数字化转型的第一步，具体包括作业系统（信评、交易、运营等）、风控系统、清算系统等。逻辑合理、运转精密的作业平台，将满足业务操作和流转需求，保障业务稳定推进，为大数据的沉淀和创新应用的孵化提供可能。

二是提升效率。在科技转型进程中，最突出的特点就是对效率的提升。RPA技术能进行重复性高、逻辑固化且稳定性强的流程性工作，大幅度降低操作性成本，甚至取代人工来降低成本。通过引入机器人以降本增效的方式，可以弥补保险资管机构相对基金、证券等资管类机构在人才引入上的制度差距，更加精准地实现内部资源分配。

三是规范管理。通过科技转型呈现和实现资管机构的管理思想。一家优秀的保险资产管理机构，必须具备与自身特性相匹配的管理思想，内部制度是管理思想的提炼和体现，而决策系统便是制度的载体，数字科技可以通过信息流、

工作流、审批流合而为一进行平台化建设，完成管理思想与管理精神的有效传达和落实。

四是决策支持。决策支持则是数字化价值目标的最高追求。这一层次上分两个环节——过去和未来。用数字分析过去的事实，找出规律和原因，帮助做出更好的决策。最高的应用场景，是利用数据预测未来，做预警、预判，甚至是决策判断。

（二）完善科技服务体系，适应科技发展要求

2018年4月，央行、银保监会、证监会、外汇管理局联合发布《关于规范金融机构资产管理业务的指导意见》（"资管新规"），明确资管业务本质为"受人之托、代人理财"，并提出"打破刚兑""禁止资金池""抑制通道业务""净值化管理"等要求，形成了保险资管业的独特性。金融科技的核心是服务行业，为业务提质增效的同时，促进保险资管业数字化转型。另外，从保险资管业金融科技建设面临的挑战来看，金融科技的发展与应用绝不是一家机构之事，需要全行业协同发展，统筹规划。

一是要集中行业优势资源，加强顶层设计。发挥行业协会的统筹协调能力，从规范制度、监管政策、发展规划、基础设施、交流共享机制、创新机制、技术资源等方面尽可能提供发展支持和保障，减少重复建设，促进行业公共服务发展，引导金融科技走向深水区。

二是充分考虑行业机构自身特征与发展阶段，通过统筹安排、分工协作机制，促进金融科技的建设模式从各机构自发开展向有组织开展过渡，促进金融科技成果应用，加快金融科技建设进程。发展过程中根据金融科技在行业内的应用成熟度，充分调动各机构的积极能动性，发挥金融科技先进单位创新能力，推进成熟应用在行业内的普及，整体提升行业的金融科技水平。

三是创新合作交流机制，增强行业金融科技经验的分享，加速业务、技术能力体系融合，降低技术转换成本与风险。

（三）强化数据环境治理，提升数字化服务能力

面对制约保险资管业金融科技发展的诸多关键数据，本着合规、安全、开放、高效原则，推进行业数据应用水平提升，服务业务数字化转型。

一是推进数据的确权方法与规范完善，细化行业级数据应用合规指导，保障数据合规、安全的同时，破除数据的垄断壁垒。另外，结合保险资管业务规范与监管要求，明晰行业数据标准，破除数据流通壁垒。

二是促进行业数据基础设施整合。在顶层设计与标准指导下，推进行业机构的数据基础设施整合，丰富数据维度，提升算力服务效率。组织针对前沿关键先进技术开展突破引入，确保体系中技术的先进性。针对应用面广，技术成熟但普及率不高的技术进行平台化实现，扩大服务范围。

三是围绕提升数据质量，开展数据环境的综合治理。组织对保险资管业关联数据源开展评估，指导数据源接入推广；组织跨行业数据合作，提升行业数据丰富度；鼓励行业机构与数据供应商开展数据价值挖掘，在利用好大数据的同时，充分发挥小数据、宽数据的价值。

（四）加强行业实践指导，促进整体统筹发展

保险资管行业目前高度依赖科技赋能，在金融科技全面转型的过程中，随着金融与科技结合的由浅入深，存在保险资管机构规模不同、发展路径不同，对科技的理解和应用程度也不同的现实情况，行业应调研和推广资管科技的最佳实践，调动行业资源，根据保险资管行业的总体科技投入水平和投入比例给出针对性指导意见和实践指导服务，便于为各家机构提供科学有效的指导。以行业实际需求引导科技发展方向，才能落实行业在实践指导中发挥的作用，以先进带动落后，推动行业整体科技服务水平向前发展。

（五）推进产学研深度融合，培育复合型资管人才

保险资管行业科技转型过程中，实现有效创新必然是第一要素，产学研结合了产业、学校、科研相互配合的"三位一体"优势，在更好激发高校科技创新能力的同时，也提升了产业投入的有效性。产学研深度融合已成为深化科技体制改革的一项重要内容，不仅在宏观层面引导要素驱动的经济模式向创新驱动进行转变，在微观层面，三者的深度融合可有效降低成本并提升主体之间的传递效率，同时实现对产业科技人才从学校培养直通产业发展的"一站式"通道，更好服务保险资管科技的持续发展。

通过遵循市场化的规律实现创新资源的配置优化、聚集创新要素、激发创

新潜能,这需要联动"政、产、学、研、金"等多方社会支柱的参与,将政治家、企业家、科学家、金融家资源相互结合。

行业应建立一套为金融科技型人才量身定制的全面、长久、系统的培训体系,完善与行业相关的培训内容,对培训过程采取一系列的管理工作和保障措施,提高行业整体金融科技水平,激发专业人才的积极性、挖掘自身潜力,实现资管行业的科技创新,更有效地带动行业整体发展。

(六)深化多方协同合作,实现应用层快速创新

当前保险资管行业金融科技发展存在良莠不齐的情况,部分头部机构科技创新投入大,有的机构甚至已经完成从传统型保险资管机构向科技型资管公司的转型。但是,中小机构受限于自身资源和人才的匮乏,很多可能还处在业务线上化和数据可视化的发展阶段,很多应用层面的工具都主要借助外部第三方供应商的标准化产品。在这样的现实情况下,如何推动整个保险资管行业的科技"共同富裕"和"生态共建",同样是一个重要的行业议题。

从一些头部机构的实践经验看,头部机构先行先试的一些技术基础设施,可以成为协助其他保险资管机构快速创新的有力抓手,达到"大手拉小手"或者"建桥让大家通行"的协同效果。例如,一些头部机构花重金通过采买齐全市场外部供应商数据,采用清洗、加工和去重等技术形成的"数据湖"和输出的数据业务因子,然后通过API的方式对外输出给其他中小保险资管机构,以减少中小机构在科技投入方面不必要的支出,从而集中有限资源,进行其他应用层的创新,进而达到事半功倍的效果。同样的情况,也可以应用于一些需要计算机群算力的场景,成熟的大型保险资管机构自有云和图形处理器(GPU)计算力计算业务需要的数据结果,减少了中小机构在硬件设备方面的重要投入。针对此过程中存在的机构与机构之间的数据保密问题,可以通过在监管机构的公有云环境来部署和运行,以解决机构数据保密和合规问题。

除了以上硬软件投入产出方面的协同合作创新外,头部机构在金融科技数字化转型方面的经验和实践分享,同样可以帮助行业内的其他资管机构。例如,一些成功的数据中心建设、数据治理经验和成熟的IT或业务解决方案等都可以帮助中小机构在数字化转型的道路上少走弯路,从而快速跟上头部机构的创新步伐,最终加速整个行业的数字化和智能化进程。

第八章
第三方机构保险科技应用情况

第八章 第三方机构保险科技应用情况

保险科技的发展加速推动保险业的数字化转型，保险业务模式无论是点状创新，还是颠覆性模式变革，都离不开科技强有力的支撑，但很多保险公司在转型过程中都面临着自身 IT 资源匮乏、核心技术欠缺的困境，因此，保险公司依据自己所需，寻求某一领域较专业的第三方机构提供技术服务支持，相比自建 IT 队伍、自研技术更节省成本、更易快速接入最领先、最全面的技术，为业务革新赋能。第三方机构提供的大数据、云计算、区块链、人工智能、物联网、5G、数字孪生、可穿戴设备等技术，在保险业务流程重构与全新场景应用实践的融合，重塑了保险价值体系，在增强客户体验与黏性、提高业务效率、发掘新的保险市场、孕育保险新生态等方面价值贡献度持续提升（见图 8-1）。除此以外，物联网、车联网、可穿戴设备等也在保险领域拥有极大的市场空间与发展潜力，保险与科技逐渐进入深度交融与生态创新阶段。

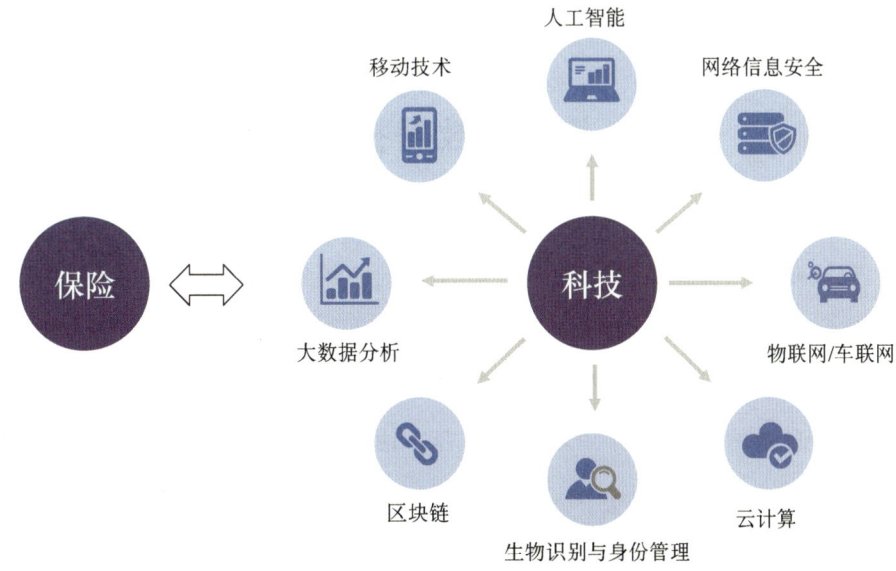

图 8-1 保险科技赋能保险业务转型

近年来，国家不断加大对保险科技的研究与投入，监管层面也陆续出台多项科技利好政策，鼓励保险公司借助第三方科技力量全面推进数字化转型、线上化运营及智能化风控。保险科技已渗透至保险"端到端"作业、销售、运营与管理的各个环节，帮助保险公司改善用户体验，及时发现、迅速处置风险，提升风控能力及运营效率，实现集约化管理（见图 8-2）。

图 8-2 保险科技在保险业务流程中的应用

第一节 大数据技术应用

大数法则是保险经营风险的重要数理基础,随着计算机技术和网络技术的发展,海量数据涌现,为保险公司挖掘数据价值带来机遇。大数据技术将多源、复杂的非结构化数据,转化为机器可识别的结构化数据,结合保险业务场景需求对全量信息做精准化分析,为营销拓客、精算定价、风险防控和客户服务的创新开阔思路。

一、营销环节

(一)数据洞察赋能代理人队伍

大数据赋能代理人营销,主要体现在代理人专业梯队建设及管理方面。利用大数据技术,将海量代理人绩效表现数据与教育背景信息、从业经历、社会资源等做关联度分析,素描绩优代理人画像;通过专业测评获取代理人知识水平、业务技能、人格特征、领导特质及职业素养等评分,纳入胜任力模型评价体系，辅助 HR 或代理人团队长从大量简历中自动筛选出有优质潜力人员，进一步推进面试甄选及专业培训等，全面提升代理人队伍综合素质、释放产能。以平安人寿为例，通过大数据技术精准构建"绩优代理人画像"，洞察各类代理人的发展潜力，匹配个性化养成计划，由 AI 培训机器人提供"7×24 小时"线上培训。

在代理人招募、甄选的过程中，需要引入银行征信数据、应聘人过往工作单位、履职连续性、收入等数据作为合格代理人及绩优代理人的重要评判因子。其中，金保信社保卡科技有限公司作为国家人社数据资产的独家合法使用及经营方，2021 年底首次面向保险行业开放数据商用服务，为国内各家保险公司提供"可用不可见"的权威数据及大数据建模支持，助推保险行业数字化转型。

（二）大数据建模挖掘保险需求

借助大数据丰富多维的特征，通过对客户的人口属性、兴趣爱好、社会关系信息、行为偏好信息、金融属性等数据进行建模分析，建立客户标签，构建全面、清晰的客户画像，帮助保险公司洞察客户多样化需求，打造为客户全生命周期的服务能力，掌握风险情况，从而设计差异化的保险产品与服务，实现个性化推荐和精准营销。大数据在客户经营方面的运用，将成为保险行业发展的决定性力量。例如，以平安、太平、人寿、太平洋为代表的综合型保险集团纷纷完成了统一客户信息系统建设，实现了客户数据在技术层面的集中与共享，持续建设客户洞见体系，通过客户、车辆、产品、队伍的标签和画像来进行价格敏感型客户产品设计和精准定价，基于医疗、金融服务、出行等多场景不断完善客户画像，建立客户数据脸谱。

（三）智能客户画像提升客户转化

内外部数据汇集，形成对客户多维度、立体化的分析，丰富客户标签；深度剖析保险产品形态、保障责任、费率区间等，生成产品多维视图，通过推荐算法自动匹配受众客户，推出个性化营销手段，提升客户转化率、深度挖掘客户综合保障需求，增强客户黏性。以中国人寿为例，上线高价值车险续保提升系统，搭建预测挖掘模型，应用于续保管理及精准营销。此外，大数据技术也可以用于多险种交叉销售，缓解险企与客户接触频次低的问题，增强客户黏性。

互联网销售可回溯管理，借助智能技术，在得到用户授权后，获取用户多维度操作轨迹数据，采用视频方式精准还原用户购买行为过程，在保证客户线上购买行为真实性的同时，辅助保险公司分析客户线上化工具使用习惯及购买产品的决策点，用于后续产品优化升级。

保携智能科技作为保险产业链数字化升级的保险科技与业务融合服务提供商，通过AI等保险科技打造保险公司对客户经营和生态运营一体化的综合管理平台。帮助保险公司实现客户精准画像，洞察市场趋势，明晰客户需求，提供差异化产品，提升客户转化率，实现提高件均保费、客均保费以及车险及非车险渗透率等业务指标。保携智能科技帮助某头部财险公司通过智能客户画像提升客户转化率，当客户经理引导客户加企业微信后，首先建立客户数据标签，其次对客户进行各类维度的精准画像，赋能客户经理通过AI机器人挖掘客户需求，最后通过市场活动等来激活客户达成交易，包括续保周期内和非续保期的客户，实现客户全生命周期的深度经营。

此外，保携智能科技助力某中型财险公司整合众多线下服务商，通过服务商获客并经营客户，将保险公司、服务商以及车主三方纳入企业客户数据管理平台CDP统一运营，通过客户精准画像，配合营销自动化工具MA不定期的市场活动的主题，深耕车险业务并挖掘家财险及企财险类场景的需求，推送有竞争力的权益及产品，提升用户体验并达成交易。

循环智能科技通过段落级语义标签生产平台（Semantic Label Factory）生产"动态客户画像"标签模型，然后从海量对话中识别"动态客户画像"标签，将对话内容转化成结构化的"动态客户画像"语义标签，从而实现名单的更精准分配，提升转化率。与招商信诺人寿合作基于动态客户画像的目标客户筛选解决方案上线以来，招商信诺人寿已在上海和深圳实现落地。统计对比数据显示，相比企业原有客户筛选算法模型，循环智能的算法模型可以提升成单转化率至2.2—2.3倍。

二、承保环节

（一）多维数据模型实现产品精准定价

借助大数据技术分析客户的生活方式，结合既往病史，评估客户的生活习惯与疾病发生概率的关联关系，形成数据化、智能化的服务能力，定制"专属产品+健康管理服务"，叠筑差异化的保险服务与产品壁垒。例如，泰康保险通过对各地区参保人群画像和团体健康险产品策略分析，完成企业员工福利业务的大数据智能报价产品开发，每年有上万个项目通过大数据定价，涉及保费近亿元。

（二）全场景数据分析助力产品创新

通过对丰富场景内多元数据的分析和挖掘，持续驱动、赋能保险业务，进行产品、商业模式创新；保险公司具备了对风险进行精细化预测的能力，方可研发更多品类、更贴合保险客户需求的保险产品，最终实现产品的个性化定制与创新。通过保险与医疗、健康管理的结合，促进保险企业渠道拓宽、生态改善、价值增长。利用可穿戴设备检测人体健康情况，通过分析用户运动量、睡眠、心率等数据，对投保者进行风险聚类，针对各类风险集群，创新健康险产品及服务，合理厘定费率，使保险价值得以充分释放。

妙健康、OPPO Watch 和泰康在线三方深度合作，推出了国内首款基于智能手表端的互动式健康保险——"律动保"，妙健康通过打通智能手表端 SDK 接口，基于采集到的用户睡眠、心率、运动等数据，利用大数据和人工智能算法形成用户健康画像，提供从健康评测、行为干预到保险保障、医疗服务的"一站式"健康保障。保险公司通过高频的健康数据分析，可以及时了解客户的健康风险，督促用户改善不健康行为，随风险变化而动态调整保险费率，改变了传统的风险精算模式，与此同时，投保人也可借助手表信息反馈，实时掌握自身的体征状况，获取便利的健康咨询、疾病管理及就医预约服务，降低疾病风险、获得健康保障。

（三）大数据综合应用推进核保自动化

通过大数据医学知识图谱与规则引擎相互监督，自动识别高风险客户与异常指标，大幅度提高核保结论预测准确率、核保效率。例如，腾讯云帮助泰康保险集团通过智能核保解决方案，有效提升业务处理效率；利用体检数据采集引擎输入客户体检报告影像，自动定位、识别健康数据，依据自然语言和医学语义将其结构化、自动识别异常体检项目，继而通过核保决策引擎构建可解释的算法模型，预测客户健康风险，并且结合投保产品特征、再保手册点评，综合评估承保风险，输出核保结论与解释，推进核保流程的自动化，有效降低运营成本，提高客户满意度（见图8-3）。

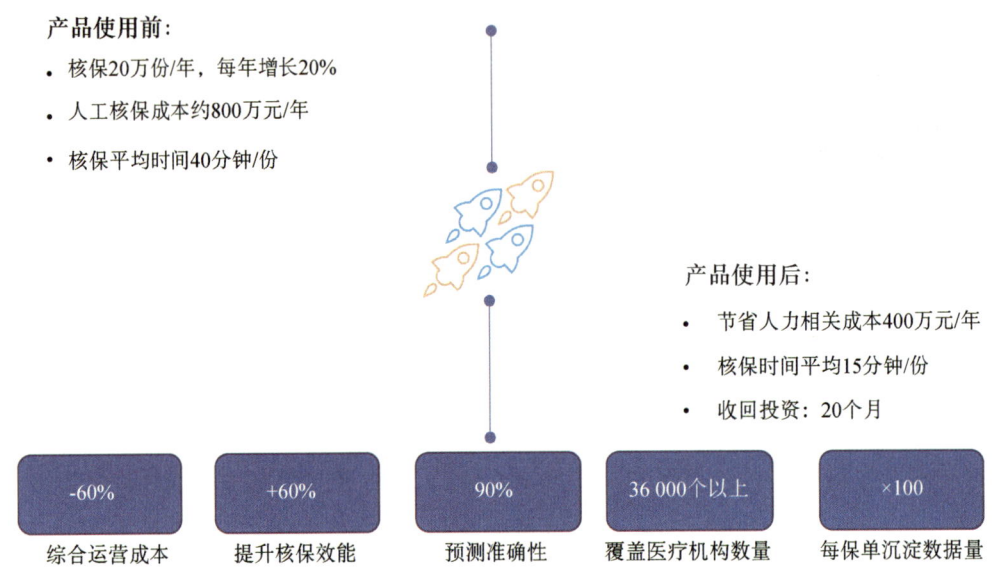

图8-3 智能核保解决方案收益

另外，通过多维数据的分析及应用，保险公司也能充分了解不同被保人的风险情况，识别逆选择行为，有效规避承保风险的同时，还可以为被传统核保拒之门外的非标体、拒保体提供更多的承保可能性，使以往不能投保的人群不会因为一些过往疾病而被粗暴拒保。以平安人寿为例，核保风控模型对风险拦截率高达90%，96%的投保客户实现了免打扰快速承保，人工审核时效由件均3.8天下降到件均10分钟，极大提升了承保效率及客户体验。

三、理赔环节

（一）标准数据库精准管控风险

理赔标准的建立，是理赔风控自动化、智能化的基础，而大数据技术的应用，使标准数据库的建立成为可能。

德联易控通过标准数据接口和加密技术，建立保险公司案件数据与理赔影像资料数据库和多维数据分析、预测模型，推出了基于历史出险记录的"车险理赔风险预警"服务。通过该项风控运营,不仅有利于实现对车险案件的25类风险的精准评测,进而与其他技术协同锁定疑似风险案件群,发现高风险案件,辅助人工决策,还能辅助保险公司,推进理赔数据标准化、沉淀和发挥理赔数据价值(见图8-4)。

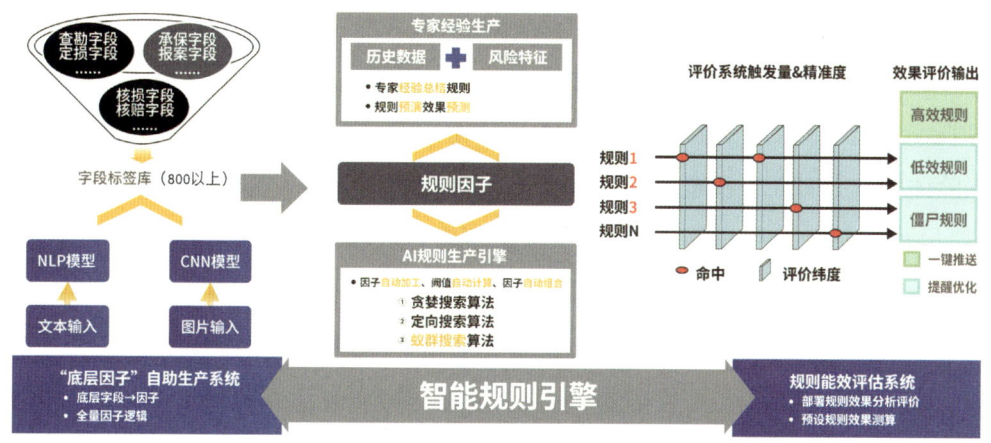

图8-4 基于标准化数据库的车险理赔风险预警服务模型

(二)反欺诈模型降低赔付损失

一是车险反欺诈实践。应用海量欺诈案件积累的黑名单库及风险特征数据因子,构建反欺诈模型,在理赔作业过程中触发风险,系统自动预警、提示理赔人员及时介入案件调查;在征得案件相关人授权后,系统利用基站定位技术,将静态、动态数据结合应用,进一步排查风险,可精准识别调包、摆放现场及虚构谎报事故风险,打击理赔欺诈。平安金服已为多家保险公司提供基站定位服务,在得到车险报案人及保险公司理赔人员授权的情况下,自动获取相关人地理位置信息,成为车险理赔反欺诈的第一道风险防控关。此外,凯泰铭科技作为车险反欺诈技术服务供应商之一,与保险公司深度合作,结合保险理赔大数据与汽修、汽配等行业数据构建反欺诈、防渗漏模型,为包括平安产险、大地产险在内的多家保险公司提供车险理赔解决方案,助力客户降低车险赔付及运营成本,提升风险管理及理赔作业效率。

四、运营环节

（一）数据经营平台赋能运营管理

运用大数据分析客户的个体特征、消费习惯及行为偏好等，使保险公司可以精准分析、预测客户需求、对客户进行分群经营，高效触达具有不同需求的客户，为其提供差异化服务，提升客户对保险非理赔服务的感知度，改善客户保险体验。平安人寿积极打造数据经营管理平台，支持"数据秒查""问题定位""异常洞察"三大核心功能，全面覆盖客户、服务的各项经营指标数据，实现客户经营管理的"先知、先觉、先行"。

永洪科技围绕"获客—销售—服务—留客"的客户全生命周期，提供个性化、"一站式"数据分析平台解决方案，帮助保险企业实现智能精准推荐，全面提升客户体验。永洪科技通过与某头部保险公司合作，构建数据经营平台，覆盖续保业务、网销业务、电销业务、用户脱媒、客户经营等领域，实现即席查询、数据报告等全部功能应用。以客户经营为例，通过客户价值判断模型，定义客户级别，分析客户级别与各业务的关系，及时发现业务影响客户行为的因素，发现增长点或抑制点。通过分析客户信息，研究时序趋势，掌握现有客户结构，识别高价值客户，提供业务决策基础。整体监控财产险业务运行情况，主要以机构与标的地址的地理信息为维度，分析保费、保额、客户数量、赔付率等关键指标情况。

（二）统一服务平台有效配置资源

车生态、人生态融合，集成客户用车、健康生活所需的各类服务，构建一体化服务平台，将各类服务线上化、作业数字化、运营可视化，通过高频服务的使用，增加客户服务触点的同时，保险公司也可获取充足的数据支持客户画像构建和风险管理分析。金融壹账通搭建客户服务一体化平台，涵盖了救援、保养、车务代办、线上问诊、体检、慢病管理等服务及客户管理功能，对调度派工、作业辅助、质检风控、对账结算和服务商管理等全价值链赋能，助力保险公司提升客户满意度及续保率。以智能救援为例，某大型财产险公司应用后，客户线上化率超60%，内部投诉率低于0.1%。

作为保险科技的重要组成部分，大数据技术是人工智能、云计算、区块链等技术的数据来源和底层支撑，也是推动保险行业发展的重要基础设施。大数据技术和云计算术、区块链技术、人工智能技术等更深入融合、综合应用后，能够共同解决保险行业存在的客户拓展难、产品同质化严重、欺诈渗漏多等问题。

第二节　云计算技术应用

云计算是一种利用互联网实现资源实时申请、按需付费的新型计算方式，包括网络、服务器、存储、应用和服务等，是保险公司的重要科技基础设施，帮助用户高效地访问共享资源，为保险行业信息化变革提供重要的基础资源支撑，并为大数据、人工智能等科技应用的落地提供支撑。近年来，云计算在保险行业的应用正在逐步加深，众多险企积极部署采用云计算，发展云计算是保险公司实现数字化转型的重要一步。

从技术特性来看，云计算集成海量存储和高性能的计算能力，其按需服务、高可扩展性、虚拟化等特点，符合保险行业的灾备及核心系统连续性、高效性、稳定性、跨地域性运行的需求，尤其在"开门红"等业务高峰阶段，具有明显的技术与需求的契合点。

从成本收益来看，无论企业借用外部云厂商建的公共云、专属云，还是建设企业内部企业云，通过应用云计算技术，可以大大节省IT基础设施投入，减轻保险公司数据中心及日常数据管理的成本压力。

从技术成熟度来看，目前国内外IT领军企业都在加快研发成熟的IaaS基础设施服务和PaaS平台服务，以及SaaS软件服务，相关技术已相对成熟，保险企业可以灵活运用这些技术和工具，有针对性地提升管理和运营效率。

从技术安全性来看，为了保证敏感信息在"云"中的保密性和安全性，云计算目前已经开发出一系列技术手段以保障应用安全，随着我国对数据安全方面的监管不断加强，云计算在数据安全上的可靠性也有望不断提升。

一、各类别云平台应用

随着大数据、人工智能等技术在保险场景中的广泛应用,需要云计算提供算力支持,以支持突发性、高运算量的业务需求。互联网渠道带来高并发、高峰值流量的碎片化保险需求,也是基于云计算的互联网核心系统可以敏捷高效地支撑保险公司核心业务处理,包括产品设计、报价、承保、批改、理赔、续保、再保等全流程的业务需求,以及客户管理、营销管理、渠道管理、报表管理等企业经营管理的需求,使保险公司能够承载快速增长的海量产品及用户数据,及时应对市场需求的变化。

另外,云计算也能帮助保险公司解决 IT 投入性问题。云计算以其灵活的基础架构与按需使用的计费模式,有效降低了自建底层 IT 基础设施的成本,并提供快速部署支持,以低成本快速实现系统及应用平台的优化升级。此外,公有云按需付费使用的模式,能够科学、有效地整合险企内部的 IT 资源,提升利用率,降低 IT 系统的建设成本和运维成本。

(一)公有云

保险公司已深刻意识到云计算技术对提升金融服务水平的重要性。传统 IT 基础架构难以满足金融业务发展要求,云架构则更符合行业大容量、高并发、快速变化的业务趋势。公有云凭借其快速部署、高可靠性、弹性扩展,灵活支持海量、并发等特点,完全满足保险公司互联网业务及"开门红"等的高并发计算需求,逐渐成为保险公司实现业务创新试验的首选架构。

在基础架构层,通过 IaaS 平台,可快速构建支持互联网等创新业务的计算、存储能力,降低保险公司自建底层基础设施的成本;通过 PaaS 实现基础服务与应用,可低成本快速实现系统及应用平台的优化升级;利用 SaaS 服务,能快速实现业务服务创新。

(二)金融专属云

从云的特点来看,金融专属云除了具有公有云的技术、服务特点之外,还具有一般公有云所不具备的安全性等独特优势。金融专属云只服务于金融机构,云上运行的客户采用白名单机制,要求所有企业均为已通过相关资质审核的金融相关企业客户;从机制层面提高准入门槛,避免个人使用的情况,同时降低相关运维及安全风险,且数据中心也可独立于公有云数据中心,与公有云隔离,形成专门服务金融机构的云技术服务体系,且满足监管要求的合规数据中心,支持业务稳健运营(见图8-5)。例如,腾讯根据监管相关标准建设专有金融专属云,建设专业数据中心,通过物理围笼实现客户专区隔离,满足公安部安全等保4级标准,支持多个新筹保险全业务采用云计算快速开业。除此之外,腾讯金融专属云构建完善的同城/异地容灾架构,保障金融机构的业务、应用的业务连续性,数据可靠性、安全性,满足合规要求。

高质量	多端口多协议	冗余容灾	网络地址转化(独家)
SLA,单线高于99.5%,双线高于99.95%	多种接入协议,路由协议支持BGP路由和静态路由	双接入点,支持流量均分(负载均衡)和主备故障切换	专线NAT,国内独家功能

图 8-5 金融专属云网络优势

在安全防护方面,金融专属云可提供高规格的分布式拒绝服务攻击(DDOS)防护服务,同时覆盖CC攻击(Challenge Collapsar Attack)防护、Web入侵防护等多重措施,秒级实现攻击流量的清洗,保障保险业务的稳定性。同时,针对保险账号、运营活动、保单支付等关键业务环节存在的欺诈威胁,结合消息过滤、防恶意注册、登录保护、关键词检测、验证码方案、活动防刷等能力,从业务侧提供安全防护。

在云服务产品类型方面,金融专属云可以为保险机构量身打造解决方案,更好地满足保险机构全业务快速采用云计算、监管合规的需求。例如,专用宿主机、专属云数据库服务集群、专属存储、托管服务、物理隔离围笼等。这些专属云服务在运维等级、安全资质及可用性上比一般的公有云要求更高,也更加符合保险行业的特点。

在信息技术应用创新(以下简称信创)方面,新一轮科技革命和产业变革深入发展,全面推动金融及保险业数字化转型升级和科技应用创新。中保车服联合部分中小保险公司,积极推动信创,形成较为完整的保险行业信创示范方案,打造符合各类型中小保险公司信创需求的示范项目,为中小保险公司提供低成本、可复制的信创解决方案，批量带动中小保险公司信创升级，解决行业信创技术路线选型、适配验证、改造建设，以及数字化、线上化转型等共性问题。

中保车服金融信创云充分发挥共享经济模式创新优势，在保险行业全面推广"公私混托"一体化行业云、灾备、信创系统集成等新基建方案，通过引入华为、联通、中国电子、万国数据等国内一线服务商资源，整合"数字原生引擎+云基础设施+云开放平台+信创生态合作伙伴"，在分布式云架构的基础上，自主创新构建全新一代基于数字原生架构的全栈信创云平台，提供基于各类基础架构的多维度全场景信创解决方案，帮助保险公司降低信创实施成本、提升部署效率、满足监管合规要求（见图8-6）。另外，信创云共建还打破了系统间的"信息孤岛"和"信息烟囱"，整合云、网、边、端各层面，实现资源互联互通和数据共享。

图8-6 中保车服金融信创云全景

目前，中保车服已在深圳和上海两地建立云中心，形成互备容灾的金融信创云基座。中保车服金融信创云项目建设已落地"打造保险公司信创示范工程""承建人总行保险信创生态实验室""实施保险行业信创云共建""搭建保险信创科技生态服务平台""提供好方案、好产品、好服务、好价格的全栈式解决方案服务"等多项工作,正持续拓展应用系统牵引,构建开放共赢的云端信创生态。

在保险业务场景中,保单批量录入、查询、保全、客户信息及保单批改等操作频繁,在客户基数庞大的情况下,对数据库的性能提出较大的挑战,腾讯自研的符合信创要求的金融数据库,针对金融类业务设计,目前支撑了腾讯90%以上的计费业务,承载超过100亿个腾讯QQ支付账户和超过130亿单次的交易量,在频繁的数据存储和访问下,也能保持非常高的一致性和可靠性(见图8-7)。同时,提供加密、审计能力,保证了保险核心业务系统和订单交易系统的安全性。

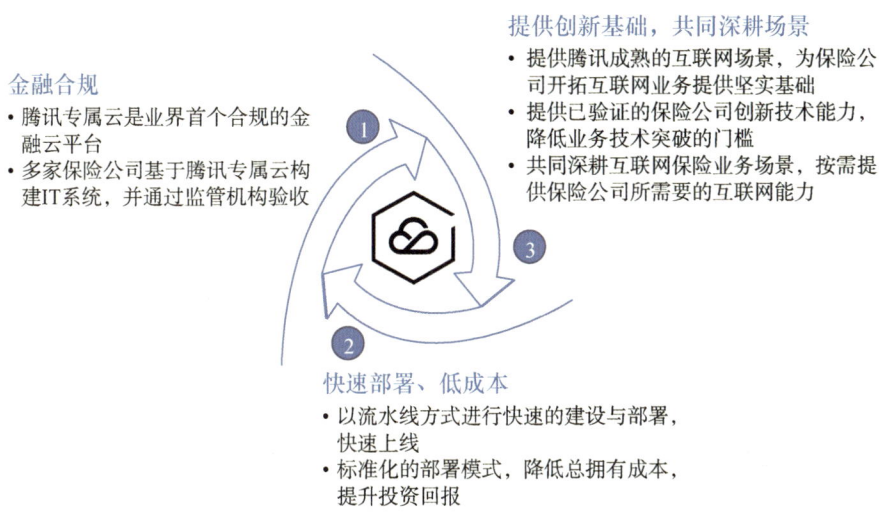

图8-7 腾讯金融专属云特点

(三)混合云

保险行业数字化转型战略的快速实施和深入发展,对其业务、运维管理、高效敏捷的运行提出严峻挑战。大中型保险企业IT系统历史包袱较重,对于安全性、成熟度、合规性等考虑较多,在需要快速满足业务发展与创新的要求下,越来越多的保险企业选择混合云模式,推行稳定与敏捷融合的IT双模架构。该架构有两个核心:一是支持传统业务,一般部署在私有云上;二是支持互联网业务,一般部署在公有云上。两者在数据层面进行对接但又互不影响业务本身。双核心架构本质上其实就是在沿用原有业务核心的同时,在新一代云计算数据中心内部署基于分布式和微服务架构的互联网核心系统。

通过稳态架构支持传统业务稳定运行的同时,将互联网渠道、互联网保险等偏向互联网的业务应用进行架构改造后，利用公有云的特点，支持业务的快速扩张与弹性伸缩，或者核心应用基于敏态架构进行改造后优先直接采用基于云计算的敏态架构部署。这样循序渐进、逐步积累在敏态架构的实践经验，逐步将业务从稳态架构向敏态架构迁移。

2019年以来，在保险业协会指导下，全国中小财险公司联席会组织中小保险公司代表和云技术服务商交流探讨，提出了中小保险公司灾备云共建的构想。中保车服作为市场化主体，自建机房，采用专有云架构、云网融合的方案，打造保险灾备云。保险灾备云帮助保险公司以灾备系统建设为切入点实施云网融合，为保险公司安全、合规地在云上构建灾备系统，提供异地数据级和应用级的容灾备解决方案，并根据保险公司业务发展节奏提供弹性敏捷的扩容资源，解决灾备系统自建难度大、实施周期长、建设成本高、运维压力大等难题。目前已有华安保险、国任保险、众诚保险等多家保险公司接入了保险灾备云共建，灾备系统建设成本降低50%以上，实施周期缩短至3—6个月，而且安全性、合规性等方面都有更高的保障。保险公司在建设灾备云的同时，还能通过标准化接口不断拓展数据应用场景和数据服务功能模块，逐步带动核心系统采用云计算，实现经营全链改造和数字化转型。

二、承保环节云平台应用

云计算技术的强大算力与海量大数据交汇碰撞，使"千人千面"的产品定价、动态化、差异化的风险管控成为可能，保险公司按需提取和分析用户数据、交易数据，减少逆向选择问题，改善保险精算水平和精算效率。

基于云计算技术，保险公司在核心系统或中台构建"产品工厂"，对保险产品的条款、保障责任、前端出单规则、费率等进行标准化封装，实现产品的可配置化，大幅缩短产品上线周期，实现产品快速发布和迅速迭代。平安科技、众安科技等第三方机构基于各自在保险领域丰富的业务及系统研发经验，已有成熟的"产品工厂"解决方案，支持各类互联网碎片化产品的快速配置上线，帮助保险公司抢占市场先机，急速开辟新的销售渠道、获取新的业务增长点。

三、理赔环节云平台应用

依托云平台、大数据及云计算能力，越来越多的保险公司开始构建具备数据挖掘、处理和存储功能的核心业务系统，建立标准化工作流程，提高客户、业务信息在内部系统间的实时交互，加快保险的审核、理赔环节的速度，提高运营效率。

借助云计算技术，保险公司已具备与医院或修理厂等信息连通的能力，改善信息不对称的问题，被保险人出险第一时间，保险公司即可掌握案件真实情况、了解真实损失明细，有效降低欺诈风险的同时，缩短理赔周期。金融壹账通部署在云端的数字化车险理赔一体化平台，基于3 800余万条底层数据，构建5大理赔数据库，通过上千个风控规则模型智能识别作业渗漏风险及欺诈风险，SaaS化的解决方案为30余家财产险公司车险理赔赋能，助力合作伙伴在车险反欺诈精准度上提升40%、减少理赔渗漏30%、车配件赔付降低10%，通过云服务及科技手段重塑车险理赔全流程。

第三节 区块链技术应用

区块链是新一代信息技术的重要组成部分，是分布式网络、加密技术、智能合约等多种技术集成的新型数据库软件，通过数据透明、不易篡改、可追溯，有望解决网络空间的信任和安全问题，推动互联网从传递信息向传递价值变革，重构信息产业体系。其中，数据防篡改保证了业务关联方上下游信息的真实性；分布式账本、非对称加密和授权、智能合约等技术解决了保险信息不对称问题，可有效防范信任风险；"去中心化"特征及共识机制，可缩短交易信息中转流程，提升交易处理效率，同时也能极大削减中心机构运营成本、减少信息使用方的费用分摊。聚焦到保险领域，业内很多风控场景中，各保险主体既是自有信息的输出方，又是他方信息的输入方，若将各方都作为权利、义务均等的区块链上的节点，互相协作，势必会降低理赔运营成本，提升风控作业效率。虽然区块链技术日趋成熟，但在保险行业的应用，仍处于早期探索阶段，具体实践案例主要聚焦在农险、车险和健康险等领域。

一、农险领域

(一) 农产品全流程风控管理

在农险领域，利用区块链技术通过农险信息溯源，可实现农产品从土地到餐桌各环节的"端到端"信息记录及监测，为优化产业经营管理提供工具，防范理赔欺诈，为消费者购买健康产品提供放心认证（见图8-8）。

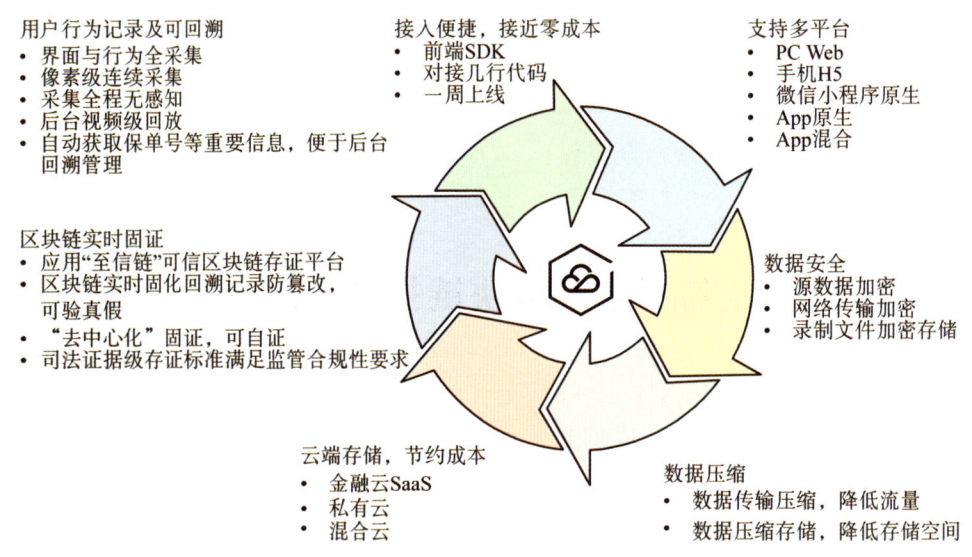

图 8-8 区块链溯源优点

利用区块链的特点，农产品的种植、销售等行为可回溯信息上链，提供防篡改保护，保证信息的一致性。平安产险借助区块链技术，搭建农产品溯源平台，建立平安优选农产品，打造农田直供餐桌的云果园、云牧场，实现智慧产销。

(二) 养殖产业风险管理

长期以来，农险一直是保险市场上的短板。灾害天气或者瘟疫都有可能使家养的牲畜遭受毁灭性打击，从而导致农户返贫，不利于农业和农村发展，但在农险领域，各类保险产品的推进却举步维艰，最主要的挑战是投保标的的唯一性识别和管理。由于信息的不对称，保险机构无法掌握投保牲畜的具体信息，理赔时更无法确认死亡牲畜是否为保险标的，造成保险公司查勘难、理赔难、道德风险高。

以区块链技术为核心，以生物特征、DNA 和耳标等多种生物识别为基础，能够解决农险中的标的唯一性识别和管理问题。通过生物识别技术，提取每一头牲畜独一无二的识别信息，通过加密并将牲畜的饲养、防疫、屠宰、物流等养殖和食品供应等全方位和全流程信息分布式存储于保险公司、银行、检疫部门等，实现牲畜乃至肉制品的全生命周期唯一性识别和连续记录。这种全生命周期的管理，不仅可以溯及牲畜个体的"身份"，还可以延伸至其作为食品进入流通和消费领域，具有广泛的应用价值和社会意义：一是能够为养殖保险提供良好的技术支持，不仅能够有效防范道德风险，还能提高理赔效率，同时全生命周期的管理数据可以为农险产品和服务创新提供有效支持；二是能够为金融机构的农业贷款业务提供风险管控手段，确保信贷风险相对可控；三是能够为动物检疫管理、农业生产管理等政府部门提供技术支持；四是能够为食品安全，包括物流、销售、消费的全流程跟踪管理，提供技术支持和数据服务。

二、车险领域

（一）防范欺诈风险

目前保险行业风险数据分散化、碎片化，且保险公司之间信息共享程度低，保险公司核保过程中面临着信息不对称，甚至欺诈的风险。区块链技术的应用，有利于精准、公平地做出承保决策。通过构建基于区块链技术的信息共享平台，将车辆信息、保单、赔付信息等数据上链，实现投保人信息的可追溯和不可篡改，可以解决重复投保、重复理赔、降低投保人道德风险，建立更加透明和高效的欺诈风险管控机制。

银保监会拟通过中银保信，搭建以保险公司和参与方为节点的车险反欺诈联盟链，实现保险公司之间的信息共享。在不改变各保险公司已有业务模式和流程的情况下，各保险主体都可以监测到事故车在其他保险主体的理赔情况，能够有效识别欺诈风险，防范重复理赔。

（二）增值服务回溯

区块链技术可以跨行业实现外部数据相通，验证真实性，如对货物所有权的验证、发生所有权变化的时间及位置变化、维修历史等，还可以确保商品的可靠来源，并且能够追踪到商品的整个生命周期。将4S店、保险公司、车厂平台等组织成区块链联盟，打通相关环节，将数字存证信息安全、高效地保存在区块链上，实现真正意义上的汽车零配件、保险等信息安全共享和互联互通，防止保险欺诈，为用户提供高效、直通、安全、优价的车险保障服务。

中保车服推出的共享车险增值服务平台和配件平台，基于区块链技术和智能调度引擎，搭建"保险公司＋车主＋服务提供商＋中保车服"的闭环，实现了车险增值服务作业和零配件供应流程全程可视化、智能化、可追溯、防篡改、反欺诈。在车主向保险公司提出申请后，中保车服根据需求调度服务商资源及时完成服务或配件供应，并由平台对服务环节和供应流程进行全程监控。基于在权益发放、服务作业、客户评价、业务结算等过程中嵌入区块链节点，平台能确保数据同步、权益同步、体验同步、结算同步，形成了对增值服务权益发放、权益使用、服务质量监测、订单结算、财务数据等全流程跟踪管理、查询、追溯，能有效防止数据篡改、信息造假，并能加快案件结算。

三、健康险领域

区块链数据的不可篡改性与分布网络特征，能够保证保单信息的真实性，自动检验投保人身份和合同有效性，防止被篡改和伪造的发生。医疗健康数据安全存储，可使用区块链来保存用户的医疗健康数据，并对信息进行跟踪和加密，在保证客户隐私信息安全的前提下，使其享受更丰富的医疗健康服务。

互助等保险保障业务场景中存在的信息不对称、不透明等问题，一直是保险行业发展的一大难题。例如，在互助金均摊公示环节，需要打造透明、可信、安全的互助业务环境。区块链技术本质上旨在解决保险保障行业的信任问题，其特点非常适合网络互助等业务场景。可通过发挥每个互助会员的节点作用，共同参与打造整个互助链。

另外，利用区块链技术的智能合约在存储、读取和执行过程中透明可追踪，并且具有不可篡改性，基于它，可以实现自助理赔。智能合约能够将保单代码化，使保单合同条款变得公开透明，当保险事件发生并满足约定的赔付条件时，智能合约会自动执行代码指令，启动保险理赔程序，实现自动划款赔付，减少了传统保险赔付路径中大量的人工操作环节，帮助保险公司节省大量的运营费用。

利用区块链的智能快速理赔项目，连接医保局、医疗机构、财政部门、卫健委、商业保险公司等主体，通过区块链技术实现电子票据信息共享和运用机制，打破信息壁垒，实现交费、电子票据交付、报销全流程电子化闭环体验，并减少重复理赔，实现理赔的快速自动化处理。上海保险交易所及其子公司中保科联整合健康保险服务平台资源，充分利用区块链技术特性，在宁波市试点推出的新一代理赔服务模式——"零感知理赔"，是"保交链"在健康险领域应用的首次突破。一方面，医疗机构、保险公司系统以"节点"形式接入区块链，营造高度安全、深度信任、及时交易的数据互通环境，在客户有效授权的前提下，"医—险"信息云交互，实时完成身份信息、就诊记录、交易信息的网络加密互信验证，实现在线数字化理赔，极大提高理赔效率；另一方面，客户信息及医疗记录等采用区块链加密技术进行存储和传输，信息调阅行为通过"上链"实现可追溯，从而确保客户信息隐私安全及信息使用的合法合规，有效规范和监督各参与主体行为。区块链技术的强大赋能，真正实现了由客户自主索赔向理赔主动服务的跨越。

四、再保险领域

在数字化转型时代背景下，金融科技在再保险领域的应用趋势正逐步显现，在第三届陆家嘴国际再保险会议上，银保监会和上海市人民政府联合发布《关于推进上海国际再保险中心建设的指导意见》，从提供高水平制度供给、提高再保险产品供给与创新能力、推进高水平制度性开放、加快建设再保险人才高地等4个方面推出13项重点任务，上海市将推动再保险科技应用，建立再保险信息数据共享机制。

以数字新基建为核心的数字化再保险登记清结算平台在2021年10月26日正式向全球发布，填补了全球再保险基础设施的空白。该平台运用上海保险交易所自研的区块链技术，在不改变现有再保险交易模式和内部流程的情况下，为再保险业务机构间的交易提供账户清分、数据交互、交易登记、合同存证、资金结算等功能服务，在确保数据使用安全的前提下，可以最低成本实现再保险机构间的信息和资金交互，全面提升再保险公司经营效率和数字化水平，为国际再保险业务发展提供更活跃的市场需求和更丰富的交易场景。

第四节 人工智能技术应用

人工智能可以替代需要大量人力处理的、简单重复性和经验导向的工作，语音交互、生物识别、图像识别、文本识别等人工智能技术的应用，能够推动保险行业实现降本增效，促进业务流程和服务的升级与扩展，为用户带来全新的保险业务交互体验。

一、智能语音技术

（一）智能外呼场景

从整个行业看，2017年是保险行业大规模应用人工智能的起点，其中呼叫中心是渗透率最高的场景之一。智能外呼机器人目前主要用于自动呼叫、意向筛选、资料导入和销售引导等过程。智能外呼的应用能够解决呼叫中心人员成本高、培训成本高、人员流动大的问题（见图8-9）。

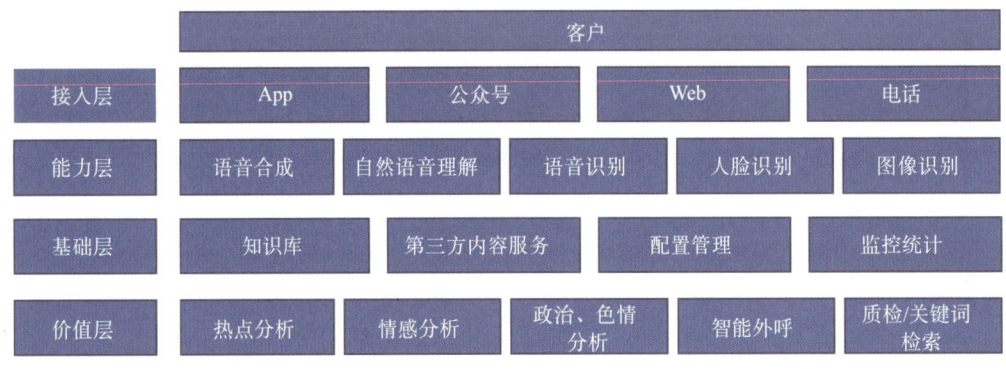

图8-9 智能外呼架构

通过整合、存储、分析跨渠道的客户联系信息，构建投诉预警、外呼预测等模型，建立"智能化知识库"，推动金融机构具备数据存储和分析能力、客户体验管理运营能力、客户营销管理服务能力。随着ASR、NLP、TTS及多轮对话等技术能力的提升，智能外呼机器人被保险公司广泛应用于客户购买意向筛选、新渠道直销报价、活动推广宣传、服务状态变更通知、续费通知等场景，大幅减少保险公司营销成本，降低人力投入，实现了线上线下服务的无缝衔接。以科大讯飞为例，在保险业营销获客领域，基于其智能外呼机器人打造的人机耦合机制，可有效代替90%以上的无效呼叫任务，大幅提升人工营销座席的绩效表现。

（二）智能保顾场景

利用自然语言处理和多轮交互能力，通过智能保险顾问在微信、网页和App客户端等进行产品推荐和咨询应答，挖掘用户深层次的需求，引导用户完成产品购买。智能保险顾问可以为用户提供风险评测、知识问答、需求分析、产品推荐和保单管理等服务，绝大多数大型保险公司在客户服务终端都嵌入了智能机器人应用，伴随着大量语料的积累、知识广度、深度的延展与纵深，以及机器学习能力的提升，智能机器人对客户问题及咨询的解决率持续攀升。

循环智能（Recurrent AI）是一款提供语义挖掘和沟通实时辅助系统，为一线保险顾问人员提供实时辅助系统时，该系统会像AI小助手一样，在沟通中当顾问人员讲解到产品特性、优势和客户价值的相关内容时，会快速及时地弹出相关内容供顾问人员参考解答。与此同时，双方业务专家通过"语义挖掘"功能得到的最佳沟通实践内容，也会在客户提到具体需求或异议时，快速及时地弹出最佳沟通实践的小建议，帮助保险顾问人员快速精准地了解客户需求。首先，借助语义挖掘系统，从优秀顾问人员海量的沟通数据中，挖掘优秀的沟通实践。循环智能提供了产品化的"语义挖掘"功能模块，结合双方团队中保险业务专家的业务经验，从真实的沟通数据中挖掘出许多优秀的最佳沟通实践，这些最佳沟通实践与纯靠人工总结的标准化沟通用语内容，往往有显著的区别。来自海量真实数据的内容，更有可能得到一线保险顾问人员的认可。

循环智能实时辅助系统上线以来，统计对比数据显示，相同职场和等级的保险顾问人员，在沟通中采纳实时辅助系统推荐的内容越多，则产能提升越显著，成单率提升可达1.5—2.2倍。

（三）AI增员场景

AI增员是指利用人工智能对保险代理人进行招募和管理，主要包括AI甄员、AI 面试和 AI 培训等，解决代理人择优难、养成慢、留存率低的问题。例如，平安人寿与平安科技合作，针对代理人招募，将 ASR、NLP、TTS 等技术与智能知识库相结合，支持人机交互式线上远程面谈，AI 面试覆盖率达 100%，累计面试超 600 万人次，减少人工面试时长超 68 万小时。在代理人培养环节，升级智能陪练工具、打造 AI 助教，支持代理人进行产品知识、分群客户销售方案等多元化场景演练，通过图像识别技术实现课堂人数统计、学员考勤和学习状态检测，提升远程培训管理效率。智能陪练机器人累计使用 755 万人次，代理人好评率达 99%。

（四）承保理赔场景

通过声纹识别、声纹比对、语音情绪识别等技术组合应用，可有效分析客群行为、识别团伙作案手段、在线实时反馈欺诈的可能性，结合基于用户行为的多维身份核验风控模型，识别并采取多因子身份核验风控，可应用于客户真实投保意愿验证、电话报案欺诈风险识别、保险增值服务享受权无感身份核验等保险业务场景中，形成完整的身份核验业务闭环，有效降低保险公司风险损失。

全保通通过共享车险理赔服务平台（中保车服智速赔），向保险公司 SaaS 化输出语音情绪识别反欺诈系统。该系统可部署在接报案、定损提交和质检复议等环节，并与现有风险模型并行，实现了对车险承保理赔服务场景的事前、事中、事后全流程欺诈风险甄别（见图 8-10）。

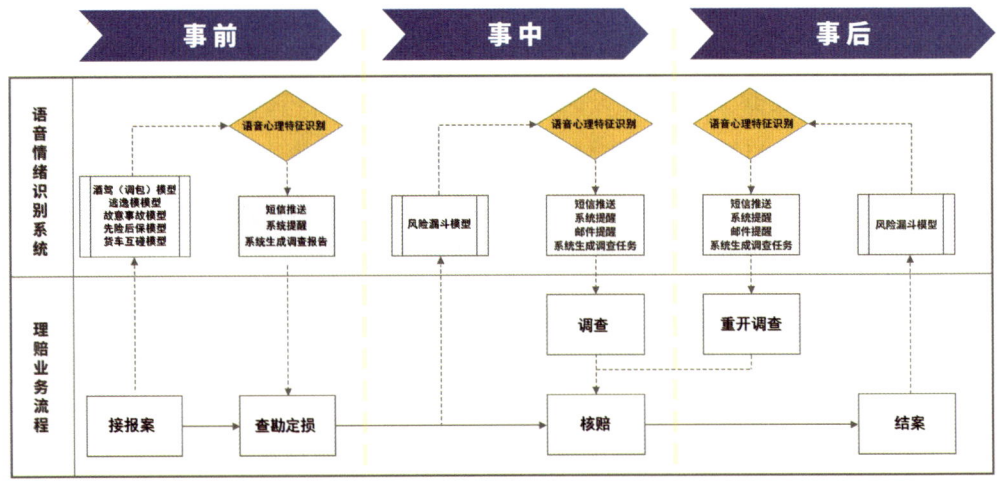

图 8-10 语音情绪识别反欺诈系统预警作业流程

二、智能认证技术

人脸识别、活体检测、照片比对与两要素、三要素鉴权等技术相结合，除了企业员工及作业管理等基础使用场景之外，还被广泛应用于保险公司线上线下投保、保全等业务场景的身份核验，用于辨别操作人身份真伪，降低"非本人操作"的风险。

平安科技智能认证技术被各合作保险公司广泛应用于新单投保、年金/养老金/赔款领取、代理人身份核验等环节。以投保双录场景为例，智能双录系统移动端在对投保人进行录音录像过程中，通过采集音视频信息，并在抽取的视频帧中提取人脸信息等，与代理人、投保人进行身份对比匹配，结合公安部门提供的公民身份信息进行实人照片与身份证件照片比对，姓名、证件号信息一致性校验，实现实人认证，防范冒名投保、规避销售误导。此外，智能双录 PC 后管平台还会结合语音语义理解、图像比对识别等技术，对音频文件进行标准话术检测、禁止用语检测及同框检测等，自动对投保双录过程进行智能化质检，实现风险管控 100% 覆盖。

三、图像识别技术

（一）OCR 技术

OCR 技术、文本分析技术和机器学习技术已较为成熟，应用在保险承保理赔环节可极大提升作业自动化率。利用 OCR、NLP 等技术，将原本仅被存档的图片材料进行数据结构化处理，处理后的数据应用于后期的数据分析中，帮助保险公司建立大数据分析基础能力，有助于保险公司从核保到产品设计、风控、理赔和运营进行全流程优化。保险公司一方面可以依托全量数据，形成精准化产品与服务；另一方面可以深入挖掘数据，创新险种，拓宽可保边界。

腾讯优图实验室联合腾讯云推出的基于保险场景定制的图像预处理和智能识别结构化的方案，对非结构化数据初始形态进行统一，完成文档处理、图像压缩、质量筛查、效果增强等功能。对于图像数据的处理，目的是让进入数据结构化流程中的数据能尽可能符合算法所需的数据标准。对于不符合数据标准的数据，通过友好的产品设计，引导用户能重新拍摄并提升相关资料的质量。

对客户体检报告影像中的文字内容自动识别、数据标准化，进行客户健康风险评估、核保预测，可改善客户投保体验；在图像数据结构化模块中，运用表格结构识别、表格重建技术、OCR 文本识别等计算机视觉技术，实现计算机对报告的"感知"的工作；运用 NLP 文本抽取、NLP 文本结构化、医疗知识图谱、医疗病历结构化等自然语言理解与处理技术，实现计算机对报告文本的"认知"工作。以此完成对体检报告、出入院记录、病案首页、实验室检查、影像检查报告等多种医学检查报告的数据的结构化处理。

通过自然语言处理技术，结合机器学习及深度学习算法，对数据化后的内容进行提取、归类、纠错及结构化，从各类医学报告中抽取出来异常的指标项、异常的描述项，并且对这些异常项进行聚类和文本结构化，对病历描述进行实体抽取，如疾病、症状、药品、解剖部位、形态、特征等医学实体，准确判断实体之间关系。系统可在秒级判断出遗漏项和异常项，提升保单处理效率的同时，避免人工核查遗漏。

图像数据结构化是整个"感知、认知"流程中最难完成的环节，具有极大的技术挑战和创新意义，目前腾讯云智能核保系统支持全国 36 000 多家医疗机构各类版式体检报告，满足核保场景下各省级行政单位的体检报告泛化需求。通过对千万级历史数据的机器学习，对于简单案件理赔资料自动分拣、自动录入、自动审核，可代替传统的现场查勘与人工审核，为客户带来极致的理赔体验。以健康险为例，对医疗费用发票、医疗费用结算单、医疗费用详单、病案首页等理赔资料进行自动识别和标准化处理，可大幅提高医疗险理赔数字化水平和审核效率。

（二）图像识别技术

图像识别技术已被成功运用于车险智能定损，帮助提升车险理赔效率，优化客户体验。通过对案件现场照片风险点的分析、车损照片细节的处理，与历史影像的比对排除，有效识别车辆损失程度。

平安科技基于海量事故车辆图片及赔案数据标注、建模，自主研发了图片定损产品，通过对车辆受损图片的智能识别（包括车型、部位和损失程度识别），可自动判断损失的车辆型号、识别损坏的外观部件及 23 种不同车辆的损失程度。基于图像识别的结果，匹配后端修理厂库、配件库、工时库等大数据库规则及价格信息，可帮助保险公司完成自动定价，实现"秒级"定损。

中保车服共享车险智能理赔服务和共享人伤理赔服务通过 SaaS 平台向保险公司输出基于图像识别技术的视频查勘功能模块，帮助保险公司尤其是中小保险公司解决了业务系统自限性问题，快速接入以图像识别为基础的智能查勘、智能反欺诈等多种查勘定损和风险识别工具，帮助保险公司进行线上化、数字化平滑过渡，提升查勘理赔科技能力、运营效率、客户满意度，降低运营成本。

除了应用于车辆定损外，图片识别技术也在探索应用于其他险种领域。例如，"猪脸识别""牛脸识别""宠物脸识别"等技术，通过将死亡标的影像与特征数据库影像进行比对，精准识别标的，防范重复理赔、非标的理赔等道德风险，简化理赔审核流程。

四、远程音视频技术

（一）AI 销售辅助

新冠肺炎疫情期间，保险代理人触客难、面谈难，无形中增加了产品销售难度，而随着智能手机的普及，平安人寿推出智能拜访助手，支持音视频通话、销售方案讲解、机器人智能辅助等功能，通过线上"AI 会客厅"的音视频方式，实现远程与客户见面互动。

甜新科技通过智能视频云服务和人工智能技术提供远程展业协作，围绕规范化展业流程进行"保险智慧展业＋同屏辅助"服务，助力保险公司数字化转型。甜新科技平台打通企业微信、官网、公众号、App、5G 等线上渠道，商机及时分配，导流到线下代理人。通过 App、企业微信、短信等直接发送链接，多渠道、多形式快速触达客户，满足展业多个场景的咨询与沟通需求。线上展业过程模拟线下展业场景，多人视频会话、多人音频会话、文件共享、产品推荐同屏辅助讲解、客户浏览页面，通过上下滑动、点击、输入操作实时展示在业务员端，业务员可切换滑动页面，实时向客户展示重点内容，同屏过程可对敏感字段信息进行屏蔽，实现手机和电脑的屏幕共享、操作演示、白板和文件共享、同屏写画、画笔勾画文件内容、快速展示产品重点信息、双指轻松放大缩小文件、注意事项不遗漏。

（二）远程视频查勘定损

车险综合改革后，保险公司理赔成本管控压力巨大，借助技术辅助手段，将部分线下服务引流至线上，可有效节省人力投入，提升作业及客户服务效率。事故发生后，客户可以选择符合个人偏好的渠道报案，智能调度引擎会根据事故信息自动识别案件风险实现作业精准分流，对于中低风险案件，越来越多的保险公司尝试采用远程视频查勘（定损）方式受理。以众诚保险为例，在腾讯底层音视频能力、平安科技AI图像识别、金融壹账通图片自动分拣、智能语音等技术之上，结合车险理赔场景需求，设计推出了智能远程视频查勘定损平台。众诚保险的车险客户可通过公司发送的短信链接、微信小程序等方式，视频连线理赔专员，理赔人员利用同屏签名授权、远程设备操控等技术，采集事故图像及理赔资料，平台嵌入的AI图片定损技术，对事故车辆损失照片识别后，自动生成定损明细，理赔人员可在线反馈客户，并引导客户安全撤离、进厂维修，使客户体验理赔极速服务的同时，感受保险公司的服务温度。

（三）远程双录

利用OCR、AI、人脸识别、视频序列动作识别、语音识别、AI质检实测样例等技术，构建智能化的远程双录平台。以保监"双录"规范要求为蓝本，弹性地配置平台质检范围与能力，易于扩展，满足不同地区的监管要求。将人工抽检机制变为AI全面质检，及时发现并定位问题；弥补漏检而造成投诉和合规隐患；提升用户使用体验，避免重复录制和投保客户长时间等待；减少人力重复劳作的精力缺陷。利用AI筛选，人工复核，质检员只需审核AI认为有缺陷的案例，工作效率和产出大幅提高。AI质检的标准统一，避免个体之间执行标准的差异，有助于贯彻行业和公司的标准规范。

金融壹账通自主研发的智能双录质检平台在2020年初即上线了多方远程音视频双录、同屏操控、智能质检等功能，随着监管要求及寿险业务场景化需求的不断扩展，产品持续迭代，已为包括平安人寿、信泰人寿、工银安盛等多家公司提供服务，支持保险公司业务发展、降低销售风险及人力成本的同时，极大地提升了代理人双录效率，改善了客户体验，使无接触式保险线上化服务形成完整闭环。

第五节 物联网技术应用

物联网可从单一的保单数据源,扩充到多渠道全覆盖数据源。通过人、车、智能设备、可穿戴设备、家居等媒介数据,改变整个保险数据生态,从单一的保单数据源转变为全方位的客户画像,从场景化产品设计、动态定价、反欺诈等方面推动个人车险、家财险、健康险等产品升级换代。

一、可穿戴设备

通过可穿戴设备结合物联网平台进行用户健康状态监护即利用穿戴式生物传感器采集人体运动与生理参数,来实现对穿戴者运动与健康的管理。通过穿戴式健康监护系统进行无创连续检测人体生理信息、数据无线发送和实时处理功能的集成系统,能满足低生理、心理负荷条件下的生理状态监测。一方面,通过体外数据采集,主要通过三维运动传感器或全球定位系统(GPS)获取运动状况、运动距离和运动量,来帮助用户进行运动和睡眠管理;另一方面,通过体征数据(如心率、脉率、呼吸频率、体温、热消耗量、血压、血糖和血氧、激素和 BMI 指数、体脂含量等)监测来帮助用户管理重要的生理活动。以丰富的医疗风控因子,智能评估风险,进行保险产品设计与精准定价。平安健康保险股份有限公司联合 Vitality 为健康险客户提供"平安 Run"计划,参与计划的客户可以通过智能穿戴设备上传健康数据,Vitality 在云端根据客户的健康数据定制个性化的健康管理服务,客户通过参与健康管理服务可以获得积分奖励和保费折扣。

将移动互联、互联网+、智能硬件等医疗物联网相关技术和设备应用于客户健康与慢性病管理,能有力地提高投保人的健康管理水平和生活质量。开放的架构平台可灵活添加各类医疗健康服务组件以及对接各类健康检查设备。医生端设备涵盖多种功能,既提高了医生的工作效率,也拓宽了医生的服务手段和服务范围。在居民端,投保人不但可以在家通过手机 App 等应用连接智能物联网终端设备进行健康检测,还可以通过手机新型签约、购买服务和咨询互动等操作实现。"云+端"的平台架构有效地将健康管理系统、公共卫生系统、卫生监督协管系统等进行了整合利用,在真正意义上实现了数据的互联互通,进一步促进了医疗联合体(医联体)体系的完善和建设。

二、智能家居设备

基于语音交互的人机交互场景,财产险公司在探索家庭保险解决方案,结合智能音箱等智能家居设备,设计"一站式"保险服务方案。利用语音交互,触达家庭生活、办公、户外等场景,提供更多保险服务,将客户对保险的态度从被动接收转化为主动咨询;聚焦于场景风险机会的挖掘,普及保险知识,进行客户保险教育,提高全民保险意识;同时触达更多只适合语音交互的场景,形成新的流量入口,挖掘用户潜在需求,助力精准营销。例如,智能音箱,很可能成为新的个人流量入口,未来人们在家中、酒店等场所,都可能通过语音交互的方式获取相应服务;需要出行时,通过与智能音箱对话可以在出门旅游前快速购买旅游险,回家后保险期自动结束;如果未来智能门锁实现了联网,有可能研发出根据门锁的开和关来实现自动投保和保单结束的个性化家财险产品;智能冰箱如果联网,也可能设计出针对冰箱食品的新型保险产品。随着智能家居的发展,家居方面的物联网应用也越来越多,相信将来在家财险方面可以衍生更多、更丰富的细分保险产品,也可以产生个性化程度更高的定制保险产品。

以美国保险科技公司 Hippo Insurance 为例,其汇集了市政建筑记录、航拍图像、智能家居和 IoT 设备等多维房屋信息数据,推出了数字家庭保险服务,通过"AI+大数据"实现快速报价和在线投保。Hippo Insurance 推出的 Smart Home Program,应用家庭物联网技术监控室内温度、烟雾、一氧化碳及房屋漏水情况,通过手机通知房主异常信息,为保险客户提供预防性保障。此外,Hippo Insurance 附加的生态服务,还可以满足客户家电、水管等日常维护需求,形成了家庭风险管理及服务的完整闭环。

三、智能车载终端设备

在强化保险公司内部管理方面,很多保险公司为查勘车安装车载自动诊断系统(OBD)设备,通过该设备,能获取每个查勘车辆的运行情况及所在位置,可以在地图上显示出每个时刻所有查勘车所在的位置和行驶轨迹，结合这些数据，保险公司可采取智能网格地图划分和动态最优分派规则，保证现场查勘时效和到勘率，通过监控和分析这些数据，管理人员还可以了解查勘员每天的工作状况，通过查勘员手持终端位置和车辆位置进行人车匹配，有效监督和管理查勘员工作，提升查勘工作效率，为客户提供更好的服务。

在行车风险防控方面，保险公司可以通过车联网、智能手机和 OBD 等联网设备，实时监测保险标的车况、驾驶者驾驶习惯、行车环境等数据，对承保车辆进行保中安全管理，及时提醒车主规避风险或采取整改措施预防事故发生。如果可以将视频监测与各种不同传感器获取到的监控数据实时显示在风控平台上，风控人员就可以远程快速检查所管理的车辆风险状况，通知、提醒风控人员或驾驶人员及时干预处置。近年来，在国家政策的驱动下，ADAS（辅助驾驶防碰撞预警系统）及车内 DSM（防疲劳驾驶检测系统）等设备被广泛应用于商用车市场，很多省份的"两客一危"政策着重强调商用车和运营车辆须强制安装 DSM，力求强化企业对营运驾驶员的安全管理，消除疲劳驾驶安全隐患。对于保险公司，尤其是商用车承保占比大的公司，有了这些智能设备及驾驶、行车数据的支持，可以极大地改善商用车承保质量，推动保险公司业务良性可持续发展。

以中交兴路车联网为例，作为一家商用车车联网运营服务提供商，其融合物联网、移动互联、智能交通、云计算、大数据及地理信息等技术，为国内保险公司提供集保前风险测评、保中风险管控、保后理赔反欺诈、全方位增值服务为一体的重载货车风控"4+1"综合解决方案，助力保险公司有效管理重载货车保险风险，解决"规模与效益"之间的矛盾，为商用车保险业务发展注入新的动能。

四、智能现场服务记录仪

智能现场服务记录仪系统采用互联网+保险创新理念设计，目前，主要采用"系统云平台+智能手机+4G/WIFI 服务记录仪（穿戴设备）"的方式，实现了保险销售、查勘、定损等现场画面实时传输至云存储平台，并整合了大量保险实际应用，形成为保险理销售、理赔打造的一套成熟的全过程新场景应用解决方案。

目前，市场上甜新科技智能服务记录仪系统平台，可基于全国统一的管理系统实现对服务记录仪设备、视频文件、查勘服务的分层管理，实现对查勘、定损等业务全流程视频监控，帮助保险企业解决理赔管理中的盲点、难点问题（见图8-11）。

图8-11 甜新科技现场服务记录仪业务流程

该系统前端服务记录仪采集销售、理赔过程音视频数据，服务记录仪采用轻量化设计，记录仪内置4G手机卡，可通过4G网络或记录仪通过WIFI连接智能手机，再通过智能手机把服务记录仪采集的理赔过程记录数据通过4G/5G或WIFI网络上传到服务平台，后台人员通过客户端展示软件可以实时预览现场音视频，并可以根据现场音视频，协同指挥现场工作。此外，系统支持记录案件任务处理过程中各个环节的进度情况，支持对不同状态下的案件任务进行跟进和统计，闭环管理所有案件任务。

第六节　信息系统安全运营

安全运营是一系列操作级别的日常安全活动的统称，它是一个整合相关的流程、技术、人员和服务，对企业中网络空间资产的安全要素信息（资产、弱点、威胁、风险、情报等）进行持续的配置、感知、监测、检测、测试、分析、预警、告警和响应、恢复，并不断优化的过程，以确保网络空间安全、弹性地支撑企业业务战略。不同的企业中安全运营活动类型可能有所不同，总体上可以分为识别、保护、检测、响应和修复5种类型，其中最核心的活动包括资产、弱点与补丁管理和威胁监测、检测与响应。

安全运营是安全保障体系的重要组成部分，也是安全治理和安全管理的基础支撑性工作。安全治理和安全管理工作能否落实到位关键在于日常安全运营工作的成效。随着网络空间安全形势日趋恶化，网络安全地位日益提升，安全运营建设工作刻不容缓。

一、信息安全存在问题

目前全球网络威胁有增无减，安全形势愈加严峻。网络犯罪趋于专业化、社团化或政治化，如商业竞争对手或敌对政治、宗教派别会雇佣专业的黑客团队攻击对方；攻击方法趋于智能化、隐蔽化、瞬时化，如高级持续性威胁（Advanced Persistent Threat，APT）攻击通过长期监视和研究的被攻击目标，量身定制攻击方案实现非常隐秘的攻击，又如漏洞（0day）攻击在漏洞未被公布之前就已发起，使被攻击目标猝不及防；攻击手段趋于自动化、工具化，如大量自动化网络攻击工具从地下"黑产"流出，大大降低网络攻击的技术门槛；攻击路径趋于网络化、持续化，如绝大部分攻击来自网络，可以持续进行远程攻击；攻击对象趋于数据化、应用化，如窃取被攻击目标的商业秘密、破坏被攻击目标的业务系统等；攻击动机趋于商业化、利益化，如获取经济利益或宣扬政治、宗教主张等。严峻的网络安全形势已经影响到每一个企业、机构和个人。据美国战略和国际问题研究中心报告显示，网络犯罪每年给全球带来高达4 450亿美元的经济损失。

长期以来，通过部署各种安全产品构建了较为完善的安全基础设施，甚至基于成熟安全标准打造了纵深防御体系和安全管理体系，但在人工智能和大数据等技术得以实际应用之前，传统安全体系的效能并没有质的提升。

一是云端安全无保障。随着云计算、大数据等新兴技术的全面应用，越来越多的企业选择将业务迁移至云端。但是，这些新技术的应用，也将"战场"从传统的网络环境转至云端。对于云端这样的新环境，传统的安全建设手段显然已无法进行部署和防护。

二是静态防御效果差。早期的黑客攻击主要为技术爱好者，大多是没有明确目的的。近些年，网络攻击已逐渐演变成组织与国家之间的对抗，攻击的目标也从对网络与系统的攻击延伸至对数据和业务应用的攻击。对手和攻击目标的变化，让我们时刻面临着未知的威胁。在这样的安全形势下，传统安全建设的"单点防御体系"与"静态防护规则"已无法应对新的安全威胁形式，弊端逐渐凸显。

三是安全运维乱且难。传统安全建设依赖于大量的单品安全设备，企业在进行安全建设时，往往采用不同品牌的安全设备，企业的安全运维人员需要花费很长的时间去学习不同品牌的不同安全设备，学习成本较高。另外，由于使用不同品牌的安全设备，各类安全数据散落在不同的安全设备中，安全数据无法形成有效的联动分析，这对运维工作的开展造成了较高的难度。

四是安全设备成本高。目前市面上安全产品种类繁多，如有涉及网络安全层面、应用安全层面、数据安全层面、管理安全层面等。企业想要形成纵深防御体系，形成安全闭环，往往需要采购大量不同品类的安全硬件设备，无形之中，给企业带来了较大成本的投入。

二、信息安全政策要求

1994年是我国信息安全领域的一个重要转折点，国务院发布《中华人民共和国计算机信息系统安全保护条例》，规定了计算机信息系统实行等级保护制度，明确了公安机关作为等级保护工作的主管单位。此后，一大批相关法律法规相继出台，信息安全建设逐步进入政策合规驱动阶段。

2003年，中共中央办公厅、国务院办公厅颁发了《国家信息化领导小组关于加强信息安全保障工作的意见》（中办发〔2003〕27号），明确指出实行信息安全等级保护，"要重点保护基础信息网络和关系国家安全、经济命脉、社会稳定等方面的重要信息系统，抓紧建立信息安全等级保护制度"。

2004年的《关于信息安全等级保护工作的实施意见》（公通字〔2004〕66号）和2007年的《信息安全等级保护管理办法》（公通字〔2007〕43号），确定了实施信息安全等级保护制度的原则、工作职责划分、实施要求和实施计划，明确了开展信息安全等级保护工作的基本内容、工作流程、工作方法等。后续，信息安全等级保护相关法规、政策文件、国家标准和公共安全行业标准的出台，为信息安全等级保护工作的开展提供了法律、政策、标准保障。同时，标志着我国信息安全建设全面进入等级保护阶段。

2016年10月，公安部网络安全保卫局对原有国家标准《信息安全技术信息系统安全等级保护基本要求（GB/T 22239—2008）》等系列标准进行修订。2017年6月，《中华人民共和国网络安全法》正式出台，信息安全等级保护过渡到网络安全等级保护，法规明确要求国家实施等保制度。2019年5月，随着《信息安全技术网络安全等级保护基本要求（GB/T 22239—2019）》《信息安全技术网络安全等级保护测评要求（GB/T 28448—2019）》等标准的正式发布，标志着"等保2.0"全面启动。

保险行业属于金融行业的一部分，而金融行业是国家实行等级保护制度的重点行业之一。2007年以来，保险行业相继出台了多项政策法规：①《关于开展保险业信息系统安全等级保护定级工作的通知》（保监厅发〔2007〕45号），为贯彻落实国家信息安全等级保护制度，中国保监会要求保险行业开展信息系统安全等级保护定级工作。②《保险公司信息系统安全管理指引（试行）》（保监发〔2011〕68号），按照国家和监管部门信息系统安全规范、技术标准及等级保护管理要求，明确信息系统安全保护等级，实施信息系统安全等级保护，按等级安全要求进行备案并定期测评和整改。③《保险中介机构信息化工作监管办法》（银保监办发〔2021〕3号），保险中介机构应建立健全信息安全管理制度，部署实施边界防护、病毒防护、入侵检测、数据备份、灾难恢复等信息安全措施，保障业务持续和数据安全。保险中介机构应按照国家网络安全等级保护相关规定，合理确定信息系统的安全等级，并按照国家网络安全等级保护相关标准进行防护，以获得相应的国家网络安全等级保护认证。④《互联网保险业务监管办法》（中国银行保险监督管理委员会令2020年第13号），贯彻落实国家网络安全等级保护制度，开展网络安全定级备案，定期开展等级保护测评，落实相应等级的安全保护措施。对于具有保险销售或投保功能的自营网络平台，以及支持该自营网络平台运营的信息管理系统和核心业务系统，相关自营网络平台和信息系统的安全保护等级应不低于三级；对于不具有保险销售和投保功能的自营网络平台，以及支持该自营网络平台运营的信息管理系统和核心业务系统，相关自营网络平台和信息系统的安全保护等级应不低于二级。

对提供技术支持和客户服务的合作机构加强合规管理，督促其保障服务质量和网络安全，其相关信息系统至少应获得网络安全等级保护二级认证。

保险机构应依据《互联网保险业务监管办法》规定对照整改，在办法施行之日起3个月内完成制度建设、营销宣传、销售管理、信息披露等问题整改，6个月内完成业务和经营等其他问题整改，12个月内完成自营网络平台网络安全等级保护认证。

三、智能化解决方案

调查显示，80%的机构或企业都曾经因为网络安全问题而遭受损失，尽管其已经投入可观的安全预算和资源。建立专业安全团队，采购各种安全产品，并持续更新和运维管理对绝大多数用户都是一件非常困难的事情。本质上，我们需要的是安全能力而不是形式化的安全产品，所以以交付最终安全能力为目标的安全运营服务将是这些机构或企业的首选。

网络黑客痴迷于最新的攻击技术和漏洞，与之相反的是传统安全能力的滞后和安全体系的被动。任何由静态产品、零碎服务和被动管理堆砌成的安全体系都不能反映网络安全的攻防本质，也注定是无能或低效的。一个好的防御体系必须是一个能够闭环运行的有机整体，安全能力持续提升，最好能够智能检测和自动处置安全事件，尽可能减少人工干预。近几年，大数据和人工智能等技术在威胁检测与响应领域的应用日益广泛，以NTA、UEBA等行为分析技术和SOAR安全编排与自动化技术为核心的安全体系成为未来安全建设的方向。

一是立体防御。智能安全运营整合了纵深安全防护体系、SOC安全管理中心和SRC安全响应中心，提供下一代防火墙、入侵防御、抗拒绝服务、Web防护等多重安全防护能力。多种安全设备及服务的结合，不仅大大增强了网络对于互联网各种攻击的防御能力，同时降低了自有数据中心安全设备建设的投入。

二是实时监控。智能安全运营整合了多种安全审计设备，实现对所有网络行为审计和集中管控，以及全局可视化网络安全态势感知。对于设备运行及维护日志进行记录，满足监管要求；对于出现的安全事件，进行大数据实时分析，采取主动的安全分析和实时态势感知,快速发现威胁,控制威胁,并即时预警。

三是全面分析。对收集的多种设备异构日志,通过原始告警的过滤、范式化、归并、索引等功能,以告警范式化的形式或者应用的形式对告警信息进行增强。大数据平台告警分析模块内置基于规则的关联分析引擎,能够对不同来源的海量告警信息进行交叉比对,协助安全运营人员自动从海量告警信息中识别真正需要关注的告警信息。

通过多角度、多维度大数据分析,构建业务模型,当出现攻击行为时,模型出现变化,可实现未知攻击即时告警,使得潜在隐患尽在掌控。

四是快速响应。智能安全运营整合 SOAR 模块,通过编排与自动化功能,能够切实帮助安全运营人员快速进行响应处置,降低平均响应时长。

安全运营人员可以将针对不同威胁的响应行动方案以预案的形式写成安全剧本,纳入剧本库统一管理。威胁触发后,在有人参与或者无人参与的情况下,自动地执行相关预案,如执行防火墙阻断操作、执行账号禁用操作、终止某个进程等,大大缩短手动执行预案所耗费的时间。事后还能对处置过程进行复盘,对预案进行改进,积累相关经验。

五是持续优化。信息系统安全建设,很大一部分工作是在进行安全对抗,而对抗的过程是不断动态变化的,因此具备可持续优化能力尤为重要。智能安全运营具备很强的可塑性和可扩展性,拥有威胁情报预警、全流量分析和用户行为分析等技术,同时持续提供安全专家应急响应服务,建立一套"检测—防护—监测—响应—管理—优化"的闭环安全运营体系,拥有更全面、更合理、更可持续提升的安全能力。

> 案例 8-1

TDR 智能安全运营平台概述

TDR(Threat Detection and Response)是华清信安基于多年的产品研发和安全服务实践经验,向用户交付卓越安全能力的一种安全赋能服务。用户只需一分钟接入 TDR 安全运营服务平台即可获得卓越的"一站式"安全能力,而无需招聘安全团队和购买安全产品。TDR 提供持续更新的 NGFW、IPS、DDoS、WAF 安全防护能力和安全报表,集中安全管控与态势感知,及"7×24 小时"安全专家应急响应服务,保障客户安全无忧。

TDR 智能安全运营体系以 BoS 安全大脑为核心,由 GSDN 全局安全交付网络、SOC 安全管理中心和 SRC 安全响应中心构成(见图 8-12)。TDR GSDN 网络通过负载均衡实现互联网流量接入和全局智能调度。业务系统用户根据 DNS 解析结果自动从最近的 SDA 节点接入 TDR 网络,当地 SDA 节点一般在 2 个以上,以负载均衡的方式调度流量,本地 SDA 节点出现故障时可以自动切换到相邻地域的 SDA 节点,每个 SDA 节点采用两层冗余设计,切换时间为毫秒级。

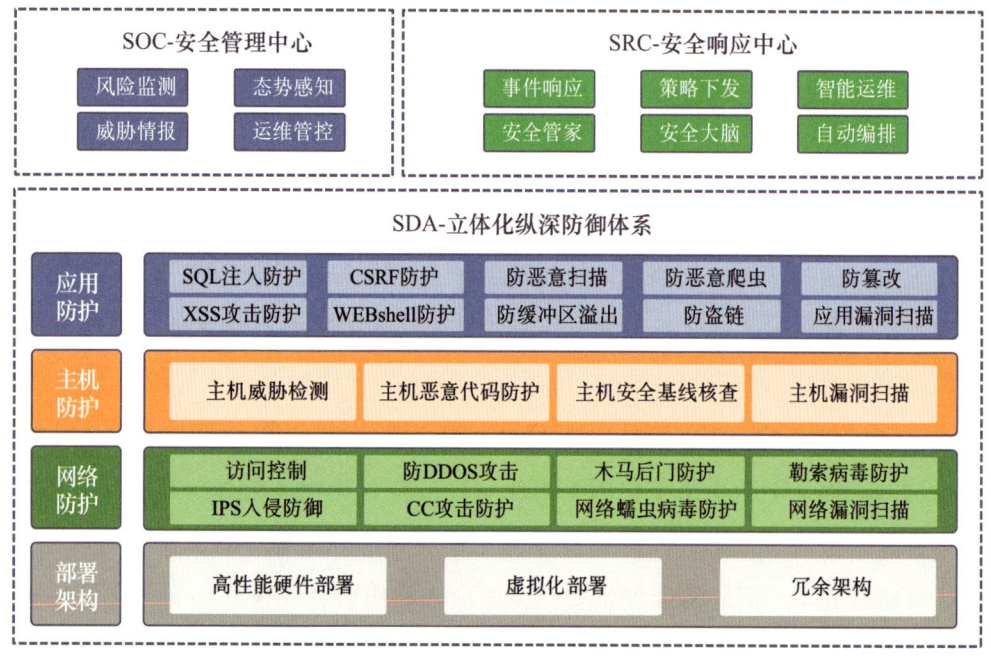

图 8-12　TDR 智能安全运营体系

通过上述架构设计,TDR 可以实现系统级—机房级—区域级三重高可靠性保障机制,即当某一区域 SDA 组中某一 SDA 节点的某一硬件系统故障,可以切换到同一节点的其他硬件系统;当某一 SDA 节点整体发生故障,可以切换到同区域 SDA 组的其他 SDA 节点;当本区域发生大面积灾害如地震等导致本区域 SDA 组整体故障,流量可以切换到相邻地域的 SDA 组。TDR 可用性可高达 99.9999%。最终,TDR 可以帮助客户建立立体防护—实时监测—快速响应—持续提升的高效安全运营体系。

第九章
国际保险科技发展状况

从国际保险科技的发展状况来看，保险科技进一步优化了整个保险产业的市场、产品、业务模式、应用和流程、创新机制等。我们也注意到保险科技近年来的规模增长速度迅猛，特别是在北美、亚洲和欧洲产业比较集聚的地区，保险科技持续受到资本的关注，全球保险科技的融资持续攀高。在保险科技迅猛发展并不断受到更多关注的同时，全球保险机构在发展保险科技的同时不得不面临和解决伴随产生的金融风险、数据风险和网络风险。同时，全球保险科技监管也在不断变革，传统的监管方式和动态监管方式都在不断深化和推进中，监管科技也在不断创新和应用。面对保险科技多元化发展的态势，保险科技在全球范围内的发展空间是巨大的，庞大的保险需求仍待释放，但机会对等于挑战，保险科技仍要直面发展中的科技伦理、技术迭代和数据安全方面的挑战。

第一节　发展特征

近年来，全球保险科技市场飞速发展，新兴技术的应用领域早已不再局限于在传统保险价值链的各环节中提升运营效率，降低人工成本，而是更侧重于新保险应用场景的创设。2020年新冠肺炎疫情在全球范围内影响着各行各业，如此巨大的"黑天鹅事件"为保险公司带来了多样挑战：一方面，它对人们的生命安全产生严重的威胁；另一方面，它将所有人隔离开来，促使行业内各企业不得不在新的社会环境下重塑新的商业模式。这样的情境拉大了围绕在科技、系统、产品以及包括已存在的保险公司与保险科技公司之间的差异，与此同时，大型科技企业在未来也将不得不思考通过提供弹性的过程管理、实时的危机应对、直观的客户关怀、具有吸引力的数字体验等措施去赢得了更多消费者的信任。2019—2021年，国际上保险科技的发展可归纳为以下三点：

首先，国际市场上保险科技投资市场依旧活跃，融资创新高。根据全球咨询公司韦莱韬悦（Willis Towers Watson）的技术简报显示，2020年，全球保险科技领域共发生377笔融资交易，全年累计融资总额达71亿美元，与2019年相比，融资总额增加了12%，交易量增加了20%，创历史新高；2020年第四季度，保险科技公司通过103笔交易筹集了21亿美元，其中67%的资金集中在财产、伤亡类保险科技公司。截至2021年上半年，全球保险技术行业吸引了高达74亿美元的投资，超过了2020年的总投资。保险公司更加专注于分销业务，分销业务投资交易占比从2020年的49%上升到2021年的55%。鉴于数字交易的增加，以及随之而来的网络攻击和勒索软件的增加，网络安全解决方案将会受到投资者的高度关注；保险公司和保险科技公司将并购作为获得重要能力的手段，进一步提升保险科技能力，扩大客户供应和规模。

其次，客户对保险的期望变得更复杂，促使大型科技企业不断赋予客户新的保险体验。例如，投保人期望获得快速的服务和响应能力，如从快速、轻松的理赔处理到有关承保范围的即时答复，因此，区块链技术的天然优势可以为实现理赔的高效快捷提供解决方案。另外，投保人表示，他们想要期限灵活的保险方案，允许他们仅为某段时间的使用付费，他们还希望为能够减少索赔事件发生频率和严重程度的积极行为，而获得奖励。因此，有远见的行业参与者正在探索和提供按需付费产品，例如按需或基于使用次数的保险（UBI）。这种产品需要强大的物联网技术支持对用户使用频次和状态等进行全方位捕捉。如果说客户最需要保险公司的时候，一定是在危机期间，那么当不寻常的危机事件发生时，客户更希望得到保障，并获得赔付等关键服务，这使保险公司至少应确保其业务的连续性以及在危机期间与客户的定期沟通。除了灵活的保险方案和确定的理赔，保险客户还期待获得保险公司的关怀，他们需要保险公司在客户对政策方面产生焦虑或者因危机而感到痛苦和苦恼时，积极主动地表达对客户的关心。保险公司应该对客户感同身受，并与他们建立紧密的情感联系。在当今瞬息万变的商业环境中，被保险人希望随时随地通过各种渠道访问产品，以客户为中心的公司通过构建可随时随地访问的、直观的自助服务选项来满足投保人的期望，因此产品的创新和个性化的用户体验促使大数据技术在客户运营的过程中发挥重要作用。根据凯捷咨询公司（Capgemini Int.）对老牌保险公司以及保险科技公司的调查，在"后疫情时代"，其大多优先考虑对危机的应对流程，以及对客户数字化体验的改进。

最后，随着保险科技的不断发展，监管科技领域也正在快速成熟。全球范围内在监管科技领域中的投资活动（包括风投、私募及并购等在内）从2018年的80亿美元上升到2020年的106亿美元（数据来源于PitchBook）。随着保险科技发展步入了新阶段和新技术的不断注入，保险科技发展重塑了全球保险机构形态、保险行业业态和保险体系生态，而保险监管可进一步明确保险科技发展的目标和路径，同时通过监管工具、法律规范、合规制度等保障保险科技和保险行业健康稳妥发展，推动了各方对监管科技进一步的重视和投资。越来越多的数字客户和交易，以及被犯罪分子利用开辟的新渠道，使得企业难以掌握欺诈和合规要求。同时，推动了对能够准确识别和解决事故的监管科技解决方案的需求大幅增加。随着加密货币价值飙升，更多投资者开始关注加密货币交易，同时对于加密货币交易的安全性和风险管控则成为监管重点，运用监管科技能够保证保险产品和服务交易、用户隐私和合规优势，以及"去中心化"保险的用户优势，并进行相互结合、交互监督。欧美国家在监管科技领域的起步较早，且一直保持强劲的发展劲头，对于监管科技的投入也不断提高，同时亚太地区的监管机构后来居上，不断地推出监管科技的发展路线规划，加大监管科技投资力度，推出各项监管科技的实务指南，为推行监管科技提供了实务指引。

第二节　典型应用

随着保险科技的发展，保险业整体已逐渐呈现数字化发展趋势，人工智能、区块链、大数据等技术所带来的影响体现在传统的保险公司的各个经营环节，同时也引领着保险行业持续变革创新。近年来，新技术、新科技在保险方面的应用主要体现在如下方面。

一、提供个性化推荐

首先，保险公司对重要渠道提供了技术赋能。根据凯捷咨询的一项调研结果显示，超过一半的受访代理人和经纪人表示，他们需要数字协作和参与工具，例如屏幕共享平台和数字文档签名工具来有效帮助客户；同样，超过一半的代理人和经纪人表示，当他们通过数字插图和单屏幕的产品比较工具可视化地解释产品时，客户的便利性将有所改善。然而，只有不到2/3的保险公司表示为代理和经纪人提供了这些广受欢迎的数字工具，以增强客户体验。

其次，代理人/经纪人寻求更全面的客户知识来提供个性化建议。谈及客户体验,大型科技公司一直以来都奉其为经营首要原则,良好的客户参与则会产生忠诚度、交叉销售和盈利能力。当涉及个性化的建议、强大的社群存在感和客户的亲密关系时,代理人和经纪人的作用仍然是无与伦比的。当前,代理人和经纪人正从多个数字来源寻找潜在客户,寻求新的、有效的、更方便的方式与他们接触。根据凯捷咨询的一项调研显示,60%的受访者表示社交媒体是一种可靠的资源。然而在调查中,超过一半的代理人/经纪人表示将这些潜在客户转化为新客户是一项挑战,因为社交媒体所获取的客群,往往对其非保险需求的探查较为容易,但是由于这一单一渠道对客户要求缺乏全面了解,它也成为代理人/经纪人寻求将潜在客户转化为新客户的障碍。如果没有对客户需求的深入洞察,代理人/经纪人就无法在正确的时间向正确的客户推销正确的产品。所以,代理人/经纪人表示,他们需要来自各种内部和外部的相关且及时的客户数据。了解客户和潜在客户的代理人/经纪人可以通过推动信息交互,而带来更好的销售结果。聊天机器人和营销自动化工具等数字工具,帮助代理人/经纪人扩大规模:通过每个客户的首选互动方式触达投保人,简化工作内容,以关注核心任务。

在这方面,新加坡最大的人寿保险代理机构保诚于 2017 年就开发了业内首个聊天机器人 AskPRU,帮助其内部 5 000 多名保险代理人快速解答产品和保单问题,改善了客户体验。通过实时获取信息,AskPRU 能够促进客户与代理人进行顺畅互动,显著减轻了呼叫中心顾问的工作量,将呼叫中心平均等待时间缩短将近一半;同时,它还支持代理人更迅速地查找有关复杂客户问题的建议。2020 年,保诚保险在聊天机器人领域更进一步,推出了其在 Google Assistant 上的客户服务聊天机器人 LIGO。LIGO 可以使保单持有人通过简单的语音命令来完成查询,客户可以通过在其智能手机上激活 Google Assistant 并说出其保单编号或注册电话号码来访问其保单信息。客户可以在所有可用的平台和设备上进行访问,基于语音命令访问保单信息可提供超高的便利性和即时满足感。

区别于过去传统的保险公司在询保、承保、理赔等环节分配过多的人力直接进行问题解答和赔付处理,众多保险科技公司借助人工智能技术有效地帮助保险公司节省时间成本、人力成本,"7×24 小时"持续为代理人和客户提供服务,从而进一步提升客户服务质量,尤其在全球卫生紧急情况发生期间,其通过提高危机处理业务的标准赢得了更多的客户信任,消费者期待并依赖融合科技提供弹性流程、实时响应、直观的客户服务和令人惊叹的数字体验。

美国柠檬水财险公司（Lemonade Insurance Company）利用人工智能和机器人处理索赔和收集数据点来改善业务，这意味着它将用人工智能机器取代经纪人工作，可以在无需人工的情况下立即处理索赔。这种方式不仅有利于公司，也有利于消费者，它使得客户购买保单的平均时间缩短为 90 秒，大约 1/3 的索赔可以立即得到支付，第一次购买保险的人可以节省 50% 的时间。通过全流程的数字化和人工智能化，降低家庭财产险的销售与理赔成本，借助在全美 19 个州的保险牌照，利用聊天机器人实现快速承保，简化理赔流程，提升客户的体验感。

西班牙初创企业 Bdeo 是一家视频监控网站平台，其提供了一种能在理赔过程中提升客户体验的虚拟理赔方式。Bdeo 在保险公司和被保险人之间建立了一种虚拟通道，在这个通道里，Bdeo 可以在没有人为干预的情况下自动处理汽车理赔。运用人工智能、区块链和增强现实技术，该通道能够自发地处理理赔、识破欺诈和减少成本，最终实现简化理赔流程，提高服务效率和品质的目标。当理赔案件生成时，Bdeo 将被保险人的电话转接给一位保险代理人，由代理人实时评估损坏程度。它并不需要被保险人下载保险应用，取而代之的是 Bdeo 发送的文本短信，有了该短信，客户就能够通过电话发送受损部分的图片和视频，在 3 分钟之内就能完成受损评估。借助 Bdeo 强大的应用程序界面和贴牌框架，与保险公司理赔系统的整合十分快速高效。首先，Bdeo 的呼叫中心可以通过预警和通知模块来预约和管理视频通话。在视频理赔过程中，Bdeo 也可以添加第三方维修公司，互动版面允许代理人接管被保险人的手机、相机，从而在视频的过程中评估损失。在实时连接的过程中，代理人可以拍照、打开手机闪光灯、对话录音、在视频屏幕标示重要的地方、在通话过程中进行测量。其次，保险代理人可以下载一份完整报告，包括地理信息、图片和文字记录。视频理赔中所有的信息都会被无限期地保存起来。最后，Bdeo 会向被保险人发送一封包含视频理赔记录链接的短信。被保险人只需要通过一次网页访问就可以轻松完成视频理赔。Bdeo 的解决方案非常实用且直观，减少了保险公司在理赔管理中高达 80% 的时间和 50% 的成本，同时还提升了客户体验。

英国保险科技公司 BuzzGroup 于 2018 年推出的智能家居保险产品 Buzzvault，这是一款让用户能整理分类家里财产，并为之提供保险的 App。这款 App 内已提供了家庭财产的分类，包括数码用品、乐器、艺术品、衣服、家具等，并允许客户对其物品的详细信息进行编目。物品变化后，用户可以通过简单的操作将物品加入和移出保险计划。通过总览界面，用户可以清晰地看到自己家中所有物品的总价值，以及其中多少价值的物品正享受保险服务。除此之外，Buzzvault 会将用户所提供的数据存储在区块链上，确保用户数据的隐私和安全。基于这样一套物品标记的功能，客户可以在平台上拥有一份安全的家庭财产数字清单，及时认证和记录所有财物状况，并获得准确的估价。这种游戏化的交互形式，为客户带来了丰富且有趣的投保体验，同时满足了每位客户对财产保险额度的个性化需求。

法国保险巨头安盛保险推出了一款名为 Fizzy 的新型航班延误险。客户通过手机应用软件或者网站全自动化购买航班延误险，如果航班延误超过两个小时，客户的保单赔款会直接打到其银行账户上。与传统保险不同，安盛保险利用区块链技术将航班延误信息收集到数据库：一方面，区块链作为智能合约，保证保险合同本身的无障碍访问记录；另一方面，它作为一种工作机制，一旦航班延误超过两个小时，保险公司就自动向客户支付款项，包括全自动化的损失验证和理赔支付，实现快速理赔处理。

二、扩展可保范围

过去，受限于科学技术发展水平和高额的风险成本，保险公司在设计产品时无法兼顾所有客户群体的需求。随着技术的广泛应用，各大保险公司开始关注新兴风险，应用大数据技术，精准度量风险，不断拓宽可保风险边界，并尝试对多种类型的风险进行承保。

美国专业健康险公司 Clover Health 创新地应用大数据技术进行风险识别和慢性病管理，扩大了产品的可保风险范围，将慢性病客户群体纳入可保群体中，从而在客户与公司之间实现双赢。

近年来，网络安全风险进一步加剧，网络风险保险（Cyber Insurance）就是基于这一环境下的产物，是基于互联网的风险为企业和个人提供的一种保险形式，也是近几年来最为新颖的保险产品之一。美国保险创新企业 CyberCube 于 2018 年 3 月为保险业提供了一套基于云的网络风险建模和承保应用程序，可进行投资组合范围和个人账户风险评估,独特地将大数据、人工智能与精算科学结合在一个软件即服务(SaaS)平台中,帮助保险公司在承保网络风险、管理风险聚合和灾难性网络事件时做出更好的决策。

三、优化产品模式

随着科技的发展,客户的保险需求也随之发生许多变化。众多保险公司为了迎合不同客户群体的个性化需求,从产品本身和保险模式上进行改进和创新。5G时代的到来,以及物联网技术的普及,车险企业正面临着前所未有的机遇,其中最显著的就是UBI(Usage Based Insurance)。UBI通常指跟踪里程和驾驶行为的汽车保险,由车载信息技术驱动,保险公司能够收集消费者的个人驾驶数据,并根据每个消费者的驾驶行为提供目标价格折扣。

作为美国UBI市场的先驱,美国保险公司Progressive早在2008年就开始布局UBI市场。通过将车载诊断系统电子狗(OBD-Ⅱ dongle)安装在汽车上,让保险公司获取30天的驾驶数据,Progressive可根据该数据评估车主的驾驶行为并计算分数,以此分数确定个性化费率。随着智能手机的普及,Progressive将设备范围扩展到手机App,该App将自动监控和测量驾驶员的数据。每次行程结束时,App为驾驶员提供个性化信息,包括1—5星的评级、数据摘要、驾驶地图和量身定制的驾驶技巧,以帮助客户提高分数,管理驾驶风险。

美国车险企业Metromile则对传统车险业务的收费模式进行了创新:Metromile的用户需要首先缴纳一个较低的基础月费,然后按照行驶里程缴纳额外的保费,超过250英里(在新泽西州规定为超过150英里)的行程免收取保费。同时,Metromile为客户提供一个名为Metromile Pulse的设备,可以像其他远程信息处理驱动设备一样插入车辆。与其他UBI保险公司不同,Metromile仅跟踪驾驶里程,出售按里程付费(PAYD)的汽车保险,它的目标在于使开车较少的客户节省保费。与此同时,Metromile天然与Uber以及滴滴打车一类共享车辆的互联网平台具有很强的互补价值,它可以根据不同的场景,为Uber类平台的使用者和驾驶人提供按照里程收费的保费服务以及附加服务。

四、构建生态系统

如今,追求创新的保险公司致力于组建生态合作网络,以保险行业出发,希望将它们的产品嵌入合作伙伴的产品组件中，从而向更多其他行业拓展和延伸。这种合作使企业能够交叉利用彼此的优势，同时为所有合作伙伴提供更多的渠道来扩大产品覆盖的范围。根据2021年凯捷金融服务分析报告（Capgemini Financial Service Analysis，2021）显示，与嵌入式保险（Embedded Insurance）捆绑的产品大多集中在保险科技公司、医疗健康机构、银行、餐饮服务、购物中心、零售商、支付解决方案、财富管理等领域。生态系统伙伴关系帮助运营商构造创新产品，并通过一系列独特的产品建立新的业务基础。开放式的体系结构可以推动此类业务模式向前发展。

一家总部位于布鲁塞尔的保险科技公司 Qover 提供按需支持的 B2B2C 数字保险，其强大且易使用的 API 为合作伙伴提供了快速、无缝的访问其数字保险产品库的机会。Qover 活跃在 32 个欧洲国家，覆盖 80 多万人。总部位于伦敦的 Revolut 是一家快速发展的数字银行，在 35 个以上的国家/地区为 1 300 万名客户提供服务，每月交易量超过 1 亿笔。在 2020 年，Revolut 试图为其基于层级的账户持有人增加更多订阅选项，作为改革的一部分，该行希望有一个嵌入式保险解决方案，为账户持有人提供更全面的金融服务支持。为了提供卓越的客户体验，Revolut 需要一个用户友好的保险解决方案，为客户日常生活提供支持，同时需要一个能够在 33 个欧洲市场提供创新保险解决方案的合作伙伴。因此，Qover 和 Revolut 团队已达成合作，确定并开发定制了一套保险产品与用户需求无缝衔接的界面。其设想、设计并创建了流程的每个细节，以满足数字客户的动态需求。最终在 3 个月内，Qover 将其数字保险解决方案集成到 33 个国家的 Revolut 移动端 App。得益于 Qover 的开放式 API 基础设施，Revolut 客户可以通过银行的 Plus、Premium 和 Metal 账户方便地实时访问 3 种保险产品，且无需支付额外费用。

Discovery 是一家南非的保险公司，主营健康险和寿险领域。这家公司推出的"Vitality 活力计划"通过从 App、可穿戴设备和健康追踪器等移动终端获取客户的健康数据，来评估个人的风险因素，同时鼓励人们参与健康促进和预防活动，并从中获得 Vitality Points（活力值），分别对应从"青铜"到"钻石"的状态，并根据其状态给予奖励，包括零售业、航空公司、旅行社折扣等。这种创新性的客户运营方式，帮助 Discovery 提升了客户黏性，也提升了健康和保健活动中的成员参与度，改善临床结果，降低医疗成本，提高工作效率，降低死亡率。

2020年9月，美国保险集团Chubb推出了一个强大的合作生态系统平台Chubb Studio。这是一个新的全球平台，通过其合作伙伴在世界各地的数字渠道简化和精简公司保险产品的分销。该平台使Chubb在零售、银行、航空、电子商务和其他行业的合作伙伴能够将数字保险选项嵌入自己的产品和服务中。Chubb Studio为合作伙伴公司提供对Chubb广泛的消费保险产品的数字访问，允许合作伙伴将保险解决方案快速部署到它们的客户群，由Chubb Studio进行数字包装，并由Chubb处理承保和索赔等保险事务。目前，纳入Chubb Studio的保险产品包括人身意外、补充健康、人寿、住宅、移动电话和旅行以及小企业保险等。Chubb已经在全球建立了150多个分销合作伙伴关系，仅2017—2020年宣布的4个合作伙伴关系就使该公司能够接触到亚洲和拉丁美洲的6 000多万名客户。

上文提到的Buzzvault是世界上首个基于区块链的数字资产保险库，其帮助房主对家庭财物进行数字编目，并安全地存储财产的详细信息，其出品公司BuzzGroup推出的第一款产品Buzzmove是一个在线搬家平台，提供报价和预约服务，通过特有的视频测绘工具Buzzsurvey，房主可以直接在手机上创建家居物品数字库，有效消除了物理测量的时间、成本和环境影响。Buzzmove和Buzzvault的有机结合，在客户家庭搬家和家庭保险各环节中发挥了关键作用，从而将保险、银行、房地产代理、物业管理、搬家公司等各方联系起来，打造了全新的生态闭环。

五、创新组织机制

（一）创立数字工厂

法国安联保险为实现"完全数字化"的目标，创新性地依托数字创新部门打造"数字工厂"。它是安联保险下属的数字交付机构，主要负责两方面的工作：一是为客户提供定制化的数字解决方案。全球"数字工厂"强调以"客户为中心"，希望从实验、数据和测试结果中获知用户需求，通过实现"端到端"的客户与专家的直接对话，建立全新的"客户旅程（Customer Journey）"。在全球"数字工厂"中,创意的提出到数字化解决方案的完成通常需要 6—8 周的时间,在这段时间内,由不同国家的专家和技术人员组成的客户体验专家团队完成探索用户需求、跟踪数字化进程、将用户概念转化为数字型解决方案的全过程。二是推动安联数字创新。由全球"数字工厂"推出的某个数字化解决方案在试点成功后,将被转化为模块化的解决方案,推广到其他国家的市场中。

(二)成立投资公司或孵化器

近年来,国际保险科技的发展以设置独立投资机构、孵化器或者加速器的方式进行相关项目投资与研发。例如,安联保险通过设立 Allianz X 在保险科技和数字化领域进行投资,专注于保险、资产管理、协助服务领域的创新性业务并发掘有潜在价值的创业公司对其进行投资开发;慕尼黑再保险公司通过加速器或风险投资机构建立投资和合作关系,在旧金山设立 Munich Re /HSB Ventures,对 Slice Labs、Next Insurance 等保险初创公司进行投资,除此之外还成立了 Digital Partners,与 Trōv、Drover 等保险初创公司或科技初创公司建立投资及合作关系,设立保险科技加速器项目 MundiLab,并在美国建立了内部孵化器,推动初创公司的保险解决方案市场化。

第三节 应用风险

保险科技的应用推动传统保险业务转型与保险创新发展,提升保险业务经营效率。保险业务也将在保险科技驱动下加速发展。另外,保险科技在全球范围内快速发展的进程中也产生了很多风险,并给各国的监管机构带来更加严峻的挑战。

一、金融风险

根据世界经济论坛发布的《2020 年全球风险报告》,数据和金钱盗窃、欺诈风险和网络安全攻击在全球 10 大风险中分列第 6 位和第 7 位。数据隐私、欺诈和网络攻击成为企业实体、监管机构和政府关注的焦点。

由于金融科技的假名特性导致用户身份信息难核验，交易中受益人识别困难，交易过程隐蔽。同时，许多保险机构进行交易时使用加密货币，会给交易带来更多的风险，犯罪分子利用加密货币的匿名性进行洗钱或从用户处窃取资金，会造成财务损失，甚至带来法律后果。金融科技的不断发展，导致非法洗钱的问题愈演愈烈。

用户在客户端简单地点击一下，就可以填写敏感数据和进行转账处理。因此，对于可能试图猜测密码并获得账户访问权限的攻击者来说是非常具有吸引力的获取客户敏感信息的途径。一旦攻击者访问了这些账户，他们就可以窃取用户财物，或者利用用户的身份进行欺诈。保护用户的数字 ID 不受攻击是一个持续的挑战，因为简单的密码验证过程很容易被黑客攻击。根据注册舞弊审查师协会（Association of Certified Fraud Examiners，ACFE）2020 年欺诈风险计划报告，在 125 个国家调查的欺诈事件造成的财务损失高达 36 亿美元。调查显示，企业平均约 5% 的收入为欺诈计划所损失。欺诈方式基本是通过电子邮件、移动物联网和网络在线平台等方式实施欺诈计划。

二、数据风险

保险科技的集成将包括敏感保险业务数据和用户数据的存储、分析和共享。保险科技的使用和更多数据的存储、分析和共享从根本上增加了机构在保护数据方面面临的风险。大数据的使用本身可能会引起争议，并导致基于隐私问题的诉讼。

数据泄露是对线上保险数据机密性造成伤害的主要风险。恶意爬虫、黑产团伙、应用漏洞等都成为数据泄露的主要途径。数据损坏是线上保险数据完整性面临的主要风险。线上数据在传输过程中，由于技术、硬件、配置、人为等问题导致的数据损坏、数据篡改，破坏了数据的完整性。使用界限难以界定是线上保险数据可用性面临的主要风险。数据运用主体在数据处理和使用时难以控制数据应用的场景。调和大数据资源公开共享与隐私保护之间的矛盾是行业面临的难题。目前仍缺少有效的管控机制、治理标准和应用工具以保证数据机密性、完整性和可用性，确保数据安全。根据 IBM 发布的《2021 年数据泄露成本报告》，每单个数据泄露事件导致企业所承担的平均成本到 2021 年高达 424 万美元，数据泄露的平均总成本同比增长近10%，是过去7年来最大的单年成本增长。由于新型冠状病毒肺炎大流行而导致的远程工作和数字化转型增加了数据泄露的平均总成本。各组织在新冠肺炎疫情肆虐期间迅速转向远程办公，导致数据泄露的成本增加。与未采用远程办公的组织（389万美元）相比，采用远程办公的组织的数据泄露成本（496万美元）平均高出100万美元，而金融行业的数据泄露成本为572万美元，远高于平均成本。

三、网络风险

根据世界银行的数据，2021年网络犯罪造成的损失超过毒品犯罪，达到6 000亿美元。鉴于保险公司的金融业务性质，其是网络罪犯的主要目标。网络安全、数据泄露甚至拒绝服务攻击，以及这些事件后的损害和纠正成本，应该是金融科技公司的主要担忧。

保险行业在应用保险科技中，面临着严峻的网络风险和挑战，应用系统是大多数保险机构的核心动能，保险科技的应用能够促进保险机构接触到更多的用户，并改善其提供的服务范围，但也更容易受到攻击。网络攻击者可以以应用系统为目标，以获得对整个网络的访问权。作为承载保险行业业务内容的保险科技应用成为恶意软件的目标，通过对网络带宽进行的消耗性攻击，对应用系统发送大量伪造报文导致目标服务器连接耗尽等攻击措施，导致合法用户无法正常使用应用系统；网络犯罪分子伪装成企业甚至政府机构，从用户那里获取信息，并利用这些信息窃取他们的信息并访问应用系统；攻击者潜入网络并对其进行加密，要求支付赎金以解密网络或文件。网络安全问题已经对保险行业的稳定发展构成了威胁，并通过技术的辅助，将风险快速传导至整个金融行业，甚至产业链上下游。

根据F5 LABS统计，从地域分布来看，亚洲、太平洋地区、中国和日本（APCJ）的组织报告的拒绝服务（DoS）攻击事件比例最高，为57%；其次是欧洲、中东和非洲的组织，占45%。2018—2020年，与其他行业相比，金融服务业因密码登录攻击事件的发生率最高（46.2%）。其中，保险行业在拒绝服务事件的百分比中排名第三（36.08%），网络攻击事件占6.33%。保险公司报告的拒绝服务事件的比例为60%，高于整体金融行业的平均水平；密码登录攻击比例低于平均水平，为 27%；网络攻击事件占 7%，略高于平均水平。

网络风险会随着不断发展的技术和攻击工具对保险行业中的机构、组织、企业、员工、消费者，以及保险业务相关的系统、技术、设备等带来越来越严重的影响。网络犯罪作为一项极为有利可图的业务，也会变得越来越"专业"，并且随着技术的发展拥有明显的增长趋势。

第四节 监管经验

保险科技的快速发展为保险行业带来了深刻的改变，新技术与传统保险服务的融合催生出了一系列新的线上保险业态，例如，互联网保险、移动支付、客户智能交互、业务自动化等。然而，随之而来的风险也给监管机构带来极大的挑战。如何平衡好保险科技发展所带来的风险和保险科技创新的关系成为各国监管机构共同关心的重要议题。

部分国家已经开始尝试推出鼓励保险科技创新的规划和安排，主要包括创新中心（Innovation Hub）模式、监管沙盒（Regulatory Sandbox）模式、创新加速器（Innovation Accelerator）模式等。其中，由英国金融行为监管局（Financial Conduct Authority，FCA）于 2015 年 3 月率先提出监管沙盒理念和实践得到了最为广泛的关注和认可，并且已经开始在多个国家展开测试。

一、英国：推动监管沙盒升级

英国的金融行为监管局（FCA）是金融机构的监管部门，为鼓励并监管本国金融科技的发展，FCA 提供了直接支持计划及监管沙盒，在直接支持计划中，15% 的机构是保险科技企业。

在监管沙盒第二期，进入监管沙盒的保险科技企业已有 6 家。FCA 对拟参与监管沙盒的企业进行筛选，主要标准是企业的规模、产品是否具有创新性、创新的产品或服务能否促进消费者福利提升等。此外，FCA 还会根据拟参与企业的创新产品和服务选取合适的消费者，要求企业设计消保计划。最后，在筛选合格的前提下，FCA 允许参与实验的企业向客户推出创新产品和服务，测试期一般为3—6个月。FCA将根据测试的结果进行监管政策的制定或完善，在促进金融科技等新兴业态发展的同时，防范风险。除此之外，英格兰银行业汇集了各个领域的专家，共同跟进、研究金融科技的发展，对金融科技的发展和监管的应对能力方面做了深入研究，评估了目前监管部门是否足以应对保险科技带来的新型风险状况，并编写内部文件，进行市场报道和监管实践的比较研究。

二、美国：强化监管体系建设

美国各州对保险科技的限制性监管主要包括：牌照监管（部分保险科技公司无法在未获牌照的州展业）、反折扣法（保险营销时不能免费提供其他有价值的服务）、反歧视性定价法（向不同消费者提供相同产品时不得实行不同的价格标准）、偿付能力监管（对保险科技公司的业务指标进行严格规定）、隐私保护（美国国内最严格的隐私立法——《加州消费者隐私保护法案》对保险科技公司在加州的数据获取及进一步展业造成直接冲击）等。

美国保险专员协会作为州保险监管局的辅助监管机构，成立了创新和技术工作组，以帮助保险监管机构了解保险科技的关键发展情况，负责研究和考虑相关技术的监管方法，并作为监管及行业从业者的连接机构。2016年，美国消费者金融保护局（CFPB）和货币监理署（OCC）共同发布关于如何评估与应对金融科技与监管科技产品的指引，以推进金融科技企业利用科技主动适应金融监管体系；2017年1月，美国国家经济委员会发布《金融科技监管白皮书》，为便于监管机构评估金融科技提供了10项基本原则；2017年5月，商品期货交易委员会（CFTC）成立实验室，加强监管部门与金融机构的联系，以提升监管效率、完善监管体系。为保护金融创新与金融消费者权益，美国消费者金融保护局（CFPB）创建了类似英国监管沙盒的催化剂项目（Project Catalyst），但由于该项目缺乏实际法律效力，故而其实施效果显著低于监管沙盒；美国亚利桑那州于2018年正式推出美国首个监管沙盒计划，在坚持金融创新的同时有效保护消费者权益。

三、新加坡：打造"一站式"服务体系

根据全球金融中心指数（Global Financial Centres Index），新加坡金融中心排

名全球第四。其政府较早就意识到了金融科技的影响力。总结来看，新加坡金融科技监管政策经过了以下变迁：2015年下半年开始，新加坡将建设"智慧国家"作为政府的重点发展任务。在此背景下，新加坡结合自身的金融业基础，推动Fintech企业、行业和生态圈的发展。2016年5月，由新加坡创新机构（SG-Innovate）和新加坡金融管理局（MAS）联合设立金融科技署（Fintech. Office）来管理金融科技业务并为创新企业提供"一站式"服务。2016年6月，新加坡提出了监管沙盒制度，鼓励金融创新与应用，为企业创新提供一个良好的制度环境。2019年8月，新加坡金融管理局（MAS）发布了《技术风险管理指南》（Technology Risk Management（TRM）Guidelines）规定了金融机构必须采取的措施，以减轻日益增长的网络威胁风险来提高金融部门的网络安全标准和加强网络弹性。2019年8月，MAS宣布面向市场风险较低、业务模式较为简洁的金融科技活动推出"金融科技快捷沙盒监管机制"（Sandbox Express），为相关创业企业测试创新金融产品和服务提供更快捷的选择。2021年11月9日，MAS推出Sandbox Plus，进一步完善金融科技监管辅助机制，2022年1月1日正式生效。Sandbox Plus将包括以下新增特色：①放宽申请门槛，允许创新技术的早期应用机构提交沙盒申请，而此前的规定是只有首个在新加坡应用某一创新技术的机构才能够申请加入沙盒；②监管补助金申请流程，创新技术的首个应用机构可以同时提出加入监管沙盒和获得最高25万新加坡元的奖金（总奖金50万新加坡元，分别在满足特定要求、沙盒中期和退出沙盒3个阶段发放）的申请，满足沙盒申请机构的现金流需求；③允许申请机构参加"交易星期五"（Deal Fridays）项目，帮助沙盒企业与更多外部投资者建立联系，获得资金、技术和资源指导。

四、韩国：立法推动技术创新

2017年1月，韩国金融服务委员会（Financial Services Commission，FSC）发布了《2017年金融政策指引》（Financial Policy Direction for 2017），核心内容之一就是通过"金融改革和创新推动经济复兴"，并首次提出计划在2017年年中推出监管沙盒机制试点，以减轻金融科技创业企业的监管负担。2018年12月，韩国国会正式审议通过《金融创新支援特别法》（Financial Innovation Support Act）。该法案于 2019 年 3 月正式生效，同时也为韩国金融科技监管沙盒的设立奠定了法律基础。2019 年 4 月，韩国金融服务委员会（FSC）正式推出金融科技监管沙盒计划。2021 年 7 月，韩国数字金融咨询机构召开电话会议，宣布推出金融服务业人工智能技术使用指南，增强公众对这项新兴技术的信任，推动金融业持续创新，韩国当局计划在完成相关准备工作后，最快于 2022 年开始落实这一文件，并要求金融机构以此为基础制定更详尽的指南条例。2021 年第三季度，韩国当局宣布设立数据库和人工智能测试平台的规划，持续推动人工智能技术在金融服务领域的应用。

第五节　趋势与挑战

一、发展趋势

一些保险科技是在整个保险行业范围内的综合应用，某一些保险科技创新方式则由于其属性、功能等在特定的保险领域内发挥功效。下文主要从保险行业各业务领域的科技发展趋势方面和整体保险行业的科技发展趋势方面进行说明。

（一）科技成为价值创新主要动能

保险科技在行业中的应用实质性地改变了保险业务的一些基本投入和核心功能。例如，在保险业务中，自动化仓库（通过应用人工智能和分布式基础设施）可能会从根本上改变保险公司工人赔偿范围的性质和重点，因为大多数仓库操作都不需要人力。当技术力量相互作用和相互建立时，科技创新对保险的高阶影响随之出现。作为这种倍增效应的一个例子，我们看到分布式基础设施（如可穿戴设备）、信任架构（实现隐私保护的实时健康数据共享）以及人工智能（能够实时反馈身体活动对个人健康的影响），改变了保险公司使用数据的方式，建立科学合理的预测模型和算法，并为与投保人的各种互动提供信息。类似的创新也出现在整个保险价值链上。

（二）主体多元化促进生态扩容

多元化主体的加入，加上保险科技的发展，促进了保险生态圈的形成和壮大。埃森哲在《技术展望 2021》中描述，多元化主体使用各种技术使得在个人和企业之间存储和共享数据更加快速、安全和私密。对保险行业来说，多元化可以推动效率化的进一步提升，并促进新的业务和收入模式的发展。例如，在医疗行业，一项研究发现，对行业数据之间的互通可以节省 300 亿美元的管理成本。通过数字生态系统，保险行业可以打破传统行业界限，探索新机遇和新市场。在数字健康市场上可以看到，保险公司与医疗健康企业合作，帮助消费者改善自己的健康状况，为自己和家人提供财务保护。反过来，可以降低消费者购买人寿保险时的风险，并鼓励他们在整个保单生命周期中保持健康和参与。

（三）自动化服务提升用户体验

2020 年，世界旅游业在新冠肺炎疫情下陷入停滞。该危机对保险公司在旅游保险的财务规划上产生了特别强烈的负面影响。全球一些地区仍处于封闭状态，且由于疫情的反复和不确定性而导致持续封闭，因此预测旅行人数的增加和旅行保险需求的增长还为时过早。一些保险公司正在改进算法，以更个性化的产品瞄准潜在用户，还有一些保险公司在其业务系统中执行游戏化元素来活跃用户体验。另外，保险公司也将技术应用的注意力更多地集中在大数据分析和自动化的应用上，例如人工智能驱动的聊天机器人和全天候可用的机器人顾问。

（四）寿险：个性化服务需求加速技术变革

新冠肺炎疫情重塑了寿险行业，加之全球各地的疾病感染率的不断上升，对相关保险服务的需求呈指数级增长。据麦肯锡公司调查显示，公共养老金的替代率一直处于下降态势，医疗支出一直在不断上升，这一趋势也因疫情而加速。寿险技术更多涉及人工智能和先进的数字化分析手段，以实现更加个性化的客户体验和根据监管需求可以灵活调整的解决方案。

(五) 车险：车联网赋能产品优化升级

随着汽车制造业技术水平的不断提高，汽车保险公司也在努力跟上高科技的步伐。对于车险的保险技术来说，司机使用的车联网设备是一个相对较新的数据源。毫无疑问，可应用在车险业务中的车联网被评为2021年和未来几年的主要汽车保险技术趋势之一。保险公司积极致力于P2P服务，并推动其保险服务的数字化转型。然而，值得注意的是，在大多数海外国家，该行业受到了新冠肺炎疫情的严重冲击，居家办公模式盛行，每天使用汽车的人明显减少。这对汽车保险提供商构成了严重威胁，迫使他们利用人工智能和机器学习等创新技术专注于数字客户（Digital Customer），并优化重组现有的保险产品。

(六) 非车财产险：数字化再造业务流程

全球气候变化及未投保自然灾害的直接后果，为保险业中的财产险和意外险业务提供了巨大的市场机遇。和其他保险业务领域一样，财产险公司也更多地应用复杂的数据分析、趋势和价格预测工具，利用物联网、人工智能、机器学习等创新技术。同时，这些公司还利用区块链的分布式账本技术（DLT）与气象机构等第三方共享数据。此外，意外险的许多重复性工作注定要自动化，预计到2030年，大约1/4的工作将被自动化系统替代。

二、面临挑战

国外保险行业在运用保险科技方面取得了显著的成就，但在保险科技的发展过程中，也面临着以下挑战。

(一) 科技伦理的风险

保险科技在保险行业业务创新、服务范围扩大、产品模式优化、效率提升等方面发挥了积极有效的作用，也引发了诸如服务适当性和发展可持续性等问题，不仅促使保险行业既有风险进一步深化，也产生了新的风险，加剧了伦理风险的深刻变化。

一是保险行业发展与保护个人权益之间的伦理冲突。保险科技作为保险行业发展的助推器，促进了保险行业的模式转型和快速发展，同时也加深了保险行业风险的影响范围和程度，造成了对个人利益的损害。数据共享与隐私保护是行业发展与个人权益保护之间矛盾的突出表现。数据是数字化的核心要素，通过对数据的挖掘、分析、加工、共享，最大限度发挥数据价值，从而提升行业数字化转型效率。然而，在科技催生出的数据共享形势下，个人数据不良披露、个人信息滥用等损害个人权益的风险愈加严重，因而如何处理保险行业发展中的个人数据问题则是各国都面临的难题。同时，保险机构掌握高新科技的优势，在生产关系中占据主导优势，而个人用户作为保险科技工具的使用方，要获得对应的产品和服务，就需要提供大量的个人信息，且针对个人信息的适应范围和方式等处于被动地位，从而造成数据鸿沟的形成，信息的不对称、不透明都是生产关系中双方地位不对等的体现，最终也导致对用户知情权的侵害，造成风险的加剧。

二是保险科技促进效率提升与安全隐患之间的伦理冲突。随着保险科技的发展，人工智能、流程自动化等技术的应用，推动了保险行业作业效率和业务转化效率的提升，但随之而来的安全隐患也不容忽视。随着数字化时代的到来，越来越多的企业开始认可并实施机器人流程自动化（RPA），据全球技术研究和咨询公司信息服务集团（ISG）的一份报告显示，在500家欧洲公司中，92%的公司计划到2020年采用RPA，以提高运营效率。RPA可以使业务流程自动化，为企业降低人工成本，减少出错率。但是，RPA应用中也存在着诸如账户密码泄露、会话劫持等安全隐患，且在流程执行中无法做出灵活的判断，"只会执行命令，无法变通"。人工智能应用能够快速分析和总结消费者的行为习惯和规律，并有效预测未来行为的可能性，同时通过可携带智能设备、App应用软件等可实时跟踪用户行为，能够指导保险机构有效地进行产品和服务的精准推送，提升获客效率和转化率，但人工智能一旦失去控制或被不正当利用，消费者的行为习惯和信息则会为不法分子所用，导致消费者的人身和财产遭受伤害。同时，人工智能算法一般基于大数据识别，根据消费者以往信息进行分析，而通过历史信息预测未来行为，也会导致预测结果的偏差，从而带来伦理风险。

（二）技术迭代的影响

在国外保险科技的实践中，同样也无法排除科技发展和应用不成熟所带来的挑战，如何评估科技发展的成熟程度，如何在技术出现异常乃至失效的情况下最大限度控制和减少业务风险，是国内外保险科技发展中都需要面对的挑战。

一是保险科技的发展主要体现在商业模式、应用场景等需求层面，而底层技术研发方面有很多不足。目前的保险科技的应用，主要将目标集中在创造更多的应用场景、获取更多的客户流量和转化率、促进更快的交易速度，而支撑上述目标的底层技术研发仍未强大到处理爆发式的信息和数据处理、存储、流转等操作，同时中后台的业务支撑、风险管控等方面缺乏创新，也不足以支撑解决保险科技带来的保险产品结构复杂化和市场多元化引发的风险。

二是各类保险科技的技术自主创新仍待突破。例如，区块链技术作为多项技术的集成系统，在扩展性、性能、安全等方面仍存在着技术屏障。区块链的数据贯通不仅涉及数据的安全交互，更需要实现身份验证等功能，而功能和安全的全面落实又加大了区块链落地的难度，影响了区块链在更多场景的应用。人工智能的应用存在同质化严重的问题，且人工智能的应用更多地集中在技术水平不高的娱乐、服务机器人方面，而对技术水平要求高的工业机器人等人工智能领域的自主研发能力仍待提高。根据德勤的统计，全球只有6%的企业能够顺利采用人工智能技术。加之人工智能不仅需要与行业专有知识深度结合，更突出了场景碎片化特征，同时还需使用标准数据集进行突破识别、机器学习、系统对话，而上述能力的应用能力仍不充分，从而导致人工智能的开发周期长、开发成本高，且开发成果不完善。

三是技术不完备成为保险科技风险的主要源头。保险科技的技术不完备所导致的系统漏洞或设计缺陷往往难以预测，从而导致由于技术失灵或者受到外部攻击时造成严重的安全事故，网络安全威胁进一步加剧了保险科技的技术脆弱性。

四是技术应用不当或技术自身的负面效果导致金融科技应用背离目标并导致风险产生。保险科技在数据处理和应用过程中，基于收集到的历史数据进行自动化处理，而算法中缺乏社会理性、人为因素等干预，技术的机械性和不变通，加之数据质量的不稳定等因素，会导致数据处理后的分析结果和决策带有偏见和错误，从而引发更大的市场风险。

（三）数据管理的挑战

在本轮的保险科技创新中，对数据的采集与使用是至关重要的组成部分，其虽然在数据商业化交易的市场环境方面具备一定基础，但在针对个人隐私数据的保护和管理方面，即使国外保险行业也面临着极大的挑战，随着更多的国家和组织针对数据安全进行更严格的立法，在数据收集与使用、数据交易和数据流动方面，国外保险行业也需要尽快进行针对性的调整。

一是数据挖掘带来的挑战。对个人信息数据挖掘方面，尤其是个人隐私信息未经授权进行收集、非法交易以及过度收集个人信息，包括通过生物识别工具收集个人的生物特征和基因信息等。目前数据的储存、加载和卸载等技术问题已经得到较好的解决，但数据的可获得性、访问对象及访问授权等问题，任一环节出现漏洞都会演变为非常重大的灾难性事故。

二是数据确权带来的挑战。数据在确权方面的问题导致数据滥用乱象，尤其是跨境的数据监管问题上，各国还需要积极完善相关法律的制定，保证各大科技公司在合法合规的基础上进行新技术的深入应用。越来越多的企业与技术公司合作并共享数据，例如软件即服务（SaaS）平台和云提供商，进一步增加了与数据和信息安全相关的供应链风险。由于大多数第三方工具供应商没有企业级安全系统，使得他们很容易成为供应链攻击的目标，加剧了风险。

三是数据安全风险新特征带来的挑战。保险行业的数据安全问题呈现了频繁性、隐蔽性、连锁性的特征。由于保险行业存有大量的业务数据、行业信息和客户信息等，其也成为不法分子不断进行窃取的主要对象，保险行业中数据泄露和非法攻击的事故发生频率居高不下。由于互联网的可匿性给不法分子利用互联网的特性和科技手段窃取信息的方式变得更加隐蔽，带来的风险和危害也更难以控制。随着保险科技的发展，保险行业的数据安全带来的风险具有很强的溢出效应，一旦一个系统中的数据存在隐患，则相关联的系统以及相关联的其他机构的相关数据都会引起连锁反应，存在连续的数据风险。

四是数据分析带来的挑战。保险科技的发展既为数据分析提供了有效的分析工具，又给数据分析带来挑战。数据分析为数据有效应用提供了方向和策略，也是保险科技数字化的核心环节。但是，奠定数据分析基础的数据体量大、数据来源错综复杂导致数据验证难度增加,数据质量对数据分析的结果有着决定性的作用。同时,数据分析的算法过分依赖技术手段,缺失场景化行业环境和行业人为经验的干预,则会导致数据分析的结果带有偏见甚至歧视性,从而导致对行业未来预测的准确性大大降低。

附 录

附录1 保险科技"十四五"发展规划

目 录

一、发展形势
  （一）发展现状
  （二）发展要求
  （三）发展趋势

二、总体要求
  （一）指导思想
  （二）基本原则
  （三）发展目标

三、重点工作
  （一）加强保险科技战略部署
  （二）强化保险科技价值赋能
  （三）促进保险业务高质量发展
  （四）增强技术风险防范能力
  （五）夯实保险科技基础支撑

四、保障措施
  （一）加强组织领导
  （二）完善政策保障
  （三）增进交流合作
  （四）提升配套服务
  （五）做好宣传贯彻

附录　数据来源和指标说明

"十四五"时期，我国进入新发展阶段，发展基础更加坚实，发展条件深刻变化，进一步发展面临新的机遇和挑战。保险是经济社会风险保障的重要手段，充分发挥经济助推器和社会稳定器的作用，具有重要意义。保险科技作为保险业高质量发展的重要基础力量，能够有效推动保险机构数字化转型，赋能保险业务创新，提升保险服务质量和效率，优化保险发展方式，强化服务国家战略能力。为全面贯彻党中央、国务院决策部署，促进我国保险科技健康可持续发展，根据党和国家有关文件精神，特编制本规划，明确"十四五"期间我国保险科技发展的指导思想、基本原则、发展目标、重点工作和保障措施。

一、发展形势

在世界百年未有之大变局和国家全面开放新格局的大背景下，随着新一轮科技革命、产业变革和数字经济的迅猛发展，各行业纷纷推动以信息技术创新发展为代表的科技与业务深度融合。科技正在给保险业态发展带来深刻变革，不仅推进了风险的变异，增加了风险要素的运行路径，影响了风险的进程，也为认识风险规律并开展风险治理和保障提供了更好的条件。保险业处在风险保障的主阵地，应当直面风险问题，把握发展时机，深入贯彻落实国家"十四五"规划，以深化保险科技应用服务"双循环"新发展格局，进而实现自身高质量发展，聚焦国家重大战略，提高国际竞争力。

（一）发展现状

保险科技是保险和科技融合创新的成果与生态体系。"十三五"期间，随着科学技术迅速发展，保险机构对保险科技的重视度越来越高，科技在促进我国保险行业整体高质量发展中发挥着越来越重要的作用。

信息科技投入方面，自 2018 年以来，保险业信息科技累计投入达 941.85 亿元。2020 年，行业信息科技总投入 351 亿元，占营业收入的 0.63%。其中，直保公司信息科技投入平均占比为 0.65%，大中型保险公司平均占比为 0.56%，小微型保险公司平均占比为 1.59%。

信息科技人员方面，截至 2020 年底，行业信息科技正式员工数量超过 2.6 万人，占正式从业人员数量的 2.51%。其中，直保公司信息科技正式员工平均占比为1.98%，大中型保险公司平均占比为1.73%，小微型保险公司平均占比为3.37%。

信息技术逐步由支撑保险业务向引领保险业务方向发展。新一轮技术革命和产业变革加速演进，以云计算为代表的数字化基础设施建设稳步推进，行业整体采用云计算的比率76.79%；以大数据和人工智能为代表的保险精准定价和智能营销逐步应用，行业平均承保自动化率55.77%，核保自动化率64.71%；以区块链为代表的原保险与再保险公司业务的打通对接，原保险与再保险的实时结算初步实现；以物联网为代表的精准快速理赔初显成效，行业平均理赔自动化率已达21.48%。科技在保险领域得到越来越广泛的应用，一系列重大技术变革快速改变保险企业与消费者接触方式，推动客户行为线上化、运营模式数字化和产品形态多样化，截至2020年底实现平均线上化客户占比41.88%，平均线上化产品占比36.18%。先进技术积极赋能行业发展，保险与科技深度融合已成为新趋势。2018年至今，行业专利申请累计达9 307个。与此同时，科技将更新保险业大数法则的适用性和原有的经营基础，带来营销模式、服务模式、运营模式、竞争模式的深度变革，不断催生新模式、新业态、新产业，成为保险业发展格局演变的高效"催化剂"。

同时，我国保险行业科技应用也面临着诸多方面问题与挑战：一是保险科技应用层次有待提升。保险机构重营销，轻服务；重收益、轻风险；重技术，轻运营；重局部，轻整体。二是保险科技应用碎片化较为普遍。在业务需求的牵引下，保险机构科技建设呈现碎片化、应急化，系统性思维和前瞻性思考亟待增强。三是保险科技应用智能化还不成熟。智能化仅限于特定的保险业务场景，尚未与各个产业行业深度融合，形成保险生态。四是保险科技应用面临诸多安全性问题。如数据安全、数据伦理、隐私保护等方面，保险科技还应实现更深入的应用，发挥更显著的作用。

（二）发展要求

1. 服务"双循环"新发展格局，贯彻国家"十四五"规划的现实要求

保险行业既是经济社会风险治理和民生保障的重要主体，也在价值创造和资源配置中发挥重要作用，是构建以国内大循环为主体、国内国际双循环相互促进的新发展格局的关键一环。保险科技作为保险行业发挥效能的"倍增器"，

在拥抱和服务数字经济的同时,一方面,将通过拓展保险服务范围、延伸保险服务链条来促进居民生活和经济运转,进一步释放消费和发展潜能,支撑保险行业为国内大循环保驾护航;另一方面,通过拓展可保边界,提升风险预测和防范能力来降低外部环境不确定性影响,并推动全球命运共同体的构建,驱动保险行业成为服务国际经济循环可持续发展的有力保障,为实现国家"十四五"规划的宏伟目标发挥重要作用。

2. 构建保险全链条生态体系,促进保险行业高质量发展的客观需要

经过多年的改革发展,我国保险业逐步缩小了与发达国家的差距,部分保险企业在新业务价值增速、资本充足率、资产收益率等指标已经达到甚至超过了欧美国家水平。未来保险行业要继续保持高质量的发展,需要与科学技术深度融合,通过科技应用重塑保险全业务链条。各类保险机构对于保险科技应用趋势具有高度一致的认知,行业平均认知度达83.12%。一方面,通过互联网、大数据、云计算、人工智能、区块链等技术手段实现更加精准的风险感知、监测和预防,提升业务品质;另一方面,运用数字化工程、可穿戴设备、无人机、卫星遥感等技术应用,识别、控制和处理风险,并在实现业务的线上化、智能化、自动化运营的基础上优化保险业内外部涉险生态,进一步降本增效。

3. 强化保险科技能力建设,引领保险企业数字化转型的必然选择

随着创新经济、健康环境和科学技术等方面的发展,保险行业可保风险的形态和特征也都在剧烈地发生着变化,传统保险价值链的角色界限日渐模糊,对保险企业形成了新的挑战;同时,无论是在加大国内经济循环力度中涌现的跨行业创新企业,还是在进一步对外开放市场中面临的国际保险竞争者,都将带来更激烈的新一轮竞争。面对这些挑战和竞争,快速响应客户,提升服务效率成为推动保险行业降本增效的动力。保险科技作为保险企业强化自身建设、积极应对挑战的"杀手锏",不仅能够通过客户洞见、精准营销、智能风控等创新应用打造自身核心竞争力,形成竞争优势;也能够通过应用5G、物联网、机器学习等技术更高频、更细微地跟踪风险变化,更提前、更准确地把握风险规律,从容应对全新风险,在新形势、新环境下建设更加强大的保险行业核心竞争力。

(三)发展趋势

随着保险行业加快保险科技应用，逐步实现数字化转型，保险科技将给我国保险行业带来诸多变化：

一是线上化。随着互联网和物联网的发展，保险行业所有触达客户的业务环节将实现线上化，大幅提高保险业务处理效率。

二是服务化。作为保险行业由侧重单方面承保向侧重综合型风险保障服务转型的关键支撑，保险科技促使保险业务从事后、低频交易向事前、中高频服务转变，从而大大降低保险风险。

三是精细化。科技赋能使得风险辨识能力发生革命性飞跃，极大提高认清保险风险的颗粒度，赋能保险行业为客户提供更精准的个性化服务，更好地满足保险客户需要。

四是平台化。通过创新平台搭建，创新科技将赋能保险与各相关产业深度融合，构建多方主体开放、共赢的保险生态圈。

五是智能化。通过人工智能、大数据等新技术应用，将保险应用从线上化向智能化发展，进一步贯通保险价值链，快速提升保险业务效率，全面改善保险客户体验。

二、总体要求

(一)指导思想

以习近平新时代中国特色社会主义思想为指导，全面贯彻落实党的十九大和十九届历次全会精神，坚持稳中求进工作总基调，完整、准确、全面贯彻新发展理念，围绕国家"双循环"新发展格局要求，坚持创新驱动发展，深化保险供给侧结构性改革，充分发挥科技赋能作用，增强保险保障服务能力，不断完善具有高度适应性、竞争力、普惠性的现代保险服务体系，坚决守住不发生系统性金融风险的底线，为服务实体经济、防控金融风险、深化金融改革提供支撑，有力推动我国保险业高质量发展。

（二）基本原则

——坚持立足本源。坚定不移贯彻落实中央决策部署，以人民为中心，以问题为导向，以改革创新为动力，以服务实体经济为宗旨，以高质量发展为主题，深化认识，回归本源，正确把握保险科技的核心和本质，坚持科技向善理念，推动保险与科技的深度融合，强化科技伦理治理建设，持续提升保险服务和管理水平，不断增强保险业服务国家战略和社会民生的能力。

——坚持创新引领。充分发挥科技第一生产力的作用，推进科技创新，强化科技赋能，优化保险服务模式，丰富保险产品供给，扩大保险服务覆盖面，着力提高保险供给体系质量和效率，实现更高质量、更有效率、更可持续的发展。

——坚持协调发展。发挥监管机构、行业协会和保险企业等各方面积极作用，统筹谋划，协调推进，加大保险科技创新力度，促进行业转型升级，实现保险业发展质量、结构、规模、速度、效益、安全相统一。

——坚持开放共享。深化保险科技对外合作，加强保险与各地区、各部门数据资源的融合应用，推动保险与社会经济各领域信息系统互联互通，深化保险与生态伙伴的技术合作，共同赋能业务场景，拓宽生态边界，创造产业价值，形成开放、合作、互利、共享的发展格局。

——坚持安全可控。牢固树立安全发展理念，推进科技自立自强，围绕客户有效需求和传统业务痛点，稳妥审慎地开展各类业务和应用创新，加强科技创新链和保险产业链融合，借助现代科技成果提升金融风险防控能力和监管效能，为保险业的发展提供安全可靠的科技保障，守住不发生系统性金融风险的底线。

（三）发展目标

到2025年，我国保险科技发展体制机制进一步完善，保险与科技深度融合、协调发展，保险科技应用成效显著，保险科技水平大幅跃升，人民群众对数字化、网络化、智能化保险产品和服务满意度明显增强，我国保险科技发展居于国际领先水平。具体目标是：

——增强优质高效保险服务能力。进一步改进保险服务方式和手段，推动行业平均业务线上化率超过90%。逐步实现保险产品多样化、个性化，推动行业平均线上化产品比例超过50%，逐步扩大保险服务覆盖面，推动线上化客户比例超过60%，持续提升保险定价水平、业务质量和服务效率，推动行业平均承保自动化率超过70%，核保自动化率超过80%，理赔自动化率超过40%，不断为人民提供优质、高效、便捷的保险服务；积极发展和开拓多种绿色保险业务，为产业升级和绿色转型提供重要保障。

——深化先进多元保险创新应用。进一步激发保险创新活力，围绕保险业务场景化、智能化，持续优化保险全业务流程；不断深化科技与保险的多元化融合应用，推动行业专利申请数量累计超过2万个，全力助推行业数字化转型，全面建成先进、高效、安全、可控的保险创新应用体系。

——打造安全合规保险风控体系。进一步完善配套安全管理制度，大幅提高保险风险技防能力，加大隐私信息保护力度，逐步健全风险防范长效机制，建立行业风险地图，推动风险量化管理，强化保险科技创新全生命周期管理，推动保险风险管控水平迈上新台阶。

——构筑坚实可靠保险科技基础。进一步加大保险科技投入，推动实现行业平均保险信息技术投入占营业收入比率超过1%。其中，大中型保险公司保险信息技术投入占比超过1%，小微型保险公司占比超过1.8%。优化组织架构和人才队伍，推动行业信息科技人员数量占正式从业人员数量比率超过5%。健全保险科技行业自律机制和标准体系，促进保险监管效能和消费者保险素养不断提升，不断夯实与保险科技发展相适应的基础支撑。

——培育开放共赢保险科技产业生态。进一步加大保险科技多方合作和联合攻关力度，强化社会组织和专业服务机构对保险科技发展支持作用，促进保险科技应用成果的有效转化和应用，引导形成开放、共赢的保险科技产业生态体系。

三、重点工作

（一）加强保险科技战略部署

1. 加强战略统筹规划

强化科技战略支撑。全面贯彻落实保险业高质量发展对保险科技的新要求，深刻认识发展保险科技的紧迫性、必要性和重要性，依托国家战略科技力量建设，聚焦保险主业发展。根据企业自身发展定位和风险偏好，科学制定科技发展战略，将数字化转型纳入整体科技战略，明确数字化转型的时间表和路线图，统筹推进、长期投入。深入推进科技体制改革，完善公司科技治理体系，积极探索中心制、公司制等多元化科技管理模式，鼓励有科技背景的高管进入公司管理层，加强跨领域、跨部门、跨职能的横向协作。持续加大科技投入，研发投入在公司营收的占比持续增加，特别是行业领军企业要加大对基础研究的投入，支持保险科技类开源社区发展。

优化科技战略布局。完善科技创新体制机制，强化企业创新主体地位，加强不同创新主体的协同创新，拓展产学研用融合通道，健全科技成果产权激励机制，加强知识产权保护。强化科技对业务全生命周期的赋能与引领作用，加快在产品设计、客户服务、智能风控、智慧运营、销售渠道、健康管理、防灾减损等环节和领域的创新，围绕乡村振兴、双碳目标实现等重大战略，兼顾老年人、残疾人等特殊人群需求，重塑业务价值链，巩固和扩大竞争优势，打造新的增长点。统筹推进网络安全体系建设和信创相关工作。

打造科技战略高地。高水平推进保险科技标准化发展，增强保险标准化基础支撑。建立健全企业级数据治理机制，充分发挥数据生产要素价值。完善行业数字经济产业生态，推动具有基础设施性质的平台模式发展，鼓励行业性数字化平台、专业化解决方案提供商等行业赋能型企业发展。着力培养和引进科技人才，特别是加强保险与科技复合型高端人才的培养体系建设，重点关注人工智能、大数据、区块链、模型算法、数据治理、网络安全、互联网运营等专业领域人才，强化对科技人才的激励措施。

2. 加大科技投入力度

重点保障数字化转型投入。全面保障在推进保险业务流程、服务模式、经营管理、风险管控等方面的数字化、智能化，推动数字化保险服务普惠应用，实现保险业数字化转型。持续加大对云计算、大数据、人工智能、区块链等数字技术在保险价值链中的场景应用投入，加速保险业务线上化发展，以适应不断变化的消费者行为和满足更高的消费者预期。

稳步增加科技创新投入。鼓励运用新技术创新保险产品，改善定价模式，实现产品形态和运营方式差异化。推进在保险科技开放共享方面投入增加，促进保险科技与实体经济深度融合，赋能包括保险机构在内的实体产业数字化转型，推动泛行业数字化转型。

持续加大科技人才投入。加大在健全科技人才发展体系方面投入，大力培养造就保险业务与科技复合型人才和创新团队。实施以科研价值、创新成果为导向的分配政策，提高保险科技人员的积极性、主动性和创造性，为保险科技创新发展提供不竭的动力。

3. 提升科技创新能力

加强科技创新治理机制建设。依法合规探索设立金融科技子公司、科技创新中心、创新实验室等创新治理机制。灵活运用敏捷组织、融合团队、科技派驻等模式，理顺职责关系，打破部门间壁垒，突破部门利益固化藩篱，提高跨条线、跨部门协同协作能力，推进业务与技术的融合。内部孵化与外部合作并举，增强组织与管理的灵活性、适应性，提升对市场需求的反应速度和能力。探索优化有利于科技成果转化、产品服务创新的轻型化、敏捷化、市场化的体制机制。健全科技成果产权激励机制，强化知识产权保护。集中内外部优势资源，提升新技术掌控能力，更好地促进金融科技转化为现实生产力。

加强科技创新激励机制建设。健全以创新能力、质量、实效、贡献为导向的激励体系，深化科技创新资金投入与奖励基金机制。建立符合科技规律的科技创新长效评估管理机制，将过程评估和结果导向相结合，探索建立创新纠偏和暂停机制。过程与结果并重，构建充分体现知识、技术等创新要素价值的收益分配机制，建立灵活、市场化的岗位、薪酬等管理制度。选好用好领军人才和拔尖人才，赋予更大技术路线决定权和经费使用权，充分激发创新队伍的内驱力，打通技术人才成长通道，加强专业技术岗位设置，加大专业技术序列机制建设。

加强科技创新文化内涵建设。大力树立尊重劳动、尊重知识、尊重人才、尊重创造的良好风气。大力培育创新意识、创新观念，激发广大员工创新活力。倡导敢为人先、乐于挑战的创新精神和求真务实的科学精神。形成勤于思考、善于创新的思维方式和宽容失败的良好氛围，形成人人学习、万众创新的生动局面。

4. 强化组织机构建设

科学设置组织架构。积极推进组织机构革新，努力破除实施数字化转型发展的体制机制束缚，明确科技核心战略与业务发展方向。根据保险科技发展战略与实际需要，大力优化利于科技成果应用、产品服务创新的轻型化、敏捷化组织体系，增强组织与管理的灵活性、适应性。在依法合规、风险可控前提下，探索设立保险科技子公司或专业公司等组织模式创新，并进行集团级适应性组织架构调整，给予科技创新萌芽更广阔、更灵活的发展空间。

优化管理决策流程。积极引入首席科技官、首席信息官、首席数据官等职位，自顶向下推动组织流程再造，理顺部门间适应性职责调整，围绕用户和业务经营打破组织壁垒，最大限度发挥资源的聚集融合效应，提高跨条线、跨部门协作能力。探索科技专业单元与业务单元的进一步融合共进，进一步前置科技单元，促使科技单元参与业务创新和商业模式创新，努力转变科技单元的服务支撑作用，加强科技单元和科技人才向市场一线、向业务一线的前置和渗透，积极推广跨专业混编团队的组织模式，在企业内让科技与业务形成紧密协同的伙伴关系，切实发挥科技引领驱动作用。

丰富科技合作形态。积极探索跨界合作，加强保险企业与各行各业的服务对接，通过加强与第三方专业科技公司、高校及科研院所等机构的合作共研，鼓励按照保险资金运用相关规定投资科技公司、科技类创投公司等，重塑保险核心价值，跨界创新、优势互补，不断丰富保险科技组织生态。

5. 优化科技队伍建设

丰富科技人才引进机制。不断优化校企合作、社会招聘、猎头推荐等招聘机制，建立健全内部推荐、岗位竞聘、合作商转入等转化机制，积极探索全方位、市场化科技人才引进机制，吸纳高端人才，打造多层次、多渠道的科技人才供应链体系。优化科技人才结构，充实科技人才队伍，特别是合理增加科技创新人员比例，完善"高精尖缺"人才引进策略，强化科技创新供给能力，保障各项科技化建设举措具备充足的人力基础和技术积淀。

健全科技人才培养机制。统筹兼顾科技人员岗位适配度和未来成长性，拓宽人才发展通道，促进人才使用培养一体化，加强职业操守教育，培养德才兼备的保险科技人才。探索建立全流程的业技融合发展机制，着重培养懂技术、懂业务、懂管理的复合型人才，逐步形成满足交付和创新的成熟人才梯队，在打造敏捷组织的同时推动业技的深度融合。

完善科技人才管理机制。形成具有科技特点的量化指标考核体系，加大考核结果应用，创新差异化、市场化晋升及薪酬体系，建立薪酬分配与价值贡献更加紧密的联动机制，探索知识、技术、管理、技能等生产要素按贡献参与分配的有效途径，重点向关键岗位、技术骨干和突出业绩人员倾斜，充分激发科技人才的潜力和主动性。完善科技典型示范机制，加大对优秀科技人才的表彰奖励力度，发挥带头引导作用，营造"争先创优"的良好工作氛围。探索建立"揭榜挂帅"机制，进一步加大科研攻关力度，加强科技成果转化。

（二）强化保险科技价值赋能

1. 加强大数据应用

加强大数据战略规划。制定大数据发展战略，明确实施路线图，构建覆盖全生命周期的数据资产管理体系，规划数据架构，优化数据使用流程，充分释放大数据作为基础性战略资源的核心价值。

健全数据治理体系。完善数据治理机制，形成以数据认责为基础的数据质量管控机制，充分发挥数据标准对提升数据质量、打通数据孤岛、释放数据价值的作用。

提高数据应用能力。全面整合内外部数据，建立企业级大数据平台，实现全域数据的统一管理、集中开发和融合共享。进一步提升数据洞察能力和基于场景的数据挖掘能力，推动大数据技术在保险业务全价值链的深度应用，进而带动业务模式的持续创新。在依法依规、保障数据安全的前提下，探索与上下游行业数据资源的融合应用与合作共享。

2. 稳步发展云计算

推进企业采用云计算。顺应云化技术趋势，规划明确采用云计算目标和实施路径，制定统一技术标准，充分发挥云计算在资源整合、弹性伸缩等方面的优势，服务于数字化核心系统优化创新。从业务需求出发，充分发挥行业云、金融云在安全性、资源利用率、成本效益等方面的优势，合理使用、科学部署。

支持高效运营。充分利用新型IT架构的承载技术，建设敏捷高效可复用云计算平台底座，打造数字化基础能力。借助以容器、微服务、DevOps为主的云原生技术，提升资源效能、研发和交付效能，快速响应场景化业务需求，更好地支持瞬时高并发、多频次、大流量的互联网渠道业务发展，为保险服务提质增效。

注重安全可控发展。倡导云原生安全理念，将安全与云计算深度融合，强化云计算安全技术研究与应用，防范云计算环境下的金融风险，确保保险领域云服务安全可控。

3. 深化人工智能应用

推动人工智能技术与业务融合发展。积极探索新一代人工智能技术，夯实人工智能软硬件平台建设，统筹优化数据资源、算法模型、算力支持等核心资产，推动人工智能技术应用与保险业务的深度融合发展。

提高业务全流程智能化水平。根据保险各业务场景特点及风险管控需求，将成熟的人工智能技术应用于客户需求分析、精准营销、承保理赔、风险防控，以及保险端到端运营和服务效能提升等领域，在改善客户服务体验、助力保险主体降本增效、提升风险管理智能化水平的同时，探索主动化、个性化、智能化的保险服务新模式，推动保险业数字化转型。

确保技术应用安全可控。秉持数字经济安全发展理念，强化保险领域人工智能应用安全评估及风险防范，关注人工智能应用拓展及软件安全，促进相关核心技术研究，逐步实现风险可控。配套相关标准规范，建立健全风险准入、监测预警及应急处置机制，为人工智能在保险领域安全平稳地推广应用提供保障。

4. 挖掘区块链价值

深化区块链技术场景应用。统筹规划区块链技术应用落地路径，挖掘区块链在各险种承保理赔反欺诈、产品溯源、业务数据流通等场景的应用价值，探索保险产品服务新模式，推动区块链与人工智能、物联网、大数据等前沿技术协同创新，共同助力保险行业数字化转型。

持续进行技术创新。推动智能合约、共识算法、加密算法、分布式系统等技术在保险行业应用创新，强化安全技术保障能力建设，探索建设易用性强、标准化程度高的区块链基础设施，在保证隐私的情况下实现区块链上数据的高效管理利用。

推动技术生态协作。促进区块链系统间交互协同，降低互操作难度，实现区块链跨机构、跨行业、跨地域的多场景技术创新与应用，共建跨产业可信协作网络生态，以实现更充分的数据共享和效能提升。

5. 拓展物联网场景

进一步发挥物联网技术应用价值。做好物联网技术应用的长期规划，充分发挥物联网传感技术在风险定价、保险精算、预防性维护、个性化定制服务等方面价值，助力保险服务模式创新。推动物联网与大数据、区块链等技术融合发展，积极对接物联网生态产业平台，在保护个人隐私和数据安全的前提下，强化跨行业数据资源的融合应用，提升保险服务价值。

推动物联网技术在特定场景创新应用。加强车联网技术应用，搭建新能源汽车数据平台，研发和推动车险新产品的创新与应用，提升车险服务水平。推动可穿戴设备在健康管理领域应用，推动健康保险和健康管理融合发展，降低疾病发生率，提高人民群众健康保障水平。推动智能家居技术在房屋险、财产险等领域应用，通过智能传感设备和数据分析，预防灾害，降低损失，优化保险定价。推动信息传感设备、射频识别技术、全球定位系统、红外感应设备等在相关产业风险保障领域的应用，通过实时监测和数据分析，提升风险预测能力，扩大保险可保范围，为施工作业、物流仓储、资产管理、安全管理等提供有力保障。

6. 探索隐私计算使用

前瞻布局隐私计算。在合法合规、保护数据安全的前提下，探索使用隐私计算技术，实现"数据可用不可见"，促进多方数据的协同计算和价值共享。挖掘隐私计算技术在保险差异化定价、精准营销、风险管理、数据信息保护等特定场景的应用价值，解决数据融合、数据流通、数据应用等安全服务问题。

构建安全可信的技术协作体系。持续关注多方安全计算、可证去标识、联邦学习、差分隐私、机密计算等隐私计算技术方向，与大数据、区块链等技术融合发展，在保密性、准确性和计算效率之间实现动态平衡，逐步发挥隐私计算在助力数据要素市场化配置、防范数据泄露、促进多方数据安全合规协作等方面的重要作用，构建隐私计算应用的安全可信协作。

7. 关注前沿技术发展

持续关注各类前沿技术在保险领域的渗透应用。利用生物识别、基因测序、个性化医疗等生物技术，持续提升健康险业务的专业化、数字化水平；推动保险科技在防范环境污染风险、绿色资源风险、绿色产业风险等绿色保险业务中的创新应用，助力"双碳"目标实现；通过"3S"技术［遥感（RS）、地理信息系统（GIS）和全球定位系统（GPS）］解决农业保险和巨灾保险承保理赔难题；借助生物识别和基因技术拓展畜牧和宠物保险服务范围；推动数字人民币在保险领域场景的落地应用。

(三) 促进保险业务高质量发展

1. 扩大保险产品供给

优化产品精准定价。顺应行业数字化转型的发展趋势，在保障客户信息安全的前提下，利用大数据和物联网技术，采集更丰富多维度的可用数据，分析挖掘客户需求，为差异化产品定制和精准定价提供必要的数据基础和技术支撑，提升客户投保体验。

强化产品快速迭代。在核心系统或中台构建产品模块，完成对保险条款、业务规则、服务流程等环节的标准化封装，实现保险产品设计的快速配置，从而大幅缩短新产品上线周期，满足创新业务开展需求。

拓展产品创新场景。借助大数据、人工智能、物联网等前沿技术，深入挖掘客户洞察，围绕客户需求向上下游如医疗健康、养老服务、汽车服务、金融服务等产业延伸，开辟创新应用场景，提升保险产品附加价值。

2. 拓宽保险业务渠道

强化内部自建渠道。充分利用互联网技术与数字化手段，构建以移动应用（App）、移动站点（WAP/H5）、小程序为代表的线上客户触点，基于客户画像和深度洞察提供一站式、个性化服务，降低产品购买成本、提升效率、提高客户体验，实现保险渠道及营销业务的精细化管理，推动保险服务全流程线上化运营。积极发挥线下资源优势，提升网点智能化水平，优化客户服务体验，构筑线上线下一体化协同发展模式，实现渠道、产品、客户的无缝连接。

丰富外部合作渠道。探索建设互联网开放服务平台，借助应用程序编程接口（API）、软件开发工具包（SDK）等手段，深化与医疗健康、养老服务、汽车、智能家居等相关上下游产业的跨界合作，丰富获客场景，完善增值服务，实现资源优势互补，延伸线上线下保险服务链条，助力产业开放共享、合作共赢。

3. 提升保险服务质效

推动服务运营数字化转型。建设以客户为中心的服务运营体系，实现购保行为线上化、核保流程智能化、保全环节便利化、理赔环节高效化。推进非接触式服务，利用前沿技术重塑业务全价值链流程，显著提升客户体验与服务效率。推动传统实体保险网点向营销型、体验型智慧网点转变，优化改进网点布局和服务流程，提升线下服务网点营业效率。

探索共享化服务模式。整合社会资源，打造对内聚合产品与服务、对外连接机构与客户的保险共享服务平台，发挥客户聚集效应和平台优势，降低保险服务边际成本，实现保险服务的快速触达，为企业内外客户提供更加精准、个性化、多元化、定制化、生态化的智能化服务。

4. 增强风险管理能力

完善内部业务风险防控。运用大数据、机器学习等技术优化风险防控数据指标，精准识别客户风险特征与高风险交易，提高业务风险识别和处置的准确性。健全风险监测预警和早期干预机制，构建黑名单、反洗钱、智能合同、欺诈识别、舞弊识别等风险预警或拦截模型，实现可疑交易自动化拦截与风险应急处置，提升风险防控的及时性，实现覆盖事前、事中、事后的全流程风险控制。加大操作风险防范力度，关注新技术应用、新合作方式等新模式、新环境可能带来的新风险特征，制定有效的应对措施。

加强外部协同风险防控。加强移动端与互联网渠道安全管理，增强银保、直销等业务系统安全监测防护水平，构建跨行业、跨部门风险联防联控机制。加强风险信息披露和共享，加大联合惩戒力度，实现风险早识别、早预警、早处置，提升行业整体风控水平。

5. 凸显科技惠民属性

扩展惠民服务范围。深化保险业供给侧结构性改革，依托大数据、人工智能、区块链等前沿技术创新商业模式，大力发展普惠性保险业务，围绕乡村振兴、中低收入人群、小微企业等特殊保险需求，结合各地区经济发展水平、医疗费用水平、融资信贷水平，更精准地设计和提供一系列成本低、可获得性高的普惠保险产品和服务，使保险发展更多惠及民生。

提高惠民服务效率。依靠自动化、数字化和智能化实现保险业务流程再造，降低保单成本，提升运营效率与风险管理能力，为消费者持续提供安心、便捷、实惠的风险保障产品和服务，进一步扩大和深化保险普惠。借助5G、移动互联网、智能设备等手段，通过数据洞察和线上渠道实现更广泛触达，提升客户交互体验，进一步拓展保险服务在医疗健康、养老服务、灾害防御、特色农业、企业融资等方面的应用场景落地，增强社会风险的保障能力。

（四）增强技术风险防范能力

1. 强化网络安全风险防范

健全网络安全治理体系。充分依托网络安全法律法规、行业制度规范等，强化网络安全治理体系建设，完善安全管理制度，健全安全管理支撑组织，优化网络安全基础设施，建立健全应急响应监测预警技术体系，完善人员安全管理机制和数据安全防护机制，加强网络内容建设和管理，提升网络安全防护能力。

强化重要基础设施防护。加强对身份认证、网络准入、感知预警、安全审计等安全技术的应用，强化重要信息基础设施防护体系和能力建设。建立有效的安全信息共享机制，提高安全风险的监测、预警等能力。强化重要信息基础设施在跨地区、跨行业、跨领域之间的协同联动，定期开展网络安全检查和自查，明确保护范围和对象，建立一体化、全链条的保障体系。加强处置应对，不断提高监测、预警能力，制定完善的应急处置预案，定期开展网络脆弱性评估，着力提升网络安全应急处置能力。

有效提升安全防护能力。持续推进网络安全保障能力建设，强化安全管理整体协同、统筹协调，构建安全运营中心，以面向新型未知威胁、大规模网络安全事件的监测预警作为重点，持续提升网络安全威胁态势感知能力。提高网络安全事件应急处置能力，定期开展网络安全应急演练，强化行业内外协同联动，着力强化应急响应、事件分析、追踪溯源、快速恢复的能力。

2. 加强数据安全保护力度

完善数据安全防护体系。不断加大数据安全治理力度，统筹做好数据分类分级保护和数据风险治理，形成完备的数据安全管理制度体系。规范对数据资源定义、采集、汇聚、共享、应用等操作，健全涵盖数据安全技术、安全管理、安全运营等多维度的数据安全标准体系，提升数据安全防护水平和运营质量。

构建全栈式数据安全防护体系。建立覆盖数据归集、存储、传输、处理、交换、销毁等数据全生命周期的安全防护体系。综合利用加密存储、隐私保护、身份认证、访问控制、数据防泄漏、安全审计、追踪溯源等技术，确保数据操作全流程有授权、有记录，强化对数据全生命周期的安全保障能力建设。

完善数据安全运营机制。明确相关各方的安全职责和分工，建立跨部门、跨区域、跨条线的联动工作机制，健全数据安全监测预警、安全信息通报和应急处置机制，构建数据安全运营中心，提升数据治理及运营能力。加强对大数据中心、云服务中心安全管理，定期对重点网络和信息系统开展数据安全评估和检查，持续强化对数据泄露、窃取等行为的监测发现能力。

3. 加强外包及第三方合作风险管理

强化科技外包风险管控。科技外包以确保安全合规、风险可控为前提，严格遵循监管有关要求，严禁管理责任外包，对外包活动实施分级管理，坚持核心领域、核心技术、核心工作自主实施，把握技术主导权，避免对外包商过度依赖。建立健全科技外包服务商准入机制，严控转包及分包，做好外包服务监控和评价，对外包风险进行评估审计并及时纠偏。

提升第三方合作风险管理。对第三方合作机构进行全面的风险评估，根据业务规模、重要程度、角色关系、依赖程度等对第三方合作机构进行风险层级划分，对关键第三方的安全控制有效性进行深入评估，建立对关键第三方定期开展风险评估机制，有效制定相关风险转移措施，确保供应链和外部服务的安全。

4. 增强信息系统运营韧性

技术赋能运营韧性。在现有治理结构基础上建立、监督和实施有效的运营韧性方案，持续识别人员、流程和系统中可能存在的内外部威胁及潜在问题，及时评估关键运营的脆弱性，制定业务连续性计划，并在不同场景下开展演练，提升计划的有效性，识别关键运营及其内外部依赖关系，对其进行有效管理，制定事件响应和恢复计划，定期审查、更新相关流程，有效确保企业的业务连续性。

加强灾备能力建设。完善信息系统容灾体系相关标准和制度，形成覆盖信息系统全生命周期的灾备管理制度和技术标准体系，依据等级保护要求制定并实施覆盖所有重要信息系统的灾备方案。定期完善和更新灾难恢复组织管理流程，提升灾备工作的技术水平，确保达到监管机构对信息系统灾难恢复的系统RTO和RPO要求。推进灾难备份中心基础设施建设，确保充足的灾难恢复基础资源及服务。鼓励行业有关基础设施单位和保险机构牵头试点开展自建、共建、外包、云灾备等不同模式的灾备建设，形成行业示范性解决方案，提高行业灾备建设效率。

5. 做好新技术应用风险防范

积极防范新技术应用风险。综合实际业务场景、交易规模等深入研判新技术的适用性、安全性和供应链稳定性，科学选择应用相对成熟可控、稳定高效的技术。正确引导保险科技创新，充分评估新技术与业务融合的潜在风险，建立健全创新试错容错机制，完善风险拨备资金、保险计划、应急处置等风险补偿措施，在风险可控范围内开展新技术试点验证，做好用户反馈与舆情信息收集，不断提升保险产品安全与质量水平。强化新技术应用保障机制，探索建立新技术保险应用创新纠偏、暂停机制，明确新技术应用的运行监控和风险应急处置策略，防范新技术自身风险与应用风险，确保保险行业创新的健康发展。

（五）夯实保险科技基础支撑

1. 加强标准建设

围绕辅助监管治理、服务行业发展的大局，聚焦核心业务、关键环节，推进标准供给；探索建立各类保险机构信息系统安全建设标准；加速健全和完善数据标准方面的行业规范，推进数据资源产权、交易流通、跨境传输和安全保护等标准规范的制定。

落实车联网数据采集标准实施，落实电子保单生成、存储、使用标准实施；调动各方参与性，加强标准试点示范，发挥优秀排头兵带头作用，引导更多机构推进标准化实施，提高各类保险科技标准实施效能。

开展保险标准化研究，创新标准化工作机制，充分发挥"政府＋市场"双向供给机制，调动保险机构积极承担国家标准、行业标准、团体标准的研究、讨论和试点工作，推进保险科技行业标准的不断完善。

2. 推动联合攻关

促进保险行业与高校、科研院所合作。推动经济金融、计算机科学、数理科学等多学科交叉融合，开展前瞻性、基础性研究，不断增强保险科技的理论基础和实践应用研究能力。

加强保险行业与科技公司合作。对于行业重点攻坚项目，通过建立跨行业项目组等方式，统筹协调各类研发资源，提升保险科技的联合攻关能力，促进保险科技应用成果的有效转化和应用。

建立与国际性保险科技平台或行业智库的合作机制。对标国外保险科技领域的最新发展成果，将海外先进经验与中国实际情况相结合，加快提升国内保险科技的实践应用能力。

3. 打造示范工程

协同监管机构，运用区块链、云计算等技术，针对养老、健康、巨灾、绿色低碳发展等领域，打造跨供应链、跨行业、跨领域的"保险+"数据共享平台示范工程。促进提升民生保障，推动产业绿色转型，车生态智能化转型，助力保险业供给侧结构性改革。

打造保险科技赋能乡村振兴示范工程，加快金融服务渠道融合化发展，推动构建"线上线下打通、跨金融机构互通、与公共领域融通"的新型服务渠道，建立"一点多能、一网多用"的惠农综合服务平台，提升农村居民金融服务普惠水平。

4. 深化消费者权益保护

进一步完善强化保险业务监管与消费警示制度，严格落实保险销售行为可回溯管理要求，健全信息安全泄露的问责机制；积极探索利用生物识别、隐私计算等技术手段保障消费者个人信息和账户信息安全。

构建说明义务原则，加快明确消费者授权标准，提高合同要素的准确性、可读性和易读性，加强和完善消费者权益保护信息披露机制，满足消费者知情权。

督促和指导保险机构切实履行消费者投诉处理主体责任，完善内部投诉处理程序，鼓励利用语音识别、语义分析、数据挖掘等技术手段提高投诉处理质量与效率，提升消费者诉求解决体验。

四、保障措施

（一）加强组织领导

1. 加强党的领导

坚持不懈用习近平新时代中国特色社会主义思想指导保险科技发展实践、引领行业工作落实。坚持党对科技事业的全面领导，观大势、谋全局、抓根本，以国家重大需求为导向，以人民为中心，形成高效的组织动员体系和统筹协调的科技资源配置模式,确保党和国家对科技创新方面的方针政策、重大部署在保险行业中的贯彻执行。

2. 凝聚战略共识

高度重视保险科技发展规划编制,整合保险行业、科技行业以及学术研究机构多方力量,在把握保险科技发展规律和趋势的基础上,紧密围绕我国保险科技行业发展的指导思路、总体目标、具体实践以及时间节点制定发展规划,通过提升规划的科学性和适应性,引导创新发展。

3. 提升组织协调

充分调动保险行业以及科技公司的积极性,引导保险机构在保险科技规划的总体框架之内制定保险科技发展战略,引导科技公司加大创新力度,扩大科技供给,提升服务精度,不断满足保险科技发展需求,并能在保险科技的发展中获得自身的发展。

4. 强化自律意识

引导保险机构和科技公司高度关注创新风险,在确立社会价值、行业利益和自身发展长期利益的前提下,开展创新;引导行业高度关注监管部门政策导向,理清创新和合规的界限,坚持合规创新;推动行业自律,倡导从业机构联合行动,严格执行法律法规,净化保险科技竞争生态。

5. 鼓励差异化发展

鼓励保险机构结合自身优势性资源、阶段性需求和具体战略目标制定多元化、差异化的保险科技实施方案;在兼顾短期经营需求和长期发展需求的基础上,进行稳健、可持续的投入;结合本机构实际需求进行人才队伍建设,建立满足人才队伍发展需求,且与本机构企业文化相适应的创新激励制度。

(二) 完善政策保障

1. 推进创新政策落地

在保险科技基础性和关键性领域开展课题研究,开展重点项目建设的可行性论证;推动中央、地方预算内资金投入重大应用试点示范、公共服务平台建设;推动国家支持科技创新与应用的税收政策在保险科技领域的落地实施;推动关于人才激励、急需型人才培养政策落地,建立保险科技长期发展长效保障机制。

2. 助推创新试点探索

积极探索创新试点落地机制，针对创新试点设立、运营、退出机制以及试点风险和风险防范措施进行专项研究；推动具备一定保险产业基础以及制度配套相对成型的地区开展创新试点；推动各试点地区结合保险科技不同主题进行试点。

3. 丰富政策沟通渠道

建立健全行业政策需求、实施反馈信息报送、收集、研判、处置和回应机制，针对一定时期行业关注度较高的热点问题、重大事项及时收集相关信息，组织研讨，并报送监管部门；关注重要政策文件及解读信息公开后的社会舆情反映，认真研判，主动跟进。

（三）增进交流合作

1. 深化同业交流

吸收保险机构保险科技负责人、学术带头人以及主要保险科技服务商组建保险科技专业委员会，搭建保险科技同业交流平台；依托保险科技专业委员会，针对行业关注度高、影响面广的热点、重大问题进行专项研讨；针对保险科技典型案例进行行业征集和展示，推动保险同业交流和借鉴；出版保险科技专业图书，为行业学术研究、理论探索和人才培养提供支撑。

2. 推动生态合作

构建保险科技指数，量化保险科技投入、产出效能指标，动态把握保险科技发展态势，支持政策决策；编写保险科技专题研究报告，从保险科技全链条梳理保险科技创新成果、应用模式，面临的机遇和挑战，推动保险上下游合作，全面赋能保险价值链；举办保险科技峰会、保险科技成果展览，充分展示保险科技发展最新成果和应用案例，推动保险科技供需对接。

3. 促进国际交流

坚持以开放促改革，进一步加强保险科技国际交流，在人才、技术、标准、知识产权等方面加强多形式、多层次、多领域的磋商与合作；积极参与国际标准制定，推动国内优秀标准转换为国际标准；探索国际数据保护、流转、共享制度建设，推动保险科技服务贸易发展；加强金融科技风险防范及监管经验的交流与协作。

（四）提升配套服务

1. 推动创新载体建设

积极利用各地政策，组织社会资源推动保险科技产业园区、孵化器、加速器、众创空间等示范区的建设；支持保险科技相关的法律咨询、知识产权、风险投资、创业孵化、市场推广等专业服务入驻保险科技创新载体，构建适应保险科技发展的全产业链配套环境。

2. 推动共享平台建设

统筹社会资源，推动保险机构、中介机构和科技公司等创新主体围绕保险科技关键环节，组建数据共享、资产交易、投融资对接、风险预警等基础设施联合体，通过市场机制降低保险科技创新成本；对需求明确的保险科技创新活动，协调发挥市场配置资源的决定性作用、金融机构的创新主体作用和财政资金的杠杆作用，探索建立创新引导基金。

3. 推动行业智库建设

鼓励依托企业、高校、科研院所等提高专业支撑，构建由保险科技领域的行业专家、保险机构负责人、保险科技领军企业负责人代表组成保险科技专家咨询委员会，对保险科技规划实施中的重大事项进行论证，为保险科技发展出谋划策。

（五）做好宣传贯彻

1. 做好政策解读

积极做好监管政策解读，正面引导社会舆情，确保政策准确传导并有效实施；主动宣传各地各级政府推出的支持保险科技产业发展相关政策，支持各地结合地方产业优势、政策优势发展保险科技。

2. 营造创新文化

大力倡导敢为人先的创新精神，形成尊重劳动、尊重知识、尊重人才、尊重创造的风尚；大力宣传创新典型案例，针对反映创新文化内涵的价值主张、必要机制进行案例征集、素材梳理和广泛宣传，鼓励行业机构积极探索建立适应保险科技发展需求的创新机制、激励机制和容错机制；积极推动各类主体加强对保险科技相关监管政策的学习和研讨，增强风险识别能力，坚持合规创新。

3. 加强消费者教育

鼓励通过组织公益性社会服务、开设公益讲座等活动形式，多渠道普及保险科技知识，引导消费者树立正确、科学的保险消费观念；培养消费者依法维权意识，引导消费者合法、高效行使维权权利；结合社会热点，开展消费者保险意识教育，增强消费者风险防范意识，为保险科技及保险行业长期发展营造良好氛围。

附录　数据来源和指标说明

本规划中涉及的所有数据均来源于中国保险行业协会 2021 年开展的保险科技发展情况调研。调研共覆盖各类保险机构 255 家。其中，集团/控股公司 14 家、财产保险公司 83 家、人身保险公司 90 家、再保险公司 8 家、保险资管公司 18 家以及保险中介机构 42 家。

本规划涉及的保险科技相关指标来源于两部分，一是参照银保监会相关指标设计，二是根据前期调研结果形成的相关行业指标共识。具体释义如下。

【线上化客户比例】指本年度所有线上完成投保和理赔的客户量占客户总量的比例。

【线上化产品比例】指本年度所有线上销售的保险产品数量占在售保险产品数量的比例。

【承保自动化率】指本年度全部由系统自动处理完成的承保业务件数占业务总件数的比率。

【核保自动化率】指本年度全部由系统自动处理完成的核保业务件数占业务总件数的比率。

【理赔自动化率】指本年度全部由系统自动处理完成的理赔业务件数占业务总件数的比率。

【业务线上化率】指本年度投保人或被保人通过公司提供的线上渠道与公司主动交流互动的保单占比。

【专利申请数】指本年度向专利局申请的专利个数。

【信息科技正式员工数量】同银保监会指标。指公司全辖信息科技正式员工，包括但不限于信息科技管理、需求管理、开发测试、运行维护、信息安全管理等部门或组织员工。不含信息科技风险管理、信息科技内部审计等其他业务条线的信息科技人员，不含兼职从事信息科技工作的业务人员。

【信息科技投入费用】同银保监会指标。

计算公式：本年度信息科技投入＝本年度基础设施投入＋本年度电子设备采购投入＋本年度软件采购投入＋本年度系统开发项目投入＋本年度系统运营投入＋本年度信息科技咨询投入＋本年度信息科技人力资源费用＋本年度其他投入。

1. 基础设施建设投入：指机构本年度信息科技基础设施建设实际投入资金，包括信息科技基础建设、机房建设（租赁）及通信、动力等配套基础设施建设。

2. 电子设备采购投入：指机构本年度各类电子硬件设备购买、租赁等实际投入资金，不含系统开发项目中的电子设备采购。

3. 软件采购投入：指机构本年度各类软件采购的实际投入资金，不含系统开发项目中的软件采购。

4. 系统开发项目投入：指机构本年度自主研发及外包的信息科技系统开发项目的实际投入资金，含项目中的电子设备或软件配套采购投入资金。

5. 系统运营投入：指机构本年度信息系统运营的实际投入资金，包括网络专线租赁、信息系统和各类设备运行维护的投入资金。

6. 信息科技咨询投入：指机构本年度聘请专业机构实施信息系统咨询所实际投入的资金。

7. 信息科技人力资源费用：指机构为信息科技正式员工投入的税前总费用（含正式员工的工资、奖金、保险等）。

8. 其他：指机构在本年度其他信息科技投入，如行政管理费用等。

附录 2 中国保险行业协会会员单位名录

（截至 2022 年 6 月 6 日）

序号	单位名称	单位简称	单位类别
1	中国人民保险集团股份有限公司	人保集团	集团
2	中国人寿保险（集团）公司	国寿集团	集团
3	中国太平保险集团有限责任公司	太平集团	集团
4	中国出口信用保险公司	中国信保	政策性公司
5	中国再保险（集团）股份有限公司	中再集团	集团
6	中国平安保险（集团）股份有限公司	平安集团	集团
7	中国太平洋保险（集团）股份有限公司	太保集团	集团
8	中华联合保险集团股份有限公司	中华保险	集团
9	阳光保险集团股份有限公司	阳光集团	集团
10	华泰保险集团股份有限公司	华泰集团	集团
11	富德保险控股股份有限公司	富德保险控股	控股
12	泰康保险集团股份有限公司	泰康集团	集团
13	大家保险集团有限责任公司	大家保险集团	集团
14	安联（中国）保险控股有限公司	安联控股	控股
15	中国人民财产保险股份有限公司	人保财险	财产险
16	中国太平洋财产保险股份有限公司	太保产险	财产险
17	天安财产保险股份有限公司	天安财险	财产险
18	中国人寿财产保险股份有限公司	国寿财险	财产险
19	中国平安财产保险股份有限公司	平安产险	财产险
20	中国大地财产保险股份有限公司	大地保险	财产险
21	中华联合财产保险股份有限公司	中华财险	财产险
22	华安财产保险股份有限公司	华安保险	财产险
23	太平财产保险有限公司	太平财险	财产险
24	阳光财产保险股份有限公司	阳光产险	财产险
25	华泰财产保险有限公司	华泰财险	财产险
26	史带财产保险股份有限公司	史带财险	财产险
27	永安财产保险股份有限公司	永安保险	财产险
28	永诚财产保险股份有限公司	永诚保险	财产险
29	大家财产保险有限责任公司	大家财险	财产险

续表

序号	单位名称	单位简称	单位类别
30	中银保险有限公司	中银保险	财产险
31	英大泰和财产保险股份有限公司	英大财险	财产险
32	安盛天平财产保险有限公司	安盛天平	财产险
33	日本财产保险（中国）有限公司	日本财险（中国）	财产险
34	易安财产保险股份有限公司	易安财险	财产险
35	亚太财产保险有限公司	亚太财险	财产险
36	利宝保险有限公司	利宝保险	财产险
37	渤海财产保险股份有限公司	渤海财险	财产险
38	都邦财产保险股份有限公司	都邦财险	财产险
39	安诚财产保险股份有限公司	安诚财险	财产险
40	鼎和财产保险股份有限公司	鼎和保险	财产险
41	紫金财产保险股份有限公司	紫金保险	财产险
42	浙商财产保险股份有限公司	浙商保险	财产险
43	国任财产保险股份有限公司	国任保险	财产险
44	美亚财产保险有限公司	美亚保险	财产险
45	三星财产保险（中国）有限公司	三星财险	财产险
46	中航安盟财产保险有限公司	中航安盟	财产险
47	富邦财产保险有限公司	富邦财险	财产险
48	华农财产保险股份有限公司	华农保险	财产险
49	中煤财产保险股份有限公司	中煤保险	财产险
50	东京海上日动火灾保险（中国）有限公司	东京海上日动（中国）	财产险
51	瑞再企商保险有限公司	瑞再企商	财产险
52	安达保险有限公司	安达保险	财产险
53	三井住友海上火灾保险（中国）有限公司	三井住友海上（中国）	财产险
54	京东安联财产保险有限公司	京东安联财险	财产险
55	日本兴亚财产保险（中国）有限责任公司	日本兴亚财险（中国）	财产险
56	凯本财产保险（中国）有限公司	凯本产险（中国）	财产险
57	中意财产保险有限公司	中意财险	财产险
58	现代财产保险（中国）有限公司	现代财险（中国）	财产险
59	国泰财产保险有限责任公司	国泰产险	财产险
60	劳合社保险（中国）有限公司	劳合社（中国）	财产险
61	爱和谊日生同和财产保险（中国）有限公司	爱和谊日生同和（中国）	财产险
62	泰山财产保险股份有限公司	泰山保险	财产险
63	锦泰财产保险股份有限公司	锦泰保险	财产险

续表

序号	单位名称	单位简称	单位类别
64	众诚汽车保险股份有限公司	众诚保险	财产险
65	诚泰财产保险股份有限公司	诚泰保险	财产险
66	鑫安汽车保险股份有限公司	鑫安保险	财产险
67	北部湾财产保险股份有限公司	北部湾保险	财产险
68	长江财产保险股份有限公司	长江财险	财产险
69	众安在线财产保险股份有限公司	众安保险	财产险
70	富德财产保险股份有限公司	富德产险	财产险
71	中路财产保险股份有限公司	中路保险	财产险
72	恒邦财产保险股份有限公司	恒邦保险	财产险
73	合众财产保险股份有限公司	合众财险	财产险
74	苏黎世财产保险（中国）有限公司	苏黎世保险（中国）	财产险
75	华海财产保险股份有限公司	华海财险	财产险
76	燕赵财产保险股份有限公司	燕赵财险	财产险
77	中国铁路财产保险自保有限公司	铁路自保	财产险
78	泰康在线财产保险股份有限公司	泰康在线	财产险
79	安心财产保险有限责任公司	安心财险	财产险
80	久隆财产保险有限公司	久隆财险	财产险
81	东海航运保险股份有限公司	东海航运	财产险
82	阳光信用保证保险股份有限公司	阳光信保	财产险
83	珠峰财产保险股份有限公司	珠峰保险	财产险
84	海峡金桥财产保险股份有限公司	海峡保险	财产险
85	新疆前海联合财产保险股份有限公司	前海财险	财产险
86	建信财产保险有限公司	建信财险	财产险
87	广东能源财产保险自保有限公司	广东能源自保	财产险
88	黄河财产保险股份有限公司	黄河财险	财产险
89	融盛财产保险股份有限公司	融盛财险	财产险
90	中国融通财产保险有限公司	融通财险	财产险
91	长安责任保险股份有限公司	长安责任保险	财产险
92	太平洋安信农业保险股份有限公司	太平洋安信农保	农业险
93	安华农业保险股份有限公司	安华农险	农业险
94	阳光农业相互保险公司	阳光农险	农业险
95	国元农业保险股份有限公司	国元农险	农业险
96	中原农业保险股份有限公司	中原农险	农业险
97	众惠财产相互保险社	众惠相互	财产相互保险

续表

序号	单位名称	单位简称	单位类别
98	汇友财产相互保险社	汇友相互	财产相互保险
99	太平科技保险股份有限公司	太平科技保险	财产险
100	中国人寿保险股份有限公司	国寿寿险	人身险
101	中国平安人寿保险股份有限公司	平安人寿	人身险
102	中国太平洋人寿保险股份有限公司	太保寿险	人身险
103	新华人寿保险股份有限公司	新华保险	人身险
104	太平人寿保险有限公司	太平人寿	人身险
105	中国人民人寿保险股份有限公司	人保寿险	人身险
106	富德生命人寿保险股份有限公司	富德生命人寿	人身险
107	民生人寿保险股份有限公司	民生保险	人身险
108	阳光人寿保险股份有限公司	阳光人寿	人身险
109	合众人寿保险股份有限公司	合众人寿	人身险
110	百年人寿保险股份有限公司	百年人寿	人身险
111	中邮人寿保险股份有限公司	中邮保险	人身险
112	光大永明人寿保险有限公司	光大永明人寿	人身险
113	中意人寿保险有限公司	中意人寿	人身险
114	中美联泰大都会人寿保险有限公司	大都会人寿	人身险
115	友邦人寿保险有限公司	友邦人寿	人身险
116	泰康人寿保险有限责任公司	泰康人寿	人身险
117	中国人民健康保险股份有限公司	人保健康	健康险
118	平安健康保险股份有限公司	平安健康	健康险
119	中国人寿养老保险股份有限公司	国寿养老	养老险
120	太平养老保险股份有限公司	太平养老	养老险
121	平安养老保险股份有限公司	平安养老	养老险
122	信泰人寿保险股份有限公司	信泰人寿	人身险
123	北大方正人寿保险有限公司	北大方正人寿	人身险
124	天安人寿保险股份有限公司	天安人寿	人身险
125	大家人寿保险股份有限公司	大家人寿	人身险
126	英大泰和人寿保险股份有限公司	英大人寿	人身险
127	长城人寿保险股份有限公司	长城人寿	人身险
128	农银人寿保险股份有限公司	农银人寿	人身险
129	君康人寿保险股份有限公司	君康人寿	人身险
130	华夏人寿保险股份有限公司	华夏人寿	人身险
131	国华人寿保险股份有限公司	国华人寿	人身险

续表

序号	单位名称	单位简称	单位类别
132	幸福人寿保险股份有限公司	幸福人寿	人身险
133	中融人寿保险股份有限公司	中融人寿	人身险
134	建信人寿保险股份有限公司	建信人寿	人身险
135	利安人寿保险股份有限公司	利安人寿	人身险
136	汇丰人寿保险有限公司	汇丰人寿	人身险
137	中宏人寿保险有限公司	中宏人寿	人身险
138	中德安联人寿保险有限公司	中德安联人寿	人身险
139	工银安盛人寿保险有限公司	工银安盛人寿	人身险
140	中信保诚人寿保险有限公司	中信保诚人寿	人身险
141	交银人寿保险有限公司	交银人寿	人身险
142	中荷人寿保险有限公司	中荷人寿	人身险
143	同方全球人寿保险有限公司	同方全球人寿	人身险
144	中英人寿保险有限公司	中英人寿	人身险
145	恒安标准人寿保险有限公司	恒安标准人寿	人身险
146	招商信诺人寿保险有限公司	招商信诺人寿	人身险
147	陆家嘴国泰人寿保险有限责任公司	陆家嘴国泰人寿	人身险
148	华泰人寿保险股份有限公司	华泰人寿	人身险
149	中银三星人寿保险有限公司	中银三星人寿	人身险
150	中国人寿保险（海外）股份有限公司	国寿（海外）	人身险
151	瑞泰人寿保险有限公司	瑞泰人寿	人身险
152	恒大人寿保险有限公司	恒大人寿	人身险
153	君龙人寿保险有限公司	君龙人寿	人身险
154	华汇人寿保险股份有限公司	华汇人寿	人身险
155	前海人寿保险股份有限公司	前海人寿	人身险
156	东吴人寿保险股份有限公司	东吴人寿	人身险
157	弘康人寿保险股份有限公司	弘康人寿	人身险
158	财信吉祥人寿保险股份有限公司	财信吉祥人寿	人身险
159	复星保德信人寿保险有限公司	复星保德信人寿	人身险
160	中韩人寿保险有限公司	中韩人寿	人身险
161	珠江人寿保险股份有限公司	珠江人寿	人身险
162	德华安顾人寿保险有限公司	德华安顾人寿	人身险
163	长生人寿保险有限公司	长生人寿	人身险
164	小康人寿保险有限责任公司	小康人寿	人身险
165	上海人寿保险股份有限公司	上海人寿	人身险

续表

序号	单位名称	单位简称	单位类别
166	国联人寿保险股份有限公司	国联人寿	人身险
167	渤海人寿保险股份有限公司	渤海人寿	人身险
168	中华联合人寿保险股份有限公司	中华人寿	人身险
169	横琴人寿保险有限公司	横琴人寿	人身险
170	华贵人寿保险股份有限公司	华贵人寿	人身险
171	招商局仁和人寿保险股份有限公司	招商仁和人寿	人身险
172	爱心人寿保险股份有限公司	爱心人寿	人身险
173	北京人寿保险股份有限公司	北京人寿	人身险
174	和泰人寿保险股份有限公司	和泰人寿	人身险
175	三峡人寿保险股份有限公司	三峡人寿	人身险
176	国宝人寿保险股份有限公司	国宝人寿	人身险
177	海保人寿保险股份有限公司	海保人寿	人身险
178	国富人寿保险股份有限公司	国富人寿	人身险
179	鼎诚人寿保险有限责任公司	鼎诚人寿	人身险
180	泰康养老保险股份有限公司	泰康养老	养老险
181	长江养老保险股份有限公司	长江养老	养老险
182	大家养老保险股份有限公司	大家养老	养老险
183	新华养老保险股份有限公司	新华养老	养老险
184	恒安标准养老保险有限责任公司	恒安标准养老	养老险
185	中国人民养老保险有限责任公司	人保养老	养老险
186	国民养老保险股份有限公司	国民养老保险	养老险
187	和谐健康保险股份有限公司	和谐健康	健康险
188	昆仑健康保险股份有限公司	昆仑健康	健康险
189	太平洋健康保险股份有限公司	太保健康险	健康险
190	复星联合健康保险股份有限公司	复星联合健康	健康险
191	瑞华健康保险股份有限公司	瑞华健康	健康险
192	信美人寿相互保险社	信美相互	人寿相互保险
193	中国财产再保险有限责任公司	中再产险	再保险
194	中国人寿再保险有限责任公司	中再寿险	再保险
195	慕尼黑再保险公司北京分公司	慕再北分	再保险
196	瑞士再保险股份有限公司北京分公司	瑞再北分	再保险
197	法国再保险公司北京分公司	法再北分	再保险
198	德国通用再保险股份公司上海分公司	通用再上分	再保险
199	汉诺威再保险股份公司上海分公司	汉诺威再上分	再保险

续表

序号	单位名称	单位简称	单位类别
200	太平再保险（中国）有限公司	太平再（中国）	再保险
201	RGA美国再保险公司上海分公司	RGA美国再保险上分	再保险
202	前海再保险股份有限公司	前海再保险	再保险
203	人保再保险股份有限公司	人保再保险	再保险
204	大韩再保险公司上海分公司	大韩再上分	再保险
205	信利再保险（中国）有限公司	信利再保险（中国）	再保险
206	中国农业再保险股份有限公司	中国农再	再保险
207	中国人寿资产管理有限公司	国寿资产	资产管理
208	中国人保资产管理有限公司	人保资产	资产管理
209	中再资产管理股份有限公司	中再资产	资产管理
210	阳光资产管理股份有限公司	阳光资产	资产管理
211	太平资产管理有限公司	太平资产	资产管理
212	新华资产管理股份有限公司	新华资产	资产管理
213	泰康资产管理有限责任公司	泰康资产	资产管理
214	太平洋资产管理有限责任公司	太保资产	资产管理
215	平安资产管理有限责任公司	平安资产	资产管理
216	民生通惠资产管理有限公司	民生通惠资产	资产管理
217	华泰资产管理有限公司	华泰资产	资产管理
218	光大永明资产管理股份有限公司	光大永明资产	资产管理
219	生命保险资产管理有限公司	生命资产	资产管理
220	建信保险资产管理有限公司	建信资产	资产管理
221	中信保诚资产管理有限责任公司	中信保诚资产	资产管理
222	英大长安保险经纪有限公司	英大长安保险经纪	保险经纪
223	江泰保险经纪股份有限公司	江泰保险经纪	保险经纪
224	华泰保险经纪有限公司	华泰保险经纪	保险经纪
225	北京联合保险经纪有限公司	联合保险经纪	保险经纪
226	中汇国际保险经纪股份有限公司	中汇国际保险经纪	保险经纪
227	达信（中国）保险经纪有限公司	达信保险经纪	保险经纪
228	上海东大保险经纪有限责任公司	东大保险经纪	保险经纪
229	西部保险经纪有限公司	西部保险经纪	保险经纪
230	华信保险经纪有限公司	华信保险经纪	保险经纪
231	安润国际保险经纪（北京）有限公司	安润保险经纪	保险经纪
232	北京中天保险经纪有限公司	中天保险经纪	保险经纪
233	陕西延长保险经纪有限责任公司	延长保险经纪	保险经纪

续表

序号	单位名称	单位简称	单位类别
234	小贝保险经纪有限公司	小贝保险经纪	保险经纪
235	甘肃吉安保险经纪有限责任公司	吉安保险经纪	保险经纪
236	山东九安保险经纪股份有限公司	九安保险经纪	保险经纪
237	蜗牛保险经纪有限公司	瑞信保险经纪	保险经纪
238	深圳市国康保险经纪有限公司	国康保险经纪	保险经纪
239	慧择保险经纪有限公司	慧择保险经纪	保险经纪
240	天津津投保险经纪有限公司	津投保险经纪	保险经纪
241	北京光华保险经纪有限公司	光华保险经纪	保险经纪
242	大特保险经纪有限公司	大特保险经纪	保险经纪
243	中铁汇达保险经纪有限公司	中铁汇达保险经纪	保险经纪
244	浙江环晟保险经纪有限公司	环晟保险经纪	保险经纪
245	途牛保险经纪有限公司	途牛保险经纪	保险经纪
246	中民保险经纪股份有限公司	中民保险经纪	保险经纪
247	唯诚保险经纪有限公司	唯诚保险经纪	保险经纪
248	中车汇融保险经纪有限公司	中车汇融保险经纪	保险经纪
249	重庆金诚互诺保险经纪有限公司	重庆金诚互诺经纪	保险经纪
250	水滴保险经纪有限公司	水滴保险经纪	保险经纪
251	鼎力（北京）保险经纪有限公司	鼎力保险经纪	保险经纪
252	永达理保险经纪有限公司	永达理保险经纪	保险经纪
253	梧桐树保险经纪有限公司	梧桐树保险经纪	保险经纪
254	小雨伞保险经纪有限公司	小雨伞保险经纪	保险经纪
255	元保保险经纪（北京）有限公司	元保保险经纪	保险经纪
256	合翔保险经纪有限公司	合翔保险经纪	保险经纪
257	明亚保险经纪股份有限公司	明亚保险经	保险经纪
258	中怡保险经纪有限责任公司	中怡保险经纪	保险经纪
259	广东轻松保保险经纪有限公司	轻松保保险经纪	保险经纪
260	易才宏业保险经纪有限公司	易才保险经纪	保险经纪
261	润安国际保险经纪有限公司	润安保险经纪	保险经纪
262	世纪保险经纪股份有限公司	世纪保险经纪	保险经纪
263	广东众康永道保险经纪有限公司	众康永道保险经纪	保险经纪
264	镁信保险经纪有限公司	镁信经纪	保险经纪
265	深圳市中诚安信保险经纪有限公司	中诚安信	保险经纪
266	上海环亚保险经纪有限公司	环亚经纪	保险经纪
267	盛唐中融保险经纪（深圳）有限公司	盛唐中融经纪	保险经纪

续表

序号	单位名称	单位简称	单位类别
268	国联（北京）保险经纪有限公司	国联经纪	保险经纪
269	民太安财产保险公估股份有限公司	民太安保险公估	保险公估
270	赛维特保险公估（中国）有限公司	赛维特保险公估	保险公估
271	汕头市均衡保险公估有限公司	均衡保险公估	保险公估
272	北京中咨保险公估有限公司	中咨保险公估	保险公估
273	中衡保险公估股份有限公司	中衡保险公估	保险公估
274	吉林三联保险公估有限公司	三联公估	保险公估
275	泛华保险销售服务集团有限公司	泛华集团	保险代理
276	华康保险代理有限公司	华康保险代理	保险代理
277	新一站保险代理股份有限公司	新一站保险代理	保险代理
278	大童保险销售服务有限公司	大童保险销售	保险代理
279	携程保险代理有限公司	携程保险代理	保险代理
280	中美国际保险销售服务有限责任公司	中美国际保险销售	保险代理
281	四川嘉诚保险销售服务有限公司	四川嘉诚保险销售	保险代理
282	平安创展保险销售服务有限公司	平安创展保险销售	保险代理
283	中利保险销售有限公司	中利保险销售	保险代理
284	南京星灿保险代理有限公司	苏宁保险销售	保险代理
285	汇金永信保险销售服务有限公司	汇金永信保险销售	保险代理
286	微民保险代理有限公司	微民保代	保险代理
287	甜橙保险代理有限公司	甜橙代理	保险代理
288	宜信博诚保险销售服务（北京）股份有限公司	宜信博诚保险销售	保险代理
289	车车保险销售服务有限公司	车车保险销售	保险代理
290	中安风尚（北京）保险代理有限公司	中安风尚保险代理	保险代理
291	心有灵犀保险代理有限公司	灵犀保代	保险代理
292	保通保险代理有限公司	保通保代	保险代理
293	美联盛航保险代理有限公司	保险代理	保险代理
294	天津市保险行业协会	天津保协	地方协会
295	北京保险行业协会	北京保协	地方协会
296	河北省保险行业协会	河北保协	地方协会
297	山西省保险行业协会	山西保协	地方协会
298	内蒙古自治区保险行业协会	内蒙古保协	地方协会
299	辽宁省保险行业协会	辽宁保协	地方协会
300	吉林省保险行业协会	吉林保协	地方协会
301	黑龙江省保险行业协会	黑龙江保协	地方协会

续表

序号	单位名称	单位简称	单位类别
302	上海市保险同业公会	上海保险同业公会	地方协会
303	江苏省保险行业协会	江苏保协	地方协会
304	浙江省保险行业协会	浙江保协	地方协会
305	安徽省保险行业协会	安徽保协	地方协会
306	福建省保险行业协会	福建保协	地方协会
307	江西省保险行业协会	江西保协	地方协会
308	山东省保险行业协会	山东保协	地方协会
309	河南省保险行业协会	河南保协	地方协会
310	湖北省保险行业协会	湖北保协	地方协会
311	湖南省保险行业协会	湖南保协	地方协会
312	广东省保险行业协会	广东保协	地方协会
313	广西保险行业协会	广西保协	地方协会
314	海南省保险行业协会	海南保协	地方协会
315	重庆市保险行业协会	重庆保协	地方协会
316	四川省保险行业协会	四川保协	地方协会
317	贵州省保险行业协会	贵州保协	地方协会
318	云南省保险行业协会	云南保协	地方协会
319	西藏自治区保险行业协会	西藏保协	地方协会
320	陕西省保险行业协会	陕西保协	地方协会
321	甘肃省保险行业协会	甘肃保协	地方协会
322	青海省保险行业协会	青海保协	地方协会
323	宁夏回族自治区保险行业协会	宁夏保协	地方协会
324	新疆维吾尔自治区保险行业协会	新疆保协	地方协会
325	深圳市保险同业公会	深圳保险同业公会	地方协会
326	大连市保险行业协会	大连保协	地方协会
327	宁波市保险行业协会	宁波保协	地方协会
328	青岛市保险行业协会	青岛保协	地方协会
329	厦门市保险行业协会	厦门保协	地方协会
330	山东省保险中介行业协会	山东保险中介协会	地方协会
331	河南省保险中介行业协会	河南保险中介协会	地方协会
332	湖北省保险中介行业协会	湖北保险中介协会	地方协会
333	重庆市保险中介行业协会	重庆保险中介协会	地方协会
334	四川省保险中介行业协会	四川保险中介协会	地方协会
335	深圳市保险中介行业协会	深圳保险中介协会	地方协会

续表

序号	单位名称	单位简称	单位类别
336	广东省保险中介行业协会	广东保险中介协会	地方协会
337	上海保险交易所股份有限公司	上海保交所	相关机构
338	中国保险保障基金有限责任公司	中保基金	相关机构
339	中国银行保险信息技术管理有限公司	中国银保信	相关机构
340	上海陆金所信息科技股份有限公司	陆金所	相关机构
341	蚂蚁科技集团股份有限公司	蚂蚁集团	相关机构
342	中保研汽车技术研究院有限公司	中保研	相关机构
343	太平资本保险资产管理有限公司	太平投资	相关机构
344	建信养老金管理有限责任公司	建信养老金	相关机构
345	中国汽车工程研究院股份有限公司	中国汽研	相关机构
346	健医信息科技（上海）股份有限公司	健医科技	相关机构
347	太平金融科技服务（上海）有限公司	太平金科	相关机构
348	平安医疗健康管理股份有限公司	平安医疗健康	相关机构
349	国寿投资保险资产管理有限公司	国寿投资公司	相关机构
350	中保车服科技服务股份有限公司	中保车服	相关机构

后　记

中国保险行业协会高度重视报告的撰写工作，专门成立课题组，由协会分管相关工作的党委委员、副会长王玉祥担任组长，负责报告的总体统筹和部署，协会保险科技部具体负责协调和实施。报告的撰写得到了保险业协会各会员单位的大力支持。

保险业协会秦沛鑫、张国艳，中再集团冯键、张箫箫，泰康集团杜彦斌，国寿财险丁锐、韩征、韩露、方文祺，泰康人寿向泽凡、唐维维、王玥，平安资产罗水权、晏沛泉、周宇尘、王烨，大童保险李晓婧、刘晓春，中保车服童清、黄永波、杨盛钿、王晓斌，金融壹账通毕伟、苏福龙、宁宁、李彦泽，腾讯云郭仁声、胡利明、张晓荣、高嵩，微民保险周克俊、赵文强、李弘，普华永道（中国）王建平、方骥、范勇敏、王茜，北京腾景大数据应用科技研究院蔡恩学、郭大治、吴中宝，自始至终参加了课题组各项工作，为课题成果付出了大量的时间和精力，从问卷设计及调研、数据校验及分析，到案例筛选和观点提炼等方面都精益求精、字斟句酌，力求在科技赋能保险领域为大家呈现最客观、最权威、最丰富的研究成果。

最后，特别感谢中国银保监会相关部门对报告撰写给予的支持与指导，特别感谢课题组成员所在单位领导的鼎力协助。

《中国保险科技发展报告（2021）》

编委会

2022 年 6 月